REGIME PROCESSUAL CIVIL EXPERIMENTAL COMENTADO

PAULO RAMOS DE FARIA
JUIZ DE DIREITO

REGIME PROCESSUAL CIVIL EXPERIMENTAL COMENTADO

REGIME PROCESSUAL CIVIL EXPERIMENTAL COMENTADO

AUTOR
PAULO RAMOS DE FARIA

EDITOR
EDIÇÕES ALMEDINA, SA
Av. Fernão Magalhães, n.º 584, 5.º Andar
3000-174 Coimbra
Tel.: 239 851 904
Fax: 239 851 901
www.almedina.net
editora@almedina.net

PRÉ-IMPRESSÃO | IMPRESSÃO | ACABAMENTO
G.C. – GRÁFICA DE COIMBRA, LDA.
Palheira – Assafarge
3001-453 Coimbra
producao@graficadecoimbra.pt

Fevereiro, 2010

DEPÓSITO LEGAL
304416/10

Os dados e as opiniões inseridos na presente publicação
são da exclusiva responsabilidade do(s) seu(s) autor(es).

Toda a reprodução desta obra, por fotocópia ou outro qualquer
processo, sem prévia autorização escrita do Editor, é ilícita
e passível de procedimento judicial contra o infractor.

Biblioteca Nacional de Portugal – Catalogação na Publicação

FARIA, Paulo Ramos de

Regime processual civil experimental
comentado
ISBN 978-972-40-4111-7

CDU   347

À Ana
À Inês
Ao João

APRESENTAÇÃO

O Decreto-Lei n.º 108/2006, de 8 de Junho, aprovou um regime processual experimental aplicável a acções declarativas cíveis a que não corresponda processo especial, e a acções especiais para o cumprimento de obrigações pecuniárias emergentes de contratos. Este regime introduz no sistema jurídico-processual português um conjunto de novidades merecedoras de uma atenção superior à que lhe tem sido dispensada pela doutrina.

Procurando contribuir para a abordagem e implementação do novo regime processual civil, tendo por âncora três anos de prática judiciária ao seu abrigo, aqui se analisam, quer no contexto do processo civil geral, quer no âmbito do processo experimental, e entre outros institutos jurídicos, o dever de gestão processual, o princípio da adequação formal, a prática de actos processuais por via electrónica, a citação por anúncio, a agregação de acções, a nova fase dos articulados, a apresentação conjunta da acção, o despacho liminar, a nova fase de saneamento processual, a organização da base instrutória, a marcação das diligências e as causas do seu adiamento, a apresentação do depoimento por escrito, a estrutura da sentença, a não vinculação temática à base instrutória na decisão da matéria de facto, a antecipação do juízo sobre a causa principal, em sede de procedimento cautelar, a tutela definitiva urgente e o âmbito de aplicação do regime experimental.

ABREVIATURAS MAIS UTILIZADAS

AECOPEC	Regime aprovado pelo DL n.º 269/98, de 1 de Setembro
BOA	Boletim da Ordem dos Advogados
CC	Código Civil
CDFUE	Carta dos Direitos Fundamentais da União Europeia
CEDH	Convenção para a Protecção dos Direitos do Homem e das Liberdades Fundamentais (Convenção Europeia dos Direitos Humanos)
CIRE	Código da Insolvência e da Recuperação de Empresas
CJ	Colectânea de Jurisprudência
CP	Código Penal
CPC	Código de Processo Civil
CPP	Código de Processo Penal
CPTA	Código de Processo nos Tribunais Administrativos
CRP	Constituição da República Portuguesa
DL	Decreto-Lei
DUDH	Declaração Universal dos Direitos do Homem (Declaração Universal dos Direitos Humanos)
EMJ	Estatuto dos Magistrados Judiciais
[sítio da web]	http://www.[sítio da web]
LOFTJ	Lei de Organização e Funcionamento dos Tribunais Judiciais
PIDCP	Pacto Internacional sobre os Direitos Civis e Políticos
RCP	Regulamento das Custas Processuais
RLJ	Revista de Legislação e de Jurisprudência
ROA	Revista da Ordem dos Advogados
RPCE	Regime Processual Civil Experimental[*]
STA	Supremo Tribunal Administrativo

---

[*] Pertencem ao Decreto-Lei n.º 108/2006, de 8 de Junho, todos os artigos adiante referidos sem outra referência.

STJ	Supremo Tribunal de Justiça
TC	Tribunal Constitucional
TRC	Tribunal da Relação de Coimbra
TRE	Tribunal da Relação de Évora
TRG	Tribunal da Relação de Guimarães
TRL	Tribunal da Relação de Lisboa
TRP	Tribunal da Relação do Porto
ZPO	Zivilprozessordnung

DECRETO-LEI N.º 108/2006, DE 8 DE JUNHO
(exposição de motivos)

A realidade económico-social actual é consideravelmente diferente da que viu nascer o Código de Processo Civil. O sistema judicial, condicionado pelo recurso massivo aos tribunais por parte de um número reduzido de utilizadores e por uma tramitação processual desajustada a essa procura, clama há muito por soluções que promovam, de facto, o direito fundamental de acesso ao direito e a garantia de uma justiça em tempo razoável estabelecida na Constituição em favor das pessoas singulares e colectivas.

O presente decreto-lei cria um regime processual civil mais simples e flexível, que confia na capacidade e no interesse dos intervenientes forenses em resolver com rapidez, eficiência e justiça os litígios em tribunal.

Opta-se, num primeiro momento, por circunscrever a aplicação deste regime a um conjunto de tribunais a determinar pela elevada movimentação processual que apresentem, atentos os objectos de acção predominantes e as actividades económicas dos litigantes. A natureza experimental da reformulação da tramitação processual civil que aqui se prevê permitirá testar e aperfeiçoar os dispositivos de aceleração, simplificação e flexibilização processuais consagrados, antes de alargar o âmbito da sua aplicação.

Este regime confere ao juiz um papel determinante, aprofundando a concepção sobre a actuação do magistrado judicial no processo civil declarativo enquanto responsável pela direcção do processo e, como tal, pela sua agilização. Mitiga-se o formalismo processual civil, dirigindo o juiz para uma visão crítica das regras.

Duas regras gerais, com origens diferentes, mas que apontam para esta agilização, existem já no Código de Processo Civil – o princípio da limitação dos actos e o princípio da adequação formal, previstos, respectivamente, nos artigos 137.º e 265.º-A. Do dever de gestão processual agora estabelecido decorrem, para o juiz, os imperativos de adoptar a tramitação processual adequada às especificidades da causa e o conteúdo e a forma dos actos ao fim que visam atingir e de garantir que não são praticados actos inúteis, tendo ainda de fazer uso dos mecanismos de agilização processual que a lei estabelece.

Manifestação deste dever é a faculdade concedida ao juiz de, uma vez concluso o processo para saneamento, conhecer das excepções dilatórias e nulidades processuais suscitadas pelas partes ou que deva apreciar oficiosamente, julgar de imediato a causa se o estado do processo o permitir, convocar a audiência preliminar para selecção da matéria de facto ou exercício do contraditório ou designar o dia para a audiência de julgamento. O conjunto de actos previstos neste artigo não é, sequer, taxativo, podendo o magistrado praticar no processo qualquer acto ou diligência que lhe pareça mais adequado. Deve, pois, dirigir activa e dinamicamente o processo, tendo em vista a sua rápida e justa resolução e a melhor forma de organizar o seu trabalho.

O presente decreto-lei visa, por outro lado, concretizar o imperativo – gizado pela Resolução do Conselho de Ministros n.° 100/2005, de 30 de Maio, que aprovou o Plano de Acção para o Descongestionamento dos Tribunais – de assegurar um tratamento específico, no âmbito dos meios jurisdicionais, aos litigantes de massa, permitindo, designadamente, a prática de decisões judiciais que abranjam vários processos. Para o efeito, o novo regime processual acolhe uma figura nova, a agregação, que, norteada pelo citado dever de adequação da tramitação às especificidades da causa, pretende constituir uma alternativa à apensação sempre que, verificados os pressupostos desta, seja desaconselhável uma tramitação das causas totalmente conjunta. Tal como a apensação, a agregação pode ser requerida pelas partes ou, quando se trate de processos que pendam perante o mesmo juiz, oficiosamente determinada.

Através da agregação, permite-se que o juiz, em qualquer momento, pratique um acto ou realize uma diligência extensível a vários processos, sem que estes tenham de, no futuro, ser tratados conjuntamente. Trata-se, pois, de uma associação dos processos meramente transitória e apenas para a prática do acto em causa, sejam eles actos da secretaria, a audiência preliminar, a audiência final, despachos interlocutórios ou sentenças. O acto a praticar conjuntamente pode circunscrever-se à realização de uma determinada diligência de instrução – como a inquirição de testemunhas arroladas em vários processos ou a prestação de esclarecimentos pelos mesmos peritos – ou à discussão, em audiência preliminar ou final, de uma única questão de facto ou direito comum a várias causas. Findo ou praticado o acto, os processos prosseguem individualmente a sua marcha. O juiz passa, portanto, a poder praticar «actos em massa», bastando que exista um elemento de conexão entre as acções e que da realização conjunta de um acto processual ou diligência resulte a simplificação do serviço do tribunal.

Em sentido inverso, mas com objectivo idêntico, quando tenha sido admitida a coligação inicial ou sucessiva, ou verificada situação prevista no n.º 4 do artigo 274.º do Código de Processo Civil, concede-se ao tribunal a possibilidade de determinar que a instrução, a discussão ou o julgamento se realizem separadamente se a tramitação conjunta se afigurar inconveniente ou a prática separada de certos actos proporcionar um andamento da causa mais célere ou menos oneroso para as partes ou para o tribunal. Pretende-se, desta forma, permitir ao tribunal dar a tais situações uma resposta menos rígida do que as actualmente previstas no n.º 4 do artigo 31.º e no n.º 5 do artigo 274.º do citado Código.

Na fase liminar, estão previstos apenas dois articulados, salvo quando seja deduzido pedido reconvencional, sem prejuízo do respeito pelo princípio do contraditório, quando sejam deduzidas excepções, que, consoante a análise que o juiz faça do processo, poderá ser observado na audiência preliminar ou na audiência final.

Com ganhos evidentes para a celeridade do processo, impõe-se a apresentação do requerimento probatório com os articulados, garantindo à parte a quem for oposto o último articulado admissível um prazo suplementar de 10 dias para alterar o seu requerimento probatório, sem prejuízo da faculdade, que permanece intocada, de adicionar ou alterar o rol de testemunhas até 20 dias antes do início da audiência final. Esta fase liminar pode, no entanto, ser dispensada quando as partes apresentem a acção apenas para saneamento. Neste caso, além da petição conjunta, onde indicam, desde logo, os factos admitidos por acordo e os factos controvertidos, as partes requerem as respectivas provas e tomam posição sobre as questões de direito relevantes, ficando dispensadas do pagamento da taxa de justiça subsequente. Se, no processo apresentado para saneamento, não houver lugar à produção de prova testemunhal ou, havendo, for apresentada a acta de inquirição por acordo das testemunhas, nos termos previstos no artigo 638.º-A do Código de Processo Civil, ser-lhe-á aplicado o regime previsto no mesmo Código para os processos urgentes, além de ser reduzida a metade a taxa de justiça devida a final.

A inquirição das testemunhas por acordo é igualmente incentivada, ainda que não tenha havido apresentação conjunta da petição e contestação, através da redução a metade da taxa de justiça devida a final sempre que as partes apresentem a acta de inquirição de todas as testemunhas arroladas.

Admite-se também, com total amplitude, a prova testemunhal por depoimento escrito, sem prejuízo de o tribunal poder ordenar, oficiosamente ou a requerimento da parte contrária, a renovação do depoimento.

Impõe-se, por outro lado, que a marcação das diligências seja sempre efectuada mediante acordo prévio com os mandatários judiciais, o que permite vedar, correspectivamente e salvo justo impedimento, o adiamento da audiência de julgamento por falta das partes ou dos seus mandatários.

Importa salientar a norma que determina que a sentença se limite à parte decisória, precedida da identificação das partes e da fundamentação sumária do julgado, podendo a discriminação dos factos provados ser feita por remissão para os articulados, assim como o preceito que permite a adesão, por mera remissão, a um acórdão de uniformização de jurisprudência. Com o mesmo objectivo de simplificação do momento de prolação da sentença, esta deve ser de imediato ditada para a acta, salvos os casos de manifesta complexidade.

No âmbito dos procedimentos cautelares, e tendo em vista, nomeadamente, as situações em que a natureza das questões ou a gravidade dos interesses envolvidos não se compadece com a adopção de uma simples providência cautelar ou, diversamente, prescinde, por absolutamente inútil, da instauração de uma acção principal, permite-se que o tribunal, ouvidas as partes, antecipe o juízo sobre a causa principal, desde que considere que foram trazidos ao processo todos os elementos necessários para uma decisão definitiva.

De igual relevo é a consagração da tramitação electrónica em termos a definir por portaria do Ministro da Justiça, quer para os actos das partes quer para os actos dos magistrados e da secretaria, assim se permitindo a desmaterialização do processo judicial. Por outro lado, a citação edital passa a ser feita através de anúncio em página informática de acesso público e, em certos casos, afixação de um único edital.

Na perspectiva de que os actos legislativos devem ser acompanhados de todos os aspectos infra-estruturais necessários à efectiva produção dos efeitos pretendidos, o presente regime introduz ainda duas importantes inovações. Em primeiro lugar, uma vez que alterações da lei de impacto relevante devem ser rigorosamente avaliadas e testadas, prevê-se a sua avaliação permanente e a respectiva revisão no prazo de dois anos a contar da data da sua entrada em vigor.

Em segundo lugar, assume-se que este tipo de alterações legislativas apenas será bem sucedido quando acompanhado pela necessária divulgação e formação junto dos operadores, de modo que as potencialidades do novo regime sejam integralmente concretizadas. A entrada em vigor deste regime será, pois, precedida pela formação intensiva dos seus destinatários, garantindo-se o conhecimento e a utilização efectiva dos mecanismos aqui previstos.

Foram ouvidos o Conselho Superior da Magistratura e a Ordem dos Advogados.

Foram promovidas as audições do Conselho Superior dos Tribunais Administrativos e Fiscais, do Conselho Superior do Ministério Público, da Câmara dos Solicitadores e do Conselho dos Oficiais de Justiça.

Foram ouvidos a título facultativo a Procuradoria-Geral da República, a Ordem dos Revisores Oficiais de Contas, a Câmara dos Técnicos Oficiais de Contas, o Conselho de Acompanhamento dos Julgados de Paz e o Centro de Estudos Sociais da Faculdade de Economia de Coimbra.

O anteprojecto de decreto-lei foi submetido a consulta pública.

REGIME PROCESSUAL CIVIL EXPERIMENTAL COMENTADO
(Decreto-Lei n.° 108/2006, de 8 de Junho)

CAPÍTULO I
Disposições gerais

ARTIGO 1.°
Objecto

O presente decreto-lei aprova um regime processual experimental aplicável a acções declarativas cíveis a que não corresponda processo especial e a acções especiais para o cumprimento de obrigações pecuniárias emergentes de contratos.

Sumário – **1.** Procedimento legislativo. **1.1.** Elemento histórico. **1.2.** Aumento da produtividade dos tribunais e realização da justiça. **2.** Forma processual. **2.1.** Aplicação subsidiária do RPCE. **2.2.** Âmbito da aplicação subsidiária. **2.3.** Aplicação subsidiária universal e experimentação legal. **2.4.** Processo comum e lei especial. **2.5.** Aplicação da lei no espaço. **3.** Direito adjectivo que subsidia o RPCE. **3.1.** Forma e garantia. **3.2.** Legalidade da forma: de princípio a regra. **4.** Legalidade da forma e gestão processual. **5.** Direito adjectivo que subsidia o RPCE (continuado). **5.1.** Normas gerais do processo comum. **5.2.** Regime subsidiário. **5.3.** Regime subsidiário: exemplos.

1. *Procedimento legislativo.* No capítulo do Programa do XVII Governo Constitucional dedicado à administração da justiça, é afirmado que a melhoria da resposta judicial é uma prioridade que passa, além do mais, por medidas de descongestionamento processual eficazes e pela garantia do acesso dos cidadãos ao sistema judicial, dando-se cumprimento ao disposto no artigo 20.º da CRP. Anuncia-se, então, que, para conseguir o descongestionamento processual, serão adoptadas medidas de racionalização, permitindo-se que, por um lado, o sistema de Justiça assegure uma resposta efectiva para a litigância de massa e, por outro, o mesmo sistema garanta uma resposta real para os utilizadores pontuais.

Dando expressão ao Programa do Governo, o Conselho de Ministros aprovou, pela Resolução n.º 100/2005, de 30 de Maio, o Plano de Acção para o Descongestionamento dos Tribunais. Também aqui se declara que, com vista a garantir a existência de uma resposta adequada do sistema judicial ao fenómeno da litigância de massa, e à protecção do utilizador ocasional do sistema de justiça, será assegurado um tratamento específico, no âmbito dos meios jurisdicionais, aos litigantes de massa, incluindo a previsão de decisões judiciais que abranjam vários processos.

É neste enquadramento político que, pelo Decreto-Lei n.º 108/2006, de 8 de Junho, é aprovado o regime processual experimental aplicável a acções declarativas cíveis a que não corresponda processo especial e a acções especiais para o cumprimento de obrigações pecuniárias emergentes de contratos (antes sujeitas ao regime aprovado pelo DL n.º 269/98, de 1 de Setembro)[1]. O seu procedimento legislativo conheceu como marcos mais relevantes um estudo preliminar, da autoria da Professora MARIANA FRANÇA GOUVEIA, duas versões de trabalho do articulado legal, datadas de 26 de Setembro de 2005 e de 11 de Janeiro de 2006, e a realização de uma conferência na Faculdade de Direito da Universidade de Lisboa, em 19 de Janeiro de 2006[2].

1.1. *Elemento histórico*. Se considerarmos apenas os propósitos vertidos no Plano de Acção para o Descongestionamento dos Tribunais, ou o

---

[1] Nos tribunais abrangidos pela experimentação, o RPCE, por força do seu art. 9.º, substitui o regime simplificado, revogando tacitamente (art. 7.º, n.º 2, do CC) o Decreto-Lei n.º 211/91, de 14 de Julho, embora *apenas quanto às acções que devam seguir a forma comum* e *durante a sua vigência* experimental – pelo que, após, o forçoso ressuscitar do regime simplificado (a ocorrer com o fim da vigência do regime experimental, salvo nova intervenção legislativa) não constituirá uma verdadeira repristinação (art. 7.º, n.ºs 1 e 4, do CC). Sobre o tema, cfr. LUÍS CARVALHO RICARDO, *Regime Processual Civil Experimental Anotado e Comentado*, Braga, Cejur, 2007, pp. 45 e 46, e RITA LYNCE FARIA, «A sumarização da justiça civil – Breve nota sobre o Decreto n.º 3 de 29 de Maio de 1907», *Julgar*, n.º 4, Janeiro-Abril, 2008, p. 221.

[2] Cfr. MARIANA FRANÇA GOUVEIA, *Regime especial para grandes litigantes – Estudo preliminar*, Colares, policopiado, 2005. Versões de trabalho disponíveis em *dgpj.mj. pt/sections/politica-legislativa/anexos/rpce/rpce-procedimento*.

Disposições gerais 19

estudo preparatório de MARIANA FRANÇA GOUVEIA em tais propósitos assente, devemos concluir que o legislador do DL n.º 108/2006 criou uma lei processual dirigida à "litigância de massa"[3].

Todavia, lida a exposição de motivos e, sobretudo, o articulado legal, rapidamente chegamos à conclusão de que o legislador agiu em "excesso de mandato", pois (diferentemente) optou por criar um processo comum unificado, e não apenas um processo especial para aquela litigância. O texto que viria a assumir a forma de lei não foi, declaradamente, concebido (esta "versão final") nem nasceu como o regime dos grandes litigantes. Os seus principais institutos – aqueles que poderão ter uma efectiva expressão prática – não se dirigem à litigância padronizada e repetitiva. São institutos que obrigam a um estudo aturado de cada causa e, eventualmente, à adopção de "tramitações personalizadas".

Este afastamento do articulado legal em relação aos propósitos políticos tem como efeito mais relevante assumir aqui o elemento histórico, como factor hermenêutico, um peso especialmente reduzido, podendo uma consideração superficial das fontes remotas da lei ser geradora de alguns equívocos na sua interpretação.

1.2. *Aumento da produtividade dos tribunais e realização da justiça.* O novo regime manteve-se, no entanto, fiel ao seu desígnio maior de promover o descongestionamento dos tribunais – a satisfação de um *interesse público*, portanto. Da leitura da exposição de motivos que faz a apresentação do novo diploma extrai-se que o legislador pretendeu dar satisfação à política da justiça anunciada pelo Governo, criando um "regime processual" apto a permitir "resolver com rapidez, eficiência e justiça os litígios em tribunal". Como se pode concluir da leitura dos seus artigos, os institutos que compõem o regime processual experimental têm por fim *aumentar a produtividade dos tribunais*, dando maior relevo e prevalência aos princípios da economia e da celeridade processual na tramitação das acções – ou, dito de outro modo, promovendo a eficiência processual[4].

---

[3] Sobre a inspiração e fonte histórica deste diploma, cfr., entre outros textos da mesma Autora adiante citados, MARIANA FRANÇA GOUVEIA, «A acção especial de litigância de massas», *Novas Exigências do Processo Civil – Organização, Celeridade e Eficácia*, Coimbra, Coimbra Editora, 2007, pp. 140 e 141, e *Regime*, cit..

[4] RIBEIRO MENDES enquadra o RPCE no esforço do legislador para garantir a satisfação do direito à obtenção de uma decisão num prazo razoável (art. 20.º, n.º 4, da CRP) – ARMINDO RIBEIRO MENDES, «Constituição e processo civil», *Estudos em Memória do*

20 Regime Processual Civil Experimental Comentado

O legislador procurou obter uma maior eficiência processual através da concentração de actos (do que são exemplos a apresentação do requerimento probatório com os articulados, a agregação de acções ou a decisão da matéria de facto na sentença), da redução de prazos (a prolação da sentença tem lugar imediatamente após o encerramento dos debates), da simplificação do processo (criação de uma forma única de processo comum), do recurso alargado aos meios informáticos (os actos são praticados electronicamente), da supressão de formalidades ou actos (alguns éditos são eliminados e, por exemplo, a inquirição presencial pode ser substituída pelo depoimento por escrito) e do informalismo processual (consagra-se o dever de gestão processual).

Os novos institutos não se dirigem, imediatamente, à obtenção da justa composição do litígio – ou à realização de outro interesse relevante, como seja a uniformização de julgados, no âmbito do instituto da agregação. Não quer isto dizer que não possam, por exemplo, promover, reflexa ou subsidiariamente, este interesse material último do processo – ou, muito menos, que o possam prejudicar –; apenas significa que, quando não sejam accionados com o propósito expresso de realizar a eficiência processual, devem, ainda assim, promovê-la, nunca a podendo prejudicar.

O processo jurisdicional não pode deixar de ser heurístico, de ser um processo de descoberta da verdade. Sem a verdade, nunca poderá ser obtida a *justa* composição do litígio (art. 265.º, n.º 3, do CPC). Sem a procura da verdade, o poder jurisdicional nunca será legítimo. "Se queremos voltar a considerar o processo como instrumento de razão, e não como estéril e árido jogo de força e destreza, é preciso que estejamos convencidos de que o processo é acima de tudo um método de *cognição*, isto é, de conhecimento da verdade, e de que os meios probatórios que nós estudamos estão, de facto, dirigidos – e podem realmente servir – a alcançar e firmar a verdade"[5]. Também aqui, neste sentido, aplicada ao processo jurisdicional, podemos falar de uma "legitimação segundo o procedimento" (LUHMANN), sendo que este tem por escopo o apuramento da verdade. Nenhum processo (*lato sensu*) está isento de dificuldades. Mas o que verdadeiramente importa é o seu sen-

---

Conselheiro Luís Nunes de Almeida, Coimbra, Coimbra Editora, 2007, p. 551, nota 15. Sobre as tentativas frustradas de introdução de reformas nestes domínios, cfr. JOÃO PAULO DIAS, *O Mundo dos Magistrados*, Coimbra, Almedina, 2004, p. 123 e segs..

[5] Cfr. PIERO CALAMANDREI, *Instituições de Direito Processual Civil*, Vol. III, tradução (de Dias Ferreira) de *Istituzioni di Diritto Processuale Civile*, Campinas, Bookseller, 2003, p. 191.

Disposições gerais 21

tido (o apuramento da verdade) e a possibilidade de êxito. As óbvias dificuldades e a certeza de que o êxito dificilmente é alcançável não justificam qualquer capitulação de princípio. O relativismo gnoseológico, negando a existência ou a possibilidade de alcance da verdade, conformando-se com a prolação de decisões "correctas", e não *justas*, corrói um dos fundamentos da legitimidade do poder judicial e da decisão jurisdicional[6].

2. *Forma processual*. Estamos perante um diploma que institui uma forma processual *comum*[7]. A letra do citado art. 1.°, n.° 1, não permite diferente conclusão: este processo declarativo aplica-se a todos os casos a

---

[6] Reservando para si o monopólio da administração da justiça (com as excepções que a lei admite), o Estado não pode deixar de tentar oferecer a *justa* composição do litígio. Diferentemente, FRANÇA GOUVEIA defende a "procura não tanto da verdade material (sabe-se lá onde ela está), mas da solução *adequada* ao litígio concreto" – cfr. MARIANA FRANÇA GOUVEIA, «Os poderes do juiz na acção declarativa – Em defesa de um processo civil ao serviço do cidadão», *Julgar*, n.° 1, Janeiro-Abril, 2007, p. 55; sublinhado nosso. Assim poderá ser, seguramente, numa instância arbitral voluntária, onde as partes poderão procurar e satisfazer-se com uma "adequada" composição do litígio. A transposição do modelo da mediação ou da arbitragem para o processo civil é claramente assumida por esta Autora, designadamente em *Regime especial*, cit., p. 20, e em MARIANA FRANÇA GOUVEIA, «Poder geral de controlo», *Sub Judice*, n.° 29, Outubro/Dezembro, 2004, p. 15.

[7] Neste sentido, por exemplo, CARVALHO RICARDO, *Regime*, cit., pp. 6 e 7, LUÍS BRITES LAMEIRAS, *Comentário ao Regime Processual Experimental*, Coimbra, Almedina, 2007, p. 12, e PAULA COSTA E SILVA, «A ordem do Juízo de D. João III e o regime processual experimental», *ROA*, Ano 68 (2008), pp. 255 e segs.. Considerando ser esta uma forma de processo especial, cfr. MARIANA FRANÇA GOUVEIA, *Regime Processual Experimental Anotado*, Coimbra, Almedina, 2006, pp. 24, 28, 29 e 83. Esta Autora esclarece, todavia, que a por si afirmada especialidade do processo experimental é determinada "não pelo tipo de matéria em causa, mas pelo tribunal onde está a ser aplicado" – ob. cit., p. 29. Também sustentando estarmos perante um processo especial, cfr. SALVADOR DA COSTA, *A Injunção e as Conexas Acção e Execução*, Coimbra, Almedina, 2008 (6.ª edição), p. 36 e segs., em especial p. 41. No Ac. do TRP de 8 de Abril de 2008, proferido no processo n.° 0820596, publicado em *dgsi.pt*, incluiu-se o RPCE no contexto de "outros procedimentos especiais", como seja o Procedimento de Injunção – entendimento que foi integralmente seguido no Ac. do TRP de 5 de Junho de 2008, proferido no processo n.° 0831362, publicado em *dgsi.pt*, e, agora parcialmente, na Decisão do Presidente do TRP de 30 de Setembro de 2008, proferido no processo n.° 0855853, publicada em *dgsi.pt* e em *trp.pt/conflitos-novocpc*. No Ac. do TRL de 09-06-2009, proferido no processo n.° 4781/07.2TBALM.L1-1, publicado em *dgsi.pt*, é dito instituir o RPCE um "processo especial". Já no Ac. do TRP de 03 de Março de 2009, proferido no processo n.° 0826975, publicado em *dgsi.pt*, a acção é desta forma identificada: "B (...) intentou, *ao abrigo do disposto no DL n.° 108/2006*, contra C (...), *acção declarativa, de condenação, com processo sumário*" – sublinhado nosso.

que não corresponda um processo especial; não estamos perante uma forma de processo especialmente organizado para permitir a realização ou o reconhecimento de um identificado direito substantivo de fisionomia específica – como é apanágio dos processos especiais.

No art. 1.° é dito que é aprovado um "regime processual", e não, simplesmente, um processo. O DL n.° 108/2006 cria uma forma única de processo comum de declaração. Todavia, este diploma enquadra o *processo comum* que institui num regime mais abrangente, contemplando normas gerais aplicáveis a outras formas processuais – cfr. os arts. 3.° a 7.°. Assim se explica a expressão empregue no artigo comentado.

2.1. *Aplicação subsidiária do RPCE*. Da norma contida no art. 1.° do DL n.° 108/2006 não se retira que o novo processo comum não é aplicável *subsidiariamente* aos processos especiais; apenas se extrai que não os *substitui*. Com efeito, a norma em questão apenas fixa o âmbito de aplicação próprio de um processo comum, à semelhança do que sucede com a norma vertida no art. 460.°, n.° 2, 2.ª parte do CPC. Questão diferente é a de saber se, nos tribunais onde vigora o regime experimental, não será este o processo comum subsidiário normal, no lugar do processo comum na forma ordinária.

Deixando bem vincado que o antigo brocardo latino *in claris non fit interpretatio* está hoje caduco, devemos considerar que o regime experimental *apenas* não é aplicável aos processos especiais, ali onde nesses processos se estabelece uma ritologia especial, em razão da especificidade do direito substantivo que eles visam tutelar. Ou seja, o processo experimental aspira a ser universal, mas apenas como processo comum, cedendo o espaço devido aos processos especiais.

Todavia, quando, no processo especial, normalmente a partir de determinada fase, a lei determine que sejam seguidos os termos do processo comum (na forma ordinária, sumária ou sumaríssima, até agora), dever-se-á aplicar o regime processual experimental. Assim deverá suceder, por exemplo, no processo especial para prestação de contas (art. 1014.°-A, n.° 3, do CPC) e, embora seja um incidente sem total autonomia de procedimento, na oposição mediante embargos de terceiro (art. 357.°, n.° 1, do CPC). O novo processo comum experimental não será, contudo, subsidiário do processo especial nos casos de ocorrência improvável em que se chegue à conclusão de que a remissão em causa foi feita para uma concreta forma de processo comum, considerando ainda a especial adequação desta (e de nenhuma outra forma de processo comum) à especificidade do direito substantivo que o processo especial visa tutelar.

Mais duvidosa se afigura ser a aplicação subsidiária do processo experimental nas matérias *gerais* relativamente às quais não é feita uma expressa remissão para o processo comum. Nada sendo estabelecido num processo especial sobre a elaboração da sentença e a forma da fundamentação, é subsidiariamente aplicável o processo ordinário (art. 463.º, n.º 1, do CPC) ou, uma vez que se trata de uma matéria que se furta à especialidade do processo, o novo processo comum único e universal vigente no tribunal? Em coerência com o que ficou dito, isto é, que com o enunciado linguístico do art. 1.º, o legislador apenas quis dizer que não aboliu os processos especiais e que criou um processo comum, único, universal, também aqui é subsidiariamente aplicável o regime experimental[8].

2.2. *Âmbito da aplicação subsidiária.* Contra o entendimento defendido, dir-se-á, com propriedade, que ele apenas se aplica à nova forma comum do processo de declaração, sendo certo que o DL n.º 108/2006 contém disposições comuns ao processo em geral – *v.g.* o instituto da agregação. Este diploma contém cinco capítulos: "Disposições gerais", "Actos em geral", "Processo", "Procedimentos cautelares e processos especiais" e "Disposições finais e transitórias". Ora, apenas o capítulo terceiro ("Processo"), forçosamente integrado pelas normas contidas no capítulo primeiro – que não só lhe emprestam sentido e coerência, como encerram o verdadeiro cerne do novo processo comum –, contém a ritologia própria do processo declarativo experimental. O capítulo segundo ("Actos em geral"), partilhando da mesma técnica de codificação do Código de Processo Civil, dispõe sobre actos comuns a todas as formas de processo, sendo que os capítulos quarto e quinto, como se retira das suas epígrafes, não contêm disposições destinadas a desenhar a nova forma comum.

Nos tribunais onde vigora o DL n.º 108/2006 (e precisando a posição assumida), será o novo processo declarativo comum, previsto nos seus arts. 1.º, 2.º, e 8.º a 15.º, aquele que, por regra, subsidiará todos os restantes processos e procedimentos, no lugar do processo comum na forma ordinária – com precedência sobre este, como lei designada para subsidiar os processos especiais e procedimentos. Não integram o regime subsidiá-

---

[8] O que vale por dizer que o DL n.º 108/2006, de 8 de Junho revogou boa parte das normas contidas nos arts. 460.º a 464.º do CPC, nos tribunais onde vigora.

rio, isto é, a nova forma única de processo comum, as normas previstas nos arts. 3.º a 7.º – para além de outras, menos relevantes.

Entre as normas que não compõem o novo processo comum subsidiário encontram-se algumas das mais emblemáticas da experimentação, como sejam as que prevêem a prática electrónica dos actos e a agregação de acções. Ora, seria um contra-senso não permitir uma experimentação ampla destes novos institutos e procedimentos. Todavia, não pertencendo eles à estrutura privativa do processo comum único, e considerando o teor do art. 1.º, só por força de uma disposição legal expressa, destinada a permiti-lo, poderia a sua aplicação estender-se aos processos especiais. Foi precisamente isso que o legislador fez.

Pelo art. 17.º, a aplicação dos arts. 3.º e 6.º foi estendida aos processos especiais de natureza *declarativa* e aos procedimentos cautelares (que compreendem sempre uma fase de natureza declarativa). Já as novidades *gerais* contidas nos arts. 4.º e 5.º foram, nos números finais destes mesmos artigos, estendidas a todos os processos, independentemente da sua natureza. São, pois, de aplicação subsidiária, no lugar (antes) do processo comum tradicional, as normas vertidas nos arts. 1.º, 2.º, e 8.º a 15.º, sendo o regime contido nos arts. 3.º a 6.º e 16.º de aplicação directa aos processos e procedimentos nele referidos[9].

2.3. *Aplicação subsidiária universal e experimentação legal.* Da circunstância de nos encontrarmos perante uma lei experimental, não pode resultar diferente conclusão. A experimentação legislativa visa ensaiar um modelo de regulamentação que se pretende que venha a ser definitivo. Ou seja, este método de normação consiste em aplicar, num espaço e num tempo limitados, um novo regime legal. Neste ambiente controlado, serão experimentados os novos institutos jurídicos, isto é, serão experimentados todos os efeitos da sua plena aplicação. Dito de outro modo, no âmbito da experimentação, o legislador "deixa à solta" a sua criação, de forma a conhecer *todos* os efeitos da sua vigência[10].

---

[9] Apenas a prática de actos em separado (art. 7.º) deve cingir-se às acções declarativas cíveis a que não corresponda processo especial e a acções especiais para o cumprimento de obrigações pecuniárias emergentes de contratos.

[10] Sobre a experimentação legal, cfr. os comentários 100 e 101; cfr., ainda, Ac. do TC n.º 69/2008, SUSANA ANTAS VIDEIRA, «Regime processual civil experimental – algumas considerações do ponto de vista jurídico-constitucional», *Scientia Iuridica*, n.º 309, Janeiro-Março, 2007, p. 116 e segs, e ALEXANDRE SOUSA PINHEIRO, «Legislação expe-

Experimentação não significa, pois, limitar a aplicação dos novos institutos jurídicos mesmo dentro do espaço e do tempo nos quais a lei experimental vigora; pelo contrário, a experimentação *obriga* a que, neste contexto, as novas normas sejam *totalmente* exploradas (como o seriam ou serão numa lei definitiva), só assim se podendo replicar neste laboratório todos os efeitos e conhecer todos os riscos que a vigência dos institutos encerra.

Ora, se o processo que nos ocupa aspira a ser o novo processo comum único, constituirá ele o regime processual aplicável subsidiariamente aos processos especiais. Isto é, o novo processo terá de assumir todas as funções de um processo comum, designadamente a de constituir a norma da qual se desviam os processos especiais e à qual regressam, por aplicação subsidiária, quando a especialidade não impõe diferente caminho.

Sendo esta a vocação *definitiva* deste processo comum, é esta a sua vocação *experimental*. Limitar o ensaio ao domínio de aplicação directa (enquanto processo comum), não o levando a cabo no âmbito de aplicação subsidiária aos processos especiais, é não experimentar os efeitos desta última aplicação. Esta solução contraria os fins da própria experimentação – salvo se se entender, *o que é absurdo*, que o legislador pretende conhecer os eventuais efeitos da aplicação directa do novo processo, sendo-lhe indiferente que a sua aplicação subsidiária possa ter consequências desastrosas.

2.4. *Processo comum e lei especial*. Resulta do exposto, e retornando à questão inicial, que a opinião que sustenta estarmos perante um processo especial assenta num equívoco, que consiste em confundir a natureza da lei com a natureza do regime processual por ela criado.

O regime processual é claramente *comum*, embora a *lei* que o cria seja *especial*, pois, dada a sua natureza experimental, a sua aplicação sofreu restrições espácio-temporais, previstas, de resto, numa sua norma que não se destina, ao contrário de algumas das restantes, a desenhar, a conformar o processo único criado –, não sendo, para estes efeitos, uma "lei *geral* da República", no sentido outrora considerado no art. 115.°, n.° 4, da Constituição (texto entretanto revogado). Dito de outro modo, estamos perante uma *lei especial*, considerado o seu âmbito de aplicação limitado no espaço e no tempo, que consagra um *processo comum*: onde

---

rimental e princípio da igualdade (Anotação ao Acórdão n.° 69/2008 do Tribunal Constitucional)», *Scientia Iuridica*, n.° 314, Abril-Junho, 2008, p. 309 e segs..

esta lei especial se aplique, o processo comum declarativo vigente é aquele que ela institui ou reconhece.

2.5. *Aplicação da lei no espaço.* Sobre a verificação do pressuposto processual da competência do tribunal, veja-se o comentário ao art. 21.°

3. *Direito adjectivo que subsidia o RPCE.* Não é necessária uma segunda leitura do DL n.° 108/2006 para se concluir que o seu articulado não consagra um guião processual completo, susceptível de regular, por um modo auto-suficiente, todas as fases em que a instância se desenvolve, até atingir o seu fim, isto é, não tem o articulado legal a virtualidade de regular minimamente toda a ritologia de um processo. Muito menos de um processo que aspira a ser o processo comum único, universal.

Desta conclusão nasce, assim, a interrogação: o princípio da legalidade das formas processuais, que postula que os termos do processo estão *previamente* fixados na lei, foi definitivamente postergado, substituído por um novo paradigma processual, no qual a definição (a sua criação e conformação) dos termos processuais é confiada ao juiz, no cumprimento do seu dever de gestão processual?

Se se concluir que a legalidade das formas processuais foi preservada pelo legislador, ainda que possa ter sofrido uma degradação que lhe retira o estatuto de *princípio*, surge-nos uma nova questão a solucionar: quais são as normas do direito adjectivo que subsidiam este novo regime?

3.1. *Forma e garantia.* Que a legalidade das formas processuais, ainda que apenas enquanto regra que admita desvios, não pode ser questionada, afigura-se evidente. A instância que se desenvolve perante o aparelho de justiça estadual não pode prescindir de uma ritologia legal preexistente e orientadora, como condição de satisfação da garantia fundamental de acesso ao direito e à tutela jurisdicional efectiva, prevista no art. 20.° da Constituição da República Portuguesa (cfr., ainda, os arts. 6.° da CEDH, 10.° da DUDH e 14.°, n.° 1, do PIDCP).

O direito fundamental a um processo equitativo compreende não só uma dimensão relacional de igualdade entre as partes, como também, entre outras, de garantia de um processo que permita um acesso à justiça informado e esclarecido; e só assim será livre e efectivo[11]. A complexidade,

---

[11] Embora o princípio do processo equitativo seja mais imediatamente ligado a um estatuto de igualdade substancial das partes, não se esgota nestoutro princípio – cfr. Jorge

Disposições gerais   27

a relevância e a sofisticação do processo judicial, enquanto fenómeno social, são elevadas. A organização, por parte do cidadão, do seu comportamento e do seu discurso, isto é, da sua estratégia processual, dependem, assim, da previsibilidade do fenómeno, da sua suficiente (não exaustiva) normalização; normas estas densificadas por todas as demais dimensões garantísticas do direito constitucional referido. A invocação do direito a um processo equitativo, como direito que não prescinde de um confortável grau de previsibilidade do processo judicial, é tributária de uma ideia de Direito que contém em si, como uma das exigências que lhe é feita, a *certeza jurídica*[12].

Explica CALAMANDREI: "A razão de ser pela qual se sentiu, em todos os tempos, a necessidade de se impor uma minuciosa disciplina jurídica

---

MIRANDA «Constituição e Processo Civil», *Direito e Justiça*, Volume VIII, Tomo 2, 1994, p. 21. Não se concebe como equitativo o processo onde, por exemplo, as partes sejam, "em pé de igualdade", privadas do direito de contraditório ou da disponibilidade do pedido. Sobre o direito fundamental a um processo equitativo, cujo conteúdo não é apenas densificado com a tutela do princípio da igualdade das partes, mas também com a tutela do direito de contraditório e do direito à prova, por exemplo, cfr. CARLOS LOPES DO REGO, «O direito fundamental do acesso aos tribunais e a reforma do processo civil», *Estudos em Homenagem a Cunha Rodrigues*, Vol. I, Coimbra, Coimbra Editora, 2001, p. 743 e segs.. Sobre o tema, cfr. JOAQUIM GOMES CANOTILHO e VITAL MOREIRA, *Constituição da República Portuguesa Anotada*, Volume I, Coimbra, Coimbra Editora, 2007, p. 414 e segs., JORGE MIRANDA e RUI MEDEIROS, *Constituição Portuguesa Anotada*, Tomo I, Coimbra, Coimbra, 2005, p. 192 e segs., e JOSÉ LEBRE DE FREITAS, *Introdução ao Processo Civil – Conceito e Princípios Gerais*, Coimbra, Coimbra Editora, 2006, p. 85 e segs., e 107 e segs..

[12] Sobre a ideia de "certeza jurídica", cfr. JOÃO BAPTISTA MACHADO, *Introdução ao Direito e ao Discurso Legitimador*, Coimbra, Almedina, 1989, pp. 55 e segs.. Sobre a exigência de segurança e de previsibilidade do processo, cfr. LUÍS CORREIA DE MENDONÇA, «Processo civil líquido e garantias (O Regime Processual Experimental Português)», *Themis*, Ano VIII, n.º 14, 2007, p. 75 segs.. Não havendo um modelo constitucional de processo civil, não pode este, todavia, deixar de respeitar os direitos fundamentais previstos nos arts. 20.º da CRP, 6.º da CEDH, 10.º da DUDH e 14.º, n.º 1, do PIDCP – assim, JORGE MIRANDA e RUI MEDEIROS, *Constituição*, cit., Tomo I, p. 196., e RIBEIRO MENDES, «Constituição», cit., p. 562 e segs.. TEIXEIRA DA CRUZ, ainda no decurso do processo legislativo, entendia ser "inaceitável" o regime processual civil experimental que se anunciava, pois "passamos de um quadro excessivamente formalista para a ausência total de regras, para o desconhecimento do regime aplicável, para a desigualdade mais absurda. Como actuar com regras que se não conhecem? Duas situações em tudo iguais podem ter tramitações absolutamente diferentes... recuámos mais de dois séculos" – cfr. PAULA TEIXEIRA DA CRUZ, entrevista à *Vida Judiciária*, n.º 104, Setembro de 2006.

para este diálogo entre as pessoas, ao qual se reduz, em resumo, todo o processo, deve ser buscada na natureza especial da providência à qual estão preordenadas todas as actividades processuais. Carácter essencial do direito é a certeza, e esta não existe se não for certo que, em caso de inobservância do direito, será posta em prática a garantia jurisdicional para fazê-lo observar. Mas, por sua vez, esta certeza não existiria se o indivíduo que pede justiça não soubesse exactamente quais são os actos que deve realizar para obtê-la, quais são as vias a que deve recorrer para chegar ao juiz, para fazer-se ouvir por ele e para obter, concretamente, aquela garantia jurisdicional que a norma promete abstractamente. (...) Assim, as formas processuais, ao imporem uma certa ordem e um certo modo de expressão às deduções das partes, e ao proibirem que o juiz leve em conta as defesas apresentadas de formas diferentes, asseguram o respeito pelo contraditório e pela igualdade das partes"[13].

São, pois, de rejeitar quaisquer respostas extremadas para o problema aqui tratado, no sentido de, no novo processo comum unificado, sacrificando-se o *ius strictum* perante o *ius aequum*, não existir qualquer *prévio* guião processual que sirva de suporte à acção, cabendo ao juiz, a coberto de um poder-dever de gestão processual, munido de todos os subsídios que a sua imaginação consiga abarcar – desde a legislação processual civil vigente no restante território, até às normas privativas do processo administrativo, passando, quem sabe, por normas do processo penal até já revogadas –, escolher (ou inventar) *à la carte* os actos que irão integrar cada acção concreta, o seu conteúdo e a sua sequência, que depois comunicará às partes.

Há uma forma legal processual a seguir, por regra, sem prejuízo do cumprimento do dever de gestão processual, isto é, mais precisamente, do dever de adopção da forma mais adequada, nos moldes analisados no comentário ao art. 2.º. A *garantia* da existência desta forma, enquanto regra, constitui, assim, o primeiro limite ao exercício do poder-dever de gestão processual.

3.2. *Legalidade da forma: de princípio a regra.* Dando resposta à primeira questão colocada, devemos concluir que a legalidade das formas processuais, ao menos enquanto *regra*, a admitir desvios, não foi abandonada pelo legislador do DL n.º 108/2006.

---

[13] *Instituições*, cit., Vol. 1, pp. 267-268.

Disposições gerais 29

A exposição de motivos do diploma é elucidativa na afirmação da existência (sobrevivência) de um "formalismo processual" – expressão aqui utilizada no sentido de processo legal – e de *regras* preexistentes: "Mitiga-se o formalismo processual civil, dirigindo o juiz para uma visão crítica das regras". Mais adiante, novamente se faz alusão à preexistência de uma forma legal *e à sua prevalência*, quando se afirma, a propósito da apresentação dos meios de prova, que *permanece intocada* a faculdade "de adicionar ou alterar o rol de testemunhas até 20 dias antes do início da audiência final".

4. *Legalidade da forma e gestão processual*. O dever de gestão processual, na sua concretização na norma contida na 1.ª parte da al. *a)* do art. 2.º (dever de adopção da forma mais adequada), não converte o Código de Processo Civil num prontuário onde são arrecadadas formas e actos processuais, a serem utilizados ao sabor da imaginação, da intuição e do arbítrio do juiz.

Quando, em cumprimento do *dever de adopção da forma mais adequada*, o juiz afasta a forma legal supletiva – supletividade que melhor se analisará no comentário ao art. 2.º –, estamos, ainda e tão só, no domínio da adequação da tramitação legal à especificidade da lide. Não existe, pois, um dever geral de conformação da tramitação do caso concreto que imponha ao juiz que, em cada acção, expressa ou tacitamente, arquitecte *toda* a sua estrutura processual.

Satisfazendo o *dever de jurisdição*, o juiz tem a obrigação de surpreender em cada litígio, no âmbito deste como de outros institutos, os pressupostos legais dos quais a lei faz depender a produção de determinados efeitos jurídicos. Mas não tem um dever de estruturar originariamente o processo do caso concreto. Dito de outro modo e reduzindo a argumentação à novidade terminológica, embora o dever de gestão processual obrigue o juiz a velar pela satisfação dos fins do processo, apenas a (previsão da) *concreta* ocorrência de uma ineficácia ou de uma ineficiência faz surgir o dever (de adequação) de operar uma *alteração* ao guião processual legal. A maior *plasticidade processual* permitida e desejada só se concretiza, *quando se concretiza*, perante efectivas interpelações da instância particular.

Assim sucede mesmo quando a intervenção ocorre de um modo generalizado, designadamente com a prolação sistemática (em todas as acções) de despacho liminar. Também nestes casos, a intervenção do juiz não se destina a satisfazer uma (inexistente) necessidade de criar uma forma-base para o processo concreto, que já a tem na forma legal, embora possa, então, modificá-la.

Não é diferente o processo que conduz à aplicação da norma que consagra o dever de adequação formal (art. 265.º-A do CPC) do processo de aplicação da norma que prevê o dever de adopção da tramitação adequada (art. 2.º, al. a), 1.ª parte). A intervenção do juiz sobre a forma legal preexistente continua, como não podia deixar de continuar, a estar dependente da verificação do pressuposto legal que a justifica. Como melhor se exporá no comentário ao art. 2.º, apenas é alterado este pressuposto (o que já é muito): antes, a ineficácia da forma legal; agora, esta ineficácia ou a ineficiência da forma.

O sistema que se nos depara não é, pois, o da liberdade das formas ou o da forma legal; nem mesmo é o da "disciplina judicial das formas".

Escreveu, há mais de 60 anos, CALAMANDREI: "Como reacção natural contra essas degenerações formalistas do processo, surgem periodicamente na história dos institutos jurídicos correntes científicas e legislativas hostis às formas processuais. Também nestes últimos anos (...), manifestou-se uma certa tendência para abolir e limitar, também no campo das formas do procedimento, a disciplina legal pré constituída, substituindo-a pelo poder discricionário do juiz, ao qual deveria ser confiado o ofício de estabelecer, caso a caso, o procedimento que considere melhor se adaptar concretamente à causa singular. Deste modo, entre os dois sistemas, o da legalidade e o da liberdade, seria introduzido um terceiro sistema, que se poderia chamar de *disciplina judicial das formas*, segundo o qual as formas processuais não seriam deixadas sem regulamentação, ao arbítrio das partes, mas estariam sujeitas em qualquer procedimento às regras especiais fixadas, caso a caso, pelo mesmo juiz ante o qual o processo se inicia"[14].

No RPCE, a forma a seguir encontra-se previamente fixada na lei. Todavia, o *desvio* à forma legal por determinação judicial (em pronúncia fundamentada) deixa de ser censurado com a nulidade do acto, sendo antes

---

[14] *Instituições*, cit., Vol. 1, p. 269. Elencando como tópicos das vantagens e inconvenientes, entre o sistema da legalidade das formas e o sistema da liberdade de forma, (1) a garantia e certeza oferecidas pela forma, (2) a celeridade processual e (3) a realização da justiça material, cfr. PEDRO MADEIRA DE BRITO, «O novo princípio da adequação formal», *Aspectos do Novo Processo Civil*, Lisboa, Lex, 1997, pp. 33 e 34.

Disposições gerais

incentivado, sempre que se revele ser uma *via* mais adequada à satisfação dos fins da actividade desenvolvida e do processo.

Concluindo: no âmbito de aplicação do DL n.° 108/2006, o processo *não está dependente de um acto criador do juiz*, expresso ou tácito, *para existir* na acção individual concreta. O "verbo" processual inicial, *preexistente*, é, e será sempre, a forma legal; nunca o juiz. A instância não enfrenta o vácuo processual, quando é instaurada a acção[15].

5. *Direito adjectivo que subsidia o RPCE (continuado).* Retornando à questão colocada, há que identificar as normas do direito adjectivo preexistente que, subsidiando o articulado do DL n.° 108/2006, permitem, conjuntamente com este, desenhar a tramitação normal do novo processo comum.

Resulta do disposto no n.° 1 do art. 463.° do CPC que o regime subsidiário aplicável aos processos sumário e especial (na falta de disposição própria ou geral) é "o que se acha estabelecido para o processo ordinário". Todavia, como vimos, o DL n.° 108/2006 não consagra uma forma *especial* de processo, mas sim uma forma (a forma única) de processo *comum*. Assim sendo, a letra da norma do CPC agora referida não prevê expressamente a hipótese em discussão – nem podia prever, no contexto em que foi criada.

---

[15] Não acompanhamos, pois, Brites Lameiras, quando este Autor defende que, "mesmo quando o juiz adere à *tramitação estabelecida pela lei*, (…) o alicerce de legitimidade dessa concreta tramitação (…) não resulta rigorosamente da lei, mas da decisão (…)" – Brites Lameiras, *Comentário*, cit., pp. 31-32 (mas também pp. 12, 33 e 37). Ainda sobre o tema, cfr. Correia de Mendonça, «Processo», cit., pp. 94 e 108. Não se pode retirar diferente conclusão da circunstância de o texto legal exigir ao tribunal que *adopte* a tramitação processual adequada, e não que a *adapte* uma forma legal preexistente, sob pena de se exagerar, na interpretação da lei, o peso do argumento literal. De todo o modo, se se enveredar por esse caminho, rapidamente nos apercebemos que ele conduz ao destino indicado no comentário. *Adoptar* não se confunde com *gerar* ou *criar*. No direito comparado continental, o único exemplo tido por interessante no Estudo Preliminar é recolhido do ordenamento jurídico alemão. O processo simplificado previsto na ZPO (§§ 495 e segs.) possibilita ao tribunal determinar a tramitação processual segundo a equidade, sempre com respeito pelos princípios da publicidade do processo, do contraditório, da igualdade das partes, da imparcialidade e da independência do tribunal (isto é, o respeito pelo direito a um processo equitativo) – cfr. França Gouveia, *Regime especial*, cit., pp. 6 e 7, e Othmar Jauernig, *Direito Processual Civil*, tradução (de Silveira Ramos) da 25.ª edição de *Zivilprozessrecht: ein Studienbuch*, de 1998, Coimbra, Almedina, 2002, pp. 356-357. Sobre a direcção do processo pelo juiz no direito alemão, cfr. Othmar Jauernig, *Direito*, cit., p. 401.

Impõe-se, no entanto, perguntar se ela poderá ser aqui aplicada, após ser interpretada de modo actualista. Na resposta a dar a esta questão, seguindo a lição de Artur Anselmo de Castro, devemos ter presente que, na interpretação da lei processual civil, os critérios hermenêuticos a utilizar não são diferentes dos utilizados para a interpretação da lei substantiva, tendo, todavia a interpretação actualista de prestar especial tributo ao elemento sistemático, dado o processo ser fortemente dominado por um conjunto de princípios gerais[16].

5.1. *Normas gerais do processo comum.* O desenvolvimento da instância na forma de processo comum, os seus actos e termos foram regulados de maneira exaustiva na (sub)forma *ordinária*, constituindo esta um modelo processual completo e autónomo, como um processo-tipo. Optou o legislador do nosso Código de Processo Civil por integrar no processo ordinário *disposições gerais e comuns* a todas as formas de processo; disposições que, em rigor, poderiam constar de uma parte geral, partilhada por todas as formas de processo. A razão de ser desta opção é-nos dada por Alberto dos Reis: quis-se "pôr diante dos olhos de quem compulsar o Código um processo tão completo quanto possível, para se ficar com uma ideia nítida do movimento da causa em juízo"[17].

Diferentemente do que sucede com a forma de processo ordinária, todas as restantes formas de processo, comum e especial, carecem de ser constantemente integradas por normas sobre a ritologia processual não incluídas nos seus subtítulos, capítulos ou secções, já que as disposições que lhes são próprias apenas regulam os poucos aspectos relativamente aos quais o legislador pretendeu estabelecer um *desvio ao regime geral.* Onde o desvio não foi desejado, isto é, expressamente consagrado, dever-se-á lançar mão das disposições gerais do processo.

Ora, como se viu, estas *disposições gerais e comuns*, que tendencialmente constituem o tronco partilhado por todos os processos, foram incluídas nos capítulos que regulamentam o processo ordinário. Assim se explica a norma contida no n.º 1 do art. 463.º do CPC: quando uma forma processual, comum ou especial, pela incompletude do regime estabelecido, pressupuser a existência de um regime processual geral, este regime pode ser encontrado (*integrado*) na forma comum ordinária.

---

[16] Cfr. Artur Anselmo de Castro, *Direito Processual Civil Declaratório*, Vol. I, Coimbra, Almedina, 1981, pp. 43 e 44.

[17] Cfr. José Alberto dos Reis, *Código de Processo Civil Anotado*, Volume II, Coimbra, Coimbra Editora, 1981, p. 305.

5.2. *Regime subsidiário*. Aqui chegados, podemos concluir que, nas parcelas do território nacional onde vigora o novo processo comum unitário instituído pelo DL n.º 108/2006, a aplicação subsidiária das *disposições gerais* integradas, por opção do legislador, na forma de processo ordinária, e não, como é da sua natureza, numa parte geral, às acções experimentais encontra-se abrangida pelo espírito da norma contida no n.º 1 do art. 463.º do CPC. Neste sentido depõe, ainda, o texto preambular do diploma comentado, onde, por exemplo, se afirma, a propósito da apresentação dos meios de prova, que *permanece intocada* a possibilidade "de adicionar ou alterar o rol de testemunhas até 20 dias antes do início da audiência final", fazendo-se, assim, referência a uma norma prevista para o processo ordinário (art. 512.º-A do CPC).

No contexto desta discussão, é aqui que se desenha a estrutura *legal* do novo processo comum: a aplicação *subsidiária* das *normas gerais* integradas na forma de processo ordinária é *necessária* (*prioritária*), isto é, estas normas integram a estrutura do novo processo comum unitário, não podendo o tribunal deixar de seguir o conjunto de actos encadeados e as formalidades destes naquelas previstas, salvo no expresso e *fundamentado* cumprimento do *dever de adopção da forma mais adequada* – integrado no dever geral de gestão processual. *Se*, por hipótese, *for indiferente*, para a melhor e mais célere satisfação dos fins do processo, adoptar, numa acção declarativa de processo comum unificado, *normas gerais* integradas na (antiga) forma de processo ordinária ou, por exemplo, *normas específicas* de um processo especial, o tribunal não pode escolher a tramitação a adoptar, devendo seguir aquela que o legislador quis: as normas gerais do processo comum, que o legislador fez constar na forma ordinária.

Todavia, quando estivermos perante normas integradas nos capítulos que regulamentam o processo ordinário que *não sejam gerais*, já não estará o tribunal vinculado a aplicá-las; normas estas que podem ser detectadas pelo confronto do processo ordinário com o regime previsto para as restantes formas de processo *comum* contidas no Código de Processo Civil. Se houver norma própria para os processos sumário ou sumaríssimo, então a norma prevista sobre a mesma matéria para o processo ordinário não é uma norma geral do processo comum[18].

---

[18] Considerando subsidiária, embora temperada com a boa gestão processual, *toda* a ritologia do processo ordinário, cfr. CARVALHO RICARDO, *Regime*, cit., pp. 8 e 9. Ainda sobre o tema, cfr. BRITES LAMEIRAS, *Comentário*, cit., p. 13 e 39, e FRANÇA GOUVEIA, *Regime Processual*, cit., p. 25 e 85. No Ac. do TRP de 15 de Julho de 2009, proferido no

34 Regime Processual Civil Experimental Comentado

5.3. *Regime subsidiário: exemplos*. Do raciocínio expendido resulta, a título de mero exemplo, que as normas da fase do saneamento processual (arts. 508.º a 508.º-B do CPC) *não* são de aplicação "necessária", não integrando o regime subsidiário do DL n.º 108/2006. Na falta de norma expressa vertida nos números do art. 10.º que preveja a solução para um problema processual concreto a resolver nesta fase, o juiz *não tem* de resolvê-lo recorrendo *prioritariamente* à aplicação subsidiária do processo ordinário, embora o possa fazer – tal como pode recorrer às normas de outra forma de processo comum ou especial ou, ainda, criar, fundamentando, uma tramitação híbrida[19].

Ainda como exemplo, temos as normas que regulam os debates sobre a matéria de facto e o aspecto jurídico da causa (arts. 652.º, n.º 2, al. e), n.º 5, 790.º, 1, e 796.º, n.º 6, do CPC): desde que assegure o respeito pelos princípios da imparcialidade, do contraditório (efectivo) e da igualdade de armas, o tribunal não está vinculado pelas normas que fixam os limites de duração para as alegações ou a proibição (faculdade) de alegação em réplica.

Como último exemplo, pode-se referir que a necessária realização da perícia por um colégio de três árbitros, quando requerida (art. 569.º, n.º 1, al. *b*), do CPC), não integra o regime legal subsidiário, pois não estamos perante uma norma geral do processo comum – cfr. o art. 796.º, n.º 5, *in fine*, do CPC[20].

---

processo n.º 1550/08.6TJPRT.P1, publicado em *dgsi.pt*, anulou-se "o processado a partir da audiência de julgamento" (por deficiente gravação da prova), por desvio à forma legal *prevista no CPC*. Estando a acção submetida ao RPCE, a prova não ficou registada, não porque tivesse havido qualquer despacho do juiz a recusar o registo, mas por deficiente gravação, considerando-se, como tal, de *aplicação subsidiária* as normas que no processo comum regem esta matéria. Também no Ac. do TRP de 09 de Julho de 2009, proferido no processo n.º 1720/08.7TJPRT.P1 (submetido ao RPCE), publicado em *dgsi.pt*, entendeu-se ser nula a sentença por violação do disposto *no art. 660.º, n.º 1, do CPC*. No Ac. do TRL de 4 de Dezembro de 2008, proferido no processo n.º 8750/2008-2, publicado em *dgsi.pt*, não se tomando posição sobre a natureza (comum ou especial) desta forma processual (por ser questão irrelevante), entendeu-se que "subsidiariamente aplicam-se ao aludido regime as disposições gerais e comuns do Código de Processo Civil", designadamente para efeitos de preenchimento dos pressuposto processuais.

[19] Sobre a tramitação a adoptar, findos os articulados, cfr. França Gouveia, «A acção», cit., p. 141, e Nuno de Lemos Jorge, «Notas sobre o regime processual experimental», *Novas Exigências do Processo Civil – Organização, Celeridade e Eficácia*, Coimbra, Coimbra Editora, 2007, p. 196.

[20] José Fialho considera que a (requerida) realização da perícia por um colégio de três árbitros integra o regime subsidiário (art. 569.º, n.º 1, al. *b*), do CPC), mas que deve

Disposições gerais 35

ARTIGO 2.°[21]
Dever de gestão processual

O juiz dirige o processo, devendo nomeadamente:
a) Adoptar a tramitação processual adequada às especificidades da causa e adaptar o conteúdo e a forma dos actos processuais ao fim que visam atingir;
b) Garantir que não são praticados actos inúteis, recusando o que for impertinente ou meramente dilatório;
c) Adoptar os mecanismos de agilização processual previstos na lei.

Sumário – **6.** Dever de gestão processual. **6.1.** Gestão processual tipificada. **6.2.** Gestão processual atípica. **6.3.** Âmbito da gestão processual. **7.** Gestão processual no RPCE. **7.1.** Adopção da forma e adaptação do conteúdo do acto. **7.1.1.** Eficiência processual como escopo. **7.1.2.** Dispensa de contraditório. **7.1.3.** Supletividade da forma legal. **7.1.4.** Garantia e apuro da forma legal. **7.2.** Utilidade do acto processual. **7.3.** Dever de agilização processual. **8.** Poder discricionário, poder vinculado e recorribilidade. **8.1.** Gestão processual como instituto jurídico heterogéneo. **8.2.** Recorribilidade do despacho de gestão processual. **8.3.** Omissão da gestão devida. **8.4.** Caso julgado da decisão de gestão processual. **9.** Conteúdo do dever de gestão processual. **9.1.** Papel do juiz. **9.2.** Condições da gestão processual. **9.3.** Gestão de um processo. **10.** Perigos e desassossegos.

6. *Dever de gestão processual.* Gestão processual é a direcção activa e dinâmica do processo, tendo em vista, quer a rápida e justa resolução do litígio, quer a melhor organização do trabalho do tribunal. Mitigando

---

ser recusada, *no exercício do dever de gestão processual*, nas causas de menor dimensão (às quais seria anteriormente aplicável, pelo seu valor e objecto, o processo sumaríssimo) – ANTÓNIO JOSÉ FIALHO, «Simplificação e gestão processual», *Regime Processual Civil Experimental – Simplificação e Gestão Processual*, Braga, Cejur, 2008, p. 69. Resulta do comentário que entendemos que o dever de gestão processual não tem aqui o papel (negativo) de *afastar* a aplicação desse regime, mas sim o de, *positivamente*, se necessário, conformar o "indeterminado" guião processual a seguir.

[21] Redacção da al. *a)* rectificada pela Declaração de Rectificação n.° 48/2006, de 7 de Agosto.

"o formalismo processual civil", assente numa "visão crítica das regras", a satisfação do dever de gestão processual destina-se a garantir uma mais eficiente tramitação da causa, a satisfação do fim do processo ou a satisfação do fim do acto processual.

Tal como vem afirmado na exposição de motivos do DL n.° 108/ /2006, do dever de gestão processual "decorrem, para o juiz, os imperativos de adoptar a tramitação processual adequada às especificidades da causa", de adaptar "o conteúdo e a forma dos actos ao fim que visam atingir e de garantir que não são praticados actos inúteis, tendo ainda de fazer uso dos mecanismos de agilização processual que a lei estabelece".

A satisfação desde dever tanto pode, assim, dirigir-se imediatamente à satisfação do fim tutelado pela norma que prevê o acto – por exemplo, a garantia de um efectivo direito de contraditório, quando é prorrogado um prazo para defesa –, como pode visar, sem prejuízo do fim último de justa composição do litígio, obter ganhos de eficiência – assim acontece na dispensa de elaboração de base instrutória, quando a simplicidade da causa o permite[22] –, como pode, ainda, dirigir-se directamente à realização daquele fim último – propósito presente quando o tribunal determina oficiosamente a produção de um meio de prova[23].

Na análise da novidade legislativa, é o segundo dos âmbitos de aplicação assinalados, directamente dirigido à *eficiência processual*, aquele que nos deve merecer maior atenção.

6.1. *Gestão processual tipificada.* O dever de gestão processual é satisfeito, como não podia deixar de ser, através da aplicação de normas habilitadoras, de "mormas-ferramenta" especialmente concebidas para permitirem ao juiz, como vimos, temperar ou mitigar o formalismo processual. Neste pressuposto, devemos considerar que o emprego do advérbio "nomeadamente" no corpo do art. 2.°, destina-se apenas a sublinhar que existem outras normas vocacionadas para satisfação deste dever; dele não se podendo retirar que o legislador quis atribuir ao juiz o poder-dever

---

[22] MADEIRA DE BRITO entende, no entanto, que a opção entre formas legais alternativas não constitui uma adequação processual – «O novo», cit., p. 40. Todavia, ainda que assim se entenda, não deixará ela de integrar a gestão processual.

[23] Sobre a possibilidade de o dever de gestão processual poder estar ligado ao mérito da causa e à verdade, cfr. FRANÇA GOUVEIA, «A acção», cit., p. 142. Sobre o tema, cfr., ainda, NUNO DE LEMOS JORGE, «Os poderes instrutórios do juiz: alguns problemas», *Julgar*, n.° 3, Setembro-Dezembro, 2007, p. 61 e segs..

de dirigir o processo em sentido não consentido por uma qualquer (outra) norma habilitadora positivada.

Estas normas surgem-nos em dois contextos distintos.

Por um lado, temos as normas habilitadoras inseridas no âmbito de um instituto específico, fixando um (sub)regime especial – quando não excepcional –, ocasionalmente susceptível de ser adoptado analogicamente[24]. São comandos que consagram soluções que poderiam ser consideradas atentatórias de princípios estruturantes do processo civil, se estribadas apenas nas restantes normas habilitadoras gerais, ou que consagram soluções que visam dirimir conflitos entre dois destes princípios. As decisões em questão são frequentemente tomadas sem prévio contraditório.

O risco de a adopção da solução processual em causa criar a aparência de violação de um princípio geral do processo civil ou, noutros casos, a circunstância de tal solução originar a compressão de um destes princípios, de modo a garantir que outro não será comprimido em maior grau, justifica a criação de uma norma específica (expressa) consagrando tal solução – assim ficando a actuação do tribunal dotada de uma mais evidente cobertura legal. Na aplicação destas normas, importa ter presente que alguns dos princípios em causa têm dignidade constitucional, estando dotados de uma força jurídica reforçada, não admitindo restrições, mesmo de fonte legal, que não se atenham ao estritamente necessário à salvaguarda de outros direitos constitucionalmente protegidos[25].

Entre outros exemplos deste tipo de norma, que não visa forçosamente obter maior celeridade processual, mas sim, por exemplo, garantir um efectivo direito de defesa e do contraditório ou contribuir para a composição justa do litígio, temos a possibilidade de o juiz prorrogar o prazo para contestação (art. 486.º, n.ᵒˢ 5 e 6, do CPC), convidar a parte ao aperfeiçoamento de articulados (al. *a*) do n.º 1 do art. 508.º do CPC) ou determinar oficiosamente a produção de diversos meios de prova (entre outros, art. 653.º, n.º 1, do CPC).

6.2. *Gestão processual atípica.* De outro lado, temos as ferramentas "multiusos", as normas habilitadoras de carácter mais abrangente, de que são exemplo as normas vertidas nas diversas alíneas do art. 2.º do DL

---

[24] Sobre a aplicação analógica de normas excepcionais, cfr. BAPTISTA MACHADO, *Introdução*, cit., p. 327.

[25] Cfr. o art. 18.º da Constituição da República Portuguesa. Sobre o tema, cfr. GOMES CANOTILHO e VITAL MOREIRA, *Constituição*, cit., pp. 388 e 391 e segs..

n.º 108/2006, agrupadas sob a elucidativa epígrafe "Dever de gestão processual"[26].

A aplicação destas normas é, em regra, precedida do contraditório apropriado. O seu campo de aplicação esconde menos perigos para os princípios que informam e enformam o processo civil, pretendendo-se com o seu uso garantir a satisfação de um deles, normalmente a celeridade ou a economia processuais, *sem qualquer sacrifício para os restantes*. Aliás, escusado seria dizê-lo, por apodíctico, as garantias e os princípios gerais do processo civil constituem sempre limites intangíveis da gestão processual – por exemplo, a garantia de imparcialidade do tribunal e os princípios do dispositivo, do contraditório, da preclusão, da igualdade das partes e do caso julgado formal (nos moldes adiante melhor analisados).

6.3. *Âmbito da gestão processual.* É essencial, antes de se avançar, esclarecer desde já um equívoco que tem inquinado muitos dos mais animados debates mantidos em torno do dever de gestão processual – como seja o que se desenvolve em volta da natureza discricionária (ou não) dos despachos proferidos sob a sua égide ou da sua recorribilidade.

A actividade desenvolvida pelo juiz com significado externo constitui sempre uma manifestação de poder – do poder judicial. Todavia, em momento algum este exercício do poder está na disponibilidade do seu titular, para o exercer de acordo com a sua livre vontade. Todo o poder exercido pelo juiz – quer surja no âmbito de uma actividade apelidada de jurisdicional, quer seja de mero expediente[27]; quer seja tido por discricionário[28], quer seja marcadamente vinculado – é um *poder funcional*, apenas sendo legítimo o seu exercício quando orientado para servir os fins que justificaram a sua outorga. A natureza de "poder-dever" não é, assim,

---

[26] Os princípios da *limitação dos actos* ou da *economia processual*, da *adequação e instrumentalidade da forma*, da *direcção do processo* e da *adequação processual* encontram-se hoje especialmente vertidos nas normas contidas nos arts. 137.º, 138.º, n.º 1, 265.º, n.º 1, e 265.º-A do CPC.

[27] Os despachos podem ser decisórios ou jurisdicionais e não decisórios ou de mero expediente. Os primeiros são os que decidem qualquer questão suscitada no processo, com repercussões sobre os direitos das partes; os segundos destinam-se a ordenar os termos do processo, *deixando inalterados os direitos das partes* – assim, ANSELMO DE CASTRO, *Direito*, cit., Vol. III, 1982, p. 95.

[28] Para marcar a natureza do poder discricionário judicial, nos antípodas da arbitrariedade, utilizam-se, por vezes, conceitos como o de «discricionariedade vinculada» ou de «discricionariedade exercida em função dos deveres do cargo».

Disposições gerais

um sinal distintivo de um concreto poder (dever) exercido pelo juiz; *é uma característica comungada por toda a sua actividade*.

Não tem, pois, sentido apelar-se à ideia de *"poder-dever* de gestão processual" para dela se extraírem consequências significativas, designadamente sobre a recorribilidade dos despachos proferidos no âmbito desta actividade. Esta classificação, aqui importada do direito *privado substantivo*, assume escassa relevância operativa, pois não permite distinguir esta função do juiz de todas as demais – o que já não sucede com as classificações de "mero expediente", "jurisdicional" ou "discricionário".

Acresce que a gestão processual é um *instituto jurídico abrangente e complexo* – recorde-se o advérbio utilizado no corpo do art. 2.º: "nomeadamente". Este instituto é integrado por normas, estrutural e funcionalmente, muito diferentes entre si, unindo-as o fim que servem – a já mencionada direcção activa e dinâmica do processo, tendo em vista a rápida e justa resolução da causa e a melhor organização do trabalho do tribunal. Não será, pois, adequado falar-se de um genérico "poder-dever vinculado" de gestão processual. O instituto que nos ocupa é integrado por normas que consagram poderes cujo exercício pode ser, como é regra num Estado de direito, sindicado por outras instâncias (ditos vinculados), por normas que confiam determinadas decisões ao prudente arbítrio do juiz (consagrando um poder discricionário) e, finalmente, por normas destinadas a regular o andamento do processo, sem interferir no litígio em juízo (sendo efectivadas por despachos de mero expediente).

Assim se compreendendo este instituto, como inquestionavelmente se deve compreender, deixa de fazer sentido perguntar se são, *em geral*, recorríveis os despachos proferidos ao abrigo de normas nele integradas, se os poderes exercidos são discricionários ou se se forma caso julgado sobre o despacho de gestão, pois a resposta será sempre *depende*; depende da norma habilitadora concreta, designadamente do efeito jurídico por ela estabelecido. Voltaremos a este assunto com outro desenvolvimento. Por agora, aqui fica a justificação para a expressão utilizada com maior frequência (*dever* de gestão), com a circunstância de estar o juiz vinculado por lei a bem gerir o processo, sendo a gestão processual, acima de tudo, neste sentido lato, um dever (de jurisdição) do juiz.

7. *Gestão processual no RPCE*. No DL n.º 108/2006, o dever de gestão processual vem previsto nas três alíneas do seu art. 2.º.

7.1. *Adopção da forma e adaptação do conteúdo do acto.* A norma vertida na alínea *a)* – "adoptar a tramitação processual adequada às especificidades da causa e adaptar[29] o conteúdo e a forma dos actos ao fim que visam atingir" – é, sem dúvida, a "jóia da coroa" deste instituto.

Estamos aqui perante conceitos indeterminados, como tal insusceptíveis de serem concretizados através de uma definição estanque. Numa aproximação possível, poder-se-á dizer que as especificidades da causa são as suas características (incomuns) que impedem ou condicionam a eficácia ou a eficiência de uma tramitação prevista na lei, normalmente dotada destas características. O conteúdo dos actos é composto pela sua estrutura e objecto (actos escritos, em especial), bem como pelas suas formalidades e rito (audiências e demais actos). A forma diz, *ainda*, respeito à ordenação dos actos entre si. O fim do o acto é o efeito que por seu intermédio se pretende obter.

Consagra esta alínea o *dever de adopção da forma mais adequada.* Quer na *adopção* da tramitação processual mais adequada, quer na *adaptação* do conteúdo e da forma dos actos ao seu fim, este dever é sempre satisfeito através da conformação casuística do processo. Não existindo diferenças de fundo entre as duas actividades – visando ambas permitir a boa gestão da causa, mediante uma acção *individualizada* sobre os meios processuais –, mas apenas de âmbito, ao dever de *adaptação* do conteúdo e da forma dos actos ao seu fim terá de ser dado um enquadramento jurídico paralelo ao que adiante se desenvolve a propósito do dever de *adopção* da forma mais adequada[30].

Importa sublinhar liminarmente que o regime aqui previsto é inovador, relativamente ao previsto no art. 265.°-A do CPC[31]. Todos os subsí-

---

[29] Cfr. a Declaração de Rectificação n.° 48/2006, de 7 de Agosto.

[30] Sendo o primeiro sempre orientada pelos princípios da idoneidade técnica e da economia da forma.

[31] Dispõe este: "Quando a tramitação processual prevista na lei não se adequar às especificidades da causa, deve o juiz oficiosamente, ouvidas as partes, determinar a prática dos actos que melhor se ajustem ao fim do processo, bem como as necessárias adaptações". Sustentando que "aquilo que este preceito [art. 2.°] sugere não é nada que não seja já garantido, nomeadamente pelos arts. 137.°, 265.°, n.° 1, 265.°, n.° 2, 265.°, n.° 3 e 265.°-A do CPC", cfr. ANTÓNIO MONTALVÃO MACHADO e PAULO PIMENTA, *O Novo Processo Civil*, Coimbra, Almedina, 2008, p. 277. Já perante o documento de trabalho de 11 de Janeiro de 2006, PAULO PIMENTA entendia, no entanto, que o art. 2.° só constituirá novidade para os mais distraídos – cfr. PAULO PIMENTA, «Breves Considerações Acerca do

dios interpretativos apontam neste sentido: desde a letra da lei, quer considerada isoladamente, quer pela novidade que comporta relativamente referido art. 265.°-A, até ao contexto legiferante no qual ela nasce – dito reformista –, passando pelo decisivo contributo hermenêutico que nos é dado pela exposição de motivos. Este carácter inovador não lhe é emprestado pela segunda parte da norma experimental (*adaptar o conteúdo dos actos*), embora se tenha presente que ela vem contrariar o entendimento dominante sobre o âmbito do princípio da adequação formal – dele se excluindo, defendia-se, a conformação do conteúdo dos actos processuais –, pois sempre entendemos que o disposto no referido art. 265.°-A já permite adequar as formalidades intrínsecas dos actos processuais ao caso concreto[32]. Tal carácter resulta, sim, da eliminação do requisito negativo pre-

---

Anunciado Regime Processual Especial e Experimental"», *BOA*, 40 (2006), pp. 32 a 39. Costa e Silva sustenta que, "estabelecendo uma comparação com o dever de gestão constante do Código de Processo Civil, verifica-se que o dever de adequação é consagrado em ambos os diplomas. E em nenhum deles se inova já que este princípio fora já consagrado nas Ordenações Manuelinas (...) e Filipinas (...)" – «A ordem», cit.. Lebre de Freitas, fazendo uma referência ao art. 2.°, al. *a)*, não marca qualquer distinção, relativamente ao art. 265.°-A do CPC, a propósito do qual refere que deve "o juiz, oficiosamente, *quando a forma legal não se adequar às especificidades do caso concreto*, adaptar a tramitação abstractamente prevista na lei" – *Introdução*, cit., p. 157; sublinhado nosso. Também não acompanhamos, neste ponto, Duarte Teixeira, quando este Autor admite que o legislador não impôs ao juiz um dever verdadeiramente novo (mas sim uma nova forma cultural de exercer esse dever). Referindo-se à norma contida na al. *a)* do art. 2.°, defende que "essa determinação legal é dogmaticamente mais bem enquadrável através dos instrumentos gerais de interpretação jurídica, *maxime* de lacunas da lei" – Paulo Duarte Teixeira, «O poder de gestão no processo experimental», *Regime Processual Civil Experimental – Simplificação e Gestão Processual*, Braga, Cejur, 2008, pp. 33 e 34. As razões da nossa discordância já as expusemos em Ramos de Faria, *Regime*, cit., p. 27, nota (34).

[32] Sobre este entendimento dominante, cfr. Madeira de Brito, «O novo», cit., pp. 38 e 39. A explicação dada por este Autor para a compressão do âmbito de aplicação do instituto deixa por demonstrar afirmações feitas (*v.g.*, estando legalmente prescrito o conteúdo do acto, encontra-se assegurada a adequação ao fim) e por equacionar outras variáveis (designadamente, as hipótese nas quais, não sendo essencial, a formalidade é útil, ou, sendo essencial, não é suficiente). Considerando ser este o fim da tese maioritária, cfr. Elísio Borges Maia e Inês Setil, «Breve comentário ao Regime Processual Experimental aprovado pelo DL n.° 108/2006, de 8/6», *Scientia Iuridica*, Abril-Junho 2006, Tomo LV, n.° 306, p. 319, e Carvalho Ricardo, *Regime*, cit., p. 12. Para alguns exemplos de adequação formal do conteúdo de actos processuais, cfr. Paulo Ramos de Faria, *Regime Processual Civil Experimental – A gestão processual no processo declarativo comum experimental*, Braga, Cejur, 2009, p. 27, nota (33).

visto na primeira parte da disposição legal e, mesmo, da eliminação do contraditório necessário.

7.1.1. *Eficiência processual como escopo.* A eliminação do requisito negativo previsto no 265.°-A do CPC – "quando a tramitação processual prevista na lei não se adequar às especificidades da causa" – reveste-se da maior relevância Por força deste, se uma determinada tramitação, um determinado acto previsto na lei é *eficaz*, isto é, permite atingir os seus fins perseguidos pelo legislador, deve ser praticado, não podendo ser afastado pelo juiz (no âmbito do princípio da adequação formal).

Diferentemente, a norma contida no art. 2.°, al. *a)*, do DL n.° 108/ /2006 *impõe* ao juiz que assuma um outro desempenho processual. Deverá ele, agora, ponderar as diversas respostas para o repto processual e escolher, de entre as *eficazes*, a mais *eficiente*. Deverá procurar a solução que, proporcionando o efeito pretendido (eficácia), permite um menor dispêndio de meios ou de tempo (eficiência)[33]. Só assim revelará o juiz uma visão crítica das regras, assumindo a efectiva gestão do processo.

Trabalhando apenas com os conceitos de eficácia, de adequação e de utilidade, dir-se-á que não basta que o acto praticado seja eficaz, útil e adequado: tem de ser o mais eficaz, o mais útil e o mais adequado. Aglutinando os princípios da economia processual e da celeridade processual, num contexto no qual o princípio da adequação formal já não está mais limitado pelo requisito negativo da ineficácia da forma legal, poder-se-ia mesmo arriscar que já se encontra suficientemente densificado um *princípio da eficiência processual*, o qual traduziria a ideia de realização da justiça material com um menor custo (de tempo e de meios, humanos e físicos), não fora o caso de tal putativo novo princípio mais não ser, afinal, do que o *princípio da economia processual*, servido pelos princípios da adequação formal e da celeridade processual.

Assenta, pois, num equívoco e representa um certo alheamento das ciências jurídicas, perante o contributo das restantes ciências sociais, a preocupação em sublinhar que a eficiência não pode pôr em causa a realização da justiça material, como se fosse possível, embora não desejado,

---

[33] Não a podendo colocar em causa, a gestão processual poderá nada ter a ver com a realização da justiça material, mas apenas, por exemplo, com um menor dispêndio de meios. Diferentemente, entendendo que, *no contexto do princípio da adequação formal*, a derrogação da legalidade da forma só é possível como instrumento para se alcançar a justiça material, cfr. Madeira de Brito, «O novo», cit., p. 36.

Disposições gerais   43

obter a eficiência com sacrifício da justiça. Com o entendimento que temos da palavra, eficiência *pressupõe* a realização da justiça material, pois aquela só poderá ser afirmada depois de esta realizada. Se os meios empregues não permitem a realização da justiça material (possível), nunca poderão ser qualificados de eficientes ou, obviamente, de eficazes, tal como não o pode ser a marcha que não permite atingir o destino alcançável[34].

7.1.2. *Dispensa de contraditório.* Também a eliminação da referência ao contraditório necessário tem um sentido. Desta eliminação não se retira que o contraditório deixa de ser observado; apenas significa ela que o exercício deste passará a estar directamente regulado pelo art. 3.º do CPC.

Corresponde isto a dizer que, em determinadas circunstâncias, o contraditório pode (e deve) ser dispensado, quando não estiver em causa dirimir um conflito de interesses ou reconhecer um direito processual das partes[35].

7.1.3. *Supletividade da forma legal.* A diferente perspectiva do dever de gestão condiciona a natureza do guião processual legal, quer das suas normas previstas no DL n.º 108/2006, quer das suas normas recebidas subsidiariamente do processo ordinário. Esta é agora eminentemente *supletiva*, podendo aquele ser revisto e reajustado, ainda que não seja, em absoluto, desadequado, sempre que isso se justifique, por haver outro *iter* processual não menos adequado e, por exemplo, mais eficiente.

O termo supletividade não assume aqui o sentido técnico que lhe é dado no contexto do direito civil, onde surge adjectivando as normas destinadas a suprir a falta de manifestação de vontade das partes sobre determinados aspectos de um negócio jurídico. No âmbito do direito privado, a base normativa é a que as partes directamente estipulam – o clausulado acordado –, intervindo a regulamentação prevista na norma legal supletiva onde aquela é lacunar. A intervenção da norma supletiva é afastada, a montante, pela mera vontade das partes.

---

[34] Sobre a eficiência da resposta judicial como um valor em si mesmo para o "mundo extraprocessual", cfr. CÉLIA DA COSTA CABRAL e ARMANDO CASTELAR PINHEIRO, *A Justiça e o seu Impacte sobre as Empresas Portuguesas*, Coimbra, Coimbra Editora, 2003.

[35] Admitindo-se que o cumprimento do dever de gestão processual permite ou impõe que, por regra, seja proferido o despacho liminar, não tem sentido fazer, por norma, preceder a decisão de assim proceder do oferecimento do contraditório.

Diferentemente, a forma legal supletiva é ela própria a base normativa, podendo, no entanto, a jusante, ser afastada (daí a sua "supletividade"), em resultado do exercício de um *poder funcional* – e não no exercício livre de um direito subjectivo ou de um poder puramente discricionário.

Embora a natureza da ritologia legal tenha agora uma feição sobretudo supletiva (*hoc sensu*), institutos há que permanecem intangíveis, na sua imperatividade. São estes os institutos que encarnam directamente garantias das partes ou princípios fundamentais do processo civil, como o prazo expressamente fixado por lei, de tal modo irrestringível que o legislador só se ocupa da sua prorrogabilidade (art. 147.º do CPC), ou a própria garantia de acesso aos tribunais, de que fazem parte as normas respeitantes aos pressupostos processuais ou à recorribilidade das decisões jurisdicionais[36]. Também a adequação processual respeitante a actos destinados a exercer o direito à prova deve merecer "exageradas" cautelas[37].

Sobre a relação do dever de gestão processual com o princípio da legalidade das formas processuais, cfr. ainda o comentário ao art. 1.º.

7.1.4. *Garantia e apuro da forma legal.* Esta, ainda assim, maior liberdade de actuação é, a mais das vezes, meramente aparente – como não poderia deixar de ser. Por um lado, o processo (forma legal) é ele próprio uma garantia das partes, contra o arbítrio dos tribunais, da justiça do Estado – justiça cuja administração este reserva para si (art. 1.º do CPC)[38].

---

[36] Em sentido oposto, BRITES LAMEIRAS admite que o juiz fixe um prazo mais curto para contestar – BRITES LAMEIRAS, *Comentário*, cit., pp. 34 e 37. Sobre o tema, cfr. MADEIRA DE BRITO, «O novo», cit., pp. 38-39 e, considerando que, *no contexto do princípio da adequação formal*, não pode a tramitação sucedânea diminuir as garantias das partes quanto à tramitação da acção, p. 64. No sentido defendido no comentário, considerando que "os prazos preestabelecidos legalmente, quer para a tramitação quer para a actividade, devem ser encarados como imperativos", cfr. JOSÉ MOURAZ LOPES, *Gestão Processual: Alguns Princípios Para Aplicação num Novo Quadro Normativo*, Coimbra, 2008, ainda inédito (uma versão modificada deste artigo encontra-se publicada na obra colectiva *Formação Jurídica e Judiciária. Colectânea*, Tomo I, Centro de Formação Jurídica e Judiciária, Macau, 2006).

[37] Sobre este direito, cfr. LEMOS JORGE, «Os poderes», cit., p. 61 e segs., e, do mesmo Autor, «Direito à prova: brevíssimo roteiro jurisprudencial», *Julgar*, n.º 6, Setembro-Dezembro, 2008, p. 99 e segs..

[38] Neste contexto, já constitui bordão obrigatório a citação "inimiga jurada do arbítrio, a forma é irmã gémea da liberdade" (JHERING).

Disposições gerais   45

"A forma processual mínima tem a ver com as garantias e o processo civil não pode deixar de ser garantístico"[39] – cfr., desde logo, a epígrafe e o texto do art. 2.º do CPC. O respeito por esta garantia proíbe qualquer radical adequação processual, salvo, obviamente, se for obtido o acordo prévio de todas as partes[40].

O processo, ensina ANDRÉS IBÁÑEZ, "nas suas várias modalidades, é integrado por um conjunto de trâmites que, embora em determinadas ocasiões possam parecer dotados de um significado meramente ritual, têm um sentido jurídico profundo. Com efeito, trata-se de pautas de comportamento impostas aos sujeitos concorrentes distintos, que procuram assegurar uma distribuição equilibrada do espaço cénico do processo. É a melhor forma de induzir a dinâmica de funcionamento mais adequada, de forma a favorecer a confrontação dialéctica das posições parciais em presença.

"As formas do processo garantem, pois, os direitos das partes e, ao fazê-lo, facilitam que cada uma destas e também o juiz permaneçam no seu sítio, assim, sem invadir ou sobrepor-se em papéis alheios, no decurso de uma dinâmica equilibrada de relação triangular. Isto corresponde a dizer que perante as partes com os seus direitos o juiz estará em condições de assumir uma posição de imparcialidade. Esta é a conotação essencial da jurisdição, a que a constitui, de tal forma que todas as demais garantias estão pré-ordenadas à sua concretização"[41].

Por outro lado, se é certo que a forma legal, integrada pela regulamentação própria do DL n.º 108/2006 e pelas normas subsidiárias, é agora

---

[39] Cfr. JOSÉ LEBRE DE FREITAS, «Experiência-piloto de um novo processo civil», *Novas Exigências do Processo Civil – Organização, Celeridade e Eficácia*, Coimbra, Coimbra Editora, 2007, p. 214.

[40] LOPES DO REGO oferece como exemplo de densificação do direito a um processo equitativo a "proibição de convolações inesperadas" – CARLOS LOPES DO REGO, *Comentários ao Código de Processo Civil*, Volume I, Coimbra, Almedina, 2004, p. 25. Sobre a necessidade das formas processuais, cfr. GIUSEPPE CHIOVENDA, *Instituições de Direito Processual Civil*, tradução (de Paolo Capitanio) da 2.ª edição de *Istituzioni di Diritto Processuale Civile*, de 1960, Campinas, Bookseller, 2009, p. 950 e segs.. Sobre o processo civil e garantia, cfr. JUAN MONTERO AROCA, «O Processo Civil no Século XXI. Tutela e Garantia», *Revista do CEJ*, n.º 4, 1.º Semestre 2006, p. 239 e segs., em especial a *Moção de Valência*, no artigo divulgada, e LUÍS CORREIA DE MENDONÇA, «Vírus autoritário e processo civil», *Julgar*, n.º 1, Janeiro-Abril, 2007, p. 72 e segs..

[41] Cfr. PERFECTO ANDRÉS IBÁÑEZ, «A profissão de juiz, hoje», *Julgar*, n.º 1, Janeiro--Abril, 2007, p. 40.

supletiva – com o sentido já referido –, não menos certo é que a satisfação dos seus fins é imperativa, é incontornável. Ora, a forma legal não é uma criação arbitrária do legislador; é o produto de muitos séculos de discussão doutrinária e jurisprudencial, do mais fino recorte científico, orientada no sentido de assegurar que a tramitação processual positivada garanta a justa composição do litígio, no respeito pelos direitos e garantias processuais das partes, submetido este produto ao crivo da aplicação diária em diversos ordenamentos jurídicos. Assim se compreendendo o processo, os fins a serem por ele satisfeitos, e que orientarão a decisão de gestão processual, tenderão, por regra, a ser melhor atingidos com o cumprimento dos exactos trâmites previstos na lei, nascidos daquele apuramento científico.

Concluindo com NUNO DE LEMOS JORGE, a sequência de fases nas quais o processo se desenvolve constituem a sua "estrutura óssea", a "matriz essencial com que todos contamos", sendo, a este nível, "muito difícil resultar da nova norma [contida no art. 2.º, al. *a)*] uma qualquer alteração, com supressão ou acrescento de fases"[42]. Mas, mesmo dentro de cada fase processual, a cientificamente "apurada" forma legal *tenderá* a ser, por regra, adoptada[43].

7.2. *Utilidade do acto processual.* A alínea *b)* – "garantir que não são praticados actos inúteis, recusando o que for impertinente ou meramente dilatório" – reproduz sem novidade o disposto na parte inicial do art. 137.º e na parte final do n.º 1 do art. 265.º do CPC[44].

Sobre os autores da actividade processual prevista nos dois artigos da lei geral, deve entender-se que já antes, como agora, estas normas tinham por campo de aplicação os actos praticados por todos os intervenientes processuais. O art. 137.º do CPC sobreviveu ao sistema de remunerações dos oficiais de justiça assente no número de actos praticados, pelo que é inquestionável que o *princípio* nele contido não abrange apenas os actos

---

[42] «Notas», cit., p. 183. Muito difícil, mas não impossível, conforme se encontra exemplificado em RAMOS DE FARIA, *Regime*, cit., p. 31, nota (43).

[43] Neste sentido, refere LEBRE DE FREITAS que, embora o regime processual experimental erga "como regra a liberdade da forma", a forma prescrita na lei não deixa de "ser regra para passar a ser excepção" – «Experiência-piloto», cit., pp. 214 e 215.

[44] Considerando serem diferentes os "actores judiciários" abrangidos por esta alínea e pela norma contida no n.º 1 do art. 265.º do CPC, cfr. FRANÇA GOUVEIA, *Regime Processual*, cit., p. 35.

Disposições gerais 47

praticados pela secretaria judicial[45]. A regra prevista na parte final do n.º 1 do art. 265.º do CPC – *recusando* o que for impertinente ou meramente dilatório –, tendo por destinatário o juiz, encontra o seu âmbito objectivo nos actos praticados por todos aqueles que têm algum tipo de iniciativa processual – as partes, os mandatários ou os peritos, por exemplo.

O critério maior de aferição da inutilidade, impertinência e irrelevância do acto não mais é o desvio à forma legal prevista, para passar a ser a desconformidade ao guião processual adequado ao concreto processo gerido. Deste modo, os actos *até agora* previstos como sendo de prática *obrigatória* na estrutura de uma forma legal – *v.g.*, um despacho de organização da base instrutória, na forma mais solene do processo comum – deixam de estar a salvo da proibição da prática de actos inúteis. Embora ainda possam constituir a norma, tais actos não devem ser praticados (não devem ser incluídos no guião processual da causa), se forem inúteis.

7.3. *Dever de agilização processual.* Na alínea *c)* estabelece-se que o juiz, também quando ela prevê "mecanismos de agilização processual", tem o dever de aplicar a Lei... A interpretação desta alínea no sentido de encerrar ela uma norma que habilita o juiz a adoptar "mecanismos de agilização processual" previstos em diplomas de outras áreas do Direito, não encontra conforto em qualquer critério hermenêutico[46] – o que não significa que algumas das soluções que se pretendem extrair da alínea *c)*, por esta via interpretativa, não possam, afinal, emergir da aplicação da norma contida na alínea *a)*. Na sua simplicidade, esta disposição aparenta ser redundante.

Uma utilidade deve, no entanto, ser dada à norma: constituir um relevante subsídio interpretativo da lei, na aferição do grau de vinculação do juiz à prática de actos tendentes à agilização processual. Em face desta alínea, não mais se deve discutir se a actividade do juiz neste domínio se

---

[45] Sobre a origem desta norma, cfr. José Alberto dos Reis, *Comentário ao Código do Processo Civil*, Vol. 2.º, Coimbra, Coimbra Editora, 1945, p. 34.

[46] Duarte Teixeira admite ser esta a interpretação pretendida pelos principais responsáveis pelo processo legislativo preparatório – «O poder», cit., pp. 34-35. Brites Lameiras refere uma tentativa de "sensibilizar os juízes" para a utilização das faculdades *discricionárias* de agilização processual – *Comentário*, cit., p. 41. França Gouveia sustenta que o propósito desta norma é sinalizar ao juiz que *deve* "usar e abusar" de todos os instrumentos de agilização processual – *Regime Processual*, cit., p. 36.

Regime Processual Civil Experimental Comentado

estriba, *por regra*, no exercício de um poder discricionário. É uma actividade prescrita por lei, vinculada e a sua omissão é susceptível de gerar uma nulidade processual, quando possa impedir que o exame ou na decisão da causa sejam obtidos em prazo razoável (arts. 2.º, n.º 1, e 201.º, n.º 1, do CPC)[47].

8. *Poder discricionário, poder vinculado e recorribilidade.* Deve ser assumido sem tibieza que a decisão do juiz proferida no âmbito da actividade de gestão processual assenta, em boa medida, em critérios de conveniência e de oportunidade. Não estamos, pois, perante actos praticados no exercício de um poder estritamente vinculado, não se limitando o juiz a pronunciar-se no único momento determinado por lei, no único sentido por esta admitido e com as exactas formalidades por ela prescritas.

Decorrerá daqui que a actividade de gestão processual é exercida ao abrigo de um "poder discricionário", sendo os despachos proferidos no seu âmbito insusceptíveis de serem impugnados e, eventualmente, sindicados por um tribunal superior?[48]

8.1. *Gestão processual como instituto jurídico heterogéneo.* Antes de se ensaiar uma resposta à questão agora colocada, justifica-se que, apesar de óbvio, se recorde aqui algo que relativiza a sua relevância.

Como ficou escrito, a gestão processual é um instituto jurídico abrangente e complexo, integrado por normas, estrutural e funcionalmente muito diferentes entre si, traduzindo umas o exercício de simples poderes-deveres, outras o exercício de poderes-*deveres* discricionários e outras ainda o exercício de uma actividade de mero expediente. A mera pertença de uma norma habilitadora a um determinado instituto jurídico – *v.g.*,

---

[47] Sem prejuízo de, sendo vinculativa a decisão, poder ela assentar em pressupostos de apreciação discricionária. Para um esclarecimento conceitual da discricionariedade, designadamente judicial, cfr. KARL ENGISH, *Introdução ao Pensamento Jurídico*, tradução (de Baptista Machado) da 6.ª edição de *Einführung in das Juristische Denken*, de 1983, Lisboa, Fundação Calouste Gulbenkian, 1988, p. 205 e segs..

[48] Cfr. os arts. 156.º, n.º 4, 2.ª, parte, e 679.º do CPC. Sobre a possível recorribilidade de uma decisão "discricionária", cfr. ALBERTO DOS REIS, *Código*, cit., Vol. V, 1984, pp. 254 e 255, JOSÉ LEBRE DE FREITAS e ARMINDO RIBEIRO MENDES, *Código de Processo Civil Anotado*, Volume III, Coimbra, Coimbra Editora, 2003, p. 17, MIGUEL TEIXEIRA DE SOUSA, *Estudos Sobre o Novo Processo Civil*, Lisboa, Lex, 1997, p. 380, e ANTÓNIO ABRANTES GERALDES, *Recursos em Processo Civil – Novo Regime*, Coimbra, Almedina, 2008, p. 57.

Disposições gerais   49

a este instituto da gestão processual – não é um emblema que o despacho proferido possa exibir, garantindo o salvo-conduto da decisão, sobrevivendo no processo livre de qualquer sindicabilidade, independentemente da natureza daquela norma; assim como não garante que a decisão seja sempre sindicável. Todas as normas que integram este instituto demandam uma resposta individualizada a esta questão.

Exemplo claro de *poder-dever* não discricionário, se se admitir que a gestão processual pode estar ligada ao mérito da causa e à descoberta da verdade, isto é, que o instituto abrange estas normas, é aquele cujo exercício é permitido pelas disposições que consagram a promoção oficiosa de diligências probatórias[49]. Também vinculado – *hoc sensu* – é o poder-dever de determinar a agregação de acções (art. 6.°)[50]. Já a opção de elaborar (ou não) a base instrutória ou, em alternativa, designar imediatamente data para a audiência de julgamento (art. 10.°, n.° 2) é feita no uso de um poder-*dever* discricionário. Não menos frequentes, mas de mais difícil descrição, já que são, normalmente, anómalos, são os despachos de gestão processual de *mero expediente*.

Tendo presente o que acaba de ser dito, há que, desde já, precisar que a norma habilitadora aqui pressuposta no tratamento da questão da impugnabilidade dos despachos proferidos no âmbito do dever de gestão processual, é a vertida no art. 2.°, al. *a)* (dever de adopção da forma mais adequada). A questão que se coloca é, pois, a seguinte: a actividade de gestão processual permitida por esta norma é exercida ao abrigo de um "poder discricionário"?

8.2. *Recorribilidade do despacho de gestão processual.* A resposta a esta questão é, por regra, negativa. É-o não porque exista, como existe, uma estrita vinculação aos fins do acto e último do processo[51], com respeito pelos princípios que o informam. O *fim* do acto é "a vinculação característica da discricionariedade"[52]. Colhendo frutos noutro ramo da

---

[49] Sobre este poder-dever, cfr. Lemos Jorge, «Os poderes», cit., p. 62 e segs., e Lopes do Rego, *Comentários*, cit., p. 260. Sobre a recorribilidade das decisões com este conteúdo, cfr. Abrantes Geraldes, *Recursos*, cit., p. 56, nota 81.

[50] Sobre o tema, cfr. Ribeiro Mendes, «Agregação», cit., p. 14. Cfr. ponto 50.

[51] A saber: a justa composição do litígio, com respeito pelas garantias processuais das partes (art. 265.°, n.° 3, do CPC).

[52] Cfr. Marcello Caetano, *Manual de Direito Administrativo*, Vol. I, Coimbra, 1982, p. 486.

ciência do Direito (que tem aqui por cultor, nomeadamente, EHRHARDT SOARES), dir-se-á que o conteúdo da decisão judicial é sempre condicionado pelo seu fim, ou seja, pela satisfação do interesse que serve. Na decisão dita vinculada, "a relação entre o meio e o fim foi resolvida pelo legislador". Na decisão integrada por um momento discricionário (de decisão ou de apreciação), continuando o fim do acto a estar presente, a estar pressuposto, a relação entre o meio e o fim é resolvida pelo juiz. A mera vinculação ao fim não retira, pois, ao acto, a sua natureza discricionária, antes a sublinha.

A resposta à questão colocada é negativa, por regra, na dimensão da gestão processual que nos ocupa, dirigida à eficiência processual (isto é, quanto às decisões apenas sustentadas no art. 2.º, al. *a)*), por uma razão bem mais simples: os critérios de conveniência e de oportunidade não são critérios cujo preenchimento a lei confie ao prudente arbítrio do julgador. São, sim, critérios que, estando suficientemente densificados pelo legislador (*v.g.*, inadequação da forma legal geradora da conveniência) ou sendo objectivamente densificáveis (*v.g.*, susceptibilidade do acto adoptado satisfazer os fins pretendidos), envolvem uma *ponderação técnica*, como sempre orientada pelos fins do acto e do processo, informada pelos princípios gerais do processo.

Nesta manifestação do dever de gestão processual (do art. 2.º, al. *a)*), o legislador não nos fornece o menor indício de pretender afastar as partes e o tribunal superior da discussão da conveniência e oportunidade da opção contida na decisão proferida em satisfação do dever de gestão processual. Não é insignificante a circunstância de se ter declaradamente estabelecido para esta norma de cúpula do instituto, como sua consequência jurídica, um *dever*, e não um *poder*; é porque há "credores" desta actividade (as partes), os quais, como titulares de um direito à mesma (art. 2.º, n.º 1, do CPC), podem exigir o seu pontual cumprimento.

> Isto não significa que as decisões aqui em causa não possam comportar uma parte "discricionária". Recusado o guião processual legal por ser ineficiente (ou mesmo ineficaz), o juiz *deve* adoptar a tramitação que satisfaça adequadamente os fins referidos no comentário. A apreciação que faça da necessidade de realizar um desvio àquele guião é, por regra, técnica, sindicável e impugnável. Todavia, sendo, de facto, *indiferente* escolher, já fora do guião legal, um de dois outros caminhos alternativos, esta opção tecnicamente indiferenciada não é susceptível de impugnação.

Disposições gerais 51

Deve, pois, concluir-se inequivocamente pela recorribilidade (nos termos gerais) da decisão proferida ao abrigo do art. 2.°, al. *a)*, no cumprimento do *dever de adopção da forma mais adequada*, tendo por fundamento a violação deste, tratando-se de um vício substancial cometido na tramitação do processo[53]. De resto, num processo tão plástico como é o instituído pelo DL n.° 108/2006, dir-se-ia mesmo que a tutela da segurança e da certeza jurídica (o que vale dizer, a tutela das garantias processuais das partes) impõe a normal recorribilidade das decisões de gestão processual, por forma a permitir um apuramento jurisprudencial (uma progressiva uniformização de procedimentos) orientado pelos tribunais superiores.

> Que a circunstância de uma decisão ser proferida de acordo com critérios de conveniência e de oportunidade não é sinónimo da sua irrecorribilidade, resulta evidente do disposto no art. 1411.°, n.° 2, do CPC (no qual apenas se exclui o recurso para o STJ).

8.3. *Omissão da gestão devida.* Mais simples se afigura ser a questão da reacção contra a omissão de despacho de adequação processual que a parte entende ser devido. É apodíctico que o recurso carece de um objecto, sendo que este só pode ser a decisão jurisdicional (despacho, sentença ou acórdão). A inacção do juiz é, assim, irrecorrível por não oferecer *objecto* idóneo ao recurso: não há decisão da qual se possa recorrer. Diferente será o caso em que a parte requer ao juiz que profira despacho em determinado sentido, sendo então o *despacho* proferido recorrível, pelas razões já expostas.

O que fica dito não obsta a que a parte reaja por meio da arguição de uma nulidade processual, por omissão de um despacho de adequação processual *devido* – cfr. o art. 201.°, n.° 1, do CPC. Todavia, não sendo recla-

---

[53] Sobre o tema, cfr. BRITES LAMEIRAS, *Comentário*, cit., p. 35 e 40. Considerando que o regime de recursos é responsável, em grande medida, pelo esvaziamento do poder de direcção do processo, cfr. ABRANTES GERALDES, *Recursos*, cit., p. 51 e segs.. Este Autor sustenta (p. 53, nota 77) que no âmbito do RPCE não foi limitada a recorribilidade das decisões proferidas ao abrigo do dever de gestão processual. MADEIRA DE BRITO sustenta que a decisão oficiosa de proceder a uma adequação processual (art. 265.°-A do CPC) é insindicável, mas que "o conteúdo positivo da decisão é susceptível de recurso" – «O novo», cit., p. 69. RODRIGUES BASTOS sustenta, sem desenvolver, que o poder conferido ao juiz pelo art. 265.°-A do CPC é discricionário – cfr. JACINTO RODRIGUES BASTOS, *Notas ao Código de Processo Civil*, Volume II, Lisboa, edição do autor, 2000, p. 16.

mada oportunamente a putativa nulidade, não poderá vir a ser interposto recurso da sentença com fundamento na omissão daquele despacho tido por devido. A sentença não sanciona, apenas pelo facto de ter sido proferida, as nulidades pretéritas, não se pronunciando implicitamente sobre elas, nem "ratificando" o processado – o que, a acontecer, permitiria que dela se recorresse com esse fundamento –, sob pena de as nulidades deixarem de dever ser reclamadas nos prazos legais, reservando-se a parte para o recurso (com esse fundamento) do despacho subsequente ou, mesmo, da sentença final, em aberta afronta ao princípio da preclusão e à máxima: *dos despachos recorre-se; contra as nulidades reclama-se* (tempestivamente).

8.4. *Caso julgado da decisão de gestão processual.* No que concerne à conexa questão da formação de caso julgado sobre os despachos proferidos em cumprimento do dever de gestão processual, devemos começar por afirmar que cabem estes, em abstracto, na *facti-species* do art. 672.º do CPC. Estamos, ainda e sempre, a considerar a gestão processual realizada a coberto da norma habilitadora constante da al. *a)* do art. 2.º (dever de adopção da forma mais adequada)[54]. Todavia, da circunstância de terem estes despachos "força obrigatória dentro do processo" não decorre necessariamente que não possam ser alterados, salvo por decisão de um tribunal superior, em sede de recurso.

Desde logo, o despacho em causa pode (e deve) ser alterado sempre que o juízo de adequação do processado nele tido por conveniente for revisto, com *prévio parecer favorável* das partes. O caso julgado formal é uma *garantia* das partes, estando na disponibilidade destas prescindir dela.

Por outro lado, circunstâncias *supervenientes* podem obrigar a que seja revisto um determinado guião processual[55]. Os *limites do caso julgado* formal poderão não abranger a circunstância relevante que surgiu

---

[54] Sobre a recorribilidade e a formação de caso julgado nas decisões de adequação processual, cfr. MADEIRA DE BRITO, «O novo», cit., pp. 63, 68 e 69.

[55] Recusando, *no contexto do princípio da adequação formal*, a alteração da tramitação inicialmente fixada pelo tribunal, em função das circunstâncias, em homenagem à exigência de um mínimo de certeza quanto à sequência processual, cfr. MADEIRA DE BRITO, «O novo», cit., pp. 63 e 64. Sobre a revisão da decisão de apensação cfr. o Ac. do TRL de 15 de Novembro de 2007, proferido no processo n.º 5207/2007-2 e disponível em *dgsi.pt*.

supervenientemente[56]. Neste caso, poderá ser determinada uma diferente tramitação processual, desde que a decisão não brigue com os fundamentos da tutela legal e constitucional do caso julgado, isto é, desde que não coloque em crise direitos, expectativas ou interesses legalmente protegidos emergentes ou reconhecidos por decisão pretérita. Respeitados estes pressupostos, tudo se passa como se, em cada decisão de adequação processual, constasse, *como limite do caso julgado* a formar-se, a oração "sem prejuízo de circunstâncias supervenientes que justifiquem a sua alteração".

Sendo a decisão de adopção da forma mais adequada orientada por critérios de conveniência e de oportunidade, fica condicionado o caso julgado formal que sobre ela se forma. A possibilidade de circunstâncias supervenientes justificarem e permitirem a sua alteração é um efeito natural da sua não sujeição a critérios de legalidade estrita, isto é, de não ser estritamente vinculada. Pode encontrar-se aqui algum paralelismo entre a decisão final do processo de jurisdição voluntária e a decisão de adequação no processo de jurisdição contenciosa. Naquele, as soluções adoptadas regem-se por critérios de conveniência e de oportunidade (art. 1410.º do CPC), o que não significa que sejam irrecorríveis (art. 1411.º, n.º 2, do CPC); todavia, circunstâncias supervenientes podem justificar a alteração do já decidido (art. 1411.º, n.º 1, do CPC). No âmbito da gestão processual, a decisão de adopção da forma mais adequada, orientando-se (também) por critérios de conveniência e de oportunidade, e sendo (também) sindicável por instância superior, deve (também), coerente e consequentemente, poder ser alterada, quando circunstâncias supervenientes o justifiquem.

Finalmente, a mera constatação *superveniente* – perante a não produção oportuna dos efeitos pretendidos, designadamente – da inidoneidade (originária) do acto determinado pode justificar, *excepcionalmente*, a adopção de uma ritologia anteriormente recusada ou desconsiderada[57].

---

[56] Este "limite temporal" implícito não é incompatível com a tutela legal do caso julgado, antes tendo diversos afloramentos nos artigos que desenham este instituto jurídico – cfr. os arts. 671.º, n.º 2, 672.º, 673.º e 675.º, n.º 2, do CPC.

[57] Na audiência de discussão e julgamento, o juiz decide fixar o limite de 30 minutos para cada um dos advogados apresentar as suas alegações orais (o que é de discutível boa gestão). O mandatário do autor interrompe as suas alegações ao 29.º minuto para solicitar uma prorrogação por 10 minutos. Ainda que o mandatário da parte contrária ofereça oposição, o juiz, reconhecendo a necessidade do requerido, pode e deve prorrogar este prazo, contando que idêntico prazo alargado seja concedido à parte contrária.

54   *Regime Processual Civil Experimental Comentado*

Neste caso, porém, a confiança, a segurança jurídica e a ideia de Estado de direito, que fundamentam a protecção constitucional do caso julgado (arts. 2.º e 282.º, n.º 3, da Constituição da República Portuguesa) e que devem ser devidamente ponderadas no caso concreto, constituem um limite a ter *especialmente* presente na decisão de modificação do já decidido[58].

Na falta de uma (re)adequação processual, a prática de um acto desconforme com a sequência determinada pelo juiz constitui irregularidade susceptível de gerar uma nulidade processual. Todavia, se as referidas circunstâncias supervenientes distorcerem os pressupostos que justificam o acto, isto é, que justificam, designadamente, a sua concreta textura de-terminada pelo juiz – ao ponto de ele passar a ser violador dos princípios fundamentais do processo, por exemplo –, é próprio o acto conforme à sequência prevista que enfermará de nulidade (se for praticado), devendo, como tal, ser revisto[59].

9. *Conteúdo do dever de gestão processual.* O legislador do DL n.º 108/2006 depositou no juiz uma confiança inédita, deixando ainda bem claro qual é a sua posição na relação processual tripartida.

O legislador do regime experimental, com a positivação do dever de gestão processual, exige do juiz mais do que qualquer outro antes dele, conferindo-lhe uma centralidade inédita – numa opção legislativa de oportunidade discutível[60]. Sendo coerente e *consequente* com estas exigência e centralidade, este legislador, que não prescinde do carácter publicista do processo, não despe o juiz da autoridade de que está investido, retirando coercibilidade às suas decisões, nem lhe reescreve o papel à imagem de

---

[58] Sobre o tema, cfr. o Ac. do TC n.º 61/03.

[59] Considerando que, *no contexto do princípio da adequação formal*, a violação da tramitação determinada pelo juiz pode constituir uma nulidade processual secundária, assente numa interpretação extensiva do art. 201.º, n.º 1, do CPC, cfr. LEBRE DE FREITAS, *Introdução*, cit, p. 17, nota (13), MADEIRA DE BRITO, «O novo», cit., p. 63, e LOPES DO REGO, *Comentários*, cit., p. 263. TEIXEIRA DE SOUSA, subscrevendo idêntico entendimento, sustenta que também o acto praticado em cumprimento do despacho de adequação formal pode ser nulo, se desrespeitar os princípios da igualdade e do contraditório – *Estudos*, cit., p. 37 e 38.

[60] Sendo aceitável a opção, é discutível a sua oportunidade. Ensina CHIOVENDA que a opção por um sistema no qual é acometido ao juiz o dever de regular as formas, "vez por vez, ao sabor das exigências do caso concreto", "só é possível em proporção da confiança que, em dado momento, a ordem judiciária inspira aos cidadãos" – *Instituições*, cit., p. 951.

Disposições gerais 55

um consultor e mediador de conflitos. O dever de gestão não pode prescindir, obviamente, do poder de direcção[61].

Por outro lado, os deveres de cooperação e de recíproca correcção permanecem intocados[62]. Aliás, sai reforçada a exigência da sua satisfação por todos os actores processuais, pois que sem ela a gestão processual fracassará, não satisfazendo o juiz este seu dever[63].

9.1. *Papel do juiz.* Os ambiciosos objectivos do caderno de encargos que a gestão processual impõe ao juiz só podem ser atingidos se deste se obtiver proximidade e "interventividade", mas também distanciação; cooperação, mas também autoridade; uma postura *humilde*, mas também *super partes*. Para além de uma superior formação técnica, a boa e efectiva gestão exige dos juízes uma não menos superior capacidade de simplificação processual, uma abordagem do processo não dogmática, antes imaginativa, quando não mesmo heterodoxa, sempre com respeito pelos princípios fundamentais que informam o direito adjectivo. Sem esta postura, sem este desempenho, os juízes ficarão condenados a uma navegação de cabotagem, nunca arriscando ir além do horizonte.

---

[61] A obediência às ordens proferidas no cumprimento do dever de gestão processual *é devida*. O destinatário cumpre-as ou delas recorre, estando abrangidas pelos meios sancionatórios previstos nos arts. 266.º, n.º 3, 456.º e 519.º do CPC. Como refere Baptista Machado, "a vigência efectiva do Direito, numa sociedade de homens imperfeitos, requer a coercibilidade, isto é, a ameaça de uma sanção efectiva" – *Introdução*, cit., p. 36.

[62] Lebre de Freitas entende, diferentemente, que, na fase prévia ao saneamento, houve um recuo no princípio da cooperação – José Lebre de Freitas, «Regime Processual Experimental: a fase dos articulados», *Revista do CEJ*, n.º 6, 1.º Semestre 2007, p. 20. Sobre a importância da colaboração das partes, cfr. Sónia Sousa de Moura, «A importância da colaboração das partes», *Regime Processual Civil Experimental – Simplificação e Gestão Processual*, Braga, Cejur, 2008, p. 95 e segs., Luís Brites Lameiras, «A importância da colaboração das partes», *Regime Processual Civil Experimental – Simplificação e Gestão Processual*, Braga, Cejur, 2008, p. 121 e segs., e João de Castro Baptista, «A importância da colaboração das partes», *Regime Processual Civil Experimental – Simplificação e Gestão Processual*, Braga, Cejur, 2008, p. 137 e segs.. Sobre o dever de cooperação processual a cargo do juiz, cfr. França Gouveia, «Os poderes», cit., p. 52 e segs., e Correia de Mendonça, «Vírus», cit., p. 86 e segs..

[63] Como refere João Pedroso, o "poder de gestão dos juízes (…) só será bem exercido se os advogados forem pró-activos no exercício do contraditório e na participação na programação do desenrolar da lide do processo" – João Pedroso, «O Regime Processual Civil Experimental – os desafios à (e da) reforma da justiça civil», *Regime Processual Civil Experimental – Simplificação e Gestão Processual*, Braga, Cejur, 2008, p. 183, nota (31).

56   *Regime Processual Civil Experimental Comentado*

De distintivo, este regime exige uma acrescida cooperação e intervenção do juiz. Um juiz mais interventivo é demandado pela satisfação do dever de gestão processual, que elimina o álibi da intangibilidade do princípio da forma legal. Da cooperação, diga-se que não pode ser sinónimo de *ajuda* à parte (paternalista e que menoriza o cidadão e o seu advogado), de uma "actividade assistencial à parte 'carenciada'" (LOPES DO REGO). Destina-se ela, apenas, a sinalizar caminhos para a descoberta da verdade, de acordo com a estratégia heurística servida pelo processo, mantendo desimpedidas as vias processuais.

Embora inseridas na discussão das funções do juiz no *court management*, e já não tanto no âmbito do *case management*, vem a propósito lembrar as palavras de RUI VILAR, ao chamar à discussão as qualidades exigidas a um gestor enunciadas pela Royal Dutch Shell: "poder de análise; imaginação; sentido da realidade; visão de helicóptero; liderança"[64].

É este o papel que o juiz desempenha no "argumento" processual civil experimental. Um papel que se pretende equilibrado e que, como desde sempre, é próprio, distinto[65].

---

[64] Cfr. EMÍLIO RUI VILAR, «Gestão, auto-regulação e boas práticas», *Revista do CEJ*, n.º 7, 2.º Semestre 2007, p. 12.

[65] Sobre o papel do juiz no Processo Civil, cfr. JOSÉ ALBERTO DOS REIS, *Breve estudo sôbre a reforma do processo civil e comercial*, Coimbra, Coimbra Editora, 1933, pp. 27 a 248, MIGUEL TEIXEIRA DE SOUSA, «Um novo processo civil português: *à la recherche du temps perdu?*», *Novos Rumos da Justiça Cível*, Braga, Cejur, 2009, pp. 15 e 16, do mesmo Autor, *Estudos*, cit., p. 58 e segs., FRANÇA GOUVEIA, «Os poderes», cit., p. 47, LOPES DO REGO, *Comentários*, cit., p. 265, ANTÓNIO MONTALVÃO MACHADO, *O Dispositivo e os Poderes do Tribunal à Luz do Novo Código de Processo Civil*, Coimbra, Almedina, 2001, p. 160 e segs., JOSÉ BARBOSA MOREIRA, «O neoprivatismo no processo civil», *Cadernos de Direito Privado*, n.º 10, Abril/Junho, 2005, p. 3 e segs., do mesmo Autor, «Correntes e contracorrentes no processo civil contemporâneo», *Cadernos de Direito Privado*, n.º 7, Julho/Setembro, 2004, p. 4 e segs., do mesmo Autor, «O processo civil contemporâneo: um enfoque comparativo», *Scientia Iuridica*, Outubro-Dezembro 2006, Tomo LV, n.º 308, p. 627 e segs., JOSÉ IGREJA MATOS, «O juiz e o processo civil (Contributo para um debate necessário)», *Julgar*, n.º 2, Maio-Agosto, 2007, p. 87 e segs., LEMOS JORGE, «Os poderes», cit., p. 79 e segs., CORREIA DE MENDONÇA, «Vírus», cit., p. 67, e ANTÓNIO HENRIQUES GASPAR, «A Justiça nas incertezas da sociedade contemporânea – O juiz hoje: de exegeta a ministro da verdade», *Julgar*, n.º 1, Janeiro-Abril, 2007, p. 19 e segs.. Muito crítico da reforma de 1995/96, escreveu ANTUNES VARELA, quando o processo legislativo (dessa reforma) ainda se encontrava em curso: "Se as tais posições (...) visam no fundo substituir esta relação *hierárquica* tradicional entre os juízes, de um lado, e as partes, do outro – que não exclui de modo algum o dever de mútuo respeito e o princípio de *leal colaboração* entre todos os sujeitos da relação – por uma relação *igualitária* de *tu*

Disposições gerais

9.2. *Condições da gestão processual.* Tributária deste entendimento sobre o papel do juiz, a gestão processual deve tentar encontrar um equilíbrio que, por um lado, não faça depender sempre o sucesso da solução adoptada da necessária colaboração das partes – que não deve deixar de ser procurada –, mas que, por outro, também não o confie à irrecorribilidade das decisões ou ao exercício de um poder sancionatório[66].

Se atitude do juiz perante o processo é determinante, também a moderada pendência processual é uma condição *sine qua non* para a boa gestão do processo. Esta só é possível com volumes processuais adequados, pois o *estudo acrescido do processo* que ela impõe *demanda tempo*. Se é certo que o instituto do dever de gestão processual não é o único a influenciar a duração da acção submetida ao processo experimental, não menos certo é que o seu contributo nunca poderá ser plenamente obtido por juízes sobrecarregados com várias centenas de processos declarativos para julgar.

9.3. *Gestão de um processo.* A gestão do novo processo comum obriga ao *estudo* liminar da causa.

De acordo com o princípio 14 (Função do juiz na direcção do processo) dos Princípios do Processo Civil Transnacional – profundamente inspiradores do Estudo Preliminar[67] –, deve o tribunal, *o mais cedo possível,*

---

cá e tu lá, em que o juiz pode mandar calar o advogado, como o advogado pode abrir um berro e silenciar o juiz, a futura reforma não contará, de facto, com o nosso apoio, apesar da honra que sempre sentimos ao colocar sobre os nossos ombros a toga de advogado nos tribunais do país irmão" – João Antunes Varela, Editorial do Ano 129.º da *RLJ*, p. 8. Sobre o papel esperado pelos cidadãos, cfr. Boaventura de Sousa Santos *et al, Os Tribunais nas Sociedades Contemporâneas – O caso português,* Porto, Afrontamento, 1996, p. 579 e segs.. Sobre o arquétipo do juiz, Paulo Castro Rangel, *Repensar o Poder Judicial. Fundamentos e Fragmentos,* Porto, Publicações Universidade Católica, 2001, em especial p. 171 e segs..

[66] Afastamo-nos quer da imagem da instância tal como ela é traçada por França Gouveia (nivelamento e igualdade entre todos os intervenientes) – França Gouveia, «A acção», cit., p. 151 –, quer da preconizada por Abrantes Geraldes (*no contexto de uma das versões de trabalho do diploma e do regime de recursos no Processo Civil anterior à recente reforma*), onde o juiz surge munido de um leque mais vasto de poderes discricionários de conformação processual e onde é garantida uma maior coercibilidade das decisões de gestão – António Abrantes Geraldes, «Processo especial experimental de litigância de massas», *Novas Exigências do Processo Civil – Organização, Celeridade e Eficácia,* Coimbra, 2007, p. 166.

[67] Cfr. França Gouveia, *Regime especial,* cit., p. 8.

58 Regime Processual Civil Experimental Comentado

dirigir activamente o processo, com vista à solução ajustada do litígio, de modo eficiente e num prazo razoável[68].

A apresentação dos autos ao juiz para que tome conhecimento liminar da acção deve ser por este determinada, em orientação de serviço genérica por si proferida, dirigida à secção de processos[69]. Esta determinação de fonte jurisdicional, a coberto do dever de gestão processual, tem inegáveis vantagens sobre a expressa consagração legal de um despacho liminar necessário. Com efeito, em determinados contextos, pode ser de todo inconveniente a abertura sistemática de conclusões para que o juiz profira despacho liminar. Tomem-se como exemplo as comarcas não providas de juiz durante largos meses ou onde o volume processual determina um atraso na prolação de cada despacho de várias semanas[70]. Nestes casos, é sempre preferível que o processo conheça o menor número de intervenções do juiz. Assim se explica que o primeiro acto *necessário* a praticar pelo juiz no processo experimental seja o despacho previsto no art. 10.º (o que se extrai da oração "recebidos os autos" neste contida).

Sendo realizado, o estudo liminar da acção deve ser formalizado num despacho inicial, de forma a pontuá-lo[71].

---

[68] 14. L'office du juge dans la conduite de l'instance – Le tribunal conduit activement l'instance le plut tôt possible dans la procédure. Il exerce un pouvoir d'appréciation afin de pouvoir mettre fin au litige loyalement, de façon efficace et dans un délai raisonnable (...) – Principes ALI / UNIDROIT de procédure civile transnationale, disponíveis em *unidroit.org/english/principles/civilprocedure/main.htm* (último acesso em 26-10-2009).

[69] Sobre estas orientações de serviço (que na praxe judiciária assumem a designação de provimentos), cfr. Paulo Duarte Teixeira, «Instrumentos de Racionalização do Trabalho dos Juízes», *Reforma da Organização Judiciária – Instrumentos de Racionalização do Trabalho dos Juízes*, Coimbra, Coimbra Editora, 2006, p. 140 e segs..

[70] Também nos casos nos quais o juiz revela, objectivamente, ser mais eficiente (globalmente mais célere) quando não tem contacto liminar com os processos deve ser evitada a intervenção liminar.

[71] Admitindo a prolação do despacho liminar como regra, cfr. Brites Lameiras, *Comentário*, cit., p. 34, 35, 38 e 74 a 76. Dando um exemplo da utilização deste despacho, cfr. Sónia Sousa de Moura, «Breve excurso sobre o Regime Processual Experimental», *Boletim da Associação Sindical dos Juízes Portugueses*, V.ª Série, n.º 5, Dezembro de 2007, p. 137. Considerando a possibilidade deste despacho ser repensado, cfr. França Gouveia, *Regime Processual*, cit., p. 117. Defendendo a consagração do despacho liminar no processo declarativo comum, cfr. Montalvão Machado, *O Dispositivo*, cit., pp. 167 e segs., 280, 281 e 320. Para uma crítica à abolição do despacho liminar (regra), cfr. João Antunes Varela, «A reforma do processo civil português. Principais inovações na estrutura do processo declaratório ordinário», *RLJ*, Ano 130.º, pp. 98 a 104.

Disposições gerais 59

A decisão de intervir liminarmente é tomada no uso de um poder discricionário: apenas está ao alcance do juiz do processo conhecer as condições de gestão processual (individual e global) que tornam adequado este controlo inicial da regularidade da instância nos processos que tem a seu cargo. O concreto despacho proferido (*v.g.*, de aperfeiçoamento, de indeferimento) é sindicável e recorrível nos termos gerais, em função da sua natureza.

A oficiosidade da citação não se confunde com a desnecessidade da prolação do despacho liminar. A existência do despacho liminar não briga com aquela oficiosidade. Coexistindo estas duas realidades, se o juiz, visto o processado, entender que apenas há lugar à citação, bem pode despachar apenas *"Visto"*, pois o processo seguirá oficiosamente os seus tramites iniciais, com a (oficiosa) citação. Todavia, ocorrendo excepções dilatórias insupríveis ou aperfeiçoamentos que seja necessário realizar – independentemente, neste caso, da oficiosidade da citação –, deverá ser sempre efectuado o saneamento liminar do processo[72].

O auxílio prestado à secção de processos na "descoberta" e indicação de vias alternativas para a localização e citação do réu não deve ser descurado. Não vemos que resulte qualquer contributo para a eficiência processual, da circunstância de o processo estar pendente por 60 dias em tentativas frustradas de citação antes de ser concluso ao juiz[73]. Também aqui, por forma a impedir que a citação se torne *kafkiana* (LEBRE DE FREITAS), deve ser o juiz, e não directamente o legislador por meio de norma impe-

---

[72] Sobre o tema, cfr. LEBRE DE FREITAS, «Experiência-piloto», cit., p. 210 e nota (2). Este Autor entende que constitui um "caso paradigmático" de eliminação de tarefas burocráticas e de simplificação e aligeiramento do processo a *inexistência* de despacho liminar (por regra) – cfr. o art. 234.º, n.os 2 e 3, do CPC. Sobre a possibilidade de prolação de despacho de convite ao aperfeiçoamento da petição inicial, cfr. LEBRE DE FREITAS, JOÃO REDINHA e RUI PINTO, *Código de Processo Civil Anotado*, Coimbra, Coimbra Editora, Vol. I, 1999, pp. 402-403, TEIXEIRA DE SOUSA, *Estudos*, cit., p. 275, e ANTÓNIO ABRANTES GERALDES, *Temas da Reforma do Processo Civil*, I Volume, Coimbra, Almedina, 2006, p. 270 e segs..

[73] Sobre o tema, cfr. LEBRE DE FREITAS, «Experiência-piloto», cit., p. 211, nota (6). Acompanhamos ANTUNES VARELA, quando este Professor defende que o *"afastamento sistemático* do juiz, enquanto os articulados aparecem e crescem na secretaria, com centenas de artigos que cada um deles as mais das vezes contém nas acções ordinárias de maior importância, constitui a meu ver um *erro capital na estratégia da acção*, à luz do próprio objectivo capital da reforma que *é a aceleração do processo"* – cfr. JOÃO ANTUNES VARELA, «A frustrada reforma do processo civil», *RLJ*, Ano 131.º, p. 132.

60   Regime Processual Civil Experimental Comentado

rativa, a dar orientações genéricas à secção de processos no sentido de ser aberta conclusão, verificadas que estejam determinadas circunstâncias – *v.g.*, certas causas de frustração da citação ou o atraso na realização desta superior ao que entenda ser justificado.

A renovação do estudo *aprofundado* da causa, imediatamente após o termo da fase dos articulados, é indispensável. Nas fases subsequentes, este esforço inicial dará os seus frutos[74].

10. *Perigos e desassossegos.* O novo regime processual civil, em geral, e o *novo* instituto do dever de gestão processual, em especial, encerram, como transparece deste comentário, grandes virtualidades e grandes perigos.

A letra e o espírito da lei não oferecem santuário a práticas potenciadoras de uma relevante incerteza processual, a atitudes prepotentes ou, muito menos, a excessivas intervenções que coloquem em causa a garantia da imparcialidade do tribunal ou os princípios do contraditório e do dispositivo. Todavia, o uso *indevido* das ferramentas processuais destinadas a satisfazer o dever de gestão processual a isso pode conduzir. Não o reconhecer é mesmo o maior perigo com que nos podemos defrontar.

Mas se o desassossego com o estado da Justiça não é meramente declarado (por muitos), não será menos perigoso enfrentar esta oportunidade com o costumeiro cepticismo e conservadorismo apanágio dos profissionais forenses e académicos. A mudança de atitude reclamada por muitos começa aqui, na disponibilidade que deve ser demonstrada para ajudar a cartografar este novo território processual, nele rasgando o caminho que serpenteia entre estes dois perigos a percorrer pelo juiz, devedor de uma boa gestão processual[75].

Por último, convém recordar que o sucesso desta reforma está muito dependente da abordagem do processo que é feita pelos Inspectores do

---

[74] Exemplos concretos de uma possível gestão processual são descritos por LUÍS CARVALHO RICARDO, «O regime processual civil experimental em acção», *Regime Processual Civil Experimental – Simplificação e Gestão Processual*, Braga, Cejur, 2008, p. 147, e por RAMOS DE FARIA, *Regime*, cit..

[75] Alertando para a existência de "um manifesto défice de densificação e substanciação dos conceitos base utilizados" no regime experimental, isto é, para a necessidade de a doutrina e a jurisprudência desenvolverem um esforço acrescido de os concretizarem, cfr. CARLOS LOPES DO REGO, «A "conversão" do procedimento cautelar em causa principal, prevista no artigo 16.º do "Regime Processual Experimental"», *Revista do CEJ*, n.º 5, 2.º Semestre 2006, p. 156.

Conselho Superior da Magistratura. Ou seja, está dependente dos critérios de escolha do corpo de Inspectores Judiciais, isto é, de ser o recrutamento orientado para a selecção de magistrados cujo desempenho pretérito revele, para além de uma superior formação técnica, uma não menos superior capacidade de simplificação processual, uma abordagem do processo não dogmática, antes imaginativa, quando não mesmo heterodoxa, sempre com respeito pelos princípios fundamentais que informam o direito processual civil[76]. Como refere CUNHA RODRIGUES, "as inspecções [de mérito] comportam o risco de reprodução do modelo"[77]. Também aqui, não deve ser subestimado o "perigo de coação do pensamento institucional"[78].

---

[76] Sublinhando a necessidade de o mérito dos juízes ser avaliado, por exemplo, em função da sua capacidade de sentenciar de forma sóbria, simples e concisa, cfr. ANTÓNIO QUIRINO DUARTE SOARES, «Sentença cível – estrutura, objecto, vícios e enquadramento legal», *Revista do CEJ*, n.º 4, 1.º Semestre 2006, p. 87.

[77] Risco este que leva CUNHA RODRIGUES a inclinar-se "convictamente para a vantagem de uma formação contínua obrigatória e tomada em consideração como critério de acesso", no lugar das inspecções de mérito – JOSÉ CUNHA RODRIGUES, em entrevista ao *Diário de Notícias* de 4 de Setembro de 2009, (disponível em *dn.sapo.pt/inicio/ portugal/interior.aspx?content_id=1352712*).

[78] Cfr. JOAQUIM GOMES CANOTILHO, «Entre a Justiça e a Prudência. Uma carta para o Centro de Estudos Judiciários», *Revista do CEJ*, n.º 4, 1.º Semestre 2006, p. 11.

CAPÍTULO II
Actos em geral

ARTIGO 3.º
Actos processuais

Os actos processuais, incluindo os actos das partes que devam ser praticados por escrito, são praticados electronicamente nos termos a definir por portaria do Ministro da Justiça.

Sumário – **11.** Meio para a prática do acto. **12.** Obrigatoriedade do meio electrónico. **13.** Composição dos autos e termos. **14.** Prática do acto por via não prevista. **15.** Âmbito da experimentação.

11. *Meio para a prática do acto.* Dispõe o art. 3.º sobre o modo como são praticados os actos processuais escritos, incluindo a documentação escrita de actos orais (*v.g.*, actas de audiências)[79]. Não se trata de uma norma especial sobre a forma dos actos, *stricto sensu* (forma escrita ou não), ou sobre as formalidades que deve observar, de modo a satisfazer o seu fim, mas sim de uma disposição sobre o meio ou a via para a prática dos actos escritos (já observando estes as diferentes formalidades previstas nas disposições que lhes são próprias). Sobre esta dimensão da actividade processual, dispunham os arts 138.º, n.º 5 (forma dos actos – execução por meios informáticos), 149.º (em que lugar se praticam os actos), 150.º (apresentação a juízo dos actos processuais), 157.º (requisitos externos da sentença e do despacho) e 163.º (composição de autos e termos) do CPC. Embora com um âmbito mais abrangente, também o art. 138.º, n.º 1, do

---

[79] Para uma teoria do acto processual, cfr. GIUSEPPE CHIOVENDA, *Instituições*, cit., p. 963 e segs., e ANSELMO DE CASTRO, *Direito*, cit., Vol. III, pp. 7 a 149. Ainda sobre a teoria geral do acto processual, cfr. MANUEL TOMÉ SOARES GOMES, *O Processo Civil Como Relação Jurídica – A Instância*, Lisboa, CEJ, policopiado, 1991, ponto 6.

64 Regime Processual Civil Experimental Comentado

CPC (forma dos actos – economia e adequação ao fim), dispõe sobre o procedimento de prática do acto que constitui o objecto do art. 3.°[80].

Praticado o acto escrito numa qualquer modalidade (em suporte de papel, em formato digital num suporte de *CD-ROM*, por exemplo, ou em formato digital directamente inserido numa plataforma electrónica), deverá ele ser incorporado nos autos (o que pode ter lugar automaticamente, se a sua prática ocorrer numa plataforma electrónica em rede) e processualmente tratado (será objecto de notificações e de consulta pelos intervenientes, por exemplo). Esta actividade judicial, a composição do processo e sua tramitação, sobre a qual art. 3.° não dispõe directamente, pode ser feita em suporte de papel (ainda que o acto tenha sido praticado em suporte digital, com envio por correio electrónico, por hipótese) ou em suporte electrónico. A este respeito, dispõe o art. 138.°-A (tramitação electrónica) do CPC, introduzido neste código meses antes da publicação do DL n.° 108/2006, que a tramitação dos processos é (integralmente) efectuada electronicamente, consagrando assim a desmaterialização processual – cfr. a Lei n.° 14/2006, de 26 de Abril. Embora a prática de actos pela via electrónica facilite a integral tramitação do processo pelo modo electrónico, esta não está dependente daquela, como claramente resulta do disposto no art. 150.°, n.° 9, do CPC[81].

12. *Obrigatoriedade do meio electrónico*. A portaria do Ministério da Justiça referida neste artigo é a Portaria n.° 114/2008, de 6 de Fevereiro, com as alterações que lhe foram introduzidas pela Portaria n.° 1538/2008, de 30 de Dezembro – cfr. a referência às normas legais habilitadoras, colocada imediatamente antes do articulado legal, onde se inclui o art. 3.° em anotação. Com a entrada em vigor desta portaria, os actos processuais, incluindo os actos das partes que devam ser praticados por escrito, são obrigatoriamente praticados através do sistema informático *Citius*.

Tenha-se presente que o art. 150.°, n.° 1, do CPC encontra-se, quanto à forma da prática do acto, revogado nos tribunais onde tem aplicação do DL n.° 108/2006, por força do disposto no art. 3.° em anotação, com natu-

---

[80] Sobre o modo com são praticados os actos escritos, cfr. o art. 24.° do Decreto-Lei n.° 235/99, de 22 de Abril, bem como os Acs. do TRP de 04-02-2009, de 04-03-2009 e de 05-05-2009, proferidos nos processos 0847855, 575/08.6TAOVR-AP1 e 138/05.8TB OVR-C.P1, respectivamente, publicados em *dgsi.pt*.

[81] Na exposição de motivos do DL n.° 108/2006 diz-se que a prática electrónica dos actos referidos no art. 3.° permitirá a desmaterialização do processo judicial.

Actos em geral 65

reza de lei especial. Ora, se a norma geral do Código de Processo Civil não tem aqui aplicação, a possibilidade que na mesma se prevê de os actos das partes serem praticados por meios não electrónicos também desaparece[82]. Apenas nos resta o "dever de todos os intervenientes processuais – magistrados, funcionários, partes – de praticarem os actos na forma electrónica"[83]. Nos tribunais onde vigora o DL n.° 108/2006, estão os mandatários *obrigados* a entregar em juízo as peças processuais das partes que representam através do sistema informático *Citius*, não só no âmbito do processo declarativo comum, com também nos procedimentos cautelares e nas acções declarativas a que corresponda processo especial (art. 17.°)[84].

Todavia, a referida portaria é omissa, não regulamentando o art. 3.° neste ponto, no que respeita à prática de actos processuais escritos praticados directamente pelas partes, isto é, quando não constituam mandatário forense. Não estando regulamentado este dever, continua a valer o regime geral, previsto no art. 150.° do CPC, quando o acto é directamente praticado pela parte.

13. *Composição dos autos e termos.* A Portaria n.° 114/2008, de 6 de Fevereiro, regulamenta não apenas o art. 3.°, mas também a norma geral do processo civil sobre a prática electrónica de actos processuais, sem dedicar qualquer disposição em especial ao regime processual civil experimental. Não se justifica, pois, estender este comentário (apenas dedicado às especificidades do regime experimental) ao seu conteúdo, para além da nota que se segue.

O diploma que regulamenta o art. 3.° pode ser dividido em duas partes: na primeira, constituída pelos Capítulos II a V – arts. 3.° a 21.°-C –, encontra-se regulamentada a prática dos actos processuais por diferentes intervenientes no processo; na segunda, constituída pelo Capítulo VII – art. 23.° –, encontra-se prevista a organização do processo em suporte físico, isto é, encontram-se as regras que dispõem sobre a junção ao processo em suporte físico de cópia impressa dos actos praticados em suporte informático. O art. 23.° desta Portaria consagra a chamada desmateriali-

---

[82] Entendendo que o DL n.° 108/2006 impõe a forma de comunicação electrónica para os actos das partes, cfr. LEBRE DE FREITAS, «Regime», cit., p. 17.

[83] Cfr. FRANÇA GOUVEIA, *Regime Processual*, cit., p. 48.

[84] Sendo obrigatória esta via, não é aplicável o disposto no art. 6.°, n.° 3, do Regulamento das Custas Processuais.

66 Regime Processual Civil Experimental Comentado

zação do processo judicial – não exigida pelo art. 3.º, note-se, salvo quanto à *prática* dos actos nele referidos.

Sendo o processo totalmente desmaterializado e adequadas as ferramentas informáticas destinadas ao seu manuseio, o trabalho de todos os actores judiciais tenderá a ser mais eficiente. No entanto, não se verificando estas premissas, o simples "manuseamento" dos autos electrónicos pode tornar-se tão demorado que a utilização do programa redundará numa agressão ao princípio da celeridade processual. Tome-se como exemplo um processo constituído por milhares de páginas – parcialmente composto por actos electrónicos, parcialmente composto por actos praticados em suporte de papel, sem que qualquer um dos suportes (electrónico ou papel) contenha a integralidade dos actos processuais praticados ou uma sua cópia. Um cidadão interessado na consulta dos autos não pode estar sujeito a ter de compor esta manta de retalhos com o auxílio de uma ferramenta informática lenta e desajustada às necessidades de visualização das peças processuais e dos documentos.

Quando a inexistência de um suporte contendo todos os actos praticados, encadeados, de forma cronológica, possa brigar com a desejada celeridade processual, deverá o juiz instruir a secretaria judicial no sentido de serem todos os actos praticados em suporte físico digitalizados e integrados no processo electrónico; não existindo meios para o efeito, deverá ordenar que sejam juntas ao processo físico cópias dos actos praticados em suporte informático, assim se compondo uns autos completos. O juiz que chegue à conclusão de que é impossível, através da consulta de dois autos incompletos (o físico e o electrónico), apreender o desenvolvimento da instância – ou de que só consegue realizar satisfatoriamente a sua função com base num processado completo –, não cumpre o seu dever de gestão processual (art. 2.º) se não der ordens nesse sentido. O que está aqui em causa é uma mera burocrática (e administrativa) junção de cópias, que não substitui o acto electrónico praticado, apenas com vista à criação de instrumento ou ferramenta – uma versão (ou cópia) integral dos autos – para o juiz e os demais intervenientes poderem desempenhar as suas funções.

14. *Prática do acto por via não prevista.* Sendo o acto indevidamente praticado em suporte de papel, deve a secretaria recusar o seu recebimento, por força do disposto no art. 474.º, al. *i)*, do CPC, aqui aplicado analogicamente[85]. A parte goza, no entanto, da prorrogativa prevista no

---

[85] Sobre a aplicação desta disposição a todos os articulados, cfr. LEBRE DE FREITAS,

Actos em geral 67

art. 476.° do CPC, pelo que a recusa deverá ficar documentada nos autos, alertando o juiz para a possível prática do acto nos dias imediatos. Sendo utilizada esta prorrogativa, se o acto electrónico for recebido depois de ultrapassado o prazo processual previsto para a sua prática (mas ainda dentro do prazo suplementar referido no art. 476.° do CPC), deverá a parte apresentar um requerimento solicitando a sua admissão, documentado com cópia do papel recusado pela secretaria, de modo a permitir ao tribunal conferir a identidade de conteúdo, assegurando-se de que não há uma tentativa de violação de um prazo peremptório. À parte contrária será assegurado o direito de contraditório sobre a admissibilidade da prática do acto (art. 3.°, n.° 3, do CPC), devendo, em qualquer caso, o apresentante ser responsabilizado pelas custas a que deu causa, na decisão a proferir sobre o mérito desta pretensão (de índole processual)[86].

15. *Âmbito da experimentação.* Quando o DL n.° 108/2006 entrou em vigor, o art. 150.°, n.° 2, do CPC, derrogado pelo art. 3.°, tinha a seguinte redacção: "Os actos processuais que devam ser praticados por escrito pelas partes são apresentados a juízo por uma das seguintes formas: a) Entrega na secretaria judicial (…); b) Remessa pelo correio (…); c) Envio através de telecópia (…); d) Envio através de correio electrónico (…); e) Envio através de outro meio de transmissão electrónica de dados". Todavia, quando a Portaria n.° 114/2008 entrou em vigor, já o art. 150.°, n.° 1, citado tinha a sua actual redacção, a qual lhe foi dada pelo DL n.° 303/2007, de 24 de Agosto.

Vale isto por dizer que o regime previsto no art. 3.° nunca foi, no essencial, verdadeiramente experimentado: quando se iniciou a aplicação do regime de apresentação electrónica experimental dos actos processuais, no âmbito do art. 3.°, nos tribunais onde vigora o DL n.° 108/2006, também se iniciou a sua aplicação definitiva, nos restantes tribunais portugueses, por força do disposto art. 150.°, n.° 1, do CPC. A experimentação

---

Montalvão Machado e Rui Pinto, *Código de Processo Civil Anotado*, Coimbra, Coimbra Editora, Vol. II, 2001, p. 548. Na fase experimental, é, no entanto, mais adequado o recebimento da peça processual, devendo o tribunal garantir que a parte contrária não é prejudicada com a irregularidade cometida, realizando a pedagogia necessária junto do "infractor".

[86] Cfr. o art. 7.°, n.os 3 e 6, do RCP – sobre o tema, admitindo que a "apreciação jurisdicional de mérito" (isto é, que o incidente anómalo) possa dizer respeito a questão processual, cfr. Salvador da Costa, *Regulamento das Custas Processuais*, Coimbra, Almedina, 2009, pp. 192 e 193.

68 Regime Processual Civil Experimental Comentado

reduz-se, pois, à natureza *obrigatória* da entrega de peças processuais pela via electrónica por parte dos mandatários judiciais, nos tribunais onde se aplica o DL n.º 108/2006.

ARTIGO 4.º
Distribuição

1 – A distribuição é feita diariamente.
2 – É criada a 11.ª espécie na distribuição, designada por referência ao número do presente decreto-lei.
3 – O disposto no n.º 1 aplica-se a todos os papéis sujeitos a distribuição.

Sumário – **16.** Distribuição diária informatizada. **17.** Criação da 11.ª espécie. **18.** Aplicação a todos os papeis. **19.** Erro na forma dada e processos recebidos de outros tribunais.

16. *Distribuição diária informatizada.* A norma contida no n.º 1 deste artigo veio derrogar, nos tribunais onde, a partir de 16 de Outubro de 2006, o DL n.º 108/2006 é aplicado, a disposição legal vertida no art. 214.º, n.º 1, do CPC, na redacção em vigor à data.

Com o início de vigência do DL n.º 303/2007, de 24 de Agosto, que veio alterar o art. 214.º do CPC, a experimentação desta solução legal terminou, tendo ela sido definitivamente estendida a todos os tribunais portugueses. É o primeiro instituto do DL n.º 108/2006 a conhecer o fim da experimentação, após ser bem sucedido o seu ensaio. A ausência de qualquer referência à vigência experimental da distribuição diária na exposição de motivos do DL n.º 303/2007 permite, no entanto, que nos interroguemos se a adopção generalizada desta solução, menos de um ano depois do início da aplicação do regime experimental, e antes de haver qualquer avaliação da sua vigência (embora houvesse monitorização permanente), é o resultado de uma bem sucedida experimentação ou é, antes, um exemplo de indiferença perante ela.

Desde a referida alteração ao Código de Processo Civil, a hora a que se realiza a distribuição deixou de ser matéria regulada pela lei, para passar a constar de simples portaria. A Portaria n.º 114/2008, de 6 de Fevereiro, veio estabelecer que o sistema informático assegura a distribuição

Actos em geral 69

automática duas vezes por dia: às 9 e às 13 horas, no período compreendido entre 7 de Fevereiro de 2008 e 7 de Abril seguinte; às 10 horas e 30 minutos e às 15 horas e 30 minutos, a partir de então (arts. 15.°, n.° 2, 28.°, n.° 2, e 29.°, n.° 3, desta portaria).

17. *Criação da 11.ª espécie.* A criação de uma espécie própria, a 11.ª, para as acções sujeitas ao DL n.° 108/2006, garante a satisfação do fim da distribuição: repartir com igualdade o serviço do tribunal (art. 209.° do CPC).

A 10.ª espécie prevista no art. 222.° do CPC, com a sua função residual, não satisfaz estes propósitos, nem está vocacionada para a distribuição dos papéis principais. Tem ela por objecto "cartas precatórias ou rogatórias, recursos de conservadores, notários e outros funcionários, reclamações e quaisquer outros papéis não classificados". Agora imagine-se um tribunal com dois juízes, onde entram seis cartas precatórias e seis acções sujeitas ao regime experimental – qualquer delas, por exemplo, de valor superior a um milhão de euros –, sendo os papéis distribuídos na mesma (10.ª) espécie. Bem poderia acontecer que um dos juízos recebesse seis cartas precatórias – onde o juiz apenas despachará "Cumpra-se" e "Devolva" –, recebendo o outro as seis acções declarativas de processo comum. Aceitar este resultado é não compreender a existência de espécies de papéis com vista à distribuição.

18. *Aplicação a todos os papeis.* O disposto no n.° 3, que, coerentemente, estendia o regime do n.° 1 a todos os papéis entrados no tribunal, deixou de comportar qualquer interesse específico ou novidade, pelas razões já expostas – cfr. o ponto 16.

19. *Erro na forma dada e processos recebidos de outros tribunais.* A distribuição deve respeitar a forma indicada pela parte. Não cabe, pois, em regra, ao responsável pela distribuição decidir sobre a propriedade da forma escolhida pelo demandante.

No entanto, sendo, num dos tribunais abrangidos pela experimentação, proposta uma acção na qual é indicada uma forma do processo comum tradicional (agora abolida), deve o papel ser oficiosamente distribuído na nova espécie criada, uma vez que é legalmente impossível a tramitação *de uma nova acção* na forma dada pelo autor: nos tribunais referidos, as formas tradicionais do processo como que não existem entre o leque das oferecidas pela lei (para as novas acções). A parte não fica prejudicada com este procedimento oficioso podendo sempre o juiz mandar corrigir a distribuição (art. 220.º do CPC).

No despacho liminar proferido, o juiz titular do processo sinalizará o lapso e mandará seguir a forma própria (já respeitada na distribuição) – que sempre deverá ser seguida, por ser a única conhecida, ainda que o juiz nada decida liminarmente.

Diferente é o caso de distribuição de uma acção já proposta noutro tribunal (onde não é aplicável do DL n.º 108/2006), remetida para um dos tribunais abrangidos pela experimentação, por força de um julgamento de incompetência em razão do território. Aqui não é forçoso que a acção siga a forma comum experimental. Tudo depende da data em que foi proposta. Se, no momento da instauração, já o RPCE estava em vigor no tribunal de destino, deve a acção ser distribuída e correr os seus termos no (competente) tribunal da experimentação na nova forma comum única; tendo a acção sido proposta no tribunal de origem antes da aplicação do DL n.º 108/2006 no tribunal de destino, deve ser distribuída e seguir a forma prevista no Código de Processo Civil que sempre lhe seria aplicável (se tivesse sido instaurada no competente tribunal da experimentação, na data ainda não iniciada).

Neste último caso – distribuição de acções remetidas por outros tribunais – coloca-se um problema de julgamento da propriedade da forma, podendo este conduzir a uma decisão julgando verificado um erro na forma do processo – com a anulação do processado subsequente à petição inicial –, pelo que a distribuição deverá ser sempre feita na espécie que já classificou a acção no tribunal de origem. Na primeira intervenção do juiz competente, serão os vícios conhecidos e, eventualmente, sanados.

ARTIGO 5.º
Citação edital

1 – A citação edital é feita pela publicação de anúncio em página informática de acesso público, em termos a regulamentar por portaria do Ministro da Justiça.

2 – Quando o autor indique o réu como ausente em parte incerta, é também afixado edital na porta da casa da última residência que o citando teve no País.

3 – No caso de citação edital por incerteza das pessoas e quando estas sejam citadas como herdeiras ou representantes de pessoa fale-

Actos em geral 71

cida, é também afixado edital na porta da casa da última residência do falecido, se for conhecida, e no País.

4 – O disposto no presente artigo aplica-se a todas as acções em que há lugar à citação edital.

Sumário – **20.** Eliminação de formalidades ineficazes. **21.** De citação edital a citação por anúncio. **22.** Manutenção das disposições especiais sobre citação edital.

20. *Eliminação de formalidades ineficazes.* Nos arts. 248.º e 251.º do CPC, previa-se (ainda se prevê, fora do espaço experimental) que a citação edital fosse feita mediante a afixação de éditos e a publicação de anúncios. A afixação de um edital na porta do juízo tinha lugar em todos os casos. Quando o recurso a esta modalidade de citação fosse motivado pela incerteza do paradeiro do citando ou pela necessidade de chamamento de herdeiros incertos, previa-se, ainda, a afixação de editais na porta da casa da última residência em Portugal conhecida ao ausente ou ao falecido e na porta da sede da junta de freguesia da área. Os anúncios deviam ser publicados num jornal.

O regime experimental elimina, em qualquer caso, a afixação de editais na porta do juízo e na porta da sede da junta de freguesia. Mantém-se a afixação de editais na porta da casa da última residência conhecida em Portugal ao ausente ou ao falecido. Nos casos de simples citação edital por incerteza das pessoas – não estando em causa citar herdeiros incertos –, não são afixados éditos (embora a citação ainda se apelide de edital). O anúncio, que é só um, mas continuado, é agora publicado numa página informática de acesso público. Actualmente, tem o endereço *citius.mj.pt*[87].

A simplificação desta modalidade de citação não merece reparo. Apenas são eliminados alguns procedimentos que a prática tem revelado serem ineficazes[88].

---

[87] Diga-se que a desmaterialização da citação edital é coerente com a desmaterialização do processo.

[88] Todavia, sob pena de a citação edital se tornar, cada vez mais, numa inútil ficção, a página informática de acesso público tem de ser "amiga do utilizador", permitindo, uma vez acedida, a imediata visualização da identidade dos citados (ou do demandante dos incertos), por ordem cronológica e por ordem alfabética, sendo dotada de uma ferramenta de busca por nome (palavra), e não, como actualmente ocorre, uma sucessão de menus que conduzem à identificação dos processos – só depois de aberto o respectivo atalho, são identificadas as partes envolvidas.

21. *De citação edital a citação por anúncio.* A citação edital é, cada vez mais, uma citação por anúncio, e não por édito. Na citação edital por incerteza da pessoa, não há lugar à afixação de éditos (salvo nos casos de citação de herdeiros incertos); na citação edital por incerteza do lugar, não sendo conhecida residência em Portugal ao ausente ou ao falecido (aqui na habilitação), nunca há lugar à afixação de éditos.

Está, pois, tacitamente revogado o disposto no n.º 2 do art. 249.º do CPC (conteúdo dos anúncios), nos casos em que não há lugar à afixação de editais, já que neste número regulava-se o conteúdo dos anúncios por referência ao dos éditos. Por assim ser, a Portaria n.º 1097/2006, de 13 de Outubro, veio regular, no seu art. 2.º, n.º 1, o conteúdo *dos anúncios* – em termos idênticos aos que no Código de Processo Civil se estabelece para os éditos. Havendo lugar à afixação de um edital, o anúncio reproduz, todavia, o seu teor – que é o previsto no art. 249.º, n.º 1, do CPC –, conforme resulta do n.º 2 do citado artigo regulamentar.

Nesta portaria, no seu art. 1.º, estabelece-se que o anúncio previsto no n.º 1 do art. 5.º é publicado no sítio *citius.mj.pt*, sob a responsabilidade da Direcção-Geral da Administração da Justiça. Ao atribuir a serviços estaduais integrados na administração da justiça a organização do sítio da internet de acesso público, o legislador dota a norma comentada de um conteúdo que abrange a matéria contida no n.º 5 do art. 248.º do CPC (incumbe à parte providenciar pela publicação dos anúncios), pelo que deve considerar-se esta revogada. Agora, incumbe ao tribunal providenciar pela publicação dos anúncios.

Sendo hoje a citação edital uma citação por anúncio, e sendo a sua publicação uma incumbência do tribunal, também a norma contida no art. 248.º, n.º 4, do CPC deve considerar-se tacitamente revogada, já que a dispensa de publicação de anúncios nela prevista assentava na existência de éditos afixados e nos elevados custos da publicação num jornal.

A citação considera-se feita no dia em que se pratique a última formalidade prescrita por lei. Se a lei exige a afixação de um edital, não poderá a citação considerar-se feita antes desta afixação ter lugar (art. 198.º, n.º 1, do CPC). Deve, pois, ser devidamente interpretado o art. 250.º, n.º 1, do CPC: a citação considera-se feita no dia em que se publique o anúncio ou no dia em que seja afixado o edital, se este for ulterior.

22. *Manutenção das disposições especiais sobre citação edital.* O disposto no artigo comentado aplica-se a todas as acções em que há lugar à citação edital (n.º 4), incluindo, pois, as que corram termos sob uma

Actos em geral 73

forma especial – prevista ou não no Código do Processo Civil. A aparente simplicidade desta norma esconde alguma dificuldade na sua interpretação. Pode o legislador ter pretendido que, em todas as acções em que há lugar à citação edital, *apenas* sejam observadas as formalidades previstas neste artigo. Mas também pode ter querido dizer que esta passa a ser a norma geral em matéria de citação edital, *sendo aplicável*, com essa natureza, a todas as acções em que há lugar à citação edital. No primeiro caso, este regime – por se aplicar "a todas as acções em que há lugar à citação edital" – afastaria as normas que, nos diversos processos especiais, prevêem formalidades próprias para a citação edital; no segundo caso, estas normas especiais continuariam a prevalecer, apenas sendo de aplicar o regime experimental em aspectos não especialmente regulados, isto é, quando seja de aplicar (subsidiariamente) a norma geral vigente sobre citação edital.

A questão – a prevalência do regime previsto na lei especial (DL n.° 108/2006) ou daquele que está contido em norma especial na lei geral (Código de Processo Civil) – coloca-se, por exemplo, na citação edital do executado, considerando que nos arts. 864.°, n.° 1, do CPC e 28.°, n.° 2, da Portaria n.° 331-B/2009, de 30 de Março, se prevê a afixação de um edital na porta da sede da junta de freguesia da área da última residência conhecida do executado no país (cfr. art. 7.°, n.° 3, do CC). Também no processo especial de justificação de ausência (art. 1103.° do CPC), para além de se fazer referência aos éditos (plural), estabelece-se um prazo para a sua duração de seis meses, só praticável em edifícios públicos – para além de se justificar, considerando a natureza da acção, uma prolongada afixação na sede da junta de freguesia.

Em resposta a esta questão, devemos considerar que a lei experimental (art. 5.°) dispõe apenas sobre a citação edital *em geral*. O artigo anotado aplica-se aos processos declarativos especiais e executivos quando estes solicitam a aplicação das normas *gerais* sobre a citação edital. Todavia, quando em tais processos existir disposição sobre a citação edital *em especial*, o novo regime *geral* aplicável cederá, aplicando-se o regime próprio desse processo[89]. O disposto no regime *geral* experimental apenas poderá afastar a aplicação de normas *especiais* quando for seguro que

---

[89] Revemos, pois, a nossa posição, expressa em RAMOS DE FARIA, *Regime*, cit., nota (5). O art. 5.° apenas faz referência à citação edital – só a esta se aplica, e não à afixação de éditos com vista a publicitar a acção ou a sentença.

estas reproduzem, redundantemente, na letra e no espírito, as regras gerais, isto é, quando for seguro que o legislador, no processo especial ou no processo executivo, tendo previsto a prática de formalidades idênticas às agora abolidas (publicação de anúncios em jornais e afixação editais no tribunal e na sede da junta de freguesia), não o fez por razões especiais (ainda subsistentes), privativas dos processos em questão – tendo, sim, previsto as formalidades descritas na norma especial também pelas razões que estiveram na origem da sua consagração nas disposições comuns (arts. 248.° e 251.° do CPC), não mais tidas por válidas pelo legislador do DL n.° 108/2006.

ARTIGO 6.°
Agregação de acções

1 – Quando forem propostas separadamente no mesmo tribunal acções que, por se verificar os pressupostos de admissibilidade do litisconsórcio, da coligação, da oposição ou da reconvenção, pudessem ser reunidas num único processo, pode ser determinada, a requerimento de qualquer das partes e em alternativa à apensação, a sua associação transitória para a prática conjunta de um ou mais actos processuais, nomeadamente actos da secretaria, audiência preliminar, audiência final, despachos interlocutórios e sentenças.

2 – A decisão de agregação e os actos que esta tem por objecto são praticados na acção que tiver sido instaurada em primeiro lugar ou, no caso de relação de dependência ou subsidiariedade entre os pedidos, na acção que tiver por objecto a apreciação do pedido principal.

3 – Nos processos que pendam perante o mesmo juiz, a agregação pode ser determinada oficiosamente, sem audição das partes.

4 – Nos processos que pendam perante juízes diferentes, a agregação ou a apensação deve ser requerida ao presidente do tribunal, de cuja decisão não cabe reclamação, não sendo aplicável o n.° 2 do artigo 210.° do CPC.

5 – A decisão de agregação deve indicar quais os actos a praticar conjuntamente e respectivo conteúdo e é notificada às partes, consoante os casos, com a convocação para a diligência conjunta ou com o despacho ou a sentença praticados conjuntamente.

6 – A decisão prevista no número anterior só pode ser impugnada no recurso que venha a ser interposto da decisão final.

Actos em geral

7 – A secretaria informa mensalmente o presidente do tribunal e os magistrados dos processos que se encontrem em condições de ser agregados ou apensados.

Sumário – **23.** Noção de agregação. **24.** Regime dos actos não abrangidos pela agregação. **25.** Requisitos da agregação. **25.1.** Pendência no mesmo tribunal. **25.2.** Possibilidade de reunião num único processo. **25.2.1.** Pressuposto negativo: inconveniência da apensação. **25.2.2.** Irrelevância dos obstáculos à coligação ou à reconvenção. **25.3.** Iniciativa e contraditório. **25.4.** Satisfação de um interesse atendível. **25.4.1.** Satisfação do interesse na maior produtividade dos tribunais. **25.4.2.** Satisfação de interesse da parte. **26.** Sindicabilidade do despacho sobre a agregação. **26.1.** Sindicabilidade do despacho que ordena a agregação. **26.1.1.** Sindicabilidade do mérito da decisão positiva. **26.1.2.** Natureza não discricionária da decisão positiva. **26.2.** Sindicabilidade do despacho que recusa a agregação. **27.** Designação legal do processo principal. **27.1.** Designação legal como garantia de independência. **27.2.** Reflexos na composição dos autos secundários. **27.3.** Acções que devam ser julgadas pelo tribunal colectivo. **28.** Acções pendentes perante o mesmo juiz: iniciativa e contraditório. **28.1.** Oficiosidade. **28.2.** Contraditório. **28.3.** Actos da secretaria. **29.** Competência do juiz presidente: apensação e agregação. **29.1.** Apensação de acções pendentes em tribunais diferentes. **29.2.** Agregação e distribuição. **29.3.** Reclamação contra o despacho do juiz presidente. **29.4.** Requerimento de agregação da competência do juiz presidente. **29.5.** Desassociação de acções. **30.** Conteúdo da decisão de agregação. **31.** Impugnação do despacho sobre a agregação. **31.1.** Recorribilidade do despacho de agregação. **31.2.** Recorribilidade do despacho que recusa a agregação. **31.3.** Reclamação de nulidade por omissão de decisão oficiosa. **32.** Informação a cargo da secretaria.

23. *Noção de agregação.* Agregar acções é associá-las transitoriamente, para que sejam praticados um ou mais actos processuais numa delas, com efeitos sobre as demais. Embora se assemelhe a uma apensação temporária[90], distingue-se deste instituto porque em momento algum

---

[90] A possibilidade de ser decretada uma apensação temporária tem sido admitida pela nossa jurisprudência – cfr., por exemplo, os Acs. do TRP de 15 de Julho de 2009, pro-

76 Regime Processual Civil Experimental Comentado

as acções associadas deixam de ter autonomia de procedimento. Com efeito, não obstante a lei fazer referência a uma associação *transitória* de acções, o que caracteriza a agregação não é uma associação de lides por um determinado lapso de *tempo*, mas sim a prática de actos concretos que produzem, simultaneamente, efeitos em diversos processos pendentes.

O instituto da agregação foi criado para permitir ao juiz praticar "actos em massa" (sic), assim se assegurando um tratamento específico, no âmbito dos meios processuais, aos grandes litigantes, "permitindo, designadamente, a prática de decisões judiciais que abranjam vários processos" – cfr. a exposição de motivos do DL n.º 108/2006. O campo de aplicação da norma vem suficientemente explicitado no texto preambular: "o acto a praticar conjuntamente pode circunscrever-se à realização de uma determinada diligência de instrução – como a inquirição de testemunhas arroladas em vários processos ou a prestação de esclarecimentos pelos mesmos peritos – ou à discussão, em audiência preliminar ou final, de uma única questão de facto ou direito, comum a várias causas".

24. *Regime dos actos não abrangidos pela agregação.* Se é certo que os actos praticados conjuntamente estão dotados de eficácia externa, produzindo os seus efeitos típicos não apenas na acção onde foram praticados, como também nas diferentes acções associadas, não são claros, quanto ao mais, os efeitos da agregação sobre as diferentes instâncias processuais.

Embora, como dissemos, o que caracteriza a agregação não seja uma associação *temporária* de acções, a prática conjunta de actos concretos que a define pode demandar vários meses – por exemplo, se forem agregados todos os actos que integram uma fase extensa do processo. Durante este período, a instância e o processo podem trilhar caminhos inesperados: uma das partes falece, é obtida uma transacção, é apresentado um requerimento atípico ou, por exemplo, é alterado um rol probatório. A instância processual não se desenvolve, obedientemente, nos limites cientificamente desenhados pelo legislador. Pelo contrário, ela é marcada pela singularidade, afastando-se dos estereótipos doutrinais e interpelando constantemente o processo para que a acompanhe.

A agregação legitima-se e resolve-se na prática de actos processuais concretos. Esclarece a lei que os actos a praticar conjuntamente são indi-

---

ferido no processo n.º 202-I/2000.P1, publicado em *dgsi.pt.*, e de 3 de Dezembro de 1998, proferido no processo n.º 637/98, sumariado em *trp.pt/images/stories/jurispr/trp_boletim03.pdf* (p. 58).

Actos em geral   .   .   77

vidualmente identificados na decisão que a determine (art. 6.°, n.° 5). Significa isto que as diferentes acções mantêm, quanto ao mais, toda a sua individualidade, nelas se devendo decidir todas as questões surgidas que nada tenham a ver com os actos que constituem o objecto da agregação.

Decorre da posição adoptada que a agregação não compreende qualquer unificação processual. As acções agregadas mantêm a sua autonomia de procedimento, pelo que a composição subjectiva das respectivas instâncias mantém-se inalterada. Não se nos suscita, pois, a dúvida colocada por FRANÇA GOUVEIA ("o problema das acções em que as partes são testemunhas umas das outras"), assente numa putativa alteração da qualidade dos intervenientes processuais, em resultado da agregação[91].

· Na pendência da agregação, *os processos individuais não se suspendem*, antes prosseguem a sua marcha. Fazem-no conjuntamente quanto aos actos objecto da agregação e aos que lhes sejam apendiculares, e individualmente quanto aos demais actos. É este o sentido a retirar do texto preambular, quando aí se afirma que, "findo ou praticado o acto, os processos prosseguem individualmente a sua marcha": os desenvolvimentos processuais (individuais) dependentes da prática dos actos conjuntos, e só estes, aguardarão pela sua conclusão.

As questões incidentais que tenham a ver com a prática do acto conjunto (uma acareação ou uma contradita requeridas numa audiência conjunta) devem ser suscitadas no processo no qual este tem lugar, sendo decididas pelo juiz desta acção. Todavia, se estivermos perante uma matéria que extravasa o objecto fixado para a agregação, deverá ela ser discutida e decidida no processo individual a que disser respeito, caso em que, *mesmo que ainda esteja pendente a agregação*, caberá ao juiz da acção própria, que mantém a sua autonomia, despachar o processo.

25. *Requisitos da agregação.* O confronto entre o n.° 1 do art. 6.° e o n.° 1 do art. 275.° do CPC permite sublinhar as semelhanças e realçar as diferenças entre os requisitos de aplicação dos dois institutos.

Art. 6.°, n.° 1: *Quando forem propostas separadamente* no mesmo tribunal *acções que, por se verificar os pressupostos de admissibilidade do litisconsórcio, da coligação, da oposição ou da reconvenção, pudessem ser*

---

[91] *Regime Processual*, cit., pp. 70-71, e «A acção», cit., pp. 145-146.

78 Regime Processual Civil Experimental Comentado

reunidas num único processo, pode ser determinada, *a requerimento de qualquer das partes* e em alternativa à apensação, a sua associação transitória. Art. 275.º, n.º 1, do CPC: *Se forem propostas separadamente acções que, por se verificarem os pressupostos de admissibilidade do litisconsórcio, da coligação, da oposição ou da reconvenção, pudessem ser reunidas num único processo*, será ordenada a junção, *a requerimento de qualquer das partes* com interesse atendível na junção, ainda que pendam em tribunais diferentes, a não ser que o estado do processo ou outra razão especial torne inconveniente a apensação.

A lei é clara ao estabelecer que a agregação é uma *alternativa* à apensação. Vale isto por dizer que a lei admite que podem estar reunidos os pressupostos da apensação e, ainda assim, o juiz não a ordenar, desde que, em alternativa, determine a agregação. Desta constatação se extrai que a norma contida no n.º 1 do art. 6.º veio introduzir uma alteração no art. 275.º, n.º 1 do CPC: onde consta "será ordenada a junção" das acções, deverá ler-se, *será ordenada a junção, salvo se, em alternativa, o tribunal ordenar a agregação*.

Embora sejam institutos paralelos, a agregação e a apensação não podem, obviamente, comungar dos mesmos exactos pressupostos positivos e negativos. De outro modo, seriam eles redundantes. Para além de quaisquer outros, há, assim, um requisito que deve ser sempre tido em consideração: a menor adequação do instituto alternativo às especificidades das causas.

25.1. *Pendência no mesmo tribunal*. O primeiro requisito da agregação expressamente contido na lei é a pendência no mesmo tribunal das acções a associar. Ao contrário do que sucede com a apensação, não podem ser agregadas acções pendentes em tribunais diferentes.

Esta solução é a que melhor se adequa às características próprias de um instituto que permite a um juiz praticar actos (conjuntos) em processos que se mantêm pendentes perante outro juiz, mantendo as acções a sua autonomia de procedimento e mantendo este juiz, quanto ao mais (de prática não conjunta), a sua competência. Uma decisão de "devolução" de competência assim *pontual*, na falta do concurso de decisões convergentes de ambos os órgãos com jurisdição, será menos controversa se for determinada por uma entidade terceira, desinteressada e equidistante, embora com acesso directo aos processos, pressupostos que só se reúnem no juiz presidente do (*mesmo*) tribunal.

Actos em geral

25.2. *Possibilidade de reunião num único processo.* O segundo requisito previsto na lei é a possibilidade das acções serem reunidas num único processo. Este pressuposto tem total cabimento no âmbito da apensação, onde também está presente, pois as acções apensadas passam a constituir, precisamente, um único processo. É, pois, neste âmbito, um pressuposto lógico e necessário. Já no contexto da agregação, a exigência da possibilidade de reunião das acções num único processo é uma mera opção do legislador, já que, aqui, esta reunião não tem, efectivamente, lugar.

As acções que podem ser reunidas num único processo são aquelas relativamente às quais se verificam os pressupostos de admissibilidade do litisconsórcio (arts. 27.º e 28.º do CPC), da coligação (arts. 30.º do CPC), da oposição (art. 342.º do CPC) ou da reconvenção (art. 274.º do CPC). Também quando apenas os pedidos formulados nas diferentes acções são distintos – ainda que pelas e contra as mesmas partes singulares –, isto é, nos casos em que poderia ter ocorrido uma inicial simples cumulação de pedidos (art. 470.º do CPC), podem as acções ser reunidas num único processo. Embora esta última hipótese não esteja expressamente referida no texto da lei, não deixa ela de estar abrangida pelo seu espírito, sendo também aqui a agregação admissível[92].

25.2.1. *Pressuposto negativo: inconveniência da apensação.* Na decisão a tomar sobre a agregação devem ser tidas em consideração as circunstâncias que tornam "inconveniente a apensação" (art. 275.º, n.º 1, do CPC), não para afastar, a jusante, o juízo de conveniência e de oportunidade previamente formulado, mas antes como um factor que pode impedir a sua formulação a montante. Esta decisão obriga à ponderação das vantagens e das desvantagens que tal opção acarreta. As vantagens já as enunciámos – a economia e a celeridade processuais. As desvantagens também se intuem sem dificuldade.

Estando em causa uma agregação entre diferentes juízos, a prática conjunta de um acto processual, sobretudo tratando-se do julgamento, pode demandar diversos dias de trabalho acrescido para o juiz titular do

---

[92] Assim, FRANÇA GOUVEIA, *Regime Processual*, cit., pp. 60-61. Também assim, a propósito da apensação, cfr. ALBERTO DOS REIS, *Comentário*, cit., Vol. 3.º, p. 211, LEBRE DE FREITAS, JOÃO REDINHA e RUI PINTO, *Código*, cit., Vol. I, p. 492, e MARIANA FRANÇA GOUVEIA, *A Causa de Pedir na Acção Declarativa*, Coimbra, Almedina, 2004, p. 329.

processo principal[93], em função da sua complexidade objectiva e *subjectiva* (relativamente a cada juiz). São horas ou dias de trabalho sobrevindo que, apesar de poderem representar um aumento da economia processual e da celeridade do conjunto de acções agregadas, podem também importar um atraso na concessão da tutela jurisdicional no processo principal e nos restantes processos pendentes nesse juízo, porventura com precedência sobre as acções agregadas – *v.g.*, por serem mais antigos. A inconveniência da agregação pode, pois, traduzir-se na circunstância de, por efeito seu, não ser possível decidir uma das causas num prazo razoável – ainda que a associação traga benefícios para as restantes –, de puder prejudicar apuramento da verdade e a justa composição do litígio dirimido numa das acções[94], ou de puder prejudicar o desempenho global e restante serviço a cargo do juiz.

Há, pois, uma relevante variável a influenciar a decisão que só o juiz presidente do tribunal domina – nem mesmo o tribunal de recurso a poderá dominar. Só este tem possibilidade de conhecer – desde logo através do contacto directo que deve manter com todos os juízes do tribunal –, para além do que os números da estatística sugerem, a real natureza dos processos tramitados por cada magistrado, a sua capacidade para resolver de forma célere os processos, a natureza da sua experiência profissional pretérita e as circunstâncias em que exerce a jurisdição – *v.g.*, a antiguidade, a experiência adquirida no tratamento anterior de casos semelhantes, a titularidade de processos de excepcional complexidade ou a limitação, por doença, no exercício das suas funções.

A necessidade de ponderação desta variável ocorre também, por identidade de razão, quando os processos agregáveis pendam perante o mesmo juiz. Devem sempre ser consideradas as repercussões que a decisão de agregação tem no serviço confiado ao juiz, perspectivado no seu conjunto. Por exemplo, um inoportuno desvio à rotina, em resultado da agregação, num juízo que já sofra de um pontual acréscimo de serviço, pode prejudicar a sua gestão processual global.

Recorrendo à terminologia anglo-saxónica, dir-se-á que o pressuposto negativo contido na lei – na oração "outra razão especial torne inconveniente a apensação" (art. 275.º, n.º 1, do CPC) – diz também (e

---

[93] Para facilitar a exposição, apelida-se de principal a acção em que é praticado o acto conjunto e de secundária a causa na qual os efeitos deste também se produzem.

[94] Cfr. os arts. 2.º, n.º 1, e 265.º, n.º 3, do CPC, 20.º, n.º 4, da CRP, 6.º da CEDH, 10.º da DUDH e 14.º, n.º 1, do PIDCP.

sobretudo) respeito ao *court management*, e não apenas ao *case management*. A mera possibilidade do pressuposto verificar-se por razões respeitantes ao *court management* (insindicáveis por terceiros sem contacto com os serviços) obriga a que se confie ao prudente arbítrio do julgador a sua *apreciação*. Por assim ser, à semelhança do que é defendido no contexto da apensação, também aqui estamos perante um *pressuposto negativo* que o tribunal *aprecia discricionariamente*[95].

25.2.2. *Irrelevância dos obstáculos à coligação ou à reconvenção.* Em sentido oposto, os obstáculos à coligação ou à reconvenção (cfr. os arts. 31.º e 274.º, n.º 3, do CPC) não são aplicáveis à agregação, merecendo a norma, neste ponto, uma interpretação restritiva. Por um lado, a circunstância de todas as acções terem sido (regularmente) instauradas no mesmo tribunal retira campo de aplicação aos obstáculos relacionados com a competência do *tribunal* (internacional ou em razão da matéria ou da hierarquia).

Por outro lado, não estando em causa a sua reunião num único processo, mas apenas a prática conjunta de actos pontuais (próprios de todas as acções em confronto), o obstáculo que visa acautelar a desadequação do processo subordinado à forma seguida no processo principal deixa de ter cabimento.

25.3. *Iniciativa e contraditório.* O último pressuposto contido no n.º 1 do art. 6.º é o "requerimento de qualquer das partes" e a audição da contraparte (arts. 3.º, n.º 3, e 3.º-A do CPC). É este um requisito que compreende uma relevante excepção, prevista no n.º 3 deste artigo – isto é, nos processos que pendam perante o mesmo juiz.

Merece ele, no entanto, ser assinalado, pois, onde o referido desvio não tenha lugar – nas agregações da competência do juiz presidente –, prevalece esta regra. Mais, dele se extrai que a agregação não pode ser pro-

---

[95] Há aqui uma discricionariedade de apreciação, que não se confunde com a discricionariedade de decisão. O juízo de *inconveniência* referido no art. 275.º, n.º 1, *in fine*, do CPC, é considerado por RODRIGUES BASTOS como sendo formulado no uso de "um poder discricionário atribuído ao tribunal" – JACINTO RODRIGUES BASTOS, *Notas ao Código de Processo Civil*, Volume II, Lisboa, edição do autor, 2000, p. 37. Pode também fazer-se aqui apelo ao conceito de discricionariedade técnica – sobre este, cfr. LEBRE DE FREITAS, JOÃO REDINHA e RUI PINTO, *Código de Processo Civil Anotado*, Coimbra, Coimbra Editora, Vol. I, 1999, p. 255.

82   *Regime Processual Civil Experimental Comentado*

movida pela secretaria judicial, pois não se concebe outro tipo de intervenção desta entidade administrativa que não seja a, ora proibida, promoção oficiosa da agregação, para a prática de actos da sua competência.

25.4. *Satisfação de um interesse atendível.* Para além dos pressupostos assinalados, a lei não refere expressamente qualquer outro no art. 6.°. Todavia, à semelhança do que se contra previsto para a alternativa apensação – relativamente à qual estabelece o art. 275.°, n.° 1, do CPC que só pode ela ser ordenada quando o requerente demonstre ter "interesse atendível na junção" –, a agregação só deverá ser ordenada se, no caso concreto, ela permitir satisfazer o interesse que o novo instituto visa tutelar.

25.4.1. *Satisfação do interesse na maior produtividade dos tribunais.* Não obstante o DL n.° 108/2006 ter conhecido uma gestação atribulada, o novo regime manteve-se fiel ao propósito (maior), contido no Plano de Acção para o Descongestionamento dos Tribunais, de promover este descongestionamento, aumentando a produtividade dos tribunais, através de um maior relevo e prevalência dados aos princípios da economia processual e da celeridade processual na tramitação das acções, isto é, promovendo a eficiência processual. A *ratio legis* do instituto da agregação não constitui excepção.

Os motivos da criação desta nova figura vêm expostos no preâmbulo do DL n.° 108/2006, aí se podendo ler que, com a consagração da agregação de acções, "o juiz passa, portanto, a poder praticar «actos em massa», *bastando* que exista um elemento de conexão entre as acções e *que da realização conjunta de um acto processual ou diligência resulte a simplificação do serviço do tribunal*" – sem sublinhado no texto original. Esta motivação vem na linha do defendido no Estudo Preliminar, onde instituto da agregação é apresentado como meio de promover a eficiência processual[96]. Aí se esclarece que a agregação é inspirada na *consolidation* do direito norte-americano, a qual visa sobretudo melhorar a produtividade do sistema judicial, permitindo o tratamento simultâneo de diferentes questões processuais ou a resolução conjunta dos litígios[97].

---

[96] Cfr. França Gouveia, *Regime especial*, cit., p. 10.

[97] Neste sentido, cfr. França Gouveia, «A acção», cit., pp. 143 a 1146. Não pode, pois, ser encontrada qualquer analogia com o mecanismo vertido no art. 48.° do CPTA (excepto nas novas atribuições do juiz presidente do tribunal), profundamente distinto da agregação, não obstante também aí se pretender resolver um problema de "litigância de

Actos em geral 83

Resulta do exposto que o interesse a atender através da agregação de acções é o *interesse público* na maior *eficiência* ou *produtividade* dos tribunais. Este instituto não se dirige, pois, imediatamente, à obtenção da justa composição do litígio – ou à realização de outro propósito tutelável, como seja a uniformização de julgados[98]. Aliás, este escopo de natureza material não se coaduna bem com um expediente processual que pode ser adoptado sem audição das partes. Não quer isto dizer que a associação de acções não possa promover a justa composição do litígio – ou, muito menos, que a possa prejudicar –; apenas significa que quando não seja accionada com o propósito expresso de realizar a eficiência processual, deve, ainda assim, promovê-la, nunca a podendo prejudicá-la.

25.4.2. *Satisfação de interesse da parte.* A agregação constitui uma nova ferramenta na promoção do interesse público acabado de referir, ao permitir obter os benefícios (de economia de meios) da (alternativa) apensação, sem que se façam sentir as desvantagens de uma tramitação das causas totalmente conjunta. Daqui se conclui que qualquer interesse atendível invocável para a apensação pode ser apresentado no requerimento de agregação, desde que esta (também) promova o seu interesse maior. Aliás, só assim, isto é, só admitindo a invocação de *interesses particulares* se compreende que a agregação possa ou, nalguns casos[99], deva ser requerida pelas partes. As diferentes ferramentas processuais[100] estão ao dispor dos

---

massa". A propósito deste instituto do processo nos tribunais administrativos, já se antevia no Estudo Preliminar que talvez se pudesse ir mais além – FRANÇA GOUVEIA, *Regime especial*, cit., p. 16. Para uma primeira abordagem da *complex litigation*, cfr. o *Manual for Complex Litigation, Fourth*, publicado pelo Federal Judicial Center, disponível em *fjc.gov/public/home.nsf* (último acesso 5-11-2009), que mereceu uma exposição sinóptica de ANTÓNIO JOSÉ FIALHO, «Regime processual civil especial e experimental (Decreto-Lei n.º 108/2006, de 8 de Junho): agregação e desagregação», *Revista do CEJ*, n.º 5, 2.º Semestre 2006, p. 103 e segs..

[98] Neste sentido se extrai um outro argumento da exposição de motivos. A prática de actos em separado não é idónea, pela natureza e estrutura do instituto, a propiciar a uniformização de julgados. Ora, reza a exposição de motivos que esta decisão visa satisfazer um "objectivo idêntico" ao da agregação de acções, donde se extrai que o fim maior desta (que pode ter por objecto actos distintos do julgamento) não é a referida coerência de decisões entre causas conexas.

[99] Quando o interesse principal que se pretende atender não é a maior eficiência processual, mas sim a justa composição do litígio.

[100] Referimo-nos aos actos processuais, e não às acções destinadas à tutela de interesses difusos.

sujeitos processuais para satisfação de *interesses de que sejam titulares*, como meio de obterem ganho de causa – pelo modo menos oneroso para o litigante –, não lhes cabendo a defesa da legalidade em abstracto, ou a tutela de interesses públicos.

O interesse da parte atendível pode também dizer respeito à maior celeridade da causa ou à economia de meios. É inegável que o demandante tem interesse próprio em ver o seu pedido apreciado o mais rapidamente possível e com o menor gasto de recursos.

Mais duvidoso é que se admita a agregação com vista à satisfação de interesses de diferente natureza. Prestando tributo a uma ideia de gestão processual rica e multifacetada, admite-se que possa ser decretada a agregação com propósitos de índole material, isto é, com vista à justa composição do litígio. Devem, todavia, ser tomadas cautelas acrescidas. Por um lado, não sendo este o campo de aplicação normal da agregação de acções – aquele que o legislador tinha presente, quando admitiu a inexistência de contraditório –, não deverá o tribunal ordenar oficiosamente a agregação para satisfação deste interesse, não podendo, em qualquer caso, ser dispensada a prévia audição das partes (art. 3.°, n.° 3, do CPC). Por outro lado, o juízo de conveniência da prática deste acto de gestão processual deve considerar as questões a tratar depuradas das vicissitudes da instância concreta. Não pode a agregação servir para melhor decidir uma causa, quando a dificuldade de decisão nada tem a ver com a natureza do litígio, mas sim com as deficientes abordagens processuais das partes.

> Tomemos como exemplo duas acções com petições iniciais em tudo idênticas, salvo quanto à identidade dos réus (por ex., dois avalistas de uma mesma letra). Em ambas, os demandados contestam, impugnando a causa de pedir e invocando uma mesma excepção peremptória (por ex., o pagamento realizado na presença de algumas testemunhas). Na primeira acção, o réu apresenta requerimento probatório. Na outra, por negligência da parte, não é apresentada prova. Admitindo (apenas para efeitos do presente exemplo) que na segunda acção não existem meios intraprocessuais para temperar a preclusão da possibilidade do réu apresentar os seus meios de prova da excepção (ónus não satisfeito tempestivamente), não pode ser ordenada a instrução, a discussão, o julgamento e a elaboração de sentença em conjunto, com vista à harmonização das decisões a proferir (proporcionada por uma concepção generosa do princípio da aquisição processual da prova, permitindo-se o seu aproveitamento de uma acção para a outra), de outro modo eventualmente contraditórias, fruto do diferente empenho dos réus.

26. *Sindicabilidade do despacho sobre a agregação.* Se, para fundar a decisão de associar transitoriamente diversas acções, é necessário que se reúnam diversos pressupostos, já para justificar a recusa da agregação basta que faleça um único pressuposto positivo (ou que ocorra um pressuposto negativo). Proferido despacho sobre a agregação, a apreciação do mérito da decisão está, assim, dependente da objectiva possibilidade de avaliação da verificação dos diversos pressupostos considerados.

Sendo de agregação (positiva) a decisão proferida, basta que haja um pressuposto susceptível de ser apreciado por outrem (que não o julgador), para ser de admitir a sua sindicabilidade, pois a sua reapreciação poderá ter por fundamente precisamente a não verificação deste afirmado pressuposto. Sendo de recusa a decisão da agregação, basta que haja um pressuposto insindicável, para não ser sindicável o decidido, pois poderá ter por fundamento a verificação daquele pressuposto.

26.1. *Sindicabilidade do despacho que ordena a agregação.* A decisão *que determina* a agregação de acções é um acto de gestão processual. Como tal, é, em abstracto, sindicável, nos mesmos termos em que o são, em regra, as decisões proferidas em cumprimento do dever de boa gestão do processo (do dever de adopção da forma mais adequada). Nenhuma especialidade há, neste ponto, relativamente aos demais actos pelos quais este se exerce.

26.1.1. *Sindicabilidade do mérito da decisão positiva.* O despacho que ordena a agregação não é redutível a uma mera decisão sobre metodologia de trabalho ou de organização do serviço do juiz, insusceptível de apreciação por quem não tem a seu cargo os processos geridos. Esta decisão positiva não envolve, logicamente, a afirmação do analisado pressuposto negativo – *maxime*, na sua vertente que é de apreciação discricionária, respeitante ao *court management*. Por outro lado, é uma decisão que pode ser tomada não só pelos juízes cujo trabalho é "organizado", como também pelo juiz presidente do tribunal. Ora, se este último tem condições para decidir (*positivamente*) a agregação, também o tribunal da Relação, ainda que com base nas certidões do processado, tem possibilidade de sindicar o (*positivamente*) decidido.

A título de exemplo, são critérios jurídicos – sindicáveis, portanto – os que, tendo sido desrespeitados na decisão recorrida, obstam a que duas acções sejam agregadas apenas para a fase de instrução e discussão, mas já não para o julgamento e sentença, em violação do princípio da plenitude da assistência do juiz. Tal como o são os que desaconselham a agregação de diversas acções "satélite" a um mega-processo principal, atrasando previsivelmente a decisão das causas mais simples em vários meses (gerando, mesmo, danos a uma das partes ou obrigando-a a custear a interposição de uma providência cautelar). Do mesmo modo, para quem tenha o já mencionado entendimento generoso do princípio da aquisição processual, a bondade da decisão de agregação de duas acções (por meio da qual a prova apresentada numa possa servir para fundar a outra) é perfeitamente censurável por terceiros.

Por outro lado, entendendo-se, como deve ser entendido, que é possível determinar a agregação fora dos casos previstos no art. 6.º, ao abrigo do disposto no art. 2.º, al. *a)*[101], não pode deixar de se considerar que a decisão de agregação legitimada nesta fonte geral é sindicável, tal como o são, por regra, as decisões proferidas no cumprimento do dever de gestão processual (sobretudo enquanto dever de adopção da forma mais adequada). Ora, o que distingue a decisão (positiva) proferida ao abrigo do disposto no art. 6.º, desta decisão proferida *apenas* ao abrigo do dever de gestão processual, é *o preenchimento*, naquela, dos seus requisitos expressamente previstos na lei – *v.g.*, verificarem-se os pressupostos de *admissibilidade* do litisconsórcio –, requisitos estes de preenchimento totalmente sindicável.

Finalmente, sendo a agregação uma alternativa à apensação, isto é, podendo fundar-se no preenchimento de pressupostos idênticos, não podem estes ser considerados como sendo sindicáveis, se a decisão for de apensação, e insindicáveis, se a decisão for de agregação.

26.1.2. *Natureza não discricionária da decisão positiva.* Uma decisão, sendo abstractamente sindicável, pode, ainda assim, ser pelo legislador confiada ao prudente arbítrio do juiz. Neste caso, considera-se o despacho que a inclua proferido no uso legal de um poder discricionário (art. 156.º, n.º 4, do CPC), pelo que não admite recurso (art. 679.º do CPC). A letra do art. 6.º não permite, todavia, essa interpretação, não constando do texto do DL n.º 108/2006 que a decisão de agregação é tomada de acordo com o "prudente arbítrio do julgador" – ao contrário do que sucede,

---

[101] Admitindo esta possibilidade, cfr. Brites Lameiras, *Comentário*, cit., p. 42. Referimo-nos, obviamente, à agregação decidida pelo juiz da causa, obrigado à boa gestão do seu processo, e nunca à decidida pelo juiz presidente, a qual apenas pode ocorrer nos quadros do art. 6.º.

Actos em geral 87

por exemplo, nos arts. 457.°, n.° 2, 930.°-C, n.° 2, 1015.°, n.° 2, 1017.°, n.° 5 e 1054.°, n.° 3, do CPC. Nem mesmo indirectamente – estabelecendo-se, por exemplo, que o juiz decidirá sem possibilidade de recurso – o texto da lei dá acolhimento a esta hipótese[102].

Por outro lado, como já foi referido, em matéria de gestão processual – em cujo âmbito se deve inserir a decisão de agregação –, não foi intenção do legislador afastar uma instância superior da reapreciação dos critérios de conveniência e de oportunidade que norteiam o julgador[103].

Dispõe, no entanto, o n.° 1 do art. 6.° que, verificando-se determinados pressupostos, o juiz *pode* determinar a agregação das acções. Por que não *deve?*

Verificando-se os pressupostos positivos[104] de admissibilidade do litisconsórcio, da coligação, da oposição ou da reconvenção, o juiz não *deve*, sem mais, decretar a associação transitória das acções, porque esta pode ser *inconveniente*. A decisão de agregação está, como vimos, dependente da *não verificação* de um pressuposto (negativo).

Por outro lado, para que seja decretada a agregação, tem de poder concluir-se *positivamente* que, da realização conjunta de um acto processual ou diligência, resulta a simplificação do serviço do tribunal, isto é, que a agregação se justifica, de acordo com os critérios gerais do exercício do dever de gestão processual (cfr. as als. *a)* e *c)* do art. 2.°). Tendo o tribunal a seu cargo, por exemplo 100 processos instaurados pelo mesmo grande litigante – verificando-se os pressupostos de admissibilidade do litisconsórcio ou da coligação –, não pode ficar obrigado a agregá-los, criando, assim, um "*monstro* processual" (ABRANTES GERALDES), impossível de gerir.

---

[102] A irrecorribilidade da decisão vem prevista, por exemplo, com diversos fundamentos, nos arts. 234.°, n.° 5, 387.°-A, 486.°, n.° 6, 508.°, n.° 6, 510.°, n.° 4, 572.°, n.° 3, 625.°, n.° 4, 670.° n.° 2, 712.°, n.° 6, 767.°, n.° 4, 809.°, n.° 1, al. c), 811.°, n.° 2, 1411.°, n.° 2, e 1424.° do CPC.

[103] Neste sentido, cfr. ARMINDO RIBEIRO MENDES, «Agregação e desagregação (arts. 6.° e 7.° do Regime Processual Experimental – D.L. n.° 108/2006, de 8 de Junho)», *Revista do CEJ*, n.° 5, 2.° Semestre 2006, p. 145. Tratando da questão da recorribilidade do despacho de agregação, não opondo quaisquer restrições resultantes de uma putativa natureza discricionária da decisão, cfr. LEMOS JORGE, «Notas», cit., p. 192, BORGES MAIA e INÊS SETIL, «Breve comentário», cit., p. 332, e CARVALHO RICARDO, *Regime*, cit., pp. 27 e 29. Recusando a discricionariedade da decisão no lugar paralelo da apensação, cfr. LEBRE DE FREITAS, JOÃO REDINHA e RUI PINTO, *Código*, cit., Vol. I, p. 278.

[104] Os pressupostos *positivos*, obviamente, já que a verificação do pressuposto negativo *impede*, desde logo, a agregação.

Assim se explica que a lei apenas admita a possibilidade de agregação, verificados que estejam os seus requisitos nela expressamente referidos, e não a sua obrigatoriedade. Para que esta deva ter efectivamente lugar, é ainda necessário que *não se verifique* o pressuposto negativo (inconveniência da agregação) e que se verifique o acima analisado requisito característico do dever de gestão processual – constituindo estes pressupostos a face e o reverso da mesma moeda. Note-se, ainda, que, estando em causa institutos de aplicação alternativa, seria anacrónico que, perante a verificação dos requisitos comuns, o legislador prescrevesse a obrigatoriedade do tribunal adoptar (sempre) a via da agregação, impedindo a utilização da alternativa apensação.

Se a letra da lei, neste ponto, sugere que estamos perante um poder discricionário, a circunstância de a agregação poder ser requerida por uma parte depõe em sentido oposto. Reconhecendo o legislador que um sujeito processual tem um interesse próprio na agregação, e concedendo-lhe a tutela desse interesse por meio deste instituto, é normal que permita que a pronúncia sobre o requerido seja objecto de impugnação pela parte que se considere prejudicada.

Sendo decretada a agregação, esta decisão é sindicável, não apenas quanto à *verificação* dos pressupostos (positivos) expressamente previstos na lei – âmbito da recorribilidade das decisões discricionárias –, mas também quanto à sua legalidade, nos termos gerais – designadamente quando dela resulte a violação de uma garantia da parte.

26.2. *Sindicabilidade do despacho que recusa a agregação*. Decorre do raciocínio expendido que a decisão de *não agregação* é insindicável[105]. Estando verificados os pressupostos positivos da agregação, a decisão que a recuse assenta na inconveniência da associação transitória, requisito negativo de *apreciação discricionária*.

27. *Designação legal do processo principal*. A decisão de agregação e os actos praticados conjuntamente têm lugar na acção primeiramente ins-

---

[105] Apenas o será, o que se admite por mera hipótese académica, se o tribunal recusar a associação, não obstante afirmar que não há nela inconveniente e que é adequada e oportuna. A discricionariedade de apreciação não se confunde com a discricionariedade da decisão.

Actos em geral 89

taurada ou naquela que tiver por objecto a apreciação do pedido principal. Fixa assim o n.º 2 a competência para a prática do acto conjunto, atribuindo-a ao juiz do processo referido. É uma norma desnecessária, quando estejamos perante acções que pendam perante o mesmo juiz. Não haveria grande inconveniente em deixar ao critério do tribunal, agindo em cumprimento do seu dever de gestão processual, a escolha do processo no qual é proferida a decisão e daquele onde são praticados os actos conjuntos.

Estando em causa acções pendentes perante juízes diferentes, esta norma tem a inegável utilidade de fixar a competência para a prática do acto conjunto. Deste modo, evitam-se mal-entendidos entre o juiz da causa e o juiz presidente – que poderiam surgir perante uma escolha, de outro modo, aparentemente arbitrária[106].

27.1. *Designação legal como garantia de independência.* A importância da norma contida no n.º 2 não deve ser desprezada, assim como não deve ser menosprezada a questão da proibição da intervenção oficiosa do juiz presidente, adiante abordada. Estas regras permitem assegurar que a intervenção do presidente do tribunal não briga ostensivamente com a garantia da independência dos tribunais. Na falta delas, ficaria aberta a porta para o juiz presidente determinar que o acto conjunto seria praticado no processo a cargo de certo magistrado, por entender que este "decide melhor" as questões a resolver.

Por outro lado, importa ter presente que a independência dos juízes, no momento da decisão, deve ser garantida a todos os níveis, incluindo no interior da magistratura. O seu estatuto deve colocá-los a coberto de qualquer forma de pressão ilegítima. É apodíctico que uma distribuição iníqua e arbitrária do volume de serviço – da qual não cabe, sequer, reclamação para o presidente do tribunal da Relação – pode servir como meio de pressão ou represália contra o juiz[107].

27.2. *Reflexos na composição dos autos secundários.* Sendo o acto conjunto praticado no processo principal, a sua documentação (acta ou auto) ou sua cópia (acto escrito) deve constar de todos os processos agregados, assim mantendo estes a sua integridade e coerência após o termo da

---

[106] Tem ainda a utilidade de clarificar a questão, no caso de ocorrer a desassociação prematura da acção principal.

[107] Esta possibilidade é quase académica, mas é a este nível (com reforçadas cautelas) que devem ser discutidas as garantias de independência.

90   *Regime Processual Civil Experimental Comentado*

associação. É da natureza do despacho que determina a prática de um acto conjunto ser ele também um acto conjunto, pelo que deve constar de todas as acções agregadas.

Do despacho de agregação proferido pelo juiz presidente deve ser dado conhecimento a todos os juízes titulares das acções abrangidas. Assim, para além de fazer constar dos autos secundários esta decisão – o que poderá ocorrer automaticamente, por meio de ferramenta electrónica incluída (ou a incluir) no sistema *Citius*, ou por ordem do presidente do tribunal –, a secção de processos deverá abrir *imediatamente* vista ao juiz titular, ainda que a notificação das partes só ocorra ulteriormente (art. 6.°, n.° 5).

> A "vista" é um acto processual que se destina a proporcionar o conhecimento dos autos a um magistrado que não seja o seu titular, mediante a sua efectiva detenção temporária. Assim, a vista surge não apenas como forma de proporcionar ao Ministério Público o conhecimento dos termos processuais praticados, como também de permitir aos juízes adjuntos a preparação do julgamento – cfr., por exemplo, os arts. 707.°, n.° 2, e 732.°-B, n.° 1, do Código de Processo Civil. O processo não vai com vista ao seu titular; a vista do titular é permanente e pressuposta em cada decisão proferida no processo. Dito isto, considerando as características especiais da intervenção processual do juiz presidente, dever-se-á alargar o leque de utilizações da vista à situação em análise (sem prejuízo de o juiz titular aproveitar a sua abertura para a prolação de um despacho).

Mantendo as acções a sua total autonomia de procedimento – salvo quanto ao acto conjunto –, não se justifica a apensação física (a junção por linha) dos autos em papel – isto sem prejuízo de ser devidamente assinalada, quer nestes, quer no processo electrónico, a pendência da agregação, e de poder ser determinada a apresentação de todos os processos ao juiz do processo agregante para efeitos de consulta, na fase de preparação e durante a prática do acto conjunto.

27.3. *Acções que devam ser julgados pelo tribunal colectivo.* O n.° 2 deste artigo não comporta uma regra idêntica à contida na parte final do n.° 2 do art. 275.° do CPC, estipulando, por exemplo, que, sendo competente para julgar uma das acções o tribunal colectivo, a ela se deverão agregar as restantes. Compreende-se que assim seja, pois a agregação é transitória, podendo ter por objecto um acto que nada tem a ver com o julgamento da matéria de facto (com a apreciação da prova), pelo que seria arbitrário fixar um tal critério geral, desconsiderando-se o âmbito da associação concretamente ordenada.

De todo o modo, quando a agregação tenha por objecto o julgamento, não está o juiz decisor (sendo o titular de ambos os processos) impedido de, ao abrigo no disposto no art. 2.°, al. *a)*, determinar a prática do acto conjunto no processo mais adequado. Se não o fizer, a circunstância de uma acção onde deva intervir o tribunal colectivo ser associada a uma acção principal que deva ser julgada pelo juiz singular determinará que todo o julgamento seja realizado pelo tribunal colegial, pois a intervenção deste, quando permitida por lei, é um direito de que só as partes podem prescindir – cfr. o art. 68.° do CPC.

28. *Acções pendentes perante o mesmo juiz: iniciativa e contraditório.* O n.° 3 do art. 6.° encerra duas normas sobre agregação de acções que pendam perante *o mesmo juiz*: a associação transitória pode ser determinada oficiosamente; a associação transitória pode ser determinada sem audição das partes.

28.1. *Oficiosidade.* A primeira das normas contidas no n.° 3 retira ao juiz presidente, a quem cabe determinar a agregação dos processos que *não* pendam perante o mesmo juiz, qualquer competência para determinar oficiosamente a agregação de acções. Nem mesmo o dever de gestão processual previsto no art. 2.° dá cobertura legal a tal iniciativa oficiosa – nem a dará a gestão acometida ao presidente do tribunal, já prevista nas leis de organização judiciária –, considerando que este poder-dever apenas se dirige ao juiz da causa, a quem onera e habilita. O art. 6.° estabelece que a agregação pode ser determinada *a requerimento de qualquer das partes*, sendo esta a norma ao abrigo da qual o juiz presidente deve decidir. Não pode, pois, este magistrado ordenar a agregação, quando tenha sido requerida a apensação (nem pode ordenar esta, quando tenha sido requerida aquela).

28.2. *Contraditório.* Ao contrário do disposto para a iniciativa paralela prevista na apensação de acções (art. 275.°, n.° 4, do CPC), a audição das partes não é obrigatória. Esta compressão do princípio do contraditório (art. 3.° do CPC) só ganha sentido quando se considere que a agregação típica não visa nem deve ter por efeito influenciar a decisão sobre a relação material controvertida – sendo, quanto a esta, desejadamente, inócua –, mas apenas melhorar a produtividade do tribunal. Sig-

92   *Regime Processual Civil Experimental Comentado*

nifica isto que, quando, em directo cumprimento do dever de gestão processual (do disposto no art. 2.°, e não no art. 6.°), a agregação é excepcionalmente decretada com o intuito de melhor obter a justa composição do litígio, a prévia audição das partes não pode ser dispensada (art. 3.°, n.° 3, do CPC).

Reza a lei que a agregação *pode* ser determinada sem audição das partes; não dispõe que o *será*. Se a agregação permite a mais célere resolução dos diferentes litígios e, ainda assim, não é requerida pelos interessados, é de admitir que possam existir razões válidas para que estes se mantenham inactivos. Por forma a respeitar as legítimas estratégias processuais das partes, apenas deverá ser preterido o contraditório nos casos de inequívoca desnecessidade, isto é, quando a agregação visa apenas evitar a repetição da mesma exacta actividade[108] ou permitir uma acumulação material de actos, concentrando-os. Deverá, pois, o tribunal, como regra[109], ouvir as partes, sobretudo quando a agregação possa condicionar o modo como decorrerá o acto conjunto – não estando apenas em questão a sua já afirmada eficácia extraprocessual.

Decorre desta última ordem de considerações que, quando, para além de comungar dos mesmos pressupostos, a agregação tenda a ter efeitos próximos dos da apensação – *v.g.*, quando é ordenada a prática conjunta de todos os actos das fases da instrução e discussão da causa e do julgamento e prolação de sentença –, não pode ser dispensada a audição das partes – tal como não o pode ser na apensação. Sob a aparência de uma agregação, não pode ser obtida uma efectiva apensação, com o incompreensível e inadmissível propósito de retirar às partes o direito de se pronunciarem sobre esta.

---

[108] Embora possam não ser frequentes, são facilmente configuráveis exemplos desta actividade. No mesmo dia, dão entrada 3 procedimentos cautelares idênticos (salvo quanto à identidade do requerido, a alguns aspectos de pormenor e à identificação do equipamento cuja restituição é pedida), apresentados por um mesmo grande litigante, sendo pedida a dispensa do contraditório prévio. O juiz despacha o primeiro processo, indeferindo a requerida dispensa e ordenando a citação do requerido. Logo ali, determina que esta decisão é conjunta para os três procedimentos (por serem idênticos os pressupostos concretos alegados).

[109] Regra que, porventura, poderá ser de ocorrência menos frequente do que os desvios admitidos – o que não nos deve surpreender, se tivermos presente que a agregação encontra o seu fundamento típico na mera melhoria da eficiência do tribunal, sem influência relevante na justa composição do litígio.

Actos em geral

28.3. *Actos da secretaria.* Do confronto entre os diversos números deste art. 6.°, resulta claro que o instituto da agregação, mesmo quando apenas estejam em causa acções pendentes na mesma secção de processos, não pode ser desencadeado *oficiosamente* pela secretaria judicial. Aliás, entendimento diverso briga ostensivamente com a letra do n.° 1, onde consta, como requisito da agregação, o requerimento de parte.

Por outro lado, tendo presente o fim, nestes casos, da prática conjunta do acto – agilização do serviço burocrático – e a sua autoria – secretaria judicial –, estranhos às partes, bem como a natureza da decisão de agregação, não se concebe que o escrivão da secção de processos seja, nesta matéria, destinatário de requerimentos. São claras as referências à competência do *juiz* para determinar a agregação (n.os 3 e 4), à *necessidade de prévia audição* das partes, ressalvado o titular referido na lei (n.° 3), à necessidade de ser proferida uma *decisão* expressa na qual sejam *indicados quais os actos a praticar conjuntamente e respectivo conteúdo* (n.° 5, 1.ª parte), à necessidade de notificação desta decisão aos litigantes (n.° 5, 2.ª parte) e à sua impugnação apenas por meio de *recurso* (n.° 6).

Não significa isto que a secção de processos não possa praticar conjuntamente actos com relevância processual em diversas causas, assim economizando meios. Apenas significa que não estamos perante a figura da agregação, nem tem esta de ser convocada para que tais actos sejam tidos por legais. Assim sucede quando a secretaria judicial aproveita o mesmo sobrescrito para, reunindo nele as formalidades necessárias à prática do acto nos dois processos, citar o mesmo demandado para uma acção cível e para um processo tutelar (fora do âmbito do âmbito de aplicação do DL n.° 108/2006, portanto), nele remetendo as duas necessárias epístolas de citação.

29. *Competência do juiz presidente: apensação e agregação.* A norma prevista no n.° 4 é inovadora[110]. Atribui ela ao juiz presidente do tribunal de primeira instância, actuando como tal, poderes jurisdicionais. Estes poderes são-lhe atribuídos, não apenas em matéria de agregação de acções, como também da sua apensação.

É esta a primeira ideia a sublinhar: o n.° 4 do art. 6.° veio derrogar a norma contida no n.° 3 do art. 275.° do CPC, quando os processos a *apen-*

---

[110] Note-se, todavia, que novos poderes vieram, entretanto, a ser atribuídos ao juiz presidente – cfr. o art. 210.°, n.° 2, do CPC, na redacção introduzida pelo art. 160.° da Lei n.° 52/2008, de 28/08, ainda com aplicação restrita.

94   *Regime Processual Civil Experimental Comentado*

sar tenham sido instaurados no mesmo tribunal, perante juízes diferentes. Neste caso, a apensação não mais deve ser requerida ao juiz da causa principal e por este decidida, cabendo agora ao juiz presidente decidir o requerimento que lhe é dirigido. A *apensação* assim decidida assenta nos mesmos pressupostos – *v.g.*, está dependente de requerimento da parte, pois os processos não pendem perante o mesmo juiz – e tem os mesmos efeitos da unificação de processos decidida pelo juiz da causa.

A propósito da admissibilidade da intervenção oficiosa do juiz presidente, no âmbito da agregação, e porque já temos visto ser defendido que a norma que nos ocupa carece de um interpretação restritiva – no sentido de condicionar a intervenção deste juiz à existência de prévio requerimento de parte –, sinaliza-se que a lei é clara ao fixar como pressuposto da decisão de agregação o "requerimento de qualquer das partes" (art. 6.º, n.º 1), sendo a intervenção oficiosa do juiz da causa (n.º 3) um desvio à regra (não contemplado para o juiz presidente). Não é, pois, necessária uma interpretação restritiva para se concluir que o juiz presidente só intervém a requerimento das partes.

Ainda neste âmbito, tenha-se presente, também desde já, que é ao juiz do processo que cabe fixar o guião processual da causa; ao juiz presidente apenas cabe, constatando que um mesmo acto deve ser praticado em diferentes acções, ordenar a sua prática conjunta. Não tem o juiz presidente competência para, à revelia da orientação seguida pelo juiz da causa, determinar que num processo seja praticado um acto (em conjunto com outras acções) não adoptado pelo juiz titular.

29.1. *Apensação de acções pendentes em tribunais diferentes.* Da inclusão da apensação no texto do n.º 4 do art. 6.º, surge uma dúvida que uma redacção mais cuidada da lei teria permitido evitar. O n.º 1 deste artigo fixa os pressupostos da agregação, mas não os da apensação. Continua esta junção processual a ter os seus requisitos previstos no art. 275.º do CPC. A pendência das acções no mesmo tribunal é um requisito privativo da agregação, não sendo partilhado pela apensação. Pode ser ordenada a apensação de acções pendentes em tribunais diferentes, as quais, obviamente, também pendem perante juízes diferentes.

Ora consta do n.º 4 que, "nos processos que pendam perante juízes diferentes, (...) a apensação deve ser requerida ao presidente do tribunal". Numa interpretação da lei assente exclusivamente na sua letra, a competência para decidir a apensação de acções que, por terem sido instauradas em tribunais diferentes, pendam perante juízes diferentes,

Actos em geral 95

cabe hoje ao juiz presidente – do tribunal onde penda a o processo principal, seguramente.

Não cabe, todavia, tal interpretação no espírito da lei, pelo que esta deve merecer uma interpretação restritiva. Por um lado, do confronto dos n.os 1, 4 e 7 do art. 6.º resulta que a intervenção do juiz presidente encontra-se pensada para os casos nos quais a agregação e a apensação nos surgem como institutos alternativos, isto é, para os casos em que ambos são aplicáveis – o mesmo será dizer, nos casos de pendência das acções abrangidas no mesmo tribunal. Por outro lado, o juiz presidente intervém aqui nessa qualidade, isto é, enquanto titular da presidência de um tribunal, tendo, portanto, o seu âmbito de atribuições circunscrito à actividade desenvolvida nessa "unidade orgânica" – de onde se extrai, novamente, que, no exercício da sua presidência, apenas sobre os processos pendentes no tribunal a que preside tem esta forma de jurisdição.

29.2. *Agregação e distribuição.* A decisão de agregação de acções pendentes em secções diferentes não envolve qualquer redistribuição processual. Aliás, seria de duvidosa constitucionalidade uma norma com esse conteúdo[111].

Estabelece a lei que não é aplicável, nem mesmo em resultado de uma interpretação extensiva, o disposto no n.º 2 do art. 210.º do CPC – que atribui ao presidente do tribunal da Relação competência para dirimir conflitos de distribuição. Esta norma é susceptível de ser apresentada como argumento a favor do entendimento de que a agregação determina uma redistribuição processual. A razão de ser desta referência final aposta ao n.º 4 do art. 6.º é, todavia, ao que julgamos saber, bem mais prosaica do que uma qualquer ideia de modificação das competências do Conselho

---

[111] Como é referido no comentário, é apodíctico que uma distribuição iníqua e arbitrária do volume de serviço – da qual não cabe, sequer, reclamação para o presidente do tribunal da Relação – pode servir como meio de pressão sobre o juiz. Assim se perspectivando esta questão, as matérias atinentes à distribuição de serviço *casuística* encontram-se incluídas na reserva relativa (ao menos) de competência legislativa do Parlamento – cfr. o art. 165.º, n.º 1, al. *p)*, da CRP. Sobre o tema, cfr. RIBEIRO MENDES, «Agregação», cit., p. 148, BRITES LAMEIRAS, *Comentário*, cit., p. 51, nota 124, e JORGE ALMEIDA e PATRÍCIA BRANCO, «Os poderes do juiz-presidente: o futuro face ao limite constitucional do juiz natural», *Julgar*, n.º 2, Maio-Agosto, 2007, p. 185 e segs.. Colocando o respeito pelo princípio do "juiz natural" entre os princípios conformadores do processo (civil) justo e da decisão justa, JOÃO PEDROSO, «A Justiça civil em crise: a oportunidade/necessidade de reformar o processo civil», *Novos Rumos da Justiça Cível*, Braga, Cejur, 2009, p. 87.

96   *Regime Processual Civil Experimental Comentado*

Superior da Magistratura, a quem hoje cabe alterar a distribuição dos processos, relativamente ao previsto nas disposições próprias do CPC.

Tendo-se sucedido as versões de trabalho com vista ao aperfeiçoamento do texto legal do RPCE – no decurso dos anos de 2005 e 2006 –, numa das últimas dessas versões surgiu a novidade de acometer ao juiz presidente a competência para a agregação de acções pendentes no mesmo tribunal, perante juízes diferentes. Das consultas feitas, terá surgido a convicção de que os juízes utilizariam o mecanismo previsto no art. 210.º, n.º 2, do CPC para garantirem que a distribuição de serviço permanece igualitária, reagindo contra eventuais excessos do juiz presidente – assim perturbando o regular desenvolvimento da instância. A solução encontrada pelos responsáveis pelo procedimento legislativo foi simples e drástica.

Afigura-se ser algo excessiva a preocupação do legislador com a ocorrência da hipótese aqui acautelada: a constante reacção dos magistrados onerados com as acções agregadas, pelo meio processual vedado, assim se retardando a resposta do tribunal. Sendo este um regime experimental, justificava-se que, também aqui, se experimentassem os juízes, permitindo-se que reagissem contra agregações manifestamente ilegais, atentatórias de garantias constitucionais (dos cidadãos, mas cujo respeito só aqueles estão em condições de fiscalizar). Se a monitorização da experimentação revelasse um mau uso de uma via de impugnação aberta aos magistrados, então sim, faria sentido rever a norma, antes de estender o regime a todos os tribunais. A solução adoptada – deixar apenas nas mãos das partes a reacção contra eventuais abusos do juiz presidente – não é adequada a prevenir o perigo apontado. É ingénuo presumir que elas dominarão todas as vertentes do problema, se estiver em causa uma redistribuição de serviço iníqua (se for recusada a agregação das acções mais antigas, por forma a garantir que o juiz visado é, das restantes, o titular da acção mais antiga, ou se, simplesmente, se ordenar uma agregação a um processo que não é o principal), destinada a perseguir um magistrado[112].

Não se pode, pois, extrair da norma em análise qualquer argumento no sentido de a agregação implicar uma redistribuição de acções.

Se a decisão do juiz presidente não conduz à alteração da distribuição das acções, talvez devesse conduzi-lo, nalguns casos. *De lege ferenda*, nos

---

[112] Quando está em causa a independência do juiz, até as hipóteses mais absurdas devem ser acauteladas.

Actos em geral 97

casos em que o acto conjunto representa o maior esforço desenvolvido no processo – quando a agregação abrange a produção de prova, o julgamento e a elaboração da sentença, por exemplo –, justifica-se que o juiz carregado com as acções agregadas seja compensado, por este seu esforço acrescido, sendo-lhe creditada estatisticamente (redistribuída) a acção que recebe – pelo que na distribuição seguinte deixará de receber uma outra acção. Esta compensação facilitaria a adesão do juiz sobrecarregado à decisão do juiz presidente e, por esta razão, a iniciativa deste de onerar um dos seus pares com actos conjuntos – que, embora possam aligeirar a tramitação global das acções agregadas, podem também representar um esforço acrescido, no contexto da acção concreta que o juiz tinha a seu cargo[113].

29.3. *Reclamação contra o despacho do juiz presidente.* Como resulta do já exposto, com exclusão do acto conjunto e dos que lhe são apendiculares, continuam as acções agregadas a ser tramitadas pelas mesmas secções de processos, podendo mesmo, na pendência da agregação, ser objecto de despacho pelo juiz titular.

Com a futura redacção do art. 210.º, n.º 2, do CPC[114], resultante da alteração introduzida pelo art. 160.º da Lei n.º 52/2008, de 28/08, a restrição em análise perderá boa parte do seu interesse, pois as razões do juiz reclamante já terão sido devidamente ponderadas, antes da prolação da decisão reclamada, pelo juiz presidente da comarca – pelo que, ainda que não existisse a proibição em análise, a divergência do juiz reclamante tenderia a não ser atendida.

Permanecerá, no entanto, inalterado o espírito da lei, pelo que, para além de não ser admissível a reclamação para o "presidente do tribunal da comarca", continuará a não ser admissível impugnar a agregação perante o presidente do tribunal da Relação, pelo meio processual previsto no art. 117.º do CPC, aplicado imediatamente, isto é, agora sem a remissão da norma contida no n.º 2 do art. 210.º, do CPC, com fundamento numa putativa analogia com o conflito de competência.

---

[113] Entendendo que, *de lege ferenda*, deverá ser criada a figura da agregação definitiva, implicando a redistribuição processual, cfr. PAULA MEIRA LOURENÇO, «Regime Processual Civil Experimental: simplificação e gestão processual», *Regime Processual Civil Experimental – Simplificação e Gestão Processual*, Braga, Cejur, 2008, p. 95.

[114] Com o seguinte teor: "As divergências resultantes da distribuição que se suscitem entre juízes da mesma comarca sobre a designação do juízo em que o processo há-de correr são resolvidas pelo presidente do tribunal de comarca, observando-se processo semelhante ao estabelecido nos artigos 117.º e seguintes".

98   *Regime Processual Civil Experimental Comentado*

A norma que proíbe a reclamação da decisão do juiz presidente é merecedora de uma interpretação restritiva. Por um lado (tendo presente que as *nulidades* processuais são arguidas perante o autor do acto mediante *reclamação*: arts. 202.º e 206.º, n.º 3, do CPC), nada justifica que, se a decisão de agregação (proferida pelo juiz presidente do tribunal) preencher a hipótese legal contida no art. 201.º, n.º 1, do CPC, não possa ser pelas partes reclamada a nulidade. Por outro lado, também mal se compreende que possa ser reclamada uma nulidade se a decisão de agregação for proferida pelo juiz da causa, já não o podendo ser se a decisão promanar do juiz presidente do tribunal.

O âmbito de aplicação desta norma (desta proibição) deve, pois, no essencial, cingir-se à medida da diferença entre a decisão de agregação do juiz da causa e a decisão do presidente do tribunal. Esta, ao contrário daquela, envolve uma redistribuição de serviço (art. 209.º do CPC), embora não importe uma redistribuição processual. Devemos, pois, interpretar a proibição contida no n.º 4 como reportando-se apenas à reclamação fundada numa irregular distribuição igualitária do serviço do tribunal, emergente da decisão de agregação, ou na ocorrência de meras *irregularidades* insusceptíveis de gerar a nulidade do acto.

29.4. *Requerimento de agregação da competência do juiz presidente*. Pretendendo-se caminhar para o informalismo, embora a decisão de *agregação* de acções pendentes perante juízes diferentes deva ser lavrada no processo principal (que será o primeiramente instaurado ou aquele onde se decida matéria da qual os restantes estão dependentes), nada na lei obsta a que o requerimento seja apresentado noutra das acções a agregar, sendo sempre, subjectivamente, dirigido ao juiz presidente – que ordenará, se não julgar improcedente o requerido, a abertura de conclusão no processo principal. Aliás, não só é ostensivo que o legislador não consagra qualquer obrigatoriedade de o requerimento ser dirigido a um processo concreto, como até se afigura ser natural que um interessado que não seja parte na acção principal, mas apenas noutra das acções a agregar, apresente o requerimento no seu processo.

O requerimento de agregação pode ser apresentado em qualquer das acções a associar, até por quem, sendo parte nessa causa, não intervém no processo principal, pois o juiz decisor competente (incluindo o juiz presidente do tribunal, para estes efeitos) tem jurisdição sobre todas as acções abrangidas – ao contrário do previsto para a apensação (art. 275.º, n.º 3, do CPC), considerando que as causas a apensar podem pender em tribunais diferentes.

Note-se que o entendimento oposto sempre levaria ao mesmo resultado, pois, nesse caso seria meramente *irregular* a apresentação do requerimento no processo errado. Estando o juiz obrigado a decretar a agregação, reunidos os seus pressupostos, o liminar indeferimento do requerimento nestes casos é manifestamente excessivo, quando não está em causa a incompetência do juiz a quem ele é dirigido.

Sendo o requerimento de agregação dirigido ao juiz da causa, quando o deveria ter sido ao juiz presidente do tribunal (bem como na situação inversa), deverá o juiz solicitado despachar no sentido de ser o processo submetido a despacho pelo juiz competente, assim sanando a irregularidade, não se justificando enquadrar formalmente a questão como incompetência relativa intraprocessual – que, com maiores custos, sempre conduziria à mesma solução (art. 111.º, n.º 3, do CPC).

29.5. *Desassociação de acções*. Tendo sido transitoriamente associadas acções pendentes perante juízes diferentes, e ocorrendo, supervenientemente, numa delas, um facto que justifica a sua separação imediata – antes da prevista prática do acto conjunto –, coloca-se a questão de saber a quem compete – e em que autos tem lugar – a decisão de fazer cessar a agregação. Se a dispersão dos processos pode dar algum conforto à solução legal de atribuição de competência para decidir a agregação ao juiz presidente, depois de associadas as acções, e estando em discussão o poder de decidir a *desassociação*, não mais se verifica este fundamento.

Resulta do exposto que, se o problema surgido impedir, de algum modo, a satisfação do fim típico da agregação – celeridade, eficiência –, a decisão de desassociação deverá ser tomada pelo juiz da causa principal[115]. É este o juiz melhor posicionado para decidir a questão, tendo, nesta matéria, jurisdição sobre todas as acções. Estando em causa, por exemplo, o óbito de uma parte num dos processos, o que leva à suspensão dessa instância e ao protelar da realização do acto conjunto, atrasando todas as acções agregadas, tem o juiz da causa principal o dever de fazer cessar a associação transitória, excluindo da caravana o seu elemento mais lento.

---

[115] Sendo aqui aplicável, interpretada extensivamente, a norma contida no n.º 3 do ar. 6.º.

O juiz da causa (secundária) eventualmente a desassociar, por prejudicar a celeridade da decisão das demais acções, não tem a seu cargo a satisfação dos interesses prosseguidos nestas, pelo que não tem ele competência para ordenar a separação. É dele, como já referido, a competência para decidir a questão que surgiu supervenientemente no processo que tem a seu cargo – e do qual não foi expropriado, por efeito da agregação –, mas não para ordenar a separação. Por outro lado, os juízes titulares das acções (secundárias) que, não ocorrendo a separação daquela no seio da qual surgiu o problema que justifica esta medida, sofrem um atraso na sua resolução, não dominarão todos os dados do problema nem terão jurisdição sobre todas as restantes acções, cuja agregação ainda se poderá justificar, pelo que não podem, unilateralmente, desassociar as "suas" acções das demais.

Considerando que é ao juiz do processo que cabe fixar o guião processual da acção, e que ao juiz presidente apenas cabe ordenar a prática conjunta de actos já tidos por integrantes daquele guião, a desassociação poderá, ainda, ocorrer por efeito de uma decisão do juiz de uma das causas agregadas, bastando, para tanto, que o acto seja definitivamente excluído do enredo desse concreto processo[116].

Vem a propósito sublinhar que, se a decisão de agregação proferida pelo juiz presidente assenta em critérios de conveniência e de oportunidade, já a identificação do processo onde será praticado o acto conjunto – e proferido o despacho de agregação (art. 6.º, n.º 2) – é estritamente vinculada. Por assim ser, se a acção a separar for a principal – e não houver motivos para fazer cessar a agregação, quanto às demais –, deverá o acto conjunto ser praticado no processo (dos ainda associados) referido no art. 6.º, n.º 2, sendo o despacho de desassociação (que é conjunto, isto é, constará de todas as acções até então agregadas) de mero expediente, na parte em que identifica o novo processo principal.

30. *Conteúdo da decisão de agregação.* A decisão de agregação deve indicar quais os actos a praticar conjuntamente e o respectivo conteúdo (art. 6.º, n.º 5). Deste segmento da lei extrai-se a conclusão já acima referida: apesar da referência a uma associação *transitória* de acções,

---

[116] Tome-se como exemplo a homologação de uma transacção apresentada no processo secundário ou a decisão de suprimir do guião processual o acto que seria praticado conjuntamente – por ocorrência de um facto superveniente que torne desnecessária a sua prática nesse processo.

Actos em geral 101

o que caracteriza a agregação não é uma associação de acções por um determinado lapso de *tempo*, mas sim a prática de actos concretamente identificados, que produzem, simultaneamente, efeitos paralelos em diversos processos pendentes.

Precedida ou não da audição das partes, a agregação pode ser decidida com o acto conjunto a praticar ou em despacho prévio. Terá de anteceder o acto conjunto se a ele puderem assistir ou nele deverem participar os restantes sujeitos processuais; poderá ser simultânea quando este for um acto exclusivamente do tribunal (uma sentença escrita, por exemplo) e o juiz competente para a decisão de agregação for o juiz do processo.

Confrontando o n.º 5 do art. 6.º com o regime geral previsto no art. 229.º do CPC, devemos concluir que a decisão de agregação prévia à prática do acto não tem de ser imediatamente notificada às partes, apenas o devendo ser no momento referido no n.º 5 do art. 6.º: convocação para a diligência conjunta ou notificação do despacho ou a sentença praticados conjuntamente. Fora destes casos, observar-se-á o regime geral (art. 229.º do CPC).

31. *Impugnação do despacho sobre a agregação.* Sendo a decisão proferida de agregação, é ela sindicável. Considerando que não é proferida no uso de um poder discricionário, a sua recorribilidade é, em abstracto, de admitir. Sendo a decisão proferida de recusa da agregação, é inviável sindicá-la (embora não seja proferida no uso de um poder discricionário), sempre que se funde na apreciação discricionária de um pressuposto negativo. Neste caso, sendo configurável o recurso, estará ele votado ao insucesso.

31.1. *Recorribilidade do despacho de agregação.* O despacho que *determina* a agregação não se considera proferido no uso legal de um poder discricionário e é sindicável. Sendo, em abstracto, sindicável uma decisão, pode, ainda assim, o legislador estabelecer que ela não será recorrível – ou impugnável, em recurso interposto de ulterior decisão –, por forma a prevenir um efeito indesejado – como seja o entorpecer do processo, no caso de a decisão ser imediatamente recorrível, com efeito suspensivo.

Quando se trata de criar uma excepção à regra da recorribilidade das decisões de valor superior à alçada do tribunal, a lei tende a ser clara,

102 *Regime Processual Civil Experimental Comentado*

não dando margem para equívocos[117]. O artigo que nos ocupa é também esclarecedor nesta matéria, consagrando a normal *impugnabilidade* da decisão.

Dispondo que decisão de agregação "só pode ser impugnada no recurso que venha a ser interposto da decisão final", o texto da norma contida no n.º 6 do art. 6.º é claro no sentido de ser permitida a impugnação do despacho de agregação, embora formalmente integrada no recurso de outro acto do juiz. Dele resulta que o legislador teve presente o problema inerente ao recurso de um despacho desta natureza – poder entorpecer o processo –, não o resolvendo no sentido da irrecorribilidade, isto é, da inimpugnabilidade – como o fez nos casos previstos nos arts. 234.º, n.º 5, 486.º, n.º 6, e 510.º, n.º 4, do CPC –, mas sim de relegar para final a instauração da instância recursiva[118].

Não se afasta o legislador, coerentemente, da regra da impugnabilidade dos despachos proferidos no âmbito do dever de gestão processual (dever de adopção da forma mais adequada). Também coerentemente, não se afasta da regra da impugnabilidade da decisão de apensação[119]. Sendo a agregação uma alternativa à apensação, isto é, podendo fundar-se no preenchimento de pressupostos idênticos – e ter efeitos práticos próximos, quando abranja a instrução e o julgamento –, não existe justificação bastante para admitir a impugnação do despacho determinativo desta, mas não daquele que ordena a associação transitória das acções.

31.2. *Recorribilidade do despacho que recusa a agregação.* Lidos em conjunto, resulta dos n.ºs 5 e 6 do art. 6.º que a decisão *de agregação* só pode ser impugnada no recurso que venha a ser interposto da decisão final. A lei não utiliza a expressão "a decisão sobre" ou equivalente, pelo que se coloca a questão de saber qual o modo de impugnação do despacho que *indefira* o requerimento de agregação de acções: com o recurso que venha a ser interposto da decisão final, ou em recurso autónomo, imediatamente interposto.

---

[117] Cfr., por exemplo, nos arts. 234.º, n.º 5, 387.º-A, 486.º, n.º 6, 508.º, n.º 6, 510.º, n.º 4, 572.º, n.º 3, 625.º, n.º 4, 670.º n.º 2, 712.º, n.º 6, 767.º, n.º 4, 809.º, n.º 1, al. c), 811.º, n.º 2, 1411.º, n.º 2, e 1424.º do CPC.

[118] Se o pretendesse, é de presumir (art. 9.º, n.º 3, do CC) que o legislador teria proibido o recurso com a singeleza do texto, entretanto abandonado, do documento de trabalho de 11 de Janeiro de 2006, no seu art. 4.º, n.º 6: "A decisão de agregação é irrecorrível".

Actos em geral 103

Assinale-se que esta aparente omissão do legislador é compreensível. Podendo a decisão de não agregação assentar na verificação de um pressuposto negativo de apreciação discricionária, fica limitada a sua reapreciação por uma instância superior. Apenas na hipótese académica de o juiz afirmar expressamente não existir qualquer inconveniente à associação transitória e, ainda assim, recusar a agregação, com base na não verificação de um pressuposto sindicável, estará aberta a possibilidade efectiva de revogação da decisão.

Neste caso, nada sendo dito pelo legislador, deverão funcionar as regras gerais vigentes sobre os efeitos e momento de subida do recurso. Percebe-se que assim seja, pois o requerimento de agregação fundar-se-á, por regra, em razões de economia processual que beneficiam a parte – *v.g.*, a inquirição de uma testemunha ao objecto de várias acções, num único acto. Relegar para final a impugnação da decisão que indefira a realização do acto conjunto, é ferir de morte o recurso, tornando-o inútil. Por exemplo, depois de realizadas as diferentes inquirições em separado e proferida a decisão final directamente recorrível, é, nestes casos, absolutamente inútil discutir a agregação – cfr. o art. 691.º, n.º 2, al. m), do CPC.

Interposto recurso autónomo da decisão que indefira a agregação, a subir em separado (art. 691.º-A, n.º 2, do CPC), não tem ele o efeito suspensivo desta decisão ou o efeito suspensivo do processo (art. 692.º do CPC). Estes efeitos, considerada a natureza da questão, nem fariam aqui grande sentido, já que, quanto ao primeiro, não se coaduna ele com a circunstância de a decisão proferida ser insusceptível de execução e, quanto ao segundo (que até contraria a desejada celeridade processual), a suspensão deste processo não impediria o prosseguimento das restantes acções cuja a agregação se pretende, onde o despacho não foi proferido. Significa isto que, com a realização na primeira instância do acto separado, bem pode ocorrer uma inutilidade superveniente da instância recursiva[120].

31.3. *Reclamação de nulidade por omissão de decisão oficiosa.* Embora a agregação *oficiosamente* determinada seja devida, a omissão do

---

[119] Cfr. LEBRE DE FREITAS, JOÃO REDINHA e RUI PINTO, *Código*, cit., Vol. I, p. 278.

[120] Neste caso, não se questionando a *legitimidade* do recorrente, parte vencida, falecerá supervenientemente o seu *interesse*, pois o recurso já não lhe permitirá obter a sua tutela. Embora de fronteiras fluidas na instância recursiva, estes dois pressupostos processuais não se confundem – sobre o tema, cfr. LEBRE DE FREITAS e RIBEIRO MENDES, *Código*, cit., Vol. III, p. 19, e TEIXEIRA DE SOUSA, *Estudos*, cit., p. 487.

despacho que a decrete é insusceptível de impugnação por meio da reclamação de uma nulidade. Por um lado, a não agregação pode fundar-se na verificação do pressuposto negativo de apreciação discricionária. Por outro lado, a agregação oficiosa destina-se a promover um interesse público, cuja tutela não cabe às partes. Não compete, pois, aos litigantes zelarem pela sua satisfação por meio da via da arguição de nulidade. Por último, não constitui um acto que a lei prescreva (ao tribunal) a determinação *oficiosa* da agregação com vista à tutela de interesses privados (art. 201.°. n.° 1, do CPC). Se a parte tem interesse próprio na agregação, deve requerê-la. Não o tendo feito oportunamente, preclude a faculdade de obter a satisfação desse interesse.

32. *Informação a cargo da secretaria.* A derradeira norma do art. 6.° consagra a obrigatoriedade legal dos oficiais de justiça praticarem um acto proibido, porque inútil (art. 137.° do CPC)[121].

Em relação aos "magistrados dos processos" – dando por certo que o legislador se está a referir aos magistrados *judiciais* –, não vemos que a secção tenha maior facilidade de localizar os "processos que se encontrem em condições de ser agregados ou apensados" do que o juiz (com acesso às ferramentas estatísticas do *Citius*), para que este ordene oficiosamente a sua agregação. De todo o modo, ainda que a tenha, é esta uma matéria de mera organização do serviço do tribunal, sendo excessivo que o legislador a regulamente. Deve ser deixado ao critério do juiz a forma como o auxílio da secção deve ser prestado.

Pelo que respeita ao juiz presidente, considerando que não tem o poder de ordenar oficiosamente a agregação ou a apensação, toda esta actividade é inútil para os efeitos previstos na lei.

Resta acrescentar que a experiência tem demonstrado que a inclusão deste tipo de tarefas entre as atribuições dos oficiais de justiça não produz resultados práticos, o que faz supor que não têm (nem têm de ter, dada a natureza da apreciação jurídica exigida) formação bastante para as efectuar[122].

---

[121] Cfr. a disposição semelhante contida no art. 31.°, n.° 3, do Código de Processo do Trabalho.

[122] O mecanismo previsto no art. 234.°-A, n.° 5, do CPC apenas é efectivamente utilizado quando está em causa a ostensiva incompetência do tribunal (com meras chamadas de atenção informais inscritas nas capas dos processos, por regra).

Actos em geral

ARTIGO 7.º
Prática de actos em separado

1 – Ocorrendo coligação inicial ou sucessiva ou a situação prevista no n.º 4 do artigo 274.º do Código de Processo Civil, pode o tribunal determinar, não obstante a verificação dos respectivos requisitos e ouvidas as partes, que a prática de certos actos se realize em separado, designadamente quando:
a) **Haja inconveniente em que as causas ou pedidos sejam instruídos, discutidos e julgados conjuntamente;**
b) **A prática de actos em separado contribua para um andamento da causa mais célere ou menos oneroso para as partes ou para o tribunal.**
2 – À decisão que ordena a prática de actos em separado aplica-se, com as necessárias adaptações, os n.ᵒˢ 5 e 6 do artigo anterior.

Sumário – **33.** Prática de actos em separado e gestão processual. **33.1.** Pressupostos típicos. **33.2.** Hipóteses típicas de separação. **34.** Objecto, iniciativa, contraditório e recorribilidade.

33. *Prática de actos em separado e gestão processual.* Prevê-se neste art. 7.º a possibilidade de o tribunal determinar que a prática de actos tenha lugar em separado quando: *a)* haja inconveniente em que as causas ou pedidos sejam instruídos, discutidos e julgados conjuntamente; *b)* a prática de actos em separado contribua para um andamento da causa mais célere ou menos oneroso para as partes ou para o tribunal.

Sobre este instituto, a exposição de motivos do DL n.º 108/2006 elucida-nos acerca do seu fim: tem um "objectivo idêntico" ao da agregação de acções. Sendo este a economia de meios (das partes e dos serviços judiciários) e a simplificação do serviço do tribunal, é a maior eficiência proporcionada que também justifica esta medida de gestão processual.

O novo instituto da gestão processual (art. 2.º) vem caucionar a cisão processual sempre que as especificidades da causa o justifiquem, em casos não contemplados pelo CPC[123]. Já permitindo a gestão processual a prá-

---

[123] Excepcionalmente, é permitida pelo CPC a cisão de actos processuais, sendo realizada separadamente actividade que, de outro modo, seria concentrada num só acto – *v.g.*, o julgamento, nas situações descritas no art. 661.º, n.º 2, do CPC (condenação no que

106   *Regime Processual Civil Experimental Comentado*

tica de actos em separado, a existência de uma norma consagrando-o especialmente só se explica por se dirigir aos processos nos quais seria, aparentemente, um contra-senso admitir a cisão processual: aqueles onde a prática unitária dos actos constitui o fundamento da sua admissão.

Sendo a acumulação de acções *permitida* (na coligação e na reconvenção), em homenagem ao princípio da economia processual, de forma a permitir a prática dos actos que têm cabimento em todas elas, seria anacrónico admitir (ao abrigo do art. 2.º), nestes casos (cuja existência é justificada pela economia resultante da *unificação*), a cisão processual, pelo que deveria ser recusada. No entanto, a realidade processual é complexa, podendo a prática conjunta de alguns actos (comuns) justificar a acumulação de acções e a de outros desaconselhá-la. Quando as vantagens consideradas pela parte responsável pela acumulação forem superadas pelas desvantagens reconhecidas pelo tribunal, oficiosamente ou a requerimento da contraparte, estabelece o CPC que, sendo o inconveniente *grave*, seja ela indeferida – cfr. os arts. 31.º, n.º 4, 274.º, n.º 5, e 470.º, n.º 1. Ressalvados estes casos, as diferentes acções cumuladas são tramitadas e julgadas em conjunto, sendo a duração do processo aquela que tiver a mais demorada das acções nele tramitadas.

33.1. *Pressupostos típicos*. No corpo do n.º 1 do art. 7.º estabelece-se que a prática de actos em separado é permitida, "ocorrendo coligação inicial ou sucessiva ou a situação prevista no n.º 4 do artigo 274.º do Código de Processo Civil"[124]. Esclarece-nos, a este propósito, a exposição

---

se liquidar em incidente ulterior). Numa cedência do princípio da economia processual ao princípio da celeridade processual, o CPC permite mesmo, nas acções de indemnização fundadas em responsabilidade civil, e ainda que não seja inviável o julgamento conjunto de todas as questões a tratar, que a audiência destinada ao apuramento dos danos seja realizada em separado, em incidente de liquidação (art. 647.º).

[124] Admitindo a extensão do regime previsto neste artigo aos casos de simples cumulação de pedidos, mas recusando-a nos casos de litisconsórcio, cfr. FRANÇA GOUVEIA, *Regime Processual*, cit., p. 76 e 79. Tal como resulta do comentário, a prática de actos em separado constitui uma manifestação do dever de gestão processual, podendo ter lugar, por regra, em qualquer processo. A "discriminação positiva" dos casos de coligação e de reconvenção contida nesta norma apenas se justifica por nestes, pela sua natureza, a separação dever ser recusada, na falta desta norma específica (considerando que é a prática conjunta dos actos que constitui *a razão de ser* destas lides plurais). Note-se que, tal como podem ser formulados pedidos distintos contra dois réus coligados, também podem ser cumulados pedidos distintos contra o mesmo réu (art. 470.º, n.º 1, do CPC), pelo que ainda aqui pode justificar-se a aceleração de uma das "causas", mediante a prática de actos em

de motivos do DL n.º 108/2006 que a prática de actos em separado pode ter lugar "quando *tenha sido admitida* a coligação inicial ou sucessiva, ou verificada situação prevista no n.º 4 do artigo 274.º" do CPC – sublinhado nosso –, sendo que esta última, recorde-se, ocorre quando o reconvinte suscita a intervenção principal provocada de outros sujeitos processuais. Ou seja, este instituto aplica-se aos casos de coligação ou de reconvenção que já tenham passado no crivo dos arts. 31.º, n.º 4, e 274.º, n.º 5, do CPC. Dito de outro modo, havendo inconveniente *grave* em que as causas ou pedidos sejam instruídos, discutidos e julgados conjuntamente, não devem ser autorizadas a coligação ou a reconvenção (a prevista no art. 274.º, n.º 4, do CPC); não havendo inconveniente ou, existindo, *não sendo ele grave*, devem ser admitidas. A estes últimos processos é aplicável o instituto em análise.

Note-se, todavia, que aquele crivo é alterado pela existência de qualquer novo instituto processual que permita combater os inconvenientes nele referidos. Assim, se um inconveniente só é grave ante a impossibilidade de ser determinada a prática de um concreto acto em separado, a coligação ou a reconvenção são permitidas onde seja aplicável o regime processual civil experimental – pois aqui essa impossibilidade não existe. Assim se compreende que na referida exposição de motivos se afirme que, com o disposto neste artigo, se pretende permitir ao tribunal dar a tais situações uma resposta menos rígida do que as actualmente previstas no n.º 4 do artigo 31.º e no n.º 5 do artigo 274.º do CPC.

De notar, ainda, que o corpo do n.º 1 do art. 7.º admite a prática de *qualquer* acto em separado. Apenas numa das alíneas do elenco *exemplificativo* de situações que justificam a prática de actos em separado é feita referência às fases da instrução do processo e da discussão e julgamento da causa. Daqui se conclui que é admitida a prática em separado de actos integrados em qualquer das fases do processo. Mesmo quando o fundamento da cisão é a existência de inconveniente em que as causas ou pedidos sejam instruídos, discutidos e julgados conjuntamente (al. *a)* do n.º 1), não devemos confundir a fase onde ocorre o inconveniente com a fase em que se insere o acto: por forma a evitar inconvenientes para aquelas fases,

---

separado. Entendendo que a "desagregação" pode ter lugar fora dos casos previstos neste artigo, mas não no uso de um poder discricionário, ao contrário do que entende aqui ocorrer, cfr. Brites Lameiras, *Comentário*, cit., pp. 58 e 60. Sobre o apelo à unidade do pedido na configuração do litisconsórcio, cfr. Lebre de Freitas, *Introdução*, cit., p. 178, nota (2).

108   *Regime Processual Civil Experimental Comentado*

o tribunal pode ordenar a prática em separado de actos daquelas ou de quaisquer outras fases.

33.2. *Hipóteses típicas de separação*. Apesar de a prática conjunta do acto poder implicar um desnecessário atraso de uma das acções acumuladas – desnecessário à resolução dessa acção –, pode ela representar uma economia de meios que supera largamente a desvantagem inerente ao referido atraso processual. Assim sucede quando, por exemplo, o julgamento conjunto tenha de aguardar que sejam habilitados os herdeiros do demandado numa das acções, entretanto falecido[125].

Todavia se o atraso na causa que já está em condições de ser julgada comprometer a justa composição do litígio, o acto conjunto, *embora mais "económico"*, não satisfará o seu fim e o do processo, na parte respeitante a esta acção, sendo inconveniente a prática conjunta. Se a demora provocado nesta acção não for razoável – e o que é razoável para uma demanda, pode não o ser para outra –, quer porque ela coloca em risco a consistência da prova a apresentar, quer porque a justiça só se realiza em tempo útil, deverá ser ordenada a cisão pontual do processo, ao abrigo do disposto na al. *a)* do n.º 1.

Quando a prática dos actos em separado demanda, tudo ponderado, gastos de tempo ou de recursos inferiores aos que são empregues na tramitação conjunta das causas – de qualquer das suas fases –, permite a al. *b)* do n.º 1 que o tribunal ordene a pontual separação processual. Sendo esta maior ineficiência do acto conjunto em si mesma um inconveniente, facilmente se conclui que, quando, na al. *a)* do n.º 1, a lei faz referência ao "inconveniente" em que as causas sejam tramitadas conjuntamente, está-se a referir a outras desvantagens. Daqui se depreende que pode a prática conjunta dos actos ser a solução mais eficiente e, ainda assim, não ser conveniente – hipótese já acima exemplificada. De outro modo, as duas alíneas do n.º 1 do art. 7.º, que descrevem hipóteses de verificação *alternativa*[126], seriam redundantes.

34. *Objecto, iniciativa, contraditório e recorribilidade.* A prática de actos em separado judicialmente determinada tem por objecto privilegiado

---

[125] Outros atrasos significativos respeitantes a apenas uma das demandas podem ocorrer nos casos de suspensão por ocorrência de causa prejudicial (art. 279.º, n.º 1, do CPC) ou de citação de um dos réus particularmente demorada.

[126] Cfr. o advérbio *designadamente* utilizado no corpo do n.º 1.

aquela actividade comum que, em princípio, respeita a todas as acções, isto é, os actos do processo que abrangem todas as demandas – audiência preliminar, elaboração de base instrutória ou audiência final, por exemplo[127]. A decisão de separação tanto pode traduzir-se na limitação dos efeitos do acto – decidindo-se que estes apenas abrangerão algumas das acções tramitadas conjuntamente –, como pode resolver-se na prática de dois (ou mais) actos com a mesma natureza, tendo um efeitos sobre algumas das acções, e o outro sobre as restantes[128].

Não faz a lei depender a decisão de desagregação de requerimento das partes, embora imponha a sua audição, pelo que pode ser oficiosamente determinada. Esta opção do legislador (oficiosidade da iniciativa) é coerente com a que foi assumida para a gestão processual (art. 2.º), em geral, e para agregação de acções pendentes perante o mesmo juiz, em particular (art. 6.º, n.º 3).

A decisão de praticar os actos em separado deve identificá-los e indicar os respectivos conteúdos. Proferida sempre depois de ouvidas as partes, é ela a estas notificada, consoante os casos, com a convocação para uma das diligências ou com o despacho (ou sentença) proferido separadamente (n.º 2).

Esta decisão só pode ser impugnada no recurso que venha a ser interposto da decisão final (n.º 2). Sobre a sua natureza (discricionária ou não) e recorribilidade, valem aqui as considerações já expendidas a propósito da agregação de acções[129].

---

[127] Os restantes – uma perícia respeitante a apenas uma das demandas, por exemplo – já são, pela sua natureza, praticados em "separado", isto é, os efeitos que produzem só se repercutem, por só aí terem interesse e utilidade, na demanda que justificou a sua prática.

[128] No primeiro caso, temos, por exemplo, elaboração de uma base instrutória que apenas inclui a matéria de uma acção, dispensando-se a sua realização nas demais; do segundo tipo é a decisão de realização de duas audiências finais, tendo por objecto acções diferentes tramitadas no mesmo processo.

[129] A decisão de prática de actos em separado pode perturbar a estratégia processual das partes – assim FRANÇA GOUVEIA, *Regime Processual*, cit., p. 79 –, o que reforça a necessidade de se admitir a sua impugnabilidade. Considerando ser a decisão irrecorrível, cfr. CORREIA DE MENDONÇA, «Processo», cit., p. 96.

CAPÍTULO III
Processo

ARTIGO 8.º
Articulados

1 – Na petição inicial, o autor expõe a sua pretensão e os respectivos fundamentos.

2 – O réu é citado para contestar no prazo de 30 dias.

3 – Só há lugar a resposta quando o réu deduza reconvenção ou a acção seja de simples apreciação negativa, dispondo o autor do prazo previsto no número anterior.

4 – A petição, a contestação e a resposta não carecem de forma articulada nas causas em que o patrocínio judiciário não é obrigatório.

5 – Com os articulados, devem as partes requerer a gravação da audiência final ou a intervenção do colectivo, apresentar o rol de testemunhas e requerer outras provas, indicando de forma discriminada os factos sobre os quais recaem a inquirição de cada uma das testemunhas e a restante produção de prova, podendo a parte a quem é oposto o último articulado admissível alterar, nos 10 dias subsequentes à respectiva notificação, o requerimento probatório anteriormente apresentado.

Sumário – **35.** Regime jurídico aplicável. **36.** Petição inicial e contestação. **37.** Admissibilidade de 3.º articulado e ónus de impugnação. **38.** Forma articulada. **39.** Requerimentos probatórios. **39.1.** Alteração dos requerimentos probatórios. **39.2.** Preclusão da oportunidade de requerer a prova. **40.** Indicação dos factos sobre os quais cada testemunha deve depor. **40.1.** Inexistência de limite de factos à indicação. **40.2.** Inobservância do dever de indicação. **41.** Registo da prova e intervenção do colectivo. **42.** Alteração do pedido e da causa de pedir.

35. *Regime jurídico aplicável*. A estrutura legal do novo processo comum comporta a aplicação – que é necessária, salvo se for afastada em expresso cumprimento do dever de gestão processual – das normas gerais integradas na forma de processo ordinária[130]. Todavia, quando estivermos perante normas integradas nos capítulos que regulamentam o processo ordinário que não sejam gerais, já não estará o tribunal vinculado a aplicá--las. Estas normas, recorde-se, podem ser detectadas pelo confronto do processo ordinário com o regime previsto para as restantes formas de processo comum contidas no Código de Processo Civil. Se houver norma própria para os processos sumário ou sumaríssimo, então a norma prevista sobre a mesma matéria para o processo ordinário não é uma norma geral do processo comum.

Sobre a fase dos articulados, o processo ordinário contém normas gerais e normas que lhe são privativas. As matérias tratadas por estas últimas são precisamente as contempladas pelo art. 8.º, pelo que não se coloca a questão da sua aplicação *subsidiária*: existe norma própria no novo processo[131]. Diferentemente, nas matérias relativamente às quais a regulamentação contida no DL n.º 108/2006 é lacunar, as normas que integram o processo ordinário são gerais – coincidentemente são já partilhadas por todas as (sub)formas tradicionais de processo comum –, pelo que subsidiam, sem ressalvas, o novo processo comum.

A título de exemplo (embora colhido já fora da fase dos articulados), mantém-se inalterada a possibilidade das partes apresentarem articulados supervenientes.

36. *Petição inicial e contestação*. Determina o n.º 1 do art. 8.º que, na petição inicial, o autor expõe a sua pretensão e os respectivos fundamentos. Não se trata de uma norma especial, relativamente ao art. 467.º do CPC, pois não pode o articulado inicial deixar de conter as menções referidas neste último artigo – *maxime*, a identificação das partes. Estamos, sim, perante uma disposição redundante, eventualmente destinada a "compor" um artigo cuja epígrafe revela que dispõe sobre os articulados, nele dedicando uma frase à petição inicial.

O n.º 2 não apresenta dificuldades de interpretação. O legislador adoptou no processo único o maior prazo de contestação previsto no pro-

---

[130] Cfr. o comentário ao art. 1.º.

[131] São as matérias também reguladas pelas restantes (sub)formas de processo comum – cfr. os arts. 783.º, 785.º, 786.º, 793.º e 794.º do CPC.

cesso comum tradicional (art. 486.º, n.º 1, do CPC), numa opção para este acto de parte oposta, por exemplo, à que consagrou para a sentença (art. 15.º, n.º 3). Também não estamos aqui, manifestamente, perante uma norma especial sobre os requisitos e conteúdo da contestação, continuando a ser aplicáveis a este articulado as disposições que o regulam CPC (art. 486.º e segs.) – em especial em matéria o ónus de impugnação (art. 490.º)[132].

A posição do réu perante o facto é uma posição perante a verdade, tal como ela é alegada pelo autor. Sendo a impugnação directa, mediante a *declaração de ciência* da sua falsidade, só se poderá afirmar que da impugnação do facto essencial decorre a impugnação do que lhe seja instrumental se se puder afirmar que a falsidade do facto essencial implica, necessariamente, a falsidade do facto instrumental. O réu não tem de discutir a tessitura jurídica do facto (se é instrumental ou essencial): tem de, sobre ele (sobre a verdade do facto), tomar posição definida (art. 490.º, n.º 1, do CPC). Ficcionar que o réu, ao impugnar o facto principal, está a impugnar o facto instrumental, *naturalisticamente diferente*, é considerar que ele está a fazer uma afirmação sobre a verdade que *o poderá responsabilizar em sede de litigância de má fé*, se o facto que ele supostamente afirmou ser falso vier a ser dado por provado (al. *b)* do n.º 2 do art. 456.º do CPC). Concluindo, sendo a impugnação directa, mediante a *declaração de ciência* da falsidade, não se pode extrair da impugnação do facto principal a afirmação da falsidade do facto instrumental *naturalisticamente diferente*: são realidades distintas, de uma não se podendo deduzir a outra.

Quando a acção tenha a sua origem num procedimento de injunção, os actos praticados até à distribuição em conformidade com o respectivo Regime são válidos, não sendo repetidos – *v.g.*, a notificação (citação) e o subsequente prazo para dedução da oposição. A jurisprudência tem entendido que, se, após a distribuição, a forma a seguir admitir a dedução de reconvenção (como ocorre com a forma comum experimental), pode a oposição ao requerimento de injunção conter um pedido reconvencional[133].

---

[132] Sobre as posições aqui em confronto, cfr. LEBRE DE FREITAS, MONTALVÃO MACHADO e RUI PINTO, *Código*, cit., Vol. II, pp. 298-299, TEIXEIRA DE SOUSA, *Estudos*, cit., pp. 80 e 290, e HENRIQUE ARAÚJO, *A Matéria de Facto no Processo Civil*, 2009, trp.pt/images/stories/doc/henriquearaujo_materiafactoprocessocivil.pdf (último acesso 30-10-2009), pp. 6-7, por um lado, e LOPES DO REGO, *Comentários*, cit., p. 415-416, por outro.

[133] Cfr. os Acs. do TRL de 12 de Julho de 2006, do TRP de 16 de Maio de 2005 e do TRC de 25 de Março de 2007 e de 18 de Maio de 2004, proferidos nos processos

37. *Admissibilidade de 3.º articulado e ónus de impugnação.* O n.º 3 consagra a existência de apenas dois articulados, por regra. A excepção é integrada pelos casos em que o réu deduz reconvenção, que agora é admissível independentemente do valor da causa, ou em que a acção é de simples apreciação negativa.

O juiz pode, *excepcionalmente*, ao abrigo do dever de gestão (art. 2.º), introduzir no guião processual um terceiro articulado, em casos não previstos no n.º 3, permitindo que, já nesta fase, o autor se pronuncie sobre a contestação do réu. Deverá fazê-lo com parcimónia, sob pena de desvirtuamento da alteração legislativa. Esta adequação processual não pode ser banalizada. Por regra, só se justifica nos casos em que o réu deduza uma excepção dependente de arguição que não esteja sujeita a produção de prova – de modo a que a excepção possa ser conhecida na fase do saneamento. Importa salientar que não estamos perante um *mero convite* dirigido à parte. Por força da decisão do tribunal, o processo passa efectivamente a integrar um 3.º articulado, sendo-lhe aplicável o disposto no art. 505.º do CPC (ónus de impugnação). Uma vez apresentado o articulado de resposta, à contraparte assiste a faculdade contida na parte final do n.º 5 do artigo comentado.

Se o autor apresentar espontaneamente um terceiro articulado fora dos casos previstos no art. 8.º, n.º 3, só deverá este ser admitido se estivermos perante uma situação que sempre justificaria uma adequação processual que o permitisse. De outro modo, ao acto praticado não deve ser atribuído qualquer efeito – podendo ser ordenado o desentranhamento do seu suporte, se este procedimento tiver alguma utilidade (como evitar a excessiva massificação dos autos ou o surgimento de equívocos quanto à relevância da resposta).

À semelhança do que ocorre com o 3.º articulado judicialmente admitido, se houver lugar a resposta por força do n.º 3, tem o autor não apenas o ónus de aqui concentrar a sua defesa à matéria da reconvenção (ou a impugnação dos factos respeitantes ao questionado direito próprio do réu, por este invocados, nas acções de simples apreciação negativa), como também de impugnar a matéria de excepção que haja sido invocada pelo demandado – ainda que não responda à reconvenção ou à afirmação do direito próprio invocado pelo réu (o que pode ocorrer porque aceita o teor do arrazoado da contraparte, ou porque este já resulta impugnado do teor da petição inicial). As situações elencadas no n.º 3 introduzem a resposta

---

n.ᵒˢ 5904/2006-7, 0552527, 3616/06.8TJCBR-A.C1 e 971/04, respectivamente, publicados em *dgsi.pt*.

Processo

no catálogo de articulados da causa, mas não marcam o seu objecto, valendo quanto a este o disposto nos arts. 502.º e 505.º do CPC[134].

Da circunstância de apenas haver dois "articulados normais" resulta que, quando o "articulado eventual" de resposta não seja legalmente admissível (n.º 3) ou judicialmente admitido, a falta de impugnação à matéria de excepção não importa a confissão dos factos, como emerge do disposto no art. 505.º do CPC. A atribuição de um efeito confessório ao silêncio da parte sobre os factos alegados pela parte contrária (art. 490.º do CPC) tem um carácter claramente excepcional (arts. 218.º e 295.º do CC). Seguramente que o autor pode responder à matéria de excepção na audiência preliminar ou, não havendo lugar a ela, no início da audiência final (art. 3.º, n.º 4, do CPC). Mas deste direito (de contraditório) não se pode extrair um ónus de impugnação[135]. A factualidade excepcionada pelo réu tem-se sempre por controvertida, podendo o autor, ainda na fase dos articulados, no prazo previsto no n.º 5, oferecer contraprova sobre a mesma (arts. 638.º, n.º 1, do CPC e 346.º do CC).

O prazo para a apresentação da resposta expressamente admitida no n.º 3 é também o maior previsto para o processo comum tradicional (art. 502.º, n.º 3, do CPC). Considerando que o reconvindo e o autor de uma acção de simples apreciação negativa não estão numa posição semelhante à do réu – já estão familiarizados com o judicialização do litígio, já estão, por regra, patrocinados e já reuniram alguns meios de prova pertinentes –, outra poderia ter sido a opção legislativa. Sendo a resposta judicialmente admitida, o prazo para a sua dedução é o geral (art. 153.º, n.º 1, do CPC), na falta de outro fixado pelo tribunal.

38. *Forma articulada.* Não sendo obrigatória a constituição de advogado na causa, e ainda que a parte esteja devidamente patrocinada, a petição, a contestação e a resposta não carecem de forma articulada (n.º 4). Esta regra deve ser integrada com o disposto no art. 32.º, n.º 1, als. *a)* e *b)*, do Código Civil, o qual estabelece que é obrigatória a constituição de advogado: *a)* nas causas de competência de tribunais com alçada, em que seja admissível recurso ordinário; *b)* nas causas em que seja sempre admissível recurso, independentemente do valor.

---

[134] Não estando previsto um terceiro articulado destinado a permitir uma resposta do autor às excepções deduzidas pelo réu, COSTA E SILVA responde afirmativamente à questão: "cabendo resposta à contestação por ter o réu deduzido pedido reconvencional, pode o autor usar a sua resposta à contestação para responder à matéria das excepções?" – «A ordem», cit..

[135] Esta possibilidade é admitida na exposição de motivos enquanto direito, de forma a respeitar o princípio do contraditório, e não como um ónus.

116 *Regime Processual Civil Experimental Comentado*

Esta simplificação processual, a montante, tenderá a complicar a tramitação e julgamento da causa a jusante. Sem uma petição inicial e uma contestação devidamente articuladas, dificilmente se poderá dispensar a elaboração da base instrutória ou proceder à indicação dos factos provados por remissão para os articulados (art. 15.°, n.° 1). Também fica dificultada a indicação dos factos aos quais cada testemunha deve depor (n.° 5) e mais complicada a impugnação criteriosa dos factos por parte do réu.

39. *Requerimentos probatórios.* Os requerimentos probatórios devem ser apresentados com os articulados, devendo ser nessa oportunidade requerida a intervenção do tribunal colectivo (n.° 5).

Esta solução representa um inegável ganho de tempo Se considerarmos as somas dos prazos previstos no CPC a respeitar – 5 dias para a expedição da notificação prevista no art. 512.° (art. 166.°), não menos de 3 dias para a sua recepção (art. 254.°, n.° 2), 15 dias, acrescidos de 3, para as partes apresentarem o rol (arts. 512.° e 145.°, n.° 5), 3 dias, depois de terminado o prazo, para garantir a recepção de requerimento tempestivamente apresentado por via postal e 10 dias para o juiz pronunciar-se sobre os róis (art. 160.°, n.° 1) –, a celeridade processual aumentará em cerca de 40 dias. Se a cada intervenção da secretaria e do juiz somarmos os eventuais atrasos no despacho ou no seu cumprimento registados no tribunal concreto, poderá este ganho ser de vários meses[136].

39.1. *Alteração dos requerimentos probatórios.* A alteração do requerimento probatório prevista na parte final do n.° 5 pressupõe que já tenha sido apresentado um requerimento, que então se altera[137]. Esta

---

[136] Lebre de Freitas defende que não são os actos das partes que dilatam a duração do processo; é, sim, fundamentalmente, o reiterado incumprimento dos prazos judiciais e da secretaria – «Regime», cit., p. 19, nota 2. Algum do atraso relevante dos processos judiciais não pode, no entanto, ser imputado ao tribunal. Tome-se como exemplo o processo especial de inventário, porventura o processo que mais depende do impulso da parte (ressalvado o processo executivo), onde se verificam durações médias muito elevadas – atingindo os 33 meses, em 2003, de acordo com as Estatísticas da Justiça (*dgpj.mj.pt/sections/estatisticas-da-justica/destaques/*). De todo o modo, o incumprimento de prazos sinalizado por Lebre de Freitas ocorre. Sendo as suas causas plúrimas, só existe um meio viável de lhe pôr cobro: a redução do número de actos a cargo do tribunal.

[137] No Ac. n.° 519/00, o TC decidiu: "Não julgar inconstitucional, face ao disposto no n.° 1 do artigo 13.° da Constituição, a norma constante do artigo 512.°-A, do Código de Processo Civil, na interpretação segundo a qual não é possível apresentar novas testemunhas na data aí prevista, quando não exista qualquer rol prévio". Sobre o tema, no contexto do art. 512.°A do CPC, cfr. Isabel Alexandre, «A fase da instrução no processo declarativo comum», *Aspectos do Novo Processo Civil*, Lisboa, Lex, 1997, p. 285.

Processo 117

alteração pode, todavia, ser da mais diversa ordem, desde a ampliação do rol de testemunhas (dentro dos limites fixados por lei), até à apresentação de diferente meio de prova, passando pelo requerimento de registo da prova[138].

À apresentação do último requerimento probatório referido no art. 8.º, n.º 5, não se segue qualquer outro da contraparte. O requerimento previsto na parte final do n.º 5 não compreende a alegação de novos factos, pelo que a parte que oferece o último articulado já está em condições de, com ele, indicar toda a prova que tem por relevante. O autor, ao apresentar a petição inicial, não se encontra na mesma situação do réu, ao apresentar a contestação, pois aquele, ao contrário deste, ao apresentar o seu primeiro requerimento probatório, não conhece toda a matéria de facto alegada pelas partes. A igualdade substancial destas (art. 3.º-A do CPC) é reposta com a possibilidade do primeiro apresentar o requerimento suplementar[139]. Mantém-se, todavia, o ónus da contraparte impugnar os documentos apresentados (art. 374.º, n.º 1, e 544.º do CPC).

A substituição das testemunhas permitida pela norma contida no art. 512.º-A do CPC deve respeitar as mesmas regras do rol inicial: limitação do seu número e indicação dos factos aos quais depõe (que não têm de ser os mesmos sobre os quais deporiam as testemunhas substituídas).

39.2. *Preclusão da oportunidade de requerer a prova.* Sem prejuízo das alterações aos meios instrutórios previstas em normas especiais (arts. 512.º-A, 523.º, n.º 2, ou 645.º do CPC), toda a produção de prova deve ser requerida com os articulados ou no prazo suplementar previsto na parte final do n.º 5. De fora desta regra fica a faculdade de ampliação (ou restrição) do objecto da perícia permitida à contraparte (art. 578.º, n.º 1, do CPC), pois não tem de ser exercida antes de o juiz se pronunciar sobre a admissibilidade do objecto proposto pelo requerente – podendo o requerido antecipar-se esta pronuncia, caso em que, se efectivamente for admitida, não haverá lugar ao oferecimento do contraditório (art. 578.º do CPC), por ser desnecessário.

---

[138] O registo da *prova* não deixa de ser matéria do requerimento *probatório* – alterável, portanto.

[139] Não há, pois, qualquer analogia entre o requerimento suplementar previsto na parte final do n.º 5, destinado a repor a igualdade das partes, e a alteração permitida pelo art. 512.º-A do CPC. Esta, pelo contrário, pode brigar com a igualdade então já existente, o que justifica que se permita à contraparte a sua reposição, mediante a apresentação de idêntico requerimento.

118 Regime Processual Civil Experimental Comentado

Estamos perante um ónus da parte cuja não observância é insusceptível de gerar um convite do tribunal ao aperfeiçoamento do articulado (para apresentação serôdia do requerimento probatório), sob pena de violação do dever de imparcialidade[140]. Todavia, importa ter presente que estamos perante um ónus imposto à parte que apresenta ou deva apresentar um articulado na acção de processo comum, e não ao requerente ou ao requerido no procedimento de injunção, pelo que, nestes casos, distribuído o requerimento injuntivo, deverá ser dada a oportunidade às partes de apresentarem os respectivos requerimentos probatórios.

40. *Indicação dos factos sobre os quais cada testemunha deve depor.* A indicação dos factos sobre os quais cada testemunha deve depor é uma mera formalidade, destinada a facilitar o controlo pelo tribunal do cumprimento da norma que limita o número de testemunhas a depor sobre cada facto (art. 11.º, n.º 3). A sua inobservância não pode ter por efeito a restrição do direito à prova. Note-se, aliás, que no solene processo ordinário não existe qualquer ónus idêntico, pelo que, embora seja de boa prática forense a indicação, no início da inquirição, dos factos aos quais a testemunha deve depor (que podem ser todos os que tenham sido articulados ou impugnados pela parte que a ofereceu: arts. 638.º, n.º 1, do CPC e 346.º do CC), poderia a parte nada dizer – não fora a inerente violação do princípio da cooperação –, cabendo ao tribunal fazer respeitar o limite previsto no art. 633.º do CPC, mediante o confronto do concreto depoimento com o teor da base instrutória.

Estamos, pois, perante um afloramento do princípio da cooperação (art. 266.º do CPC). A sua satisfação nesta fase, e não apenas no memento da *produção* da prova, onde tem o seu lugar natural, visa permitir ao juiz, ao agendar a audiência final, ter uma noção mais precisa do número e duração das diligências instrutórias a nela realizar (art. 628.º, n.º 1, do CPC)[141].

A obrigação de indicação dos factos pertinentes também existe para os restantes meios de prova (n.º 5).

40.1. *Inexistência de limite de factos à indicação.* Importa não confundir a *indicação dos factos* sobre os quais a testemunha deve depor (n.º 5), com o *oferecimento* desta (art. 11.º, n.º 1) ou com a sua *produção*

---

[140] Dando nota da jurisprudência dos Juízos de Pequena Instância Cível do Porto, no sentido de não ser admitido o convite à apresentação de requerimento probatório (omitido), quando o regime processual tenha sido correctamente identificado pela parte, cfr. Carvalho Ricardo, «O regime», cit., p. 146.

[141] Cfr., ainda, o art. 1.º do DL n.º 184/2000, de 10 de Agosto.

(art. 11.º, n.º 3). A indicação dos factos que constituem o objecto do depoimento não tem de obedecer a qualquer limite: *nos articulados*, todas as testemunhas, ainda que em número superior a três, podem, por exemplo, ser indicadas a todos os factos. Como melhor se refere no comentário ao art. 11.º, o controlo do respeito pelo limite previsto na norma vertida no n.º 3 deste último artigo só é feito na audiência final, pois só aí se poderá constatar se uma testemunha arrolada previamente inquirida declarou nada saber (art. 11.º, n.º 3, *in fine*).

A indicação *de forma discriminada* dos factos sobre os quais recai a inquirição de cada testemunha deve ser feita por referência aos *artigos* das peças processuais apresentadas pelas partes, assim se podendo (ou devendo) manter mesmo após a elaboração da base instrutória[142], sem prejuízo de, na audiência final, poderem ser rectificadas as referências à matéria objecto do depoimento.

> Mesmo depois de elaborada a base instrutória, deve (ou pode) manter-se a indicação dos factos por referência directa aos articulados. A assimetria existente entre o objecto da base instrutória (que pode conter apenas os factos principais, quando não mesmo apenas os grandes temas da instrução) e o objecto da efectiva produção de prova (que inclui todos os factos relevantes, principais e instrumentais) assim o justifica. O limite previsto no n.º 3 do art. 11.º é imposto por referência aos pontos de facto, naturalisticamente entendidos, quer sejam ou não de qualificar como factos principais – incluindo, portanto, os factos probatórios[143]. Se as partes pretendem apresentar e produzir prova testemunhal sobre factos que, por serem instrumentais, não constam da base instrutória, bem se compreende que indicação a que estão obrigadas tenha de ser feita por referência directa aos articulados.

40.2. *Inobservância do dever de indicação*. Não satisfazendo a parte este seu dever da cooperação nos articulados, pode o tribunal convidá-la a sanar a irregularidade, quando se afigure ser absolutamente necessário para satisfação do disposto no art. 628.º do CPC. Não sendo este o caso, a irregularidade pode e deve ser sanada em sede de audiência de produção de prova.

> Não há qualquer violação do princípio da cooperação quando o número total das testemunhas a inquirir é igual ou inferior ao número daque-

---

[142] Sobre esta questão, cfr. os comentários aos arts. 10.º e 11.º.

[143] Sobre o tema, cfr. LEBRE DE FREITAS, *A Acção*, cit., p. 256, nota (23), PAULO PIMENTA, *A Fase*, cit., 319, e LOPES DO REGO, *Comentários*, cit., p. 525.

las que podem depor sobre cada facto – isto é, igual ou inferior a três –, a irregularidade cometida é irrelevante, não devendo ter qualquer consequência processual. As testemunhas são apresentadas para a instrução da causa, devendo depor sobre toda a matéria controvertida – incluindo, para contraprova, sobre a matéria de facto alegada pela contraparte (arts. 638.º, n.º 1, do CPC e 346.º do CC).

Quando o número de testemunhas arroladas for superior ao limite daquelas que podem depor sobre cada facto, dir-se-á que apenas como contributo para um verdadeiro regime de proteccionismo da produção nacional da injustiça[144] se justificará indeferir (no momento da apreciação dos róis probatórios) a inquirição da testemunha, com fundamento na circunstância de não terem sido indicados os factos aos quais deve depor, pois não há qualquer norma ou princípio que caucione tal decisão. Se a omissão da parte vier a causar perturbação (evitável) na organização das sessões do julgamento, apenas deve ser responsabilizada pelos custos adicionais da actividade processual anómala a que tiver dado causa – *v.g.*, suportando os encargos da nova deslocação de testemunha não inquirida.

Mantendo a parte, mesmo na audiência, a sua atitude relapsa, poderá no limite, sendo grave a omissão do dever de cooperação, incorrer nas sanções previstas para a litigância de má fé (art. 456.º, n.º 2, al. *c)*, do CPC) – o que, reconhece-se, apenas representa uma hipótese académica. Neste caso, restará ao tribunal realizar, pergunta a pergunta, o controlo do limite previsto no art. 11.º, n.º 3.

Do raciocínio expendido extrai-se, ainda, que, até ao início da inquirição, a parte pode *alterar* a indicação dos factos aos quais a testemunha deve depor, sendo conveniente que, a convite do tribunal, renove a indicação feita (alterando-a, querendo) no início da inquirição da testemunha, à semelhança do que é prática corrente no processo comum tradicional. Sendo organizada uma base instrutória, constitui um acto inútil o aperfeiçoamento do requerimento probatório antes da audiência final, se apenas tiver em vista a indicação da matéria a que cada testemunha deverá depor. Essa indicação, se for tida por necessária[145], pode, sem qualquer inconveniente, ter lugar no início da inquirição.

---

[144] Servimo-nos da ironia de PIERO CALAMANDREI, *Eles, os Juízes, Vistos Por um Advogado*, tradução (de Eduardo Brandão) da 4.ª edição de *Elogio dei Giudici Scritto da un Avvocato*, de 1959, São Paulo, Martins Fontes, 2000, p. 155.

[145] Se o juiz elaborar uma base instrutória assumidamente exaustiva e não tiver feito constar o artigo da petição inicial ou da contestação do qual extraiu o facto vertido naquele instrumento.

Processo 121

41. *Registo da prova e intervenção do colectivo.* A admissibilidade do registo da prova mantém-se (art. 522.º-B do CPC), quando a causa admitir recurso da decisão da matéria de facto (incluída na sentença). Independentemente da recorribilidade da decisão, o registo poderá ser determinado pelo tribunal, no exercício de um poder discricionário, quando se afigure ser útil para o julgamento da causa – auxiliando a memória do juiz –, designadamente quando esteja prevista a realização de diversas sessões da audiência final. Neste caso, sendo admissível a intervenção do colectivo, requerida por ambas as partes, o registo da prova não obsta ao julgamento pelo tribunal colegial, considerando que este é um direito do qual só aquelas podem prescindir (arts. 68.º e 646.º, n.º 2, al. *c)*, do CPC).

A intervenção do tribunal colectivo só pode ocorrer nas situações previstas nos arts. 106.º, al. *a)*, da LOFTJ, e 646.º do CPC: a norma ora comentada não dispõe sobre os pressupostos desta intervenção, mas apenas sobre o momento no qual deve ser requerida. A título de exemplo, está excluída a intervenção do colectivo na situação prevista no art. 13.º, salvo se prova de diferente natureza ainda houver de ser produzida na audiência final (art. 646.º, n.º 2, al. *b)*, do CPC).

42. *Alteração do pedido e da causa de pedir.* O DL n.º 108/2006 não contém qualquer norma que consagre a possibilidade de o autor alterar o pedido ou a causa de pedir. Considerando que o processo apenas prevê, por regra, dois articulados – e nunca mais de três –, apenas será de admitir tal hipótese quando se revelar ser esta a solução mais adequada (art. 2.º)[146].

Garantido que esteja o respeito pelos princípios do contraditório e da igualdade substancial das partes (arts. 3.º e 3.º-A do CPC), quando a alteração objectiva da instância permite conciliar melhor os princípios da celeridade, da adequação e da economia processuais, este na vertente da *economia de processos*[147], deve ela ser admitida. Esta decisão terá especialmente em consideração o respeito pela "norma de bom senso" (FRANÇA GOUVEIA): o desvio à forma legal não deve criar perturbação

---

[146] Sobre o tema, cfr. LEBRE DE FREITAS, «Regime», cit., p. 19.

[147] Deve "cada processo resolver o máximo possível de litígios" – cfr. MANUEL DOMINGUES DE ANDRADE, *Noções Elementares de Processo Civil*, Coimbra, Coimbra Editora, 1979, p. 388.

superior ao ganho de eficiência proporcionado[148]. Do que se trata aqui é de garantir que este atentado ao princípio da estabilidade da instância (art. 268.° do CPC) não agride os valores por este tutelados: o processo não sofre uma perturbação susceptível de dificultar a administração da justiça (tutela de interesse público) ou de negar a segurança e contrariar a confiança a que as partes têm direito no desenvolvimento da instância, para poderem estruturar esclarecidamente as suas pretensões (tutela dos interesse das partes).

Assente em pressupostos idênticos, em satisfação do dever de gestão processual, poderá ser admitido um pedido reconvencional cujo *objecto* não se contenha nos limites previstos no art. 274.°, *n.° 2*, al. *a)*, CPC.

ARTIGO 9.°
Apresentação conjunta da acção pelas partes

1 – As partes podem apresentar a acção para saneamento, devendo, para o efeito, juntar petição conjunta.

2 – Na petição conjunta prevista no número anterior, devem as partes:

*a***) Identificar os factos admitidos por acordo e os factos controvertidos;**

*b***) Tomar posição sobre as questões de direito relevantes;**

*c***) Formular as respectivas pretensões;**

*d***) Requerer as respectivas provas, indicando de forma discriminada os factos sobre os quais recaem a inquirição de cada uma das testemunhas e a restante produção de prova; e**

*e***) Requerer a gravação da audiência final ou a intervenção do colectivo.**

3 – O réu que, notificado pelo autor antes de instaurada a acção com vista à apresentação de petição conjunta, recuse essa apresentação ou não responda no prazo de 15 dias renuncia ao direito à compensação, pela parte vencida, das custas de parte e, se o autor for a parte vencedora, a procuradoria é fixada no máximo legal.

---

[148] Cfr. FRANÇA GOUVEIA, *Regime Processual*, cit., pp. 33-34. Para ilustração do texto, cfr. o exemplo dado em RAMOS DE FARIA, *Regime*, cit., p. 41-42.

Processo 123

4 – A notificação prevista no número anterior é remetida pelo correio, sob registo, e obedece a modelo aprovado por portaria do Ministro da Justiça, nela se especificando o pedido do autor, as disposições legais pertinentes, os benefícios da apresentação conjunta, o prazo para resposta e as cominações em que incorre o réu em caso de recusa.

5 – O processo apresentado nos termos do presente artigo tem carácter urgente, precedendo os respectivos actos qualquer outro serviço judicial não urgente, sempre que as partes não tenham requerido a produção de prova testemunhal ou a partir do momento em que apresentem a acta de inquirição por acordo de todas as testemunhas arroladas.

Sumário – **43.** Antecedentes históricos. **44.** Acções que têm por objecto direitos indisponíveis. **45.** Requisitos da petição conjunta. **45.1.** Requisitos de forma como condição da eficiência processual. **45.2.** Aperfeiçoamento da petição conjunta. **46.** Notificação para apresentação da petição conjunta. **47.** Modelo de notificação. **48.** Incentivos à colaboração entre as partes.

43. *Antecedentes históricos*. Permite o art. 9.° que as partes apresentem a acção em conjunto, devendo, para o efeito, juntar um articulado inicial comum. Estamos perante uma *alternativa* à via normal de instauração da acção, não havendo qualquer relação de *especialidade* entre as duas soluções. Podemos, pois, recorrer aos conceitos de *regime pleno* e de *regime simplificado* do processo comum para designar e distinguir as vias processuais[149], sendo esta designação a que melhor se harmoniza com aquela que o instituto vinha merecendo no âmbito das normas que constituem as suas fontes históricas (o quase "extinto" pelo desuso regime do processo civil simplificado).

O instituto contido no art. 9.°, que vive a sua terceira vida, agora com uma nova centralidade e visibilidade, encontra os seus antecedentes históricos no art. 2.° do Decreto-Lei n.° 242/85, de 9 de Junho, que aditou o art. 464.°-A (já revogado) ao Código de Processo Civil, nos arts. 3.° e 4.°

---

[149] Não é apropriado falar-se aqui de uma forma especial de processo, por respeito para com o sentido que tem esta expressão, já pacificamente adquirido pela disciplina processual civil da ciência do Direito.

124   Regime Processual Civil Experimental Comentado

do Decreto-Lei n.º 212/89, de 30 de Junho, e no Decreto-Lei n.º 211/91, de 14 de Julho[150]. As fontes são conhecidas, assim como são conhecidos os resultados nulos da vigência das normas em questão[151]. A responsabilidade pelo insucesso é atribuída por BOAVENTURA DE SOUSA SANTOS aos advogados, receosos de perderem a possibilidade de delinear estratégias de gestão do risco, da prova e da sua interpretação, e de negociações colaterais em que o processo judicial é mero instrumento[152].

A via processual simplificada promove a colaboração entre as partes, e entre estas e o tribunal. O decisivo contributo deste instituto para o descongestionamento dos tribunais pode, todavia, nunca ser devidamente mensurado. Se a apresentação de petições conjuntas é um sinal do sucesso da medida, ainda maior será o sucesso se das negociações exploratórias resultar a composição extrajudicial do litígio – e esta não chega às estatísticas oficiais.

A este propósito, escreveu CALAMANDREI que "o mais precioso trabalho do advogado civilista é o que se realiza antes do processo, matando os litígios logo no início com sábios conselhos de negociação, e fazendo o possível para que eles não atinjam aquele paroxismo doentio que torna indispensável a recuperação na clínica judiciária"[153].

44. *Acções que têm por objecto direitos indisponíveis.* Onde o art. 1.º do DL n.º 211/91, de 14 de Julho, vedava o recurso à via processual simplificada, poderá a norma comentada encontrar a sua maior utilidade. Se antes era proibida a apresentação conjunta da petição nas acções que tivessem por objecto direitos indisponíveis, agora não existe qualquer restrição desta índole; apenas se exige que processo próprio seja o comum (art. 1.º).

Tome-se como exemplo a acção destinada a obter a simples separação de bens – nos casos não abrangidos pelo processo especial previsto no art. 1406.º do CPC –, quando não exista litígio relevante entre os cônjuges

---

[150] Sobre a "forma geral simplificada do processo civil" (Decreto-Lei n.º 211/91, de 14 de Julho) e seus antecedentes históricos, cfr. SALVADOR DA COSTA, *A Injunção*, cit., 3.ª ed., 2003, p. 11 e segs..

[151] Até 1996, apenas havia sido registado um caso – de acordo com SOUSA SANTOS *et al, Os Tribunais*, cit., p. 393 –, publicado na *Tribuna da Justiça*, n.º 11, 1985, 4.

[152] Cfr. SOUSA SANTOS *et al, Os Tribunais*, cit., p. 393.

[153] Cfr. PIERO CALAMANDREI, *Eles, os Juízes*, cit., pp. 147-148.

sobre o pedido[154]. Nada na lei obsta a que, neste caso, se recorra a esta via simplificada (bem como à inquirição por acordo), devendo o tribunal assegurar-se de que os interesses tutelados pela norma que estabelece o carácter litigioso da separação (art. 1768.º do CC) não são defraudados. Quando a conduta das partes ou quaisquer circunstâncias da causa produzam a convicção segura de que o autor e o réu se serviram da faculdade de apresentação conjunta da acção para praticar um acto simulado ou para conseguir um fim proibido por lei, a decisão do tribunal deve obstar ao objectivo anormal prosseguido pelas partes (art. 665.º do CPC).

45. *Requisitos da petição conjunta.* A lei fala de petição conjunta, mas, em rigor, a petição – isto é, o pedido de tutela jurisdicional, enquanto momento objectivo da instância (ao lado da causa de pedir), corporizado num acto escrito – apenas é apresentada pelo autor, tal como a pretensão de improcedência da acção formulada pelo réu não é subscrita pelo demandante. Nem mesmo a vontade de apresentação do litígio a juízo terá de ser comum (poderá não ser desejada pelo réu); apenas o inerente requerimento de supressão da fase dos articulados é a expressão de uma vontade comum.

A "petição conjunta" mais não é, assim, do que a aglutinação da petição inicial e da contestação num único suporte, devendo este conter os elementos essenciais destas duas peças processuais, aos quais se juntam os requisitos indicados no art. 9.º, n.º 2: designação do tribunal em que a acção é proposta e identificação das partes (art. 467.º, n.º 1, al. *a)*, do CPC); indicação dos domicílios profissionais dos mandatários judiciais, tendo sido constituídos (art. 467.º, n.º 1, al. *b)*, do CPC); indicação da forma do processo (art. 467.º, n.º 1, al. *c)*, do CPC); exposição dos factos que servem de fundamento à acção (art. 467.º, n.º 1, al. *d)*, do CPC) e à defesa (art. 488.º do CPC), com sinalização dos factos admitidos por acordo e dos factos controvertidos (9.º, n.º 2, al. *a)*) e tomada de posição sobre as questões de direito relevantes (9.º, n.º 2, al. *b)*)[155]; formulação

---

[154] Sobre esta acção de processo comum, cfr. o Ac. do TRC de 17 de Março de 2009, proferido no processo n.º 1090/08.3TJCBR.C1, publicado em *dgsi.pt*. Outro exemplo que pode ser dado é o da acção de impugnação da paternidade (art. 1838.º e segs. do CC).

[155] A indicação das razões de direito é um ónus, *podendo* o juiz convidar as partes a suprir a sua omissão – cfr. LEBRE DE FREITAS, *Introdução*, cit., p. 117.

das respectivas pretensões (9.°, n.° 2, al. *c)*); indicação do valor da causa (art. 467.°, n.° 1, al. *f*), do CPC); requerimento probatório (9.°, n.° 2, al. *d)*); requerimento de gravação da audiência final ou de intervenção do colectivo (9.°, n.° 2, al. *e)*)[156].

Não está vedado às partes incluírem na petição conjunta um pedido reconvencional. Considerando a génese da acção, será mesmo de admitir um pedido reconvencional cujo objecto não se contenha nos limites previstos no art. 274.°, *n.° 2*, CPC, permitindo-se às partes que se sirvam da mesma acção para resolverem os vários diferendos que as separam.

45.1. *Requisitos de forma como condição da eficiência processual.* Deste articulado, deseja-se que seja ele elaborado com o mesmo rigor formal que é de exigir à petição inicial[157]. Para que a causa seja decidida com rapidez, não basta que as partes colaborem entre si, devendo, ainda, colaborar com o tribunal. A discriminação dos factos provados só poderá ser feita por remissão para um articulado se nestes a narração dos fundamentos da acção ou da defesa obedecer a requisitos de fundo e de forma nem sempre fáceis de observar. Quanto à forma, para que a narração possa sustentar uma remissão individualizada deve ser clara (que se compreende sem esforço), concisa (breve) e articulada (cada artigo deve conter um facto apenas)[158].

45.2. *Aperfeiçoamento da petição conjunta.* Considerando que a petição é apresentada conjuntamente, o aperfeiçoamento que dela seja necessário fazer, quando padeça de insuficiência ou imprecisão na exposição ou concretização da matéria de facto alegada, carece da intervenção de ambas as partes. Sendo o convite aceite apenas por uma delas, cessa a aplicação do *regime simplificado*, devendo o processo seguir o *regime pleno* (para efeito de custas, por exemplo), após operada a adequação pro-

---

[156] Mantém-se, ainda, a obrigação de junção do documento comprovativo do prévio pagamento da taxa de justiça (arts. 447.°-A e 467.°, n.° 3, do CPC). Todavia, apenas há lugar a um acto (conjunto) de pagamento da taxa, onde se cumulam os valores devidos por cada parte, com o limite previsto do art. 18.° – sobre o tema, cfr. BRITES LAMEIRAS, *Comentário*, cit., p. 61 e segs..

[157] BRITES LAMEIRAS contextualiza a boa articulação dos factos no âmbito do dever de colaboração da parte (com as demais partes e com o tribunal: a "comunidade de trabalho") – «A importância», cit., p. 130.

[158] Sobre o tema, cfr. o comentário ao art. 15.°.

cessual pertinente – *v.g.*, aproveitando-se os actos praticados e submetendo-se a matéria apenas alegada por uma parte em resposta ao convite ao contraditório da contraparte.

46. *Notificação para apresentação da petição conjunta.* Estabelece o n.° 3 uma sanção para o caso de o requerido, notificado pelo requerente antes de instaurada a acção com vista à apresentação de petição conjunta, recusar essa apresentação ou não responder no prazo de 15 dias. Quando assim proceda, renuncia ao direito à compensação pela parte vencida, das custas de parte; se o requerente for a parte vencedora a procuradoria é fixada no máximo legal.

Duas críticas à solução legal são configuráveis. Por um lado, é atentatório da liberdade do requerido forçá-lo a qualquer tipo de consenso com o requerente. Por outro lado, a norma é inútil, já que não será difícil ao requerido evitar a sanção, aceitando um acordo de princípio que, ulteriormente nas negociações na especialidade, inviabilizará. Como é bom de ver, estas críticas contradizem-se entre si.

Com efeito, para que evite a sanção, basta ao requerido aceitar de princípio a apresentação conjunta (por escrito: cfr. a Portaria n.° 1096/ /2006, de 13 de Outubro); não está obrigado a aceitar os termos concretos da petição a apresentar, propostos pelo requerente. Frustrando-se as negociações, restará ao demandante instaurar individualmente a acção, sem que daqui advenha qualquer sanção para o demandado. É, pois, mais teórico do que prático o sentido da primeira crítica. De todo o modo, entre o tipo e nível de agressão ao bem tutelado (coacção da liberdade com o estabelecimento se uma sanção tributária), e o interesse existente na simplificação e celeridade processuais, considerando os custos da justiça[159], a opção do legislador é de aceitar, como um mal necessário.

A segunda crítica revela alguma incompreensão para com os propósitos do legislador. Se estes fossem os de compensar financeiramente *o demandante*, sem dúvida que a solução legal seria pouco feliz. Todavia, sendo a sua intenção a de "colocar as partes a falar" antes de recorrerem ao tribunal, a norma encerra algumas virtualidades. Até o requerido mais renitente, mesmo com uma inicial reserva mental, se obrigado a falar com a contraparte antes da demanda se iniciar, pode mudar de ideias, acabando

---

[159] Sobre a fixação do "preço" do serviço como forma de influenciar a procura em matéria de conflitos cíveis, cfr. João Pedroso, «O Regime», cit., p. 176 e segs..

os litigantes por acordar na apresentação conjunta da acção ou, mesmo, na resolução extrajudicial do litígio.

47. *Modelo de notificação.* A portaria do Ministério da Justiça prevista no n.º 5 é a Portaria n.º 1096/2006, de 13 de Outubro, estando o modelo aprovado disponível em *citius.mj.pt.* A existência de um modelo de notificação formaliza este contacto, dando maiores garantias de satisfação das finalidades do acto[160].

48. *Incentivos à colaboração entre as partes.* Não havendo lugar à produção de prova testemunhal ou tendo esta sido reduzida a escrito numa acta de inquirição por acordo das partes, o processo tem carácter urgente[161]. A referência contida na parte final do n.º 5 é redundante, pois sempre seria esse o regime, por força do disposto no art. 13.º. Podendo a acção ter por objecto matéria excluída da disponibilidade das partes, a circunstância de o depoimento incidir sobre factos relativos a direitos indisponíveis não obsta, por idêntica razão, à sua produção por esta via conjunta. A eficácia da prova por confissão, ou do acordo das partes sobre os factos assentes está, obviamente, sujeita aos limites legais existentes nestas matérias (*v.g.*, arts. 345.º, 354.º e 364.º do CC e 490.º, n.º 2, do CPC).

Na hipótese prevista no n.º 5, não existindo *prova constituenda* a produzir, podem as partes incluir no articulado as suas alegações finais (debates), prescindindo da realização de qualquer audiência. Neste caso, será imediatamente proferida sentença, salvo se, por exemplo, for necessário aperfeiçoar o articulado, ou se o tribunal julgar necessário produzir ou renovar um meio de prova.

Para além do benefício concedido no n.º 5, as partes gozam, ainda, da redução especial da taxa de justiça, prevista no art. 18.º. Estes incentivos poderão não ser suficientes para vencer as dificuldades que levaram ao fracasso das duas anteriores tentativas de implementação da petição conjunta. O legislador deveria ter oferecido aos litigantes e aos seus mandatários um conjunto de incentivos verdadeiramente *irrecusável*, para vigorar

---

[160] Sobre a utilidade do modelo de notificação, cfr. BORGES MAIA e INÊS SETIL, «Breve comentário», cit., p. 340.

[161] Sobre a inquirição por acordo das partes, a sua substituição pela apresentação de depoimentos escritos e o âmbito da natureza urgente do processo, veja-se o comentário ao art. 13.º.

apenas durante a fase experimental, período durante o qual a advocacia portuguesa se familiarizaria com o instituto, apreciando as suas reais potencialidades. Integrada neste conjunto, e *apenas durante a experimentação*, poderia ter sido estabelecida a total isenção do pagamento de taxa de justiça e de procuradoria.

ARTIGO 10.º
Termos posteriores aos articulados

1 – Recebidos os autos, o juiz profere despacho saneador onde conhece imediatamente:

a) **De todas as excepções dilatórias e nulidades processuais suscitadas pelas partes ou que deva apreciar oficiosamente;**

b) **Do mérito da causa, se o estado do processo o permitir.**

2 – Quando não possa julgar de imediato a causa, o juiz ordena a prática das diligências ou dos actos necessários e adequados ao fim do processo em curso, designadamente:

a) **Convoca audiência preliminar, para selecção da matéria de facto ou exercício do contraditório;**

b) **Designa dia para a audiência final.**

3 – A marcação do dia e a hora das diligências é sempre efectuada mediante acordo prévio com os mandatários judiciais, só podendo estes opor-se à data proposta em virtude de outro serviço judicial já marcado, que devem indicar expressamente.

4 – Os contactos prévios necessários podem ser efectuados por qualquer meio, mas, obtido o acordo, a data da diligência é notificada a todos os que nela devam intervir.

Sumário – **49.** Gestão processual na fase do saneamento. **50.** Dispensa de novo contraditório. **51.** Âmbito da inovação legal. **51.1.** Limites constitucionais ao conteúdo da inovação. **51.2.** Concretização dos limites constitucionais. **51.2.1.** Decisão final contra a parte já ouvida. **51.2.2.** Decisão final contra a parte ainda não ouvida. **51.2.3.** Decisão interlocutória sobre a questão. **51.4.** Hipóteses a considerar: *a)* Excepções dilatórias. *b)* Nulidades processuais. *c)* Mérito da causa. **51.5.** Decisão imediata em causa que não admite recurso ordinário. **52.** Decisão imediata e soluções plausíveis de direito. **53.** Jul-

130 *Regime Processual Civil Experimental Comentado*

gamento imediato em caso de revelia operante. **54.** Saneamento na impossibilidade de julgamento imediato. **55.** Base instrutória. **55.1.** Base instrutória exaustiva. **55.2.** Base instrutória essencialmente integrada pelos factos principais. **55.3.** Base instrutória elencando os temas da instrução. **55.4.** Identificação da concreta natureza da base e do direito aplicável. **56.** Da especificação aos factos assentes. **57.** Marcação das diligências. **57.1.** Imposição de identificação do serviço judicial já marcado. **57.2.** Metodologia a adoptar na designação da data.

49. *Gestão processual na fase do saneamento*. Sem prejuízo da adequação processual que possa ser feita através da prolação de um despacho liminar, é na fase do saneamento que a boa gestão do processo mais pode contribuir para a satisfação do propósito de resolver com rapidez e eficiência (logo, justiça) os litígios em tribunal. É a fase na qual a plasticidade da forma mais se justifica, permitindo que se adeque a tramitação ao caso concreto. Por assim ser, compreende-se que o legislador confie a decisão de algumas das matérias a tratar aqui ao prudente arbítrio do julgador – como seja a decisão de elaboração ou de dispensa da base instrutória.

Todavia, não comungando aparentemente desta desejada maior plasticidade da forma, o texto da norma contida no n.º 1 do art. 10.º sugere que se *impõe* ao juiz que, findos os articulados, conheça imediatamente: *a)* de todas as excepções dilatórias e nulidades processuais suscitadas pelas partes ou que deva apreciar oficiosamente; *b)* do mérito da causa, se o estado do processo o permitir.

O texto do art. 10.º, n.º 2, diversamente, reconduz-nos à matriz do novo processo civil experimental. Retoma-se aqui a ideia de que o processo é mais do que a soma das regras adjectivas positivadas, sendo necessária uma intervenção do juiz (re)conformadora, norteada pelos princípios processuais gerais, com vista à sua determinação e adequação à instância concreta. Na satisfação do mencionado propósito, confia-se na capacidade e no interesse do tribunal e das partes.

50. *Dispensa de novo contraditório*. O confronto do n.º 1 com o n.º 2, em especial com o corpo deste ("não possa julgar de imediato") e com a parte final da sua al. *a)* ("exercício do contraditório"), permite-nos concluir que naquele primeiro número não se consagra uma imposição, mas sim uma faculdade: a norma em questão *consente* que o juiz decida neste despacho as questões aí elencadas, sem promover a realização pré-

Processo 131

via duma audiência preliminar, em que tenha lugar a sua discussão. No mesmo sentido milita o texto da exposição de motivos, na qual se alude à *faculdade* (sic) "concedida ao juiz de, uma vez concluso o processo para saneamento, conhecer das excepções dilatórias e nulidades processuais suscitadas pelas partes ou que deva apreciar oficiosamente, julgar de imediato a causa se o estado do processo o permitir, convocar a audiência preliminar para selecção da matéria de facto ou exercício do contraditório ou designar o dia para a audiência de julgamento".

O conhecimento das questões elencadas no n.º 1 do art. 10.º poderá, pois, ter lugar sem prévio contraditório dos interessados – nos casos adiante melhor analisados –, isto é, não têm as partes de ser sempre previamente convocadas ou notificadas para, querendo, se pronunciarem sobre o objecto da decisão[162]. O texto da lei, informado pelos demais critérios hermenêuticos, não permite dar outro sentido à lei.

Da expressão inicial do n.º 1 do art. 10.º – "recebidos os autos"[163] –, conclui-se que a solução legal preconizada na norma assenta no pressuposto de só na fase do saneamento ocorrer (ou pode ocorrer) a primeira intervenção processual do juiz, só então recebendo ele os autos[164]. Ora, se a primeira intervenção do juiz tem lugar nesta fase, e se o novo processo só comporta dois articulados, isto significa que é estatuído que o juiz, *podendo*, conhecerá imediatamente de todas as excepções dilatórias, designadamente *suscitadas pelas partes*, isto é, obviamente, pela defesa (réu ou reconvindo), sem que sobre elas se tenham podido pronunciar, *em resposta*, o autor ou o reconvinte. Do mesmo modo, sendo permitido ao juiz que conheça *imediatamente* de todas as excepções dilatórias e nulidades processuais *que deva apreciar oficiosamente*, não está previsto que ofereça qualquer contraditório, podendo decidir sem ouvir novamente as partes.

---

[162] Sustentando que a decisão imediata, no âmbito do art. 510.º do CPC, é susceptível de gerar uma nulidade processual secundária, por omissão de um acto (a audiência preliminar) que a lei impõe, cfr. PAULA COSTA E SILVA, «Saneamento e Condensação no novo Processo Civil: A fase da audiência preliminar», *Aspectos do Novo Processo Civil*, Lisboa, Lex, 1997, p. 263.

[163] Na norma correspondente do processo ordinário, vertida no n.º 1 art. 510.º do CPC, consta a expressão "findos os articulados".

[164] Conforme deixámos escrito no ponto 9.3, uma intervenção liminar do juiz deve ter lugar, por regra. Trata-se, no entanto, de uma opção discricionária do tribunal, pelo que a sua primeira intervenção *necessária* só ocorre findos os articulados, o que explica o texto do n.º 1 do artigo agora comentado.

O n.º 1 do art. 10.º vem substituir, entre outras, a norma constante do n.º 1 do art. 3.º (epigrafada "termos posteriores aos articulados") do regime aprovado pelo DL n.º 269/98. Tem esta o seguinte teor: "Se a acção tiver de prosseguir, pode o juiz julgar logo procedente alguma excepção dilatória ou nulidade que lhe cumpra conhecer ou decidir do mérito da causa". Diferentemente, a norma paralela prevista para o processo sumaríssimo, vertida no art. 795.º, n.º 1, do CPC, determina que, "Findos os articulados, pode o juiz, sem prejuízo do disposto nos n.ºs 3 e 4 do artigo 3.º, julgar logo procedente alguma excepção dilatória ou nulidade que lhe cumpra conhecer ou decidir do mérito da causa". Embora ambas as formas processuais só comportem dois articulados, é ostensivo que o legislador do DL n.º 269/98 inovou, consagrando a possibilidade de decisão sem *nova* audição das partes. As sucessivas alterações legislativas visam inovar[165]. Não faria sentido que fosse de outro modo. Por assim ser, no confronto com o texto da lei antiga, tem de ser dado o devido relevo à nova redacção da norma legal.

No processo ordinário, a decisão imediata só é permitida nos casos previstos no art. 508.º-B, n.º 1, al. *b*): "o juiz pode dispensar a audiência preliminar, quando (...) a sua realização tivesse como fim facultar a discussão de excepções dilatórias já debatidas nos articulados ou do mérito da causa, nos casos em que a sua apreciação revista manifesta simplicidade".

A solução agora adoptada no processo experimental surge, pois, no seguimento da já preconizada para as acções especiais para o cumprimento de obrigações pecuniárias emergentes de contratos. Em ambos os casos, o legislador estabeleceu que, depois de as partes *terem tido oportunidade para discutir tudo o que lhes aprouvesse* nos articulados – em número de dois –, o juiz pode conhecer os vícios estruturais da demanda – ao nível da falência dos pressupostos processuais e a manifesta improcedência do pedido –, sem segundas audições.

51. *Âmbito da inovação legal.* É excessivo afirmar que a norma contida no n.º 1 surge em contracorrente com o sentido da reforma processual civil de 1995/1996, retornando o regime processual experimental à con-

---

[165] Ao marcar a sua discordância quanto à concessão de excessivos poderes discricionários ao juiz, LEBRE DE FREITAS alerta-nos para a circunstância de, sob a aparência de uma inovação, podermos estar perante um retrocesso – «Experiência-piloto», cit., p. 213.

Processo 133

cepção tradicional do princípio do contraditório, afastando-se, pois, da "garantia de participação efectiva das partes no desenvolvimento de todo o litígio, mediante a possibilidade de, em plena igualdade, influírem em todos os elementos (factos, provas, questões de direito) que se encontrem em ligação com o objecto da causa, e que em qualquer fase do processo apareçam como potencialmente relevantes para a decisão"[166], garantia esta que constitui a actual noção mais lata de contraditoriedade.

Apenas se deverá concluir que, considerando a natureza dos vícios da lide em questão, entendeu o legislador que as partes, nos articulados, já tiveram oportunidade de, agindo com a diligência devida, participarem na discussão das questões abordadas pelo tribunal[167]. Neste pressuposto, a decisão imediata prevista no n.º 1 (com o âmbito adiante precisado) não é de qualificar como decisão-surpresa, uma vez que os litigantes, conhecedores deste dever do juiz, têm a possibilidade e o ónus (acrescido) de se pronunciarem sobre estas questões nos articulados (arts. 467.º, n.º 1, al. *d*), e 488.º do CPC), pelo que a pronúncia do tribunal nunca estará fora de "um adequado e normal juízo de prognose sobre o conteúdo e sentido da decisão"[168].

> De nada servem as *reformas* legislativas, para mais tratando-se de regimes experimentais, quando os intérpretes e aplicadores da nova lei a reconduzem aos quadros e conceitos pré-existentes, assegurando-se que tudo foi mudado apenas para que tudo fique na mesma – dando a entender que a lei é um assunto demasiado importante para deixar nas mãos do legislador... Não está o intérprete autorizado a afeiçoar o resultado da interpretação da lei à sua visão do processo, àquela que entende ser a abordagem mais correcta da questão teórica, quando todos os critérios hermenêuticos apontam em sentido diverso. Embora discordando da opção legal, deverá fixar o sentido pretendido pelo legislador – e respeitá-lo, salvo se a lei for violadora de norma de ordem superior.

Ainda que possa causar alguma perplexidade, a intenção do legislador ordinário é a de que o tribunal, nos casos descritos no n.º 1, podendo, decida de imediato, sem nova audição das partes. Esta intenção deve ser

---

[166] Cfr. LEBRE DE FREITAS, *Introdução*, cit., p. 108.

[167] Era este o sentido do art. 3.º, n.º 3, na redacção prevista no DL 329-A/95, de 12 de Dezembro, abandonada pelo DL 180/96, de 25 de Setembro.

[168] Cfr. LOPES DO REGO, *Comentários*, cit., pp. 33 e 34, aqui citando INÊS DOMINGOS e MARGARIDA MENÉRES PIMENTEL.

134   *Regime Processual Civil Experimental Comentado*

respeitada, *experimentada*, enquanto não brigue com o direito fundamental a um processo equitativo (arts. 20.°, n.° 4, da CRP, 6.° da CEDH, 10.° da DUDH e 14.°, n.° 1, do PIDCP). A questão que se coloca é, então, a de saber quando é que o juiz, respeitando o texto constitucional, pode conhecer das matérias suscitadas pela defesa ou de apreciação oficiosa, sem que as partes tenham sido notificadas para sobre elas se pronunciarem.

51.1. *Limites constitucionais ao conteúdo da inovação.* O respeito pelo princípio do contraditório é postulado pelo direito a um processo equitativo, garantido pelo art. 20.°, n.° 4, da CRP[169]. Em homenagem a este direito fundamental, "cada uma das partes há-de, pois, poder expor as suas razões perante o tribunal. Deve poder fazê-lo em condições que a não desfavoreçam em confronto com a parte contrária"[170].

O risco de agressão ao princípio do contraditório surgirá, sobretudo, nos casos em que o juiz conheça oficiosamente de uma excepção dilatória, sem dar oportunidade às partes (mais precisamente, ao autor) para sobre a mesma se pronunciarem. "Só que aí, vendo melhor as coisas, já nem poderá dizer-se em causa o princípio do «contraditório», no seu sentido mais preciso de direito da «outra» parte de contraditar as razões contra ela invocadas *(audiatur et altera pars)*, visto não ser contra ela (o réu), mas contra o autor, que o juiz vai decidir – isto, prescindindo já dos casos em que ainda um contraditório (escrito) sobre a matéria da excepção poderá abrir-se em via de recurso. Do que se trata é da possibilidade de o juiz poder decidir sem estar adstrito ao modo como a questão lhe é posta pela parte e segundo outras razões de direito – possibilidade que obviamente não pode negar-se-lhe, e vai mesmo ínsita na própria natureza da função de julgar (cfr. artigo 664.°, primeira parte, do Código de Processo Civil); e da possibilidade, bem assim, de fazê-lo com base apenas no processado escrito, e sem esperar pela sentença final, quando face a tal processado seja já possível (e desejável) a decisão. Ora, se já não poderá ver-se nesta possibilidade qualquer atentado à exigência do contraditório (no sentido mais rigoroso deste, acima evidenciado), também não pode certa-

---

[169] Sobre a tutela constitucional do princípio do contraditório, cfr. LOPES DO REGO, «O direito», cit., 749, e JORGE MIRANDA «Constituição e Processo Civil», cit., p. 20. Com uma aprofundada análise do princípio do contraditório, cfr. LUCINDA DIAS DA SILVA, *Processo Cautelar Comum*, Coimbra, Coimbra Editora, 2009, p. 37 e segs..

[170] Cfr. o Ac. do TC n.° 1193/96.

mente dizer-se que ela contenda, em termos mais genéricos, com o direito de acesso aos tribunais"[171].

A este respeito, decorrendo da Constituição apenas uma exigência de princípio, e "não podendo extrair-se dela um determinado «modelo» de processo civil que o legislador esteja adstrito a adoptar, segue-se que não pode deixar de reconhecer-se a este (ao legislador) uma «liberdade constitutiva» muito ampla para decidir, segundo razões de eficácia (isto é, sobretudo, de utilidade e celeridade) processual, dos casos e situações em que a efectivação duma audiência deve ou pode ser dispensada. Sendo assim, dir-se-á que só verdadeiramente onde a escolha legislativa a esse propósito se mostrar ostensiva e decididamente incompatível com as exigências de um cabal contraditório (onde ela acaba por postergá-lo por inteiro, ou não consinta uma sua efectivação minimamente aceitável) será legítimo censurá-la de um ponto de vista constitucional com a consequência própria dessa censura"[172].

Ora, não é seguramente isso o que acontece com a norma contida no n.° 1 do art. 10.°, tal como não acontecia com a norma "do artigo 508.°, n.° 3, do Código de Processo Civil, na medida em que ela permite ao juiz prescindir da realização de audiência preparatória para julgar qualquer excepção no despacho saneador. Pode evidentemente discutir-se a solução, num plano de política legislativa (...); mas o que não poderá é dizer-se que ela prejudica decisivamente a realização do contraditório entre as partes"[173] – *ibidem*. Move-se, ainda aqui, o legislador no âmbito da *regulamentação* do direito a um processo equitativo e do princípio do contraditório[174].

51.2. *Concretização dos limites constitucionais.* A faculdade de conhecimento imediato tem sempre por limite o respeito pelos direitos e garantias processuais das partes, contidos, em especial, nos arts. 20.° da CRP, 6.° da CEDH e 2.° a 3.°-A do CPC[175]. Sendo certo, como vimos, que a norma que permite este conhecimento não é, necessariamente, na sua

---

[171] Cfr. o Ac. do TC n.° 222/90

[172] *Idem.*

[173] Sobre o tema, cfr. JORGE MIRANDA e RUI MEDEIROS, *Constituição*, cit., Tomo I, p. 196.

[174] Sobre o tema, cfr. JOSÉ VIEIRA DE ANDRADE, *Os Direitos Fundamentais na Constituição Portuguesa de 1976*, Coimbra, Almedina, 1987, p. 226.

[175] Cfr., ainda, os arts. 10.° da DUDH e 14.°, n.° 1 do PIDCP.

abstracção, violadora do núcleo do princípio do contraditório merecedor de tutela constitucional, não menos certo é que podê-lo-á ser, quando interpretada no sentido de admitir a decisão imediata em qualquer caso. Aliás, a jurisprudência constitucional citada versa sobre uma forma processual que admite mais de dois articulados, isto é, na qual o exercício do contraditório na fase dos articulados é mais efectivo, pelo que a amplitude com que o Tribunal Constitucional admite a prolação da decisão sem o oferecimento de novo contraditório na fase do saneamento não pode, sem mais, ser admitida no processo experimental. De resto, o próprio enquadramento constitucional considerado alterou-se – embora mais formal do que substancialmente, pois o actual teor do art. 20.º da CRP não é inovador em relação aos textos internacionais que, sobre a matéria, já vinculavam o Estado português.

Importa, pois, fixar o sentido e âmbito da norma contida no art. 10.º, precisando-se quando deve ter lugar o conhecimento imediato (n.º 1) e quando deve ter lugar, por exemplo, o "exercício do contraditório" (n.º 2, al. *a*), 2.ª parte). Neste contexto, não deve o advérbio "imediatamente" ser interpretado de modo isolado, sem que se tenha presente todo o restante ordenamento jurídico, constitucional e infraconstitucional, de natureza processual.

A eventual decisão-surpresa inerente ao conhecimento imediato previsto neste artigo coloca-se *apenas* ao nível da subsunção jurídica. A questão de facto está liminarmente ultrapassada: o tribunal não pode, em caso algum, decidir com base em factos desconhecidos pela parte ou sobre os quais ela não teve oportunidade de se pronunciar. Em matéria de direito, sustenta-se que o tribunal não pode decidir uma questão estribando-se na aplicação de uma norma não invocada pelas partes (da qual pode, no entanto, conhecer oficiosamente: art. 664.º do CPC), sem lhes ter facultado a oportunidade de a debater.

Para que o tribunal *deva* proceder à prévia audição complementar das partes não basta, todavia, que pretenda aplicar uma norma por elas não invocada. É necessário que o enquadramento legal realizado pelo tribunal seja manifestamente diferente do sustentado pelas partes. Deverá ser uma subsunção notada pela sua originalidade, pelo seu carácter invulgar e singular, *objectivamente* considerado[176].

---

[176] Defendendo uma mais ampla proibição da decisão-surpresa, no plano das questões de direito, cfr. LEBRE DE FREITAS, JOÃO REDINHA e RUI PINTO, *Código*, cit., Vol. I, p. 9, e LEBRE DE FREITAS, *Introdução*, cit., p. 115 e segs..

Decorre do exposto que a abertura de uma fase de contraditório "só deverá ter lugar quando se trate de apreciar questões jurídicas susceptíveis de se repercutirem, de forma relevante e inovatória, no conteúdo da decisão e quando não fosse exigível que a parte interessada a houvesse perspectivado durante o processo, tomando oportunamente posição sobre ela"[177]. Como refere LOPES DO REGO, "a negligência da parte interessada que, *v.g.* omite quaisquer 'razões de direito', alega frouxamente, situando de forma truncada e insuficiente o óbvio enquadramento jurídico da sua pretensão ou deixa escapar questões jurídicas clara e inquestionavelmente decorrentes dos autos, não merece naturalmente tutela, em termos de obrigar o tribunal – movendo-se, no momento da decisão, dentro dos próprios institutos jurídicos em que as partes no essencial haviam situado as suas pretensões – a, sob pena de nulidade, realizar uma audição não compreendida no normal fluir da causa"[178].

Alegando o réu ser parte ilegítima, por não ser o titular da relação material controvertida, tal como o próprio a configura (e sem invocar quaisquer razões de direito), pode o juiz julgar improcedente a excepção, *imediatamente*, se, na falta de outra indicação da lei, o réu figurar como titular dessa relação, tal como ela é desenhada pelo autor (art. 26.º, n.º 3, do CPC). Do mesmo modo, tendo a acção, fundada em responsabilidade civil extracontratual emergente de acidente de viação, sido instaurada em comarca diferente daquela em cuja área ocorreu o facto danoso, pode o tribunal conhecer da sua incompetência (art. 74.º, n.º 2, do CPC), mesmo *liminarmente*. Nestes casos a parte contra quem se decide já teve oportunidade de, activamente, influenciar o sentido da decisão proferida, desde logo dada a natureza da questão (pressupostos da acção que devem merecer a atenção de ambas as partes).

51.2.1. *Decisão final contra a parte já ouvida.* Quando a parte contra quem se decide já tenha tido oportunidade de se pronunciar sobre a questão, a circunstância de a contraparte não ter sido ouvida não obsta ao seu conhecimento imediato. Arguida uma nulidade processual ou uma excepção dilatória, pode ela ser imediatamente julgada improcedente. Esta é, quanto à relação processual, uma regra que tem um relevante afloramento no art. 207.º do CPC.

O mesmo se passa quanto ao julgamento de mérito. Excepcionando o réu a caducidade do direito invocado pelo autor, pode o tribunal julgar logo improcedente esta defesa, se for manifesta a sua insubsistência, sem

---

[177] Assim, LOPES DO REGO, *Comentários*, cit., p. 33.
[178] *Comentários*, cit., p. 34.

necessidade de oferecer o contraditório à contraparte – o que poderá levar ao imediato julgamento total da causa, se não existirem factos controvertidos. Sendo o pedido manifestamente improcedente – isto é, independentemente da prova dos factos alegados, nunca conduzirão estes à procedência da acção; não têm eles o efeito jurídico pretendido pelo autor (inconcludência) –, o seu indeferimento não tem de ser precedido do contraditório do réu[179]. Em ambos os casos, consideram-se situações de manifesta improcedência da pretensão. Neste pressuposto, entende-se que, no primeiro, o réu já teve oportunidade para expor as suas razões, quando invocou a caducidade; no segundo, já o autor satisfez o seu ónus de condensar na petição inicial a sua acção. Quanto à contraparte, a decisão é-lhe favorável.

51.2.2. *Decisão final contra a parte ainda não ouvida.* Quando decida contra a parte que ainda não foi ouvida, e começando pela afirmação do óbvio, não pode o tribunal apoiar-se em factos controvertidos, como se assentes estivessem.

> Pode o juiz considerar factos controvertidos como se provados estivessem, mas não para se apoiar neles. Pelo contrário, apenas os pode considerar para formular o juízo de manifesta improcedência: ainda que se considerem assentes, nunca o pedido poderá ser julgado procedente. Neste caso, decide contra a parte que já foi ouvida.

Está, pois, vedado ao tribunal, por exemplo, fundar a sua decisão na mera alegação pelo réu da existência de uma convenção de atribuição de competência (art. 100.º do CPC) ou no escrito desta que, embora não tenha sido impugnado (art. 544.º do CPC), não foi submetido ao contraditório – para eventual arguição de abuso do direito ou de vício de forma, por exemplo.

Fruto deste entendimento, *não pode o tribunal conhecer de quaisquer questões dependentes de arguição*, quer sejam de natureza adjectiva, quer respeitem ao mérito da causa, quando o julgamento for de acolhimento da tese do arguente, sem audição da contraparte. Qualquer que seja a questão suscitada, se não for ela de conhecimento oficioso, encerrará matéria que deverá ser considerada controvertida.

---

[179] Esta situação é configurável em sede de apreciação liminar da causa e, nos casos de revelia inoperante, na fase do saneador.

Processo 139

Tome-se como exemplo uma demanda assente num direito ostensivamente prescrito, limitando-se o réu a confessar os factos e a invocar
a prescrição. Mesmo nestes casos, próximos da manifesta improcedência
da acção, não pode o pedido ser indeferido, sem que ao autor seja dada a
oportunidade de alegar o que tiver por conveniente – *v.g.*, factos de onde
se extrai a interrupção da prescrição –, independentemente de, por hipótese, se considerar que o estado do processo o permite (al. *b)* do n.º 1).

Ao contrário do que sucede com os pressupostos de conhecimento *oficioso*, não se pode exigir ao autor que, querendo, tome posição na petição
inicial sobre as excepções dependentes de arguição – numa espécie de resposta por antecipação à sua hipotética invocação –, dado ser matéria que
está na disponibilidade das partes.

51.2.3. *Decisão interlocutória sobre a questão.* O conhecimento
imediato das excepções dilatórias que efectivamente se verificam, suscitadas pelas partes ou de apreciação oficiosa, não importa, forçosamente,
o julgamento da questão – com a absolvição do réu da instância. Conhecendo de uma excepção, o juiz pode ordenar o seu suprimento (art. 2.º e
art. 265.º, n.º 2, do CPC) – o que, de resto, proporcionará à contraparte a
oportunidade para se pronunciar sobre a matéria. Também nestes casos de
decisão não definitiva, a opção do legislador de prescindir de nova audição é ainda conforme à Constituição[180].

51.4. *Hipóteses a considerar.* Estruturando os diferentes cenários
com base nos temas de pronúncia descritos no art. 10.º, n.º 1, conclui-se
do raciocínio expendido que:

a) Excepções dilatórias. Deve o juiz proferir imediatamente despacho saneador, quando ocorram excepções dilatórias de apreciação *oficiosa*
(art. 495.º do CPC), providenciando pelo seu suprimento, se forem susceptíveis de sanação, ou julgando-as verificadas – com os efeitos previstos na lei –, se insupríveis de o ser forem[181]. Todavia, uma excepção que,
sendo embora de conhecimento oficioso, esteja dependente da apreciação
de factos novos trazidos pelo réu (*v.g.*, um outro elemento de conexão para

---

[180] Não cabe recurso deste despacho – sobre o assunto, cfr. LEBRE DE FREITAS, JOÃO
REDINHA e RUI PINTO, *Código*, cit., Vol. I, p. 403.

[181] Sobre a desnecessidade do contraditório proporcionado pela (então) audiência
preparatória, quando esteja em causa conhecer das excepções dilatórias, com fundamento
no interesse público da regularidade da instância, cfr. ANSELMO DE CASTRO, *Direito*, cit,
Vol. II, 1982, p. 11, e Vol. III, p. 253.

aferir da competência do tribunal) ou da apreciação de documentos apresentados pela defesa (como seja a certidão que instrui uma arguição de caso julgado ou de litispendência) não deverá ser julgada procedente, sem a prévia audição da contraparte.

Estando a excepção dilatória suscitada *dependente de arguição*, não pode o tribunal decidir procedentemente sem oferecer o contraditório – sendo esta uma situação de impossibilidade de julgamento (de forma) imediato da causa (pelo menos no tribunal onde pende, pois a decisão pode apenas consistir na remessa da acção para outro tribunal), para os efeitos previstos no art. 10.º, n.º 2.

Finalmente, sendo, de modo insubsistente, suscitada pelo réu (ou reconvindo) uma excepção dilatória, de conhecimento oficioso ou não, deverá ser proferido despacho julgando improcedente a arguição, sem contraditório da contraparte.

b) Nulidades processuais. O regime previsto para as nulidades dependentes de arguição é idêntico ao estabelecido para excepções também dependentes de requerimento, mantendo-se a regra prevista no art. 207.º do CPC. As mais relevantes nulidades de apreciação oficiosa – com a ressalva da ineptidão da petição inicial, abrangida pelo regime das excepções dilatórias – dizem respeito à falta ou ao irregular chamamento de quem deve estar na acção e ao erro na forma do processo. São vícios evidentes, detectáveis pela mera análise do processado (art. 483.º do CPC). Também aqui o tribunal deve decidir imediatamente.

c) Mérito da causa. A decisão sobre o mérito da causa, conhecendo do seu objecto total ou parcialmente (por um modo objectivamente não surpreendente), deve ter imediatamente lugar nesta oportunidade, quando não haja matéria de facto controvertida – *maxime*, nos casos de revelia operante. Note-se, porém, que deve ter-se por controvertida toda a matéria alegada pelo réu (não confessada por antecipação pelo autor, na petição inicial), ainda que só possa ser provada por documento, já junto e não impugnado, enquanto o autor não tiver oportunidade de se pronunciar sobre ela (*v.g.*, para eventual arguição de abuso do direito). O conhecimento imediato do mérito da causa (do pedido ou de uma excepção peremptória) terá, ainda, lugar nos casos em que, subsistindo alguma factualidade controvertida sobre a questão, a decisão for independente da sua prova: casos de inconcludência (manifesta improcedência)[182].

---

[182] Sobre as diversas hipóteses de decisão de mérito na fase do saneamento, cfr. José Lebre de Freitas, *A Acção Declarativa Comum*, Coimbra, Coimbra Editora, 2000, p. 159 e segs..

Processo 141

Em desabono da prolação de decisão sem uma *nova* audição não colhe o argumento de que esta poderia ser útil. Seguramente que poderia ser útil, mas a questão não se coloca a esse nível. Assegurado à parte o direito e o ónus de expor todas as suas razões no seu articulado, há que ponderar as vantagens – a eventual utilidade da invocação de novos argumentos jurídicos ou sinalização de meios de prova plena que impliquem decisão diversa – e as desvantagens – sacrifício da celeridade e da economia processuais – de uma nova audição, agora mais orientada para o sentido e o objecto da decisão a proferir pelo tribunal. O texto da lei revela inequivocamente a opção do legislador (o seu espírito), no sentido de dar primazia à agilização do processo. Atente-se, ainda, que a utilidade da intervenção da parte não se perde definitivamente, pois se essa utilidade decorre de poder o juiz ser sensível a novos argumentos, não deixará ele de o ser em sede de reforma da decisão (art. 669.º do CPC) – quando esta via for exequível.

51.5. *Decisão imediata em causa que não admite recurso ordinário.* O regime previsto no art. 10.º, n.º 1, assemelha-se ao contido no art. 234.º--A, n.º 1, do CPC, o qual é integrado por duas normas que, de algum modo, mitigam os efeitos da decisão do tribunal. Por um lado, é concedida ao autor a faculdade de apresentar nova petição, no prazo de 10 dias, considerando-se a acção proposta na data em que a primeira petição foi apresentada em juízo (arts. 234.º-A, n.º 1, e 476.º do CPC); por outro lado, admite-se o recurso até ao tribunal da Relação do despacho de indeferimento liminar, independentemente do valor da causa (art. 234.º-A, n.º 2, do CPC).

A aplicação analógica destas normas à decisão proferida pelo juiz, ao abrigo do disposto no n.º 1 do art. 10.º, deve ser recusada, não só porque têm carácter excepcional (art. 11.º do CC), como, também e sobretudo, porque não há qualquer razão para se considerar que estamos perante uma omissão involuntária de regulamentação por parte do legislador, isto é, perante uma lacuna teleológica, detectada com recurso à analogia.

O lugar paralelo no Código de Processo Civil encontramo-lo, sim, na decisão imediata facultada pelos arts. 508.º-B, n.º 1, al. *b)*, e 510.º, n.º 1, do CPC, sendo inquestionável que o legislador não pretendeu consagrar para esta decisão qualquer regime excepcional de tutela dos interesses do autor. Recorde-se que estes artigos tomam hoje o lugar dos arts. 508.º, n.º 3, e 510.º, n.º 1, do CPC, na versão apreciada pelo Tribunal Constitucional no citado Ac. n.º 222/90, onde se entendeu, para além do mais, que não deveria ser alvo do juízo de inconstitucionalidade "a norma do artigo 508.º, n.º 3, do Código de Processo Civil (...), nem mesmo no segmento

142   *Regime Processual Civil Experimental Comentado*

respeitante à sua aplicação aos casos em que o juiz suscita oficiosamente quaisquer excepções, e decide da verificação delas *sem possibilidade de recurso*" – sublinhado nosso.

52. *Decisão imediata e soluções plausíveis de direito.* O art. 511.º, n.º 1, do CPC identifica o critério que deve nortear a selecção dos factos a levar à base instrutória: matéria de facto relevante para a decisão da causa, segundo as várias soluções plausíveis da questão de direito, que deva considerar-se controvertida. É esta uma regra de elaboração de uma ferramenta de trabalho que servirá de base à instrução do processo. Por razões de economia processual, a instrução deve abarcar toda a factualidade controvertida relevante, e não apenas aquela que diz respeito a uma das soluções possíveis para o caso.

Na decisão final de mérito, o tribunal não oferece, contudo, *uma* solução para o caso: o tribunal diz o direito, diz *a* solução do caso. Por assim ser, conhecendo o juiz todas as respostas plausíveis de direito, compreendendo todas os cambiantes de facto e de direito da questão, *deve decidir imediatamente* na fase do saneador, se toda a matéria ainda controvertida disser respeito a resultados por si dominados, mas rejeitados. A postura do tribunal perante as questões plausíveis no julgamento de mérito (art. 660.º, n.º 2, excepção da 1.ª parte, do CPC), realizado *em qualquer fase do processo*, é diferente do critério que preside à elaboração da base instrutória (art. 511.º, n.º 1, do CPC).

> Por exemplo, defendendo-se o réu apenas por excepção, invocando um prazo prescricional de 5 anos e propondo-se fazer a prova do seu termo inicial, deverá o juiz decidir imediatamente o caso, se entender que o direito invocado apenas prescreve no prazo de 20 anos, sendo absolutamente certo que este ainda não decorreu.

Todavia, *quando a acção admita recurso*, o pressuposto em que assenta a imediata decisão de mérito (segurança sobre a solução que se tem por correcta) deve ser preenchido por referência ao conjunto das instâncias (e do STJ) que podem ser chamadas a pronunciar-se. Ao rejeitar todas as soluções controvertidas, tomando como ajustada a decisão que assenta em factos que já se encontram demonstrados, o juiz deve orientar o seu juízo, não apenas pelo modo como entende dever ser resolvida a questão de mérito, mas também pela perspectiva que, *razoavelmente*, poderão adoptar os juízes dos tribunais superiores, em caso de recurso.

Também aqui, é o princípio da economia processual que pode obrigar a que se prossiga para a fase de instrução, acautelando a possibilidade de o tribunal de recurso adoptar diferente solução de direito[183].

No exemplo dado, se sobre a questão já incidir acórdão uniformizador de jurisprudência, decidindo ser o prazo prescricional de 20 anos, deve a causa ser imediatamente julgada, por ser razoável presumir que os tribunais superiores não se afastarão desta jurisprudência – embora, em rigor, a solução preconizada pelo réu seja plausível, ou não houvesse uma jurisprudência divergente que originou a uniformização pelo STJ.

Chamado a pronunciar-se sobre a questão, tendo por objecto uma decisão proferida na fase do saneamento, o tribunal superior deverá adoptar semelhante posicionamento. Decidindo em *última instância*, procurará julgar em conformidade com a solução de direito que tem por pertinente. Divergindo esta da seguida no tribunal recorrido, podendo assentar na matéria de facto controvertida, deverá ordenar o prosseguimento da acção, para que seja realizado o seu julgamento. Todavia, se o entendimento sobre a questão de direito for coincidente, julgará a causa – não sendo razoável que, a pretexto de existir uma solução plausível de direito *recusada por ambas as instâncias* assente em factos controvertidos, ordene o prosseguimento dos autos para julgamento.

53. *Julgamento imediato em caso de revelia operante.* Se o réu não contestar, tendo sido ou devendo considerar-se citado regularmente na sua própria pessoa, ou tendo juntado procuração a mandatário judicial no prazo da contestação, consideram-se confessados os factos articulados pelo autor – cfr. o art. 484.°, n.° 1, do CPC[184]. Esta norma é aplicável a todas as formas de processo comum previstas no CPC, pelo que deve ser considerada uma norma geral do processo comum, sendo aplicável aos processos que sigam o regime instituído pelo DL n.° 108/2006[185].

Após o tribunal julgar confessados os factos articulados pelo autor, prevê o art. 484.°, n.° 2, do CPC que o processo seja facultado para exame

---

[183] Sobre o tema, cfr. LEBRE DE FREITAS, *A Acção*, cit., p. 162, ABRANTES GERALDES, *Temas*, cit., II Vol., 2004, pp. 133 e 134, e BRITES LAMEIRAS, *Comentário*, cit., p. 100.

[184] Sobre a elaboração da sentença e a forma da fundamentação a adoptar nestes casos, cfr. o comentário ao art. 15.°.

[185] Se o juiz tiver, por hipótese, uma intervenção liminar no processo, não está obviamente ao seu alcance fixar para a acção que se inicia diferente efeito para a revelia.

aos advogados das partes que os tenham constituído. Tendo em consideração a possibilidade de julgamento imediato prevista no art. 10.°, n.° 1, já analisada, temos de concluir que o contraditório previsto no referido artigo do CPC apenas deve ser oferecido quando for absolutamente essencial à tutela dos direitos processuais das partes. Também o disposto no n.° 3 do mesmo artigo do CPC se encontra revogado pela nova regulamentação contida no art. 15.°, n.ᵒˢ 2 e 4 (art. 7.°, n.° 2, 2.ª hipótese, do CC). Deixando de estar previsto na lei este momento (como etapa necessária) para produzirem alegações inovadoras, têm as partes o ónus de condensar todas as suas razões de direito nos articulados.

54. *Saneamento na impossibilidade de julgamento imediato.* Quando não possa julgar de imediato a causa, o juiz ordena a prática das diligências ou dos actos necessários e adequados ao fim do processo em curso, *designadamente*:

a) providencia pelo suprimento de excepções dilatórias, nos termos do n.° 2 do artigo 265.° do CPC;

b) convida as partes ao aperfeiçoamento dos articulados, nos termos do art. 508.° do CPC[186];

c) convoca audiência preliminar para selecção da matéria de facto, exercício do contraditório ou tentativa de conciliação;

d) designa dia para a audiência final.

O dever de adequação processual encontra aqui a sua máxima expressão, sendo patente que o elenco de vias processuais contido no art. 10.°, n.° 2, não é taxativo – cfr. o advérbio "designadamente", bem como o texto da exposição de motivos. Aliás, as normas da fase do saneamento processual (arts. 508.° a 508.°-B do CPC) *não* integram o regime que priorita-

---

[186] Este despacho não desapareceu, *obviamente*, sendo a sua prolação um imperativo decorrente da norma contida na al. *a)* do art. 2.° e do disposto no art. 265.° do CPC. Deixa, é certo, de estar ancorado ao início da fase subsequente aos articulados, podendo ser proferido, se adequado, em momento anterior. Sobre o despacho de aperfeiçoamento já no âmbito do RPCE, sua natureza e recorribilidade, cfr. FRANÇA GOUVEIA, *Regime Processual*, cit., pp. 106 e 107. No Ac. do TRL de 09-06-2009, proferido no processo n.° 4781/07. 2TBALM.L1-1, publicado em *dgsi.pt*, afirma-se no relatório que o convite ao aperfeiçoamento dos articulados é permitido pelo art. 17.°, n.° 3, do DL n.° 269/98, "mas *não permitido expressamente* pelo regime do DL n.° 108/2006, com referência ao seu artigo 10.°" – sublinhado nosso. Sobre o tema, no âmbito do CPC, cfr. ABRANTES GERALDES, *Temas*, cit., II Vol., p. 80 e segs., e os Acs. do STJ de 21 de Novembro de 2006 e do TRP de 07 de Dezembro de 2006, proferidos nos processos n.ᵒˢ 06A3687 e 0636576, respectivamente, publicados em *dgsi.pt*.

riamente subsidia o DL n.° 108/2006[187]. Na falta de norma expressa vertida nas alíneas do n.° 2 do art. 10.° que preveja a solução para um problema processual concreto a solucionar nesta fase, o juiz *não tem* de resolvê-lo recorrendo *prioritariamente* à aplicação subsidiária do processo ordinário, embora o possa fazer – tal como pode recorrer às normas de outra forma de processo comum ou especial ou ainda criar, fundamentando, uma tramitação híbrida. A opção de elaborar (ou não) a base instrutória, por exemplo, é feita no uso de um poder-*dever* discricionário.

A discricionariedade não se resolve numa mera opção por uma de entre as várias soluções igualmente admitidas pelo art. 10.°, mas sim na procura da *melhor solução* para a satisfação, no caso concreto, dos fins do acto e do processo.

Como em geral, também aqui a decisão do juiz (com o âmbito que agora nos ocupa) é jurisdicional, na aplicação da lei ao caso *sub judice*, procurando a (melhor) satisfação dos interesses tutelados pela lei processual, orientada pelo fim da norma e respeitando os princípios gerais do processo civil.

Na decisão de elaborar ou não a base instrutória, deverá o juiz ter em atenção a gestão da acção no curto prazo (a eventual circunstância de a decisão de elaborar a base instrutória implicar uma paragem no processo, por estar o magistrado sobrecarregado com outro trabalho prioritário), bem como a sua gestão até à audiência final, inclusive (a eventual necessidade de disciplinar a instrução a realizar). Se não for nesta oportunidade elaborada a base instrutória, nada impede que o venha a ser no início da audiência final.

55. *Base instrutória.* A selecção da matéria de facto a submeter a julgamento é feita através da organização da base instrutória (art. 511.°, n.° 1, do CPC). Esta tanto pode ser elaborada na audiência preliminar (era. 10.°, n.° 2, al. *a)*), sendo ditada para acta, como pode constar de despacho escrito.

A base instrutória continua aqui a fazer o seu caminho, iniciado com a reforma de 1995/1996, no sentido de ser um instrumento versátil de orientação da instrução[188]. Pode ela conter a descrição (ou enumeração,

---

[187] Cfr. o ponto 5.

[188] Sobre as boas práticas na elaboração da base instrutória, colocada ao serviço da actividade probatória, cfr. MANUEL TOMÉ SOARES GOMES, «Um olhar sobre a prova em

por remissão para os articulados) dos factos relevantes, principais ou principais e instrumentais, alegados pelas partes, assim como pode consistir na mera enunciação dos temas gerais objecto da instrução. Pode, mesmo, se adequado for, assumir a forma de um verdadeiro questionário (factos sob interrogação), tal como previa a lei processual civil antes da reforma de 1995/1996 (art. 511.º do CPC)[189].

Explorando até ao limite as potencialidades da base instrutória, não é despropositado, organizando-se os factos controvertidos por uma ordem cronológica, nela incluir matéria que só pode ser provada por meios tabelados – v.g., por documento (ainda não junto) ou por meio de presunção legal –, com a expressa indicação do meio de prova legalmente admitido, assim se auxiliando a parte interessada e o juiz que elaborará a sentença – recordando a necessidade da junção do documento e da pronúncia sobre o facto, bem como a sua essencialidade[190].

Sobre o tema, veja-se, ainda, o ponto 77.4.

55.1. *Base instrutória exaustiva*. Tal como em qualquer outro ramo do direito, a confiança é um valor digno de tutela no processo civil. Neste pressuposto, a base instrutória, *quando* vise a selecção *exaustiva* da "matéria de facto relevante para a decisão da causa, segundo as várias soluções plausíveis da questão de direito, que deva considerar-se controvertida"

---

demanda da verdade no Processo Civil», *Revista do CEJ*, n.º 3, 2.º Semestre 2005, pp. 146 e 150. Sobre a adequação do quesito ao *onus probandi*, cfr. ANTUNES VARELA, J. MIGUEL BEZERRA e SAMPAIO E NORA, *Manual de Processo Civil*, Coimbra, Coimbra Editora, 1985, p. 412, nota 3.

[189] Sobre a técnica de elaboração formal da base instrutória, REMÉDIO MARQUES, com apoio no teor do art. 646.º, n.º 4, diga-se, sustenta que ainda hoje deve este instrumento ser redigido sob a forma de proposições interrogativas – denominadas quesitos –, subordinadas a números – cfr. JOÃO REMÉDIO MARQUES, *Acção Declarativa à Luz do Código Revisto*, Coimbra, Coimbra Editora, 2007, p. 358.

[190] Neste sentido, cfr. LEBRE DE FREITAS, MONTALVÃO MACHADO e RUI PINTO, *Código*, cit., Vol. II, p. 382, LEBRE DE FREITAS, *A Acção*, cit., p. 168, TEIXEIRA DE SOUSA, *Estudos*, cit., p. 312, COSTA E SILVA, «Saneamento», cit., pp. 247 a 250, e PAULO ALVES PIMENTA, *A Fase do Saneamento do Processo Antes e Após a Vigência do Novo Código de Processo Civil*, Coimbra, Almedina, 2003, pp. 313-314. Entendendo que os factos controvertidos que só possam ser provados documentalmente não devem ser incluídos no rol dos factos a provar, cfr. LOPES DO REGO, *Comentários*, cit., p. 446, e HENRIQUE ARAÚJO, *A Matéria*, cit., p. 17.

Processo

(art. 511.º, n.º 1, do CPC), tende constituir *de facto* uma condição da instrução e, como tal, do julgamento. Embora não se forme sobre o seu conteúdo caso julgado formal[191] (arts. 646.º, n.º 4, e 650.º, n.º 2, do CPC), as partes a ele adequam a sua estratégia processual e actividade na audiência de discussão e julgamento (art. 513.º do CPC).

Se o tribunal omite na (supostamente *exaustiva*) selecção da matéria a submeter a instrução um facto alegado que, no momento de elaborar a sentença (que agora compreende a decisão da matéria de facto), o juiz repute de essencial, não deve, sem mais, pronunciar-se sobre tal factualidade não "quesitada". A parte *confiou* na selecção efectuada pelo tribunal e, por essa razão, pode não ter produzido prova ou contraprova sobre o facto alegado agora ressuscitado – admitindo que ele fosse irrelevante ou que estivesse assente. Deverá, antes, o juiz certificar-se de que, não obstante a omissão, as partes produziram prova (contraditada) sobre a matéria em causa e, caso assim não tenha sucedido, adequar o processo à realidade nele vivida, percorrendo a via prevista no art. 650.º, n.ºs 2, al. *f)*, a 5.º, do CPC (ampliação da base instrutória da causa) – por forma a ser debatida e produzida prova sobre a factualidade tardiamente tida por relevante. No âmbito do processo experimental, não há, todavia, que observar o limite previsto no Código de Processo Civil (a ampliação apenas deve ter lugar até ao termo dos debates), podendo o juiz, mesmo após o encerramento da discussão, reabrir a audiência *para ampliação da base instrutória*, seguindo-se a produção de prova e os debates pertinentes (art. 2.º, al. *a)*)[192].

A tutela da confiança das partes acaba, pois, por desaconselhar a elaboração de uma base instrutória supostamente exaustiva, contendo todos os factos relevantes alegados (principais e instrumentais) e, eventualmente, completada, em sede de julgamento, com os factos instrumentais relevantes referidos no art. 264.º, n.º 2, 2.ª ressalva, do CPC, não só porque assim se destrói a pretendida natureza flexível e dinâmica desta ferramenta, como porque se poderá abrir espaço a maiores equívocos sobre o objecto da instrução[193].

---

[191] Expressão utilizada aqui em sentido menos próprio, reconhece-se, como observa, a propósito da especificação, o STJ no aresto que leva ao Assento n.º 14/94.

[192] Com outro desenvolvimento sobre esta questão, cfr. o ponto 77.4.

[193] Sustentando que só devem ser seleccionados para a base instrutória os factos principais, não devendo a escolha recair também sobre os factos instrumentais (admitindo os Autores algumas excepções e a possibilidade da a inclusão destes ser *útil*), cfr. Lebre de Freitas, *Introdução*, cit., p. 152, Lebre de Freitas, Montalvão Machado e Rui Pinto, *Código*, cit., Vol. II, p. 548, Teixeira de Sousa, *Estudos*, cit., p. 311, Costa e

148   *Regime Processual Civil Experimental Comentado*

O nascimento da base instrutória, no seio da reforma de 1995/1996, foi bem acolhido pela Doutrina e, de algum modo, ignorado na prática forense. Confrontando os concretos "questionários" anteriormente elaborados com as "bases instrutórias" agora organizadas, não fora a alteração terminológica e não se diria ter havido uma qualquer alteração legislativa[194]. A efectiva sobrevivência das características de longa data desta peça processual assenta, sobretudo, no pressuposto, *discutível*, como se refere no ponto 77.4 do comentário, de que o tribunal colectivo apenas pode conhecer de factos incluídos na base instrutória (o que resultaria do disposto no art. 650.º, n.ºs 2, al. *f*), a 5.º, do CPC).

Na sentença, ressalvados os factos admitidos por acordo, provados por documentos ou por confissão reduzida a escrito, o juiz *apenas* toma em consideração os factos que o tribunal colectivo deu como provados (art. 659.º, n.º 3, do CPC). Ora, tendo o colectivo por instrumento de trabalho a base instrutória (instrumento colocado ao serviço da instrução e, consequentemente, do julgamento), não se deverá pronunciar sobre factos que nela não constem – entendimento este discutível, repete-se. O mais que o tribunal poderá fazer é ampliar essa base, para assim se poder pronunciar sobre a matéria relevante omissa (art. 650.º, n.º 2, al. *f*), do CPC). Subscrevendo-se este entendimento, estejamos nós perante factos essenciais ou principais alegados pelas partes (art. 264.º, n.º 1, do CPC), factos instrumentais também alegados, factos instrumentais que resultem da instrução e discussão da causa (art. 264.º, n.º 2, do CPC) ou factos essenciais que resultem da instrução e discussão da causa (art. 264.º, n.º 3, do CPC), em qualquer caso, portanto, deve a factualidade *relevante* ser levada à base instrutória, para que as partes possam sobre a mesma oferecer e produzir prova, para além de sobre ela se pronunciarem nos debates. Assim se compreende que, no

---

SILVA, «Saneamento», cit., pp. 243 e 246, LOPES DO REGO, *Comentários*, cit., pp. 253, 254 e 445, ISABEL ALEXANDRE, «A fase», cit., p. 277, JOÃO REMÉDIO MARQUES, *Acção*, cit., p. 356, e ABRANTES GERALDES, *Temas*, cit., II Vol., pp. 141 a 143. PAULO PIMENTA defende que o âmbito da base instrutória será aquele que a realidade do processo mais aconselha – *A Fase*, cit., 319. Entendendo que todos os factos relevantes, quer os essenciais, quer os instrumentais, *devem* ser "convocados" para a base instrutória, cfr. MONTALVÃO MACHADO, *O Dispositivo*, cit., p. 340, e JOSÉ SALAZAR CASANOVA, «A transversalidade no processo do debate argumentativo e a sua influência decisiva no desenvolvimento do Direito», *Revista do CEJ*, n.º 4, 1.º Semestre 2006, p. 123, e «Os factos instrumentais e a verdade material», *Revista do CEJ*, n.º 10, 2.º Semestre 2008, p. 88. Sustentando que a actual base instrutória representa uma solução intermédia entre a quesitação minuciosa do anterior questionário e uma enunciação dos grandes temas da prova, cfr. MONTALVÃO MACHADO e PAULO PIMENTA, *O Novo*, cit., pp. 221-222, nota 507.

[194] Sobre o tema, cfr. LEBRE DE FREITAS, «Experiência-piloto», cit., p. 216.

momento de elaborar o instrumento que servirá de base à instrução, de pouco serve a distinção entre um facto essencial e um facto instrumental; apenas importa a *relevância* eventual do facto, de acordo com as diversas soluções plausíveis da questão de direito, o que conduz à elaboração de uma base instrutória exaustiva, em tudo idêntica a um questionário[195].

Um segundo argumento, independente da interpretação que se faça do art. 650.º, n.º 2, al. *f*), do CPC, tem militado a favor da elaboração de uma base instrutória, tanto quanto possível, exaustiva na descrição dos factos relevantes (essenciais ou instrumentais). Se a demanda e a defesa se encontram bem estruturadas na petição inicial e na contestação, a base instrutória bem pode ser dispensada, quando a lei o autorize, ou organizada por remissão. Se, diferentemente, os articulados são uma amálgama de factos e de direito sincreticamente expostos, justifica-se que a produção de prova seja, efectivamente, disciplinada, através de um instrumento rigoroso, operativo e fiável. De nada serve elaborar uma base instrutória se nela se omitirem factos relevantes, apenas porque são apelidados de instrumentais, contando que, em sede de julgamento, os mandatários e o juiz mergulhem nos prolixos articulados, em busca de factualidade relevante para sobre ela ser produzida prova ou para a fazer incluir, serodiamente, na base instrutória. Nestes casos, uma base instrutória que deixe de fora factos instrumentais *relevantes*, no lugar de simplificar, pode complicar a actividade instrutória e gerar equívocos.

55.2. *Base instrutória essencialmente integrada pelos factos principais*. Mais adequado será elaborar uma base instrutória *essencialmente* integrada pelos factos principais, podendo, no entanto, integrar, sem pretensões de exaustividade, quaisquer factos instrumentais – quando esta inclusão for necessária a uma boa disciplina da produção de prova.

A base instrutória com estas características *deve*, todavia, abranger a factualidade instrumental necessária ao conhecimento na *sentença* de factos essenciais (que nesta devam ser conhecidos), sobretudo quando o facto principal servido por esses factos instrumentais não tenha sido relacionado.

Factos principais (ou essenciais) são os previstos nas *facti-species* das normas das quais pode emergir o direito do autor ou do reconvinte (ou fun-

---

[195] O que não se pode é querer fazer aqui uma verdadeira quadratura do círculo, defendendo-se que o legislador pretendeu que a base instrutória apenas integre os factos essenciais e, simultaneamente, que o tribunal apenas se pode pronunciar sobre factos (essenciais *e* instrumentais) incluídos na base instrutória (art. 650.º, n.os 2, al. *f*), a 5, do CPC).

150 Regime Processual Civil Experimental Comentado

dar-se a excepção deduzida pelo réu), sendo imprescindíveis para a procedência da acção ou da reconvenção (ou da defesa por excepção). Os factos instrumentais, não preenchendo a *facti-species* de qualquer norma de direito substantivo que confira um direito ou tutele um interesse das partes, permitem, mediante presunção judicial, chegar à demonstração de factos principais – tendo, pois, uma função probatória[196].

Mesmo os referidos factos instrumentais mais relevantes podem ser afastados da base instrutória, se esta incluir um elenco dos factos principais a provar por meios tabelados (incluindo por presunção legal), elaborado com as cautelas já referidas. Sendo descrito o facto principal (a provar por presunção legal, por exemplo), orientará ele a instrução da causa, sabendo as partes, sem surpresa, que a prova deverá ter por objecto, não só toda a factualidade essencial exarada na base instrutória, como também os factos *instrumentais* que relevantemente a servem, ainda que não estejam vertidos na mesma peça – devendo oferecer prova sobre estes, bem como incluir nos debates a sua posição sobre todas as questões aos mesmos pertinentes. Neste caso, o colectivo pode (e deve) pronunciar-se sobre os factos instrumentais (*v.g.*, que servem de base à presunção legal), adquiridos por qualquer dos meios previstos no art. 264.º do CPC, apesar de não estarem vertidos na base instrutória.

Conhecedoras desta natureza (não exaustiva) da base instrutória elaborada, as partes sabem que toda a factualidade *instrumental* relevante, apendicular, complementar ou concretizadora dos factos principais, alegada ou resultante da instrução da causa, deve ser objecto da sua atenção (na produção de prova e nos debates), embora possa não estar incluída na base instrutória, porque será tomada em consideração pelo tribunal em sede de decisão sobre a matéria de facto.

55.3. *Base instrutória elencando os temas da instrução.* Pode o juiz optar por elaborar uma base instrutória apenas integrada pelo elenco dos grandes temas da instrução (que, assim, terá por *base* os articulados), desde que suficientemente concretizados, e já não pela selecção dos factos relevantes (principais e instrumentais ou só principais). Esta solução não representa qualquer esforço acrescido para as partes na preparação do julgamento, pois as testemunhas são inquiridas aos factos indicados com referência aos articulados (art. 8.º, n.º 5). Ainda nestes casos, sendo elaborado um guião genérico da instrução, não é admissível a reclamação

---

[196] Cfr. Lopes do Rego, *Comentários*, cit., pp. 252 e 253.

Processo

contra a decisão que o corporize, pois não estamos perante uma base instrutória, no sentido próprio considerado no art. 511.° do CPC – a base da instrução é, recorde-se, a matéria articulada pelas partes.

A possibilidade de a base instrutória se cingir à enumeração dos temas da instrução é largamente recusada pela Doutrina. A lei, todavia, já o permitia na forma sumária do processo comum. Nesta modalidade de base instrutória, os articulados suportam directamente a instrução mais fina sobre os diversos pontos de facto controvertidos ou carenciados de prova (*v.g.*, orientam os interrogatórios e as instâncias feitos às testemunhas). Ora, se o processo admite a *dispensa* da base instrutória, como sucede na forma sumária e no processo comum único experimental, o que (também) obriga ao recurso aos articulados para a orientação da actividade instrutória, por maioria de razão admite que ela possa ser apenas integrada pelo elenco dos grandes temas da instrução.

Aliás, mesmo quando esta ferramenta já é integrada pelos factos *principais* – apenas por estes –, os articulados não perdem a sua relevância na actividade instrutória mais detalhada, já que esta compreende também os factos *instrumentais*. Do mesmo modo, ainda aqui, é por referência aos factos instrumentais, logo aos articulados, que se deve respeitar o limite previsto nos arts. 633.° do CPC e 11.°, n.° 3.

55.4. *Identificação da concreta natureza da base e do direito aplicável.* Ao organizar uma peça que sirva de base à instrução, o tribunal deve esclarecer qual é a sua função: selecção de *todos* factos relevantes controvertidos ou necessitados de prova (art. 513.° do CPC), selecção dos factos *principais* alegados ou mera enunciação das linhas gerais da instrução. Nos dois últimos casos, em especial no derradeiro, as partes deverão ter presente que o objecto da instrução inclui directamente factos descritos nos articulados, não devendo descurar a prova de qualquer facto relevante controvertido, apenas porque não consta de um acto do juiz que foi por este apelidado de "base instrutória".

O juiz deve organizar a base instrutória, em qualquer das suas modalidades, de acordo com as diferentes soluções plausíveis de direito. Se, ao fazê-lo, identificar uma solução de direito não equacionada pelas partes, deverá, no mesmo despacho (embora não na própria base), sinalizar-lhes esse possível enquadramento jurídico, assim evitando a prolação, a final, de uma decisão-surpresa[197].

---

[197] Sobre o tema, cfr. LEBRE DE FREITAS, *Introdução*, cit., p. 115.

152   *Regime Processual Civil Experimental Comentado*

56. *Da especificação aos factos assentes.* A elaboração de uma lista dos factos que já se têm por assentes no momento da elaboração da base instrutória continua a ser possível, contando que seja útil (art. 2.°, al. *a)*). Com a reforma de 1995/1996, esta *especificação* perdeu a centralidade que tinha, embora o Código ainda faça referência à matéria de facto dada por assente na fase do saneamento (arts. 508.°-A, n.° 1, al. *e)*, e 511.°, n.° 2, do CPC)[198].

Ao contrário do que sucede com a base instrutória, a lei não atribui qualquer relevância à descrição dos factos assentes – não há, para estes, norma paralela às vertidas nos arts. 513.° e 659.°, n.° 3, do CPC. Mantém-se, pois, válida e sai reforçada com o novo regime processual a doutrina do Assento n.° 14/94, segundo a qual a especificação (os factos assentes), tenha ou não havido reclamações, tenha ou não havido impugnação do despacho que as decidiu, pode sempre ser alterada, mesmo na ausência de causas supervenientes, até ao trânsito em julgado da decisão final do litígio.

57. *Marcação das diligências.* A marcação do dia e a hora das diligências mediante acordo prévio com os mandatários judiciais assume especial relevância no âmbito do processo experimental. Por um lado, a falta do advogado, ainda que comunique a impossibilidade da sua comparência, não constitui causa de adiamento, salvo justo impedimento (art. 14.°, n.° 1), ao contrário do previsto no Código de Processo Civil (arts. 155.°, n.° 5, e 651.°, n.° 1, al.. *d)*). Por outro lado, as testemunhas são, por regra, apresentadas pelas partes, pelo que a falta do advogado poderá acarretar a falta das testemunha que com ele compareceriam. Assim se compreende a utilização do advérbio "sempre" no n.° 3, ausente do texto dos n.ºs 1 e 3 do art. 155.° do CPC. Neste sentido, escreve-se na exposição de motivos do Decreto-Lei n.° 108/2006, de 8 de Junho, que *impõe-se* "que a marcação das diligências seja sempre efectuada mediante acordo prévio com os mandatários judiciais, o que permite vedar, correspectivamente e salvo justo impedimento, o adiamento da audiência de julgamento por falta das partes ou dos seus mandatários"[199].

---

[198] A circunstância de estarem estas referências algo perdidas no articulado legal é o resultado de alguma hesitação na consagração da figura na reforma de 1995/96 – o DL n.° 329-A/95, de 12 de Dezembro, não a previa, só tendo sido admitida, nos termos hoje existentes, pelo DL n.° 180/96, de 25 de Setembro.

[199] Não sendo a designação da data da diligência precedida dos contactos previstos na lei, não constitui tal irregularidade uma nulidade processual, ainda que o despacho não

Processo 153

Não é provável que seja inviável obter uma data na qual todos advogados e o tribunal estão livres da realização de qualquer outra diligência judicial[200]. Todavia, se tal processo surgir, deverá o juiz, excepcionalmente[201], lançar mão do disposto no art. 2.°, al. *a)*, procedendo à marcação da diligência sem o acordo prévio das partes – ou, no limite e ainda mais excepcionalmente, estando verificados os respectivos pressupostos, determinando a prática de actos em separado (art. 7.°).

Nos casos em que o acordo é, pelo número de advogados a contactar ou pela sobrecarga de agendas, de difícil obtenção, a solução de designação unilateral da data da diligência é manifestamente desinteressante. É certo que os direitos das partes ficam minimamente garantidos, pois, na falta de acordo prévio, a audiência é adiável nos termos gerais previstos no CPC, e não nos referidos no art. 14.°, n.° 1. Todavia, o problema da dificuldade de concertação de agendas (do tribunal e dos advogados) vai voltar a colocar-se no momento do agendamento da nova data, na sequência do adiamento. É pois avisado explorar todas as possibilidades de acordo, antes de o juiz fixar unilateralmente a data do julgamento.

57.1. *Imposição de identificação do serviço judicial já marcado.* Proposta uma data pelo tribunal, os mandatários judiciais só podem opor-se em virtude de outro serviço judicial já marcado, que devem indicar expressamente (art. 10.°. n.° 3). Sobre esta norma, a primeira ideia a sublinhar é a de que apenas uma diligência judicial pode fundamentar a oposição do mandatário à data proposta. Sendo coerente com os propósitos da criação do regime processual experimental, também aqui, entre os diversos interesses em jogo, públicos e privados, o legislador fez prevalecer o interesse de resolução "com rapidez, eficiência e justiça os lití-

---

seja motivado com uma especial dificuldade de obter o prévio consenso. Não só a escolha da data não tem influência, por si só, no exame ou na decisão da causa (art. 201.°, n.° 1, do CPC), como o mandatário preterido gozará da prerrogativa de obter o adiamento da audiência, nos termos previstos no CPC (não se aplicando o disposto no art. 14.°, n.° 1).

[200] O juiz deve ter presente este nível de preocupações quando decide proceder à agregação de acções: não pode converter a acção agregante num "mega-processo" que, pela sua dimensão, inviabilize a aplicação de normas processuais de natureza imperativa, qual "rolo compressor" de direitos e garantias das partes.

[201] O afastamento desta norma no exercício do dever de gestão processual (art. 2.°) assume sempre carácter excepcional, dada a imperatividade de que o legislador a dotou.

gios em tribunal". Esta hierarquização dos interesses já informava o CPC (art. 155.º, n.º 2, do CPC)[202].

A novidade maior deste número é a imposição de indicação expressa do serviço judicial já marcado que fundamenta o pedido do mandatário. Note-se que, actualmente, quando a audiência não tem lugar por impedimento *do tribunal* noutra diligência judicial, é prática fazer constar da acta de adiamento o número do processo onde a diligência impeditiva ocorre[203]. Também aqui não repugna a ideia de tornar esta praxe obrigatória, consagrando-a, expressamente, na lei. Numa relação processual saudável e transparente, estes esclarecimentos (mútuos) evitam o nascimento de desconfianças e de mal-entendidos entre os profissionais forenses, e entre estes e os restantes interessados – obrigados que estão, os demais intervenientes, a terem de justificar as suas faltas, de nada lhes servindo invocar apanágios sociais ou profissionais.

A imposição de indicação expressa do serviço judicial já marcado insere-se, harmoniosamente, de resto, num regime experimental marcado por um permanente controlo da aplicação devida dos seus institutos[204]. Sendo oferecida oposição à data sugerida, a secção de processos pode (oficiosamente) confirmar nas pautas publicadas na internet a realização da

---

[202] "Quando a marcação não possa ser feita nos termos do número anterior, devem os mandatários impedidos em consequência de outro serviço judicial já marcado comunicar o facto ao tribunal, no prazo de cinco dias, propondo datas alternativas, após contacto com os restantes mandatários interessados".

[203] Sobre este impedimento, cfr., quanto ao juiz singular, no processo sumário, o art. 790.º, n.º 2, e, quanto ao tribunal colectivo, o 651.º, n.º 1, al. *a)*, ambos do CPC.

[204] Controlo este repetidamente saudado por FRANÇA GOUVEIA (a propósito de outros institutos), que, por exemplo, inclui nas atribuições dos serviços ministeriais que acompanham a aplicação do regime experimental (art. 20.º) a denúncia ao Conselho Superior da Magistratura dos magistrados que façam uma utilização indevida (no entender destes serviços da administração) dos mecanismos de gestão processual – *Regime Processual*, cit., p. 44. Refere esta Autora, agora com a nossa concordância, que "é claro que, como todos somos humanos, só a eventualidade de controlo evita a utilização em benefício próprio de mecanismos" criados com fins diversos – *idem*, p. 43. Não se pode, nem deve, presumir que há classes profissionais acima de qualquer suspeita e, como tal, acima de qualquer controlo – *ibidem*, pp. 52 e 139. Como lembra a Autora do Estudo preliminar, "quem guarda a vinha é o medo que o guarda venha..." – *idem*, pp. 52 e 135. Não estando aqui em causa um relacionamento privado, dir-se-ia que o legislador entende que não há razão para que a garantia do respeito pelos fins da lei que, tutelando também *interesses públicos*, dispõe sobre as condições de agendamento das audiências assente ou dependa apenas de relações meramente fiduciárias.

diligência indicada, podendo, ainda, obter confirmação por via telefónica junto do tribunal onde corre termos o processo no qual a diligência terá lugar. Não se confirmando a informação do causídico, deverá ser aberta conclusão com essa informação.

57.2. *Metodologia a adoptar na designação da data.* A lei indica uma metodologia a adoptar pelo tribunal na obtenção do consenso quanto à data de realização da audiência: os mandatários são previamente contactados, sendo informados da data proposta pelo tribunal; após ser obtido o acordo, a data da diligência é notificada a todos os que nela devam intervir e às partes que a ela possam assistir[205]. Não está, obviamente, o tribunal vinculado a seguir a indicação da lei. É este um domínio de eleição da gestão processual (art. 2.º).

> Por assim ser, poder-se-á manter uma prática que se ilustra neste despacho:
> *Para realização da audiência de julgamento,* propõe-se *o dia (…), pelas (…) horas. A notificação do presente despacho destina-se a obter, no prazo de 5 dias, o acordo prévio dos Ilustres Mandatários quanto à data a escolher para a realização do julgamento, nos termos do art. 155.º, n.º 1, do CPC e do art. 10.º, n.º 3, do Decreto-Lei n.º 108/2006, de 8 de Junho. Dispensa-se os Ilustres Mandatários do encargo de manifestarem a sua anuência, pelo que, nada sendo requerido a este propósito no prazo de 5 dias, considera-se haver prévio acordo sobre a data* proposta, *desde já se fixando a mesma, em tal caso, para realização da audiência de julgamento.*
> *Notifique aos Ilustres Mandatários. Nada sendo requerido no prazo de 5 dias, proceda às restantes diligências e notificações para julgamento.*

O processo, com os seus actos típicos de comunicação, é ele mesmo, como não podia deixar de ser, um meio idóneo para efectuar os contactos necessários à obtenção do acordo sobre a data da diligência.

---

[205] Na lei apenas consta que "a data da diligência é notificada a todos os que nela devam intervir", mas, como é evidente, também deverá ser notificada às "partes tenham o direito de assistir", por intermédio dos seus mandatários (arts. 229.º, n.º 1, e 253.º, n.º 1, do CPC) ou directamente (art. 255.º do CPC).

ARTIGO 11.º
Instrução

1 – Os autores não podem oferecer mais de 10 testemunhas, para prova dos fundamentos da acção, aplicando-se igual limitação aos réus que apresentem a mesma contestação.

2 – No caso de reconvenção, para prova desta e da respectiva defesa, cada uma das partes pode oferecer testemunhas nos termos previstos no número anterior.

3 – Sobre cada facto que se propõe provar, a parte não pode produzir mais de três testemunhas, excluindo as que tenham declarado nada saber.

4 – O juiz recusa a inquirição quando considere assentes ou irrelevantes para a decisão da causa os factos sobre os quais recai o depoimento.

5 – As testemunhas são apresentadas pelas partes, salvo se a parte que as indicou requerer, com a apresentação do rol, a sua notificação para comparência ou inquirição por teleconferência.

Sumário – **58.** Limite do número de testemunhas. **59.** Controlo do limite do número de testemunhas. **60.** Recusa da inquirição das testemunhas. **61.** Ónus de requerer a notificação da testemunha.

58. *Limite do número de testemunhas.* Os n.os 1 a 3 do art. 11.º vêm regular matéria actualmente tratada pelos arts. 632.º, 633.º, 789.º e 796.º, n.º 1, do CPC e 3.º, n.os 4 e 5, do regime aprovado pelo DL n.º 269/98.

O limite de testemunhas por facto (n.º 3) não deve abrir excepções. A produção de prova não é um "contar de espingardas", pelo que ouvir três testemunhas com conhecimento do facto deverá ser suficiente para o juiz formar a sua convicção. As partes e seus mandatários têm aqui o ónus de seleccionar bem as testemunhas que indicam.

Já o limite total de testemunhas (n.os 1 e 2) imposto aos autores e aos réus pode abrir excepções[206]. Tal como era admitido no anteprojecto de articulado legal de 11 de Janeiro de 2006, que integrou os trabalhos pre-

---

[206] Sobre a utilização do plural ("autores"), cfr. LEBRE DE FREITAS, MONTALVÃO MACHADO e RUI PINTO, *Código*, cit., Vol. II, p. 567.

Processo

paratórios do novo regime, se o quadro factual da acção revelar especial complexidade, as partes podem requerer ao juiz a admissão de mais testemunhas. O art. 2.º, al. *a)*, cauciona esta possibilidade, devendo o juiz assegurar-se de que o princípio da igualdade de armas será respeitado[207]. Esta excepção deve ser admitida nos casos de manifesta necessidade, aquando da apreciação liminar dos requerimentos probatórios.

> Tome-se como exemplo um caso, ocorrido nos nossos tribunais, no qual uma instituição de crédito reclamou uma indemnização fundada na alegada falsificação de dezenas de contratos de mútuo, por parte de um dos seus funcionários, demandado na acção. Para prova da falsificação, arrolou cada um dos diferentes putativos mutuários.

Quando não seja evidente a necessidade de ampliar o número total de testemunhas a inquirir, não deve ser liminarmente deferido o requerimento, de forma a evitar utilizações fraudulentas desta possível adequação processual. Deverá, antes, o tribunal aceitar que a parte apresente as testemunhas indicadas em excesso na audiência final (ou notificá-las, se for requerido) – concedendo-se à parte contrária igual faculdade. Produzida a prova normal, estará, então, o juiz em condições de decidir se a prova suplementar se justifica, objectivamente, determinando a sua produção, sendo caso disso – num procedimento próximo ao já permitido pelo art. 645.º, n.º 1, do CPC, podendo, mesmo depois de indeferir o requerido, vir a fazer uso do mecanismo previsto no art. 653.º, n.º 1, do CPC, se depois dos debates se aperceber da utilidade da prova suplementar.

59. *Controlo do limite do número de testemunhas.* Não se deve confundir o *oferecimento* da testemunha (n.º 1), com a sua *produção* (n.º 3). A parte oferece a testemunha quando a arrola, sendo ela produzida no momento em que depõe – ou no momento em que é apresentado o documento contendo o seu depoimento escrito.

O controlo do limite do número total das testemunhas oferecidas deve ser efectuado na preparação da instrução, após o saneamento, tendo a inobservância de tal limite o efeito previsto no art. 632.º, n.º 3, do CPC: consideram-se não escritos os nomes das testemunhas que no rol ultrapassem o número legal. Já o controlo do número de testemunhas produzidas

---

[207] Outros exemplos de gestão processual realizada na fase de instrução podem ser encontrados em RAMOS DE FARIA, *Regime*, cit., p. 37 e segs..

158   *Regime Processual Civil Experimental Comentado*

sobre cada facto só pode ter lugar na audiência final – salvo se forem apresentados depoimentos por escrito que já violadores deste limite –, considerando que só aí se poderá verificar se sobre a matéria em causa já foram produzidas outras testemunhas ou, antes, se as que já prestaram o seu depoimento declararam nada saber (art. 11.°, n.° 3, e art. 633.° do CPC).

O limite previsto no n.° 3 é imposto por referência aos "pontos de facto, naturalisticamente entendidos", sejam ou não qualificados de factos essenciais – incluindo, portanto, os factos probatórios[208].

Da circunstância de a indicação da factualidade sobre a qual a testemunha irá depor ser feita por referência aos articulados, não resulta, obviamente, que esta depõe sobre factos diferentes quando depõe sobre artigos diferentes. O que importa, para o controlo do limite de testemunhas que podem depor sobre a matéria, é o facto "naturalisticamente entendido", sendo que este pode ter sido desdobrado ou repetido em vários artigos. Deverá, pois, o tribunal recusar a inquirição de novas testemunhas, quando sobre o facto indicado já tenham deposto 3 outras, ainda que o tenham feito depois de indicadas a diferentes artigos (onde, todavia, a factualidade descrita é essencialmente a mesma).

Constatando-se que, sobre o mesmo facto, já depuseram mais de três testemunhas indicadas pela mesma partes – por não ter sido o controlo do respeito pelo limite legal devidamente realizado –, não deixarão de ser apreciados *todos* os depoimentos, salvo se, até ao encerramento da sessão da audiência de julgamento na qual teve lugar o excesso, for reclamada pela contraparte a nulidade processual secundária ocorrida (arts. 201.° e 205.° do CPC)[209].

Sobre as consequências da inobservância do dever de indicação de forma discriminada os factos sobre os quais recaem a inquirição de cada uma das testemunhas, cfr. o comentário ao art. 8.°.

60. *Recusa da inquirição das testemunhas.* A possibilidade de o juiz recusar a inquirição, quando considere assentes ou irrelevantes para a decisão da causa os factos sobre os quais recai o depoimento (n.° 4), já resul-

---

[208] Sobre o tema, cfr. LEBRE DE FREITAS, *A Acção*, cit., p. 256, nota (23), PAULO PIMENTA, *A Fase*, cit., 319, e LOPES DO REGO, *Comentários*, cit., p. 525.

[209] Cfr. LUÍS BRITES LAMEIRAS, «A fase da instrução, a audiência de julgamento e a sentença, segundo o novo Regime Processual Experimental, aprovado pelo D.L. n.° 108/ /2006, de 8 de Junho», *Revista do CEJ*, n.° 5, 2.° Semestre 2006, p. 170. Sobre o conceito de "acto" (art. 205.°, n.° 1, do CPC), no contexto da audiência de julgamento, cfr. ALBERTO DOS REIS, *Comentário*, cit., Vol. 2.°, p. 503, e SALAZAR CASANOVA, «Os factos instrumentais», cit., p. 103.

Processo 159

tava do disposto nos arts. 265.°, n.° 1, e 513.° do CPC (cfr., ainda, o art. 393.°, n.° 2, do CC). Não poderia ser de outro modo. Esta regra aplica-se a todos os meios de prova, e não apenas à prova testemunhal (e por depoimento de parte) a que se refere o art. 11.°, n.° 4 (arts. 543.°, n.° 1, 554.° e 578.°, n.° 1, do CPC). A norma ganha especial relevo no contexto do processo experimental, considerando que o requerimento probatório do autor é apresentado antes de o réu tomar posição sobre o litígio – pelo que aquele pode oferecer testemunhas a factos que este vem a confessar.

Apenas a circunstância de os *factos* sobre os quais recai o depoimento estarem assentes ou serem irrelevantes, pode justificar a recusa da inquirição. Já não permite esta recusa a circunstância de os depoimentos serem redundantes, se os factos sobre os quais incidem forem relevantes e estiverem controvertidos. Dito de outro modo, apenas quando incida sobre factos (susceptíveis, em abstracto, de serem provados por prova testemunhal) irrelevantes ou sobre os quais não haja controvérsia, isto é, que, *neste sentido*, estejam assentes, por terem sido admitidos pelo réu ou estarem provados por confissão reduzida a escrito, pode ser recusada a inquirição – sem prejuízo de, agora fora do âmbito de aplicação desta disposição, dever ser recusada a produção de prova testemunhal quando o facto *não possa ser provado* por este meio. Já os factos controvertidos, por mais abundante que seja a prova produzida sobre eles num sentido, não são factos assentes, para os efeitos previstos no art. 11.°, n.° 4. Assim, por exemplo, apenas havendo lugar, no caso concreto, à prova do autor, por ter sido o réu revel citado editalmente, se o juiz ficar convencido de toda a factualidade após a audição da primeira testemunha, não pode recusar a inquirição das restantes, pois os factos em causa não são irrelevantes e estão controvertidos[210].

61. *Ónus de requerer a notificação da testemunha.* O disposto no n.° 5 vem contribuir para aliviar a pesada e burocrática máquina adminis-

---

[210] Pode, naturalmente, sinalizar ao mandatário a desnecessidade de produzir mais prova, cabendo a este organizar a sua estratégia processual. A interpretação da lei por nós recusada parece, no entanto, ser a preconizada por LEBRE DE FREITAS, quando este Autor sustenta que esta norma permite que o juiz recuse a inquirição de testemunhas, quando a convicção formada (sobre factos controvertidos, fruto da prova já produzida) seja favorável à parte que ofereceu a testemunha – «Regime», cit., p. 18. Importa esclarecer que, quando o facto essencial tenha sido objecto de instrução, os factos instrumentais (alegados para que se conclua pela ocorrência daquele) podem ser qualificados de irrelevantes, se da prova directamente produzida sobre o facto principal já se concluir pela sua ocorrência – ilustrando esta hipótese, cfr. a decisão do Juiz MANUEL RAMOS SOARES disponível em *Colectânea de Decisões e Práticas Judiciais ao Abrigo do Regime Processual Civil Experimental*, Braga, Cejur, 2009, pp. 97 e 98.

160   *Regime Processual Civil Experimental Comentado*

trativa judiciária. A possibilidade de as partes obterem a colaboração do tribunal na notificação das testemunhas mantém-se intocada, embora tenham agora o ónus de pedir expressamente essa colaboração. Sendo indiferente para a parte apresentar a testemunha ou ser o tribunal a notificá-la, tenderá a nada declarar no seu requerimento probatório. É nestes casos que alteração legislativa poderá produzir efeito.

ARTIGO 12.°
Depoimento apresentado por escrito

1 – O depoimento pode ser prestado através de documento escrito, datado e assinado pelo seu autor, com indicação da acção a que respeita e do qual conste a relação discriminada dos factos a que assistiu ou que verificou pessoalmente e das razões de ciência invocadas.

2 – No documento a que se refere o número anterior, que deve mencionar todos os elementos de identificação do depoente, este indica se existe alguma relação de parentesco, afinidade, amizade ou dependência com as partes ou qualquer interesse na acção e declara expressamente que o escrito se destina a ser apresentado em juízo e que está consciente de que a falsidade das declarações dele constantes o fazem incorrer em responsabilidade criminal.

3 – Quando entenda necessária, pode o juiz, oficiosamente ou a requerimento das partes, determinar a renovação do depoimento na sua presença.

Sumário – **62.** Admissibilidade do depoimento apresentado por escrito. **63.** Momento da apresentação do escrito. **64.** Regime da produção do depoimento por escrito. **65.** Renovação do depoimento. **66.** Dever de ordenar a renovação do depoimento. **67.** Iniciativa da apresentação do depoimento escrito. **68.** Depoimento de parte apresentado por escrito.

62. *Admissibilidade do depoimento apresentado por escrito.* A prestação do depoimento através de documento escrito vem prevista no Código de Processo Civil, para os casos em que se verifique impossibilidade ou grave dificuldade de comparência do depoente no tribunal, havendo acordo das partes (art. 639.°, n.° 1), ou como prerrogativa de inquirição (art. 624.°). Também no regime aprovado pelo DL n.° 269/98 se

Processo   161

prevê o depoimento testemunhal apresentado por escrito, ainda que não ocorra impossibilidade ou grave dificuldade de comparência no tribunal, mas agora restrito às situações em que a razão de ciência do depoente se funda no exercício das suas funções (art. 5.°, n.° 1, deste Regime). O Decreto-Lei n.° 108/2006 vem alargar esta faculdade, permitindo-se, com total amplitude, a prova testemunhal por depoimento escrito[211].

63. *Momento da apresentação do escrito.* O documento contendo o depoimento escrito deve ser preferencialmente apresentado na fase dos articulados. Sendo o sentido da alteração legislativa o de dotar o processo de maior celeridade e economia de actos, é este o momento no qual a apresentação satisfaz melhor os propósitos da lei – respeitando-se, ainda, a letra e o espírito da norma vertida no art. 8.°, n.° 5. Deste modo, o juiz poderá ter o documento em consideração na fase do saneamento – e o possível requerimento da contraparte sobre a renovação presencial do testemunho –, quer para eventual julgamento da causa na fase do saneamento, quer para a preparação da fase de instrução (art. 628.°, n.° 1, do CPC).

Tendo-se presente que os requerimentos probatórios só são apreciados depois do saneamento, o que significa que a testemunha em questão pode não ser admitida, será, ainda, normal que o depoimento escrito seja entregue nos 10 dias que se seguem à notificação pela qual a parte toma conhecimento da admissão do seu requerimento probatório.

> A apresentação do depoimento escrito apenas nesta fase pode ser justificada com uma legítima estratégia processual do autor – que não deseja que o réu afeiçoe a sua contestação ao teor do depoimento já junto. Acresce que exigir ao demandante que junte o documento com a petição seria obrigá-lo, frequentemente, a apresentar um segundo documento contendo um complemento do depoimento, tendo por objecto os factos contidos na contestação (art. 346.° do CPC).

A parte pode, no entanto, apresentar o documento em causa até ao momento em que a testemunha deveria depor presencialmente, em audiência final – assim se permite que a parte produza o meio de prova até ao

---

[211] Estamos perante uma limitação do princípio da imediação na produção de prova – cfr. LEBRE DE FREITAS, *Introdução*, cit., p. 170, nota (3). Sobre a "evolução" da instrução oral para a instrução escrita, cfr. BARBOSA MOREIRA, «Correntes», cit., p. 7 e segs.. Fazendo uma defesa intransigente do processo oral, cfr. GIUSEPPE CHIOVENDA, *Instituições*, cit., p. 998 e segs..

último momento apropriado, tendo em conta "as necessidades de andamento do processo"[212]. A prestação do depoimento por escrito é um *direito* da parte, e não um ónus ou um dever. O exercício deste direito em sede de audiência final não é violador de qualquer princípio geral do direito processual civil ou de qualquer direito da contraparte. Aliás, não faria sentido que a lei promovesse esta modalidade de prestação de depoimento, permitindo-a com grande amplitude, para, no passo seguinte, dificultá-la, com a ameaça de tributação em multa, no caso de o depoimento ser apresentado no momento em que, afinal, sempre deveria ter lugar se prestado presencialmente.

A circunstância de ser o depoimento apresentado por meio de documento escrito, não liberta, por si só, a testemunha, devidamente convocada, do dever se comparecer em tribunal, nem a parte do ónus de a apresentar, caso não tenha requerido a sua notificação. Esta comparência é necessária para a eventualidade de a contraparte requerer a renovação do depoimento. Se a testemunha não comparecer, incorrerá nas sanções previstas na lei (art. 629.º, n.º 4, do CPC); se a parte não apresentar a testemunha (embora apresente o escrito), deverá ser responsabilizada pelos custos da actividade processual a que der causa, se a sua conduta obrigar a que seja designada nova sessão da audiência de julgamento (onde apresentará a testemunha) para que a renovação do depoimento tenha lugar.

> Neste último caso – quando o documento é apresentado em audiência, mas não a testemunha –, a solução oposta – considerar que a parte não apresentou a testemunha, pelo que o julgamento será feito sem o seu depoimento, escrito ou presencial – afigura-se ser desproporcionada. Deverá a audiência prosseguir numa nova data, para renovação do depoimento (suportando a parte os referidos custos).

Poderá a parte evitar todos estes inconvenientes apresentando previamente o documento escrito contendo o depoimento. Decorridos 10 dias sobre a sua notificação à contraparte, nada sendo requerido ou oficiosamente determinado pelo tribunal, fica a testemunha dispensada de comparecer em julgamento ou a parte de a apresentar, sendo o julgamento da matéria de facto realizado com base no escrito (sem prejuízo de causas ulteriores justificarem a renovação presencial, designadamente para efeitos de acareação de testemunhas).

---

[212] Sobre o tema, cfr. LEBRE DE FREITAS, *Introdução*, cit., p. 111 e segs..

Processo 163

64. *Regime da produção do depoimento por escrito.* O regime da produção da prova testemunhal reduzida a escrito é semelhante ao previsto para o interrogatório presencial. Para além do depoimento sobre os factos e da razão de ciência do depoente (arts. 638.º, n.º 1, do CPC e 12.º, n.º 1), o documento deve conter a identificação da testemunha e os elementos que permitem aferir da sua isenção (arts. 635.º, n.º 1, do CPC e 12.º, n.º 2). O juramento (arts. 635.º, n.º 1, e 559.º do CPC) é, no entanto, substituído pela declaração final referida no n.º 2 do artigo comentado. Mais do que pela assinatura do depoente (n.º 1), a autenticidade do depoimento é assegurada pela parte apresentante, vinculada ao dever de agir de boa fé (art. 266.º-A do CPC). Não é necessário o reconhecimento notarial da assinatura, nem a exibição de um documento de identificação ou da sua cópia. Exige-se a indicação da acção a que respeita, pelo que o depoimento só pode ser recolhido depois de instaurada a acção[213].

A declaração de que o escrito se destina a ser apresentado em juízo (n.º 2) é, pela sua natureza, pessoal. Já não tem esta natureza a mera identificação da concreta acção à qual se destina o documento, pelo que se poderia admitir que o autor, preparando a instauração da acção – estando a futura instância já devidamente caracterizada, para que o depoente, descrevendo expressamente esta instância, possa esclarecidamente declarar se "se existe alguma relação de parentesco, afinidade, amizade ou dependência com as partes ou qualquer interesse na acção" –, obtivesse da testemunha o depoimento escrito e um "mandato" para preencher o elemento em falta, oportunamente.

A admitir-se este "mandato", estaria aberta a possibilidade de as declarações serem exaradas antes da instauração da acção – e, mesmo, antes do surgimento de qualquer incumprimento ou litígio –, o que poderia ter especial interesse, por exemplo, para os grandes prestadores de serviços, que assim poderiam recolher atempadamente o depoimento dos seus agentes, obviando à circunstância frequente de o funcionário com conhecimento do caso já ter deixado de ser seu trabalhador na data do julgamento (o que dificulta a sua convocação). Optimizando esta ferramenta instrutória, poderiam os serviços do Ministério Público e as autoridades policiais, nos processos administrativos que perante si corressem, respeitantes, designadamente, a acidentes de viação envolvendo viaturas policiais, fixar procedimentos para

---

[213] Não estamos, pois, ainda, perante um mecanismo extrajudicial de recolha antecipada de prova, à semelhança da fase *depositions and discovery* norte americana, um *pre-trial procedure* previsto na *Rule* 26 e segs. das *Federal Rules of Civil Procedure*.

164 Regime Processual Civil Experimental Comentado

a recolha de *todos* os depoimentos a levar a cabo, por forma a que tais depoimentos, para além de outros, satisfizessem os requisitos da norma em análise, passando a ser, como tal, idóneos a instruir uma eventual acção declarativa.

Ponderados os diferentes interesses tutelados pela lei, é de concluir pela inadmissibilidade deste mandato, desde logo porque pode retirar ao depoente (que não controla e desconhece o momento e o local onde será instaurada a acção) a sua liberdade de se recusar a depor, quando a causa de recusa legítima seja superveniente – e mesmo quando, já existindo à data, só depois vem a pretender exercer a sua prerrogativa. Vale isto por dizer que, embora se admita que a recolha do depoimento tenha lugar antes da propositura da acção (o que, ainda assim, poderá ser muito útil), deve o depoente, já na pendência desta, assumir o testemunho. Se a parte não apresentar um escrito actualizado, apenas poderá este valer enquanto prova documental, livremente impugnável pela contraparte (arts. 544.° do CPC e 374.° do CC). Neste caso, está vedado ao apresentante fazer a prova da genuinidade do documento (art. 545.°, n.° 2, do CPC), se o depoente tiver recusado a "ratificação" da sua declaração por ter um motivo legítimo para o fazer (art. 618.° do CPC) – de outro modo estar-se-ia perante uma fraude à lei, atendendo a que *o escrito foi criado para documentar um depoimento testemunhal* legitimamente recusado no momento da produção de prova[214].

Os requisitos que caracterizam um depoimento, referidos no n.° 1, não podem deixar de ser observados – *maxime*, conter o documento as declarações da testemunha ou a sua identificação mínima –, sob pena de não se poder sequer afirmar a sua existência. Faltando estes elementos essenciais, o acto processual não foi praticado. O tribunal, julgando com base na realidade processual, desconsiderará este putativo acto, o que se traduz num conhecimento oficioso da sua inexistência jurídica[215].

A falta de um dos requisitos previstos no n.° 2, não sendo caracterizadores do próprio acto, não fere de nulidade o depoimento, salvo se a irregularidade cometida puder influir no exame ou na decisão da causa (art. 201.°, n.° 1, do CPC). Assim, se a declaração prevista na parte final do n.° 2 não pode ser omitida[216], já a circunstância de faltar um elemento

---

[214] Sobre o tema, em geral, cfr. Isabel Alexandre, *Provas Ilícitas em Processo Civil*, Coimbra, Almedina, 1998, pp. 145 e segs. e 148 e segs..

[215] Sem prejuízo de dever sinalizar à parte o vício detectado, o que permitirá a eventual renovação tempestiva do acto. Faltando estes elementos *caracterizadores do acto*, não se deve falar da sua invalidade, mas sim da sua inexistência.

[216] Cfr. o art. 360.° do CP.

Processo 165

de identificação acessório, como a profissão (art. 619.° do CPC), não deve obstar à validade do depoimento – embora no texto legal conste a expressão "todos os elementos de identificação". Não sendo essencial a irregularidade cometida – não colocando em crise a própria existência do acto –, está a eventual nulidade gerada dependente de arguição (art. 202.° do CPC).

Em qualquer caso – mesmo no que respeita aos requisitos essenciais –, nada na lei obsta à renovação do acto inválido (art. 208.° do CPC) ou à sanação da irregularidade, fazendo a parte comparecer a testemunha em julgamento, onde os requisitos em falta serão observados, independentemente de esta prestar ainda qualquer outro esclarecimento.

65. *Renovação do depoimento.* O n.° 3 prevê a possibilidade de o juiz, oficiosamente ou a requerimento das partes, determinar a renovação do depoimento na sua presença, quando a entenda necessária[217].

A parte requerente da renovação do depoimento *apenas* tem de fundamentar o seu pedido com a indispensabilidade de realização de instâncias com vista ao complemento ou esclarecimento do depoimento (art. 638.°, n.° 2, 2.ª parte, do CPC), podendo concretizar (explicar) sumariamente o requerido – não tendo, em caso algum, o ónus de descrever as instâncias que pretende efectuar, considerando que é legítimo que pretenda manter algum "efeito de surpresa", evitando que a testemunha ensaie o seu depoimento[218]. Para tanto, *basta que alegue* que o testemunho padece de deficiência, insuficiência, obscuridade ou contradição susceptível de ser evidenciada ou sanada mediante a sua repetição presencial. Está aqui compreendida a hipótese de o depoente (indicado por uma das partes) ter afirmado um facto que *a parte* contrária tem por falso – o que o requerente da renovação *apenas terá de alegar* –, requerendo o depoimento presencial com vista ao exercício de um contraditório efectivo, através das "instâncias indispensáveis" (art. 638.°, n.° 2, 2.ª parte, do CPC).

Sendo requerida a renovação, se não se mostrar justificada, deve ser indeferida[219]. Poderá ser esse o caso, quando o depoimento escrito vem

---

[217] O que poderá ocorrer mesmo após os debates (art. 653.°, n.° 1, do CPC).

[218] Sobre o respeito pelo princípio do contraditório na produção da prova, cfr. SOARES GOMES, «Um olhar», cit., p. 162 segs.

[219] Admitindo a renovação do depoimento apenas quando se mostre justificado, cfr. CARVALHO RICARDO, *Regime*, cit., p. 77, BRITES LAMEIRAS, «A fase», cit., pp. 176 e 177, e BRITES LAMEIRAS, *Comentário*, cit., p. 117. Em sentido oposto, admitindo-a como regra,

166 Regime Processual Civil Experimental Comentado

substituir a recolha do testemunho por meio de carta rogatória[220]. Considere-se, ainda, a indicação como testemunha do agente policial que, não tendo presenciado o acidente de viação objecto da acção, elaborou a participação, apenas para "confirmar o teor do auto"[221].

O indeferimento do requerimento de renovação tem carácter absolutamente excepcional, considerando que uma interpretação da lei que o permita por via de regra (o que importa classificá-la como lei restritiva do direito de contraditório) poderá feri-la de inconstitucionalidade: estando o princípio do contraditório abrangido pelo direito fundamental a um processo equitativo (art. 20.°, n.° 4, da CRP), se se admitir que este tem natureza análoga aos "direitos, liberdades e garantias" – autonomamente ou enquanto direito concretizador da garantia de acesso ao direito e aos tribunais (art. 20.°, n.° 1, da CRP) –, uma norma que o restrinja (e não apenas delimite o seu âmbito) deve obedecer aos limites impostos pelos arts. 17.° e 18.°, n.ᵒˢ 2 e 3, de CRP.

O direito a um processo civil equitativo é indispensável à tutela dos "direitos, liberdades e garantias" (exercidos pela via processual civil), o que lhe poderá valer a necessária materialidade constitucional[222]. Esta materia-

---

cfr. França Gouveia, *Regime Processual*, cit., pp. 132 e 134, e Lebre de Freitas, «Experiência-piloto», cit., p. 217, «Regime», cit., p. 18, e *Introdução*, cit., p. 114, nota (20).

[220] Exemplos de desnecessidade de renovação do depoimento podem ser encontrados em Ramos de Faria, *Regime*, cit., p. 34 e segs..

[221] Sobre a razoabilidade da apresentação destes depoimentos por escrito, cfr. João Alves, «O Ministério Público no foro cível – A utilização do regime processual experimental do DL n.° 108/06, de 8/6», *Scientia Iuridica*, n.° 307, Julho-Setembro, 2006, pp. 452-453.

[222] Sobre a natureza dos "direitos, liberdades e garantias", que permite detectar os direitos fundamentais que lhes são análogos, cfr. Vieira de Andrade, *Os Direitos*, cit., p. 195 e segs., com exemplos a p. 211. Para este Autor, a analogia de natureza deve respeitar, cumulativamente, a dois elementos: "tratar-se de uma posição subjectiva individual que possa ser referida de modo imediato e essencial à ideia de dignidade da pessoa humana; poder essa posição subjectiva ser *determinada* a um nível que deva ser considerado *materialmente constitucional*". Sobre os "direitos fundamentais de natureza análoga", cfr. Gomes Canotilho e Vital Moreira, *Constituição*, cit., p. 374 (mas também p. 388 e segs., sobre a figura da "delimitação do âmbito" do direito fundamental), e Jorge Miranda e Rui Medeiros, *Constituição*, cit., Tomo I, p. 144. Sobre a acção enquanto direito fundamental individual de ordem pública, bem como sobre a disponibilidade da tutela jurisdicional (liberdade de decisão sobre, nomeadamente, a instauração do processo e sobre a conformação do seu objecto), cfr. Lebre de Freitas, *Introdução*, cit., p. 86 e segs., e 134 e segs. Para um conceito (já superado) de acção judicial, enquanto direito potestativo, por

Processo

167

lidade pode, ainda, ser surpreendida no art. 10.º da DUDH que consagra o direito humano a um julgamento equitativo (que não existe separado do processo equitativo) – cfr. o art. 16.º, n.º 2, da CRP[223].

Em reforço da ideia de que estamos perante um direito de natureza análoga, para efeitos de aplicação dos arts. 17.º e 18.º, n.º 3, da CRP, tendo por pano de fundo os arts. 8.º e 16.º da CRP, importa, ainda, ter presente que a CEDH, com uma inequívoca centralidade, prevê o direito a que a "causa seja examinada, equitativa e publicamente, num prazo razoável" no seu art. 6.º (Direito a um processo equitativo), inscrito no Título I (*Direitos e liberdades*). A propósito deste artigo da CEDH, JORGE MIRANDA defende que "o princípio do 'processo equitativo' decorre do próprio primado do Direito; por isso, é inaceitável uma interpretação restritiva"[224].

Não o refere expressamente a lei, mas nela nada consta que obste a que, no lugar da renovação presencial do depoimento, a contraparte requeira que os esclarecimentos que pretende sejam também prestados por escrito – o mesmo se diga dos esclarecimentos a prestar por iniciativa do tribunal, se este entender que o meio documental satisfaz as necessidades do depoimento complementar[225].

Sendo requerida a renovação do depoimento, deverá a testemunha ser apresentada pela parte, salvo se esta requerer a sua notificação (art. 11.º, n.º 5), podendo qualquer das partes, perante a falta injustificada da testemunha, requerer a sua comparência sob custódia. Se a testemunha não comparecer (definitivamente), há que distinguir os casos em que foi questionada a genuinidade do documento, daqueles em que apenas se suscitaram dúvidas sobre o teor do depoimento, bem como, nestes, os casos de impossibilidade de comparência dos restantes.

Sendo questionada a genuinidade do depoimento – e não sendo esta provada pela parte apresentante –, não pode a comparência da testemunha deixar de ocorrer, sob pena de ser aquele totalmente desconsiderado. Não se questionando a autoria do documento, mas apenas o teor do depoimento, ainda que a testemunha não deponha presencialmente, poderá o testemunho ser admitido como meio de prova dos factos desfavoráveis ao

---

excelência (contra o Estado, mas gozando de autonomia em face do direito material), cfr. GIUSEPPE CHIOVENDA, *A Acção no Sistema dos Direitos*, tradução (de Martins Oliveira) de *L'azione nel sistema dei diritti*, Belo Horizonte, Líder, 2003.

[223] Cfr., ainda, os arts. 47.º e 52.º da CDFUE.

[224] Cfr. JORGE MIRANDA «Constituição e Processo Civil», cit., p. 21.

[225] Cfr., a propósito, a norma contida na 2.ª parte do n.º 3 do art. 626.º do CPC.

168   *Regime Processual Civil Experimental Comentado*

apresentante. Como meio de prova dos factos alegados pela parte que a indicou, o depoimento escrito de testemunha que não compareça (após ter sido requerida a renovação do depoimento e não se questionando a sua genuinidade), apenas pode ser admitido quando for objectivamente impossível obter a sua presença em tribunal. Neste último caso, nos pontos que tiverem revelado a necessidade da sua renovação, o depoimento só valerá como princípio de prova[226].

66. *Dever de ordenar a renovação do depoimento.* Embora o texto da lei sugira que estamos perante um poder discricionário – cfr. a utilização do vocábulo "pode" no n.º 3 –, sendo necessário o testemunho presencial, constitui um *dever* para o juiz ordená-lo: se o juiz entende ser *necessária* a renovação do depoimento na sua presença – por não serem suficientes os esclarecimentos escritos, por exemplo –, deve determiná-la.

Com efeito, a primeira parte da norma – "quando entenda necessária" – condiciona imediatamente a interpretação a fazer da segunda, remetendo-nos para a norma que dispõe, de um modo mais abrangente, sobre os poderes instrutórios do juiz. Nesta norma, vertida no n.º 3 do art. 265.º do CPC, estabelece-se que *incumbe* ao juiz realizar ou ordenar, mesmo oficiosamente, todas as diligências *necessárias* ao apuramento da verdade e à justa composição do litígio, quanto aos factos de que lhe é lícito conhecer. Ora, esta incumbência representa um dever do juiz[227]. Tendo o tribunal o dever de administrar a justiça em nome do povo (art. 202.º, n.ºs 1 e 2, CRP), *incumbe-lhe* assegurar a defesa dos direitos e interesses legalmente protegidos dos cidadãos, pelo que, se para satisfação destes fins entende ser necessário praticar um determinado acto, *deve*, podendo, praticá-lo.

A decisão sobre a renovação do depoimento, sendo recorrível, nos termos gerais – como se extrai, além do mais, da diferente redacção dada ao art. 626.º, n.º 4, do CPC –, apenas será facilmente sindicável quando o

---

[226] Sobre o tema, cfr. Lebre de Freitas, Montalvão Machado e Rui Pinto, *Código*, cit., Vol. II, p. 586. Considerando que a falta da testemunha apenas determina que "essa falta seja ponderada na valoração do depoimento apresentado", cfr. Rui Esteves, «A utilização do regime experimental do DL n.º 108/2006, de 8/6, pelo Ministério Público», *Regime Processual Civil Experimental – Simplificação e Gestão Processual*, Braga, Cejur, 2008, p. 163.

[227] Sobre o tema, cfr. Lemos Jorge, «Os poderes», cit., p. 62. Sobre a natureza do poder previsto no art. 265.º, n.º 3, do CPC, cfr. Lopes do Rego, *Comentários*, cit., p. 259.

tribunal indefira o requerimento feito nesse sentido, não se podendo afirmar tal facilidade quando o tribunal determine a renovação, pois esta decisão pode assentar na necessidade da supressão do estado de incerteza subjectivo do juiz.

67. *Iniciativa da apresentação do depoimento escrito.* A iniciativa da apresentação do escrito contendo o testemunho cabe à parte que apresenta o meio de prova.

> Ao permitir a produção do depoimento por escrito, a lei não visa tutelar qualquer interesse da *testemunha* – que poderia condicionar a estratégia processual da parte. O texto da exposição de motivos (restringindo o texto legal, é certo) inculca a ideia de que o documento é apresentado por uma parte, tendo a "parte contrária" a possibilidade de requerer a renovação do depoimento.
>
> É, pois, aplicável ao processo experimental o regime geral previsto nos arts. 638.º, n.º 7, e 561.º, n.º 2, do CPC, mantendo as normas contidas no art. 624.º, n.os 1 e 2 (prerrogativas de inquirição) carácter excepcional

O tribunal pode *convidar* uma parte a apresentar o depoimento por escrito de uma testemunha por si arrolada[228], ao abrigo do disposto no art. 2.º, sempre sem prejuízo da sua renovação presencial. Nalguns casos, poderá mesmo falar-se de um dever (de cooperação) da parte de satisfazer esta solicitação, quando o objecto do depoimento e a razão de ciência do depoente forem perfeitamente compatíveis com a prestação do testemunho por escrito, a recolha e apresentação do depoimento não importe um sacrifício inexigível ao apresentante e esta forma de produção da prova importar ganhos de eficiência assinaláveis. Quando o tribunal admita, em resultado da análise dos elementos fornecidos pelo processo, ser este o caso, deve convidar a parte a apresentar o depoimento por escrito, condicionando o convite à efectiva verificação dos pressupostos em que ele assenta. Se a parte aceitar os pressupostos invocados pelo tribunal, e não invocar qualquer razão de estratégia processual que torne mais conveniente a inquirição presencial, está obrigada a acolher a solicitação, por força do dever de *cooperação* que sobre ela pende (arts. 266.º e 266.º-A do CPC).

A circunstância de a apresentação do depoimento escrito resultar de uma iniciativa do tribunal, determina que a sua renovação presencial possa

---

[228] Por exemplo, quando a testemunha não saiba falar português.

170   Regime Processual Civil Experimental Comentado

ser pedida pela própria parte arrolou a testemunha[229]. Também quando a parte, já depois de recolher o depoimento por escrito, não puder dele prescindir, ou, melhor, não puder deixar de apresentar o escrito (por dever de cooperação, porque o tribunal ou a parte contrária entendem que esse escrito já recolhido é essencial à descoberta da verdade), terá, forçosamente, de gozar dos mesmos direitos de reinquirição presencial de que goza a contraparte. De resto, a prerrogativa da reinquirição não é concedida na lei à contraparte, mas sim às "partes" (art. 12.º, n.º 3).

Questão de resposta mais difícil é a que se prende com a possibilidade de o tribunal notificar, oficiosamente, a testemunha para que apresente o seu depoimento por escrito, sempre sem prejuízo da sua renovação presencial (que neste caso *nunca* deverá ser recusada). Considere-se, para ilustrar o problema, a indicação do agente policial que, não tendo presenciado o acidente de viação objecto da acção, elaborou a participação como testemunha, apenas para "confirmar o teor do auto". Não obstante a iniciativa do tribunal poder revestir-se de manifesta utilidade, nunca poderá ela prescindir da concordância da parte que ofereceu a prova. O interrogatório de uma testemunha pode ser conduzido de diversas maneiras. Aliás, o modo como é iniciado pode condicionar os seus resultados. Tem, pois, a parte o direito de optar pela condução presencial da produção de prova.

68. *Depoimento de parte apresentado por escrito.* Também com algum interesse prático é a questão da admissibilidade da apresentação do *depoimento de parte* por escrito, ao abrigo do art. 12.º. O elemento literal, embora aponte no sentido de estar este instituto reservado ao depoimento das testemunhas, não é decisivo – cfr. o n.º 2, onde é feita menção às relações de parentesco com as partes. Por outro lado, conduzindo a um resultado interpretativo oposto, também não é determinante ter desaparecido a referência às testemunhas que constava do anteprojecto de trabalho de 11 de Janeiro de 2006 – no seu art. 10.º, n.º 4, e, no documento de trabalho que este veio substituir, no art. 8.º, n.º 3.

Considerando que, salvo casos *excepcionais* de determinação pelo tribunal – que podem, todavia, ser frequentes –, a iniciativa de apresentar o depoimento por escrito assiste apenas à parte que ofereceu a prova em causa (e *não* ao próprio depoente: 561.º, n.º 2, do CPC), não existe qual-

---

[229] Diferentemente, na exposição de motivos consta que o tribunal pode ordenar a renovação do depoimento a requerimento "da parte contrária".

Processo

quer obstáculo – lei expressa ou princípio do processo civil – a que, *a solicitação do requerente do depoimento*, a parte (contrária) o preste por escrito – o que, aliás, também é permitido pelo disposto no art. 2.º, al. *a)*. Se o titular do direito à prova fica satisfeito com a produção do depoimento da contraparte por escrito, não há qualquer razão para impedir que o exerça por este modo.

> Não pode, pois, ser a própria parte depoente a tomar a iniciativa de depor por escrito, pois, com isso, está a condicionar o exercício do direito à prova de que a parte *contrária*, requerente do depoimento, é titular (art. 561.º do CPC). Vale isto, bem como o mais defendido, tanto para o depoimento requerido pela contraparte, como para o depoimento validamente requerido pela comparte.

A circunstância de as partes já se terem pronunciado por escrito nos articulados em nada impede esta solução. Nestas peças processuais, os litigantes esclarecem o objecto que entendem ser *conveniente* esclarecer, e não o que a contraparte fixou, podendo mesmo nada dizer, limitando-se a impugnar em bloco a matéria já alegada. Por outro lado, não existindo terceiro articulado, o autor não tem sequer de tomar posição por escrito sobre matéria nova descrita na contestação. Finalmente, para além de poder constituir um excelente suporte para uma renovação presencial do depoimento, o escrito evita as frequentes respostas de *"não me lembro*, pois estou muito nervoso: é a primeira vez que aqui estou"; no aconchego do seu lar, a parte tem todo o tempo que quiser para se acalmar e responder devidamente ao que lhe é perguntado. A prestação do depoimento de parte por escrito só depende, assim, da estratégia processual do litigante que o requerer, sopesados os prós (os apontados) e os contras (perder o efeito surpresa das perguntas e a espontaneidade das respostas) deste meio, tudo sem prejuízo da sua eventual justificada renovação presencial.

Por último, no que tange aos esclarecimentos dos peritos (art. 588.º do CPC), a aplicação deste art. 12.º a tais casos não comporta qualquer mais-valia, já que, por força da aplicação combinada dos arts. 587.º e 588.º do CPC e do art. 2.º, os esclarecimentos podem e devem ser prestados por escrito, só sendo de admitir a comparência dos peritos na audiência final quando o escrito não seja idóneo ao esclarecimento pretendido.

172 *Regime Processual Civil Experimental Comentado*

ARTIGO 13.º
Inquirição por acordo das partes

Se as partes apresentarem a acta de inquirição por acordo de todas as testemunhas arroladas, o processo passa a ter carácter urgente.

Sumário – **69.** A acta de inquirição por acordo. **70.** Regime da urgência do processo. **71.** Casos análogos.

69. *A acta de inquirição por acordo.* A acta de inquirição referida neste artigo é a prevista no art. 638.º-A do CPC (inquirição por acordo das partes).

> Dispõe o mencionado artigo: "1 – Havendo acordo das partes, a testemunha pode ser inquirida pelos mandatários judiciais no domicílio profissional de um deles, devendo tal inquirição constar de uma acta, datada e assinada pelo depoente e pelos mandatários das partes, da qual conste a relação discriminada dos factos a que a testemunha assistiu ou que verificou pessoalmente e das razões de ciência invocadas, aplicando-se-lhe ainda disposto nos n.os 1, 2 e 4 do artigo 639.º-A. 2 – A acta de inquirição de testemunha efectuada ao abrigo do disposto no número anterior pode ser apresentada até ao encerramento da discussão em 1.ª instância".

Do texto da lei emerge que não pode a inquirição ser registada em suporte áudio, apenas se exarando em acta os dados referidos no art. 639.º-A do CPC. O depoimento prestado ao abrigo deste instituto é, necessariamente, documentado por escrito.

A circunstância de o depoimento incidir sobre factos relativos a direitos indisponíveis não obsta à sua produção por esta via[230].

70. *Regime da urgência do processo.* A concessão do carácter urgente ao processo pretende constituir um incentivo à adopção deste método de recolha da prova testemunhal. Por esta razão, importa ter em atenção que o carácter urgente pode não ser desejado pelas partes, em toda a sua extensão. Tratando-se de um incentivo, este efeito processual deve considerar-se como estando na disponibilidade dos litigantes, podendo estes dele prescindir.

---

[230] Cfr. o comentário ao art. 9.º.

Processo 173

A urgência conferida ao processo tem, pois, de ser entendida em termos hábeis, não devendo a acção ser equiparada às demais demandas urgentes, aplicando-se-lhe sem restrições o regime que lhes é próprio. Desde logo, não lhe é forçosamente aplicável o disposto no art. 143.°, n.° 2, do CPC (prática dos actos em férias judiciais e nos dias em que os tribunais estão encerrados), já que a actividade processual em causa não se destina "a evitar dano irreparável". Embora esta disposição encontre o seu mais vasto campo de aplicação nos processos urgentes, ela não está indexada ao *carácter* urgente do *processo*, mas sim à *natureza* urgente do *acto*[231].

O conceito de urgência aqui utilizado pelo legislador deve ser densificado, salvo manifestação expressa das partes em diferente sentido, *apenas* com o esclarecimento que nos é dado no n.° 5 do art. 9.°: precedência dos respectivos actos sobre qualquer outro serviço judicial não urgente. Neste sentido, importa atribuir relevância à diferente redacção do artigo comentado e do art. 9.°, n.° 5, por um lado, e do art. 382.°, n.° 1, do CPC, por outro. No último é utilizado o advérbio "sempre", o qual deve ser interpretado no sentido de a natureza urgente ser apanágio de todos os actos, prazos e fases do procedimento cautelar[232]. Daqui se extrai que a acção onde foi praticado o acto previsto no art. 13.° não é sempre urgente, isto é, não comunga de todo o regime a que normalmente estão sujeitos os processos com este carácter. Apenas ultrapassa, por assim dizer, os restantes processos não urgentes. Aqui, e só aqui, reside o núcleo intangível do seu carácter urgente.

Resulta do exposto que a suspensão de prazos durante as férias judiciais, prevista no art. 144.°, n.° 1, do CPC, pode vigorar nestas acções, se as partes o requererem expressamente, por dela beneficiarem – não esquecendo que a concessão do carácter de urgência visa ser um incentivo, um benefício, e não dificultar a sua actividade processual[233]. Com o sentido fixado para urgência, esta mantém-se na instância de recurso.

O carácter urgente mantém-se na instância de recurso, não obstante, como referimos, ao contrário do teor do texto legal respeitante aos procedi-

---

[231] Cfr. a diferente redacção do n.° 1 do art. 144.° do CPC.

[232] Cfr. o Acórdão uniformizador de jurisprudência do STJ n.° 9/2009, publicado no DR, Série I, de 19 de Maio de 2009.

[233] Pelos mesmos motivos, é aplicável o disposto no art. 160.°, n.° 2, e o prazo previsto no art. 685.°, n.° 1, não o referido no art. 691.°, n.° 5, todos do CPC.

mentos cautelares, não constar aqui o advérbio "sempre". Da circunstância de não estarmos perante um processo urgente pela sua natureza, mas apenas em resultado de uma opção do legislador, devemos concluir, também, que nenhuma razão há para que se atribua à decisão em primeira instância qualquer relevância, no sentido de marcar ela o fim da urgência – que, na verdade, o processo não tem, por natureza, repete-se, em qualquer das suas fases. O prémio pelo consenso é a obtenção de uma decisão *definitiva* urgente, só se logrando esta, em caso de recurso, com a pronúncia do tribunal superior.

71. *Casos análogos.* No lugar de apresentar a acta de inquirição, poderão as partes apresentar os documentos contendo todos os depoimentos por escrito (art. 12.°), acompanhados da declaração da contraparte no sentido de prescindir da reinquirição presencial das testemunhas – ou juntar um requerimento no qual ambas prescindam da produção de toda a prova testemunhal apresentada. O que releva aqui é a prática de um acto consensual que permita dispensar a produção de *toda* a prova testemunhal em sede de audiência final[234]. Estamos perante um incentivo à superação do dissenso que naturalmente existe entre as partes no momento da produção da prova testemunhal.

Por não se verificar esta superação consensual, não passará o processo a ter carácter urgente, no caso de ser apresentado documento escrito desacompanhado da renúncia da contraparte à renovação do depoimento, ainda que ambas apresentem o depoimento escrito das testemunhas por si arroladas e que nenhuma venha a requerer renovação.

De fora da norma comentada fica, por exemplo, o depoimento de parte, a prestação de esclarecimentos pelos peritos ou a inspecção judicial. Pelo que respeita aos esclarecimentos pelos peritos e à inspecção judicial, estamos perante meios de obtenção da prova em que não está na disponibilidade das partes gerir a sua produção. Embora se possa admitir a hipótese de os peritos (obrigados a colaborar) serem convocados pelos mandatários para prestarem esclarecimentos no domicílio profissional de um deles, bem como a substituição da inspecção ao local pela apresentação de imagens em suporte vídeo, nem sempre esta solução será de fácil concretização. Assim sendo, o processo não deixará de ter carácter urgente, ainda que em sede de audiência final seja necessário produzir estes outros meios de prova.

---

[234] Sobre a aplicação analógica de normas excepcionais, cfr. BAPTISTA MACHADO, *Introdução*, cit., p. 327.

Processo 175

No que se refere ao depoimento de parte – e embora a sua produção não seja substancialmente diferente da prova testemunhal, reconheça-se –, quer porque a lei não o menciona, quer porque a exigência da sua apresentação na acta onera uma via que se quer incentivar – a inquirição por acordo – com um requisito adicional – ter de incluir o depoimento de parte –, pode ele ser prestado por outro método, sem que isso impeça que o processo ganhe carácter urgente.

Não havendo outra prova a produzir em audiência final, não pode ter lugar a intervenção do tribunal colectivo (art. 646.º, n.º 2, al. *e*), do CPC). Neste caso, nada na lei obsta a que o juiz, convencido da impossibilidade da obtenção de uma conciliação em sede de audiência final, convide as partes a alegarem por escrito, dispensando-se a realização da audiência de discussão e de julgamento.

ARTIGO 14.º
Audiência final

1 – Salvo justo impedimento, a falta de qualquer das partes ou dos seus mandatários não constitui motivo de adiamento da audiência.

2 – Quando as partes não tenham constituído mandatário judicial ou este não compareça, a inquirição das testemunhas é efectuada pelo juiz.

3 – Finda a produção de prova, a discussão da matéria de facto e do aspecto jurídico da causa é oral e realiza-se em simultâneo.

Sumário – **72.** Regime da audiência final. **73.** Adiamento da audiência por falta de mandatário ou da parte. **74.** Registo da prova em caso de falta de mandatário. **75.** Inquirição das testemunhas oferecidas pela parte não representada. **76.** Debates.

72. *Regime da audiência final.* Sob a epígrafe "Audiência final", o artigo 14.º apenas dispõe sobre a falta das partes ou dos seus mandatários a este acto, enquanto causa de adiamento (n.º 1), a responsabilidade pela inquirição das testemunhas, no caso de não estar presente mandatário (n.º 2), e sobre o objecto e oportunidade dos debates (n.º 3). Significa isto que, no mais, é aplicável ao processo comum experimental o regime da audiência final previsto no CPC para o processo comum na forma ordinária.

Entre outras, são aplicáveis subsidiariamente as disposições do CPC respeitantes à intervenção e competência do tribunal colectivo (art. 646.°), aos poderes do presidente (art. 650.°), às *restantes* causas de adiamento da audiência (art. 651.°), à tentativa de conciliação e discussão da matéria de facto (art. 652.°) e à publicidade e continuidade da audiência (art. 656.°). Também o regime da prova produzida em audiência final contido no CPC deve ser subsidiariamente aplicado – como sejam, para a prova testemunhal, as normas relativas à ordem dos depoimentos (art. 634.°), ao juramento e interrogatório preliminar (art. 635.°), ao regime do depoimento (art. 638.°), à substituição de testemunhas (art. 631.°), ao adiamento da inquirição (art. 630.°) e às consequências do não comparecimento da testemunha (629.°), incluindo a comparência sob custódia (art. 629.°, n.° 4)[235].

A admissibilidade do registo da prova mantém-se (art. 522.°-B do CPC), quando a causa admitir recurso da decisão da matéria de facto (incluída na sentença). Independentemente da recorribilidade da decisão, o registo poderá ser determinado pelo tribunal, no exercício de um poder discricionário, quando se afigure útil para o julgamento da causa – auxiliando a memória do juiz –, designadamente quando esteja prevista a realização de diversas sessões da audiência final.

73. *Adiamento da audiência por falta de mandatário ou da parte.* A regra prevista no n.° 1 afasta a norma contida no art. 651.°, n.° 1, al. *d)*, do CPC, a qual prevê o adiamento da audiência se faltar algum advogado que tenha comunicado a impossibilidade da sua comparência, com fundamento na ocorrência de quaisquer circunstâncias impeditivas da sua presença. Nos processos sujeitos ao DL n.° 108/2006, apenas o justo impedi-

---

[235] BRITES LAMEIRAS defende que, *desconhecendo-se a existência de justificação para a falta*, deverá a testemunha ser notificada da data agendada para a realização da nova sessão da audiência de discussão e julgamento – «A fase», cit., p. 172. Considerando que a notificação feita à testemunha relapsa pode comprometer o sucesso da sua produção, entendemos que, não apenas a comparência sob custódia está dependente de requerimento da parte, como será mais adequado colocar nas mãos desta a decisão da atípica notificação da testemunha, assumindo ela o risco (de "fuga") inerente à notificação. Em qualquer caso, dever-se-á aguardar o prazo de 5 dias (art. 651.°, n.° 6, do CPC), para, só então, serem emitidos os mandados para comparência sob custódia, se a falta não tiver sido justificada, ou ser ordenada a notificação da testemunha, no caso oposto. A lei não prevê, por inútil, a realização de novas sessões para inquirição de testemunhas *relapsas*, precedidas apenas de convocatórias que já se revelaram ser infrutíferas (por simples notificação).

Processo 177

mento da parte ou do seu advogado pode provocar o adiamento da audiência[236]. A razão de ser desta norma reside no facto de a audiência ser sempre marcada com o *acordo* dos mandatários (art. 10.°, n.° 3). Daqui decorre que, se, excepcionalmente, assim não tiver sucedido, a audiência é adiável nos termos gerais (art. 651.° do CPC)[237].

A parte é notificada da data da realização da audiência final, por intermédio do seu mandatário (arts. 229.°, n.° 1, e 253.°, n.° 1, do CPC), pois trata-se de um acto ao qual tem o direito de assistir – podendo a sua presença ser muito útil, não só para auxiliar o seu mandatário, como também para efeitos de tentativa de conciliação (art. 652.°, n.° 2, do CPC), de prestação de esclarecimentos (art. 266.°, n.° 2, do CPC) ou, mesmo, de prestação de depoimento de parte, então ordenado (art. 552.°, n.° 1, do CPC). Tal direito é aqui reforçado, determinando-se que o julgamento poderá ser adiado ocorrendo o seu justo impedimento. A consagração desta causa de adiamento da audiência terá por fundamento a circunstância de, em função do valor da causa, o processo poder não ser de constituição obrigatória de mandatário judicial, associada à circunstância de as testemunhas serem, por regra, a apresentar, pelo que a falta da parte poderá determinar a não apresentação daquelas. O texto legal não restringe, todavia, este motivo de adiamento aos processos em que é possível litigar sem patrono, dificilmente se podendo interpretar restritivamente a norma.

74. *Registo da prova em caso de falta de mandatário.* O artigo comentado, no seu n.° 1, dispõe sobre as causas de adiamento da audiência, e não sobre os efeitos processuais da realização do julgamento na ausência do advogado. Justifica-se, pois, verificar se é aplicável no pro-

---

[236] Considerando que a necessidade de defesa de um arguido, no decurso de um interrogatório judicial de arguido detido, constitui um caso de justo impedimento, cfr. CARVALHO RICARDO, *Regime*, cit., p. 80. Do disposto no art. 10.°, n.° 3, resulta que a necessidade de comparência noutro serviço judicial constitui uma causa, a única, de oposição à data sugerida pelo tribunal para realização da audiência final. Conjugando esta opção legislativa com a circunstância de a diligência impeditiva não ter sido previamente agendada, com a sua elevada relevância e com a provável impossibilidade de substabelecimento, para a audiência final, em advogado que conheça os meandros da demanda, é de sufragar este entendimento – exigindo-se, no entanto, ao mandatário que comunique *imediatamente* ao processo a sua impossibilidade, isto é, logo que tome conhecimento da detenção do arguido para interrogatório.

[237] Sobre a metodologia a adoptar na obtenção de acordo sobre a data da audiência, cfr. o comentário ao art. 10.°.

cesso experimental o disposto no art. 651.º, n.º 5, do CPC. A gravação da prova prevista nesta norma visa permitir ao advogado faltoso obter a renovação de alguma das provas produzidas. Assim, só devemos concluir pela necessidade de gravação da prova se admitirmos que pode haver renovação da sua produção.

O artigo e número do CPC referidos dispõem que pode "o advogado faltoso requerer (…) a renovação de alguma das provas produzidas, se alegar e provar que não compareceu por motivo justificado que o impediu de dar cumprimento ao disposto no n.º 5 do artigo 155.º". Da aplicação combinada desta norma com o n.º 1, al.. *d)*, do mesmo artigo e com o citado art. 155.º do CPC, resulta que embora a opção legislativa fosse a de conferir um maior relevo ao serviço judicial previamente agendado, como causa impeditiva da designação de uma data para a realização da diligência (art. 155.º, n.º 1 e 2, do CPC), atribuía-se algum relevo a outras circunstâncias impeditivas da presença do advogado, como causa de adiamento da audiência (art. 651.º, n.º 1, al.. *d)*, do CPC). Sendo digna de tutela esta situação de impedimento, quando advogado está *impedido* de fazer accionar a norma que a concedia (art. 651.º, n.º 1, al.. *d)*, do CPC), permite a lei que obtenha a *tutela substitutiva* prevista no art. 651.º, n.º 5, do CPC.

Ora, o DL n.º 108/2006 não só veio reforçar a opção legislativa já vertida no art. 155.º, n.º 1 e 2, do CPC – apenas conferindo relevância ao serviço judicial previamente agendado, enquanto causa única que obsta à designação de uma data para a realização da diligência –, como também veio retirar qualquer relevo às outras circunstâncias impeditivas da presença do advogado, enquanto motivo de adiamento da audiência (n.º 1). Ou seja, as outras circunstâncias de impedimento deixaram de merecer *esta tutela legal* (principal), pelo que não faz sentido que mantenham a tutela substitutiva em análise.

Em face do raciocínio expendido, se a justificação da falta só vem a ser conhecida depois da realização da diligência, ou há justo impedimento do mandatário, tendo a parte o direito de obter a repetição do acto (e não apenas a repetição de alguns depoimentos pontuais)[238], ou o impedimento é de outra ordem, não tendo então relevância a justificação, à luz do novo

---

[238] Sendo realizada a audiência final, apesar de existir um motivo que obriga ao seu adiamento, deve o acto ser repetido – cfr. os Acs. do TRP e do TRL de 13 de Outubro de 2008, proferido no processo n.º 0842576, e de 21 de Outubro de 2008, proferido no processo n.º 6801/2008-1, respectivamente, disponível em *dgsi.pt*.

regime. Em qualquer dos casos, *à luz das disposições legais citadas*, a gravação da prova não é necessária: no primeiro caso, porque será o julgamento repetido; no segundo caso, porque o impedimento deixou de ter relevância legal, para efeitos de adiamento e para efeitos de obtenção da tutela *substitutiva* de renovação da prova. No regime processual experimental, a omissão da gravação, nestes casos (faltando um advogado e não tendo sido requerida), não gera qualquer nulidade processual (não se trata de um acto ou de uma formalidade que a lei prescreva: art. 201.°, n.° 1, do CPC), consideradas apenas, repete-se, as normas acima referidas.

Embora a parte patrocinada pelo mandatário faltoso (com justo impedimento) tenha o direito de ver repetida a audiência final (se este se realizou, por não ser na ocasião conhecida a justificação da falta), não está impedida de prescindir dele, sobretudo se tiver acesso às gravações, pois, nesta hipótese, pode dar-se o caso de entender que a prova produzida até lhe é favorável. Por outro lado, o advogado impedido com justa causa também tem a faculdade de pedir o menos, isto é, perante a audição das gravações, apenas a prestação dos depoimentos das testemunhas que faltaram por não terem sido apresentadas (ou a repetição de apenas alguns depoimentos). Finalmente, tendo os novos poderes de gestão processual sido criados com o propósito de, através da sua satisfação, aumentar a eficiência processual, podem também ser colocados ao serviço de outro fim legítimo. Fazendo uso deste novo instituto, pode o tribunal ordenar o registo da prova para conferir maior transparência à sua decisão (perante os faltosos). São estas razões bastantes para que, embora não seja uma formalidade prescrita na lei, o tribunal ordene sempre o registo da prova, faltando o mandatário.

75. *Inquirição das testemunhas oferecidas pela parte não representada*. A solução prevista no n.° 2 não encerra qualquer novidade, relativamente ao disposto nos arts. 796.°, n.° 3, do CPC. É a consequência lógica da inadmissibilidade do adiamento. A inquirição, a cargo do juiz, orientar-se-á pela matéria indicada pela parte no seu requerimento probatório (art. 8.°, n.° 5). Mantém-se, obviamente, o direito do advogado da contraparte instar a testemunha (art. 638.°, n.° 2, do CPC).

Às hipóteses referidas no texto, deve ainda somar-se a hipótese de prévia renúncia do mandatário do réu ou do reconvindo (arts. 39.°, n.os 3, 2.ª parte, e 6, e 274.°, n.° 6, do CPC).

76. *Debates*. A discussão da matéria de facto e do aspecto jurídico da causa é oral e realiza-se em simultâneo (art. 14.°, n.° 3). Não deve, pois,

180 *Regime Processual Civil Experimental Comentado*

ser feita por escrito, em acto subsequente ao encerramento da audiência final. Este regime é imposto pela circunstância de a audiência final *típica* ser de discussão e de *julgamento*, só se encerrando após a prolação da sentença (art. 15.º, n.º 3).

O que acaba de ser dito não obsta a que o tribunal aceite a apresentação, em audiência, de um documento contendo as alegações de direito – que poderá ser lido no momento destinado à produção de alegações –, nem que, atenta a extrema complexidade da causa, permita, excepcionalmente, que as alegações finais sejam produzidas por escrito em prazo a fixar – colocando-se, assim, a gestão processual prevista no art. 2.º ao serviço do apuramento da verdade e da justa composição do litígio.

As disposições legais que, para o processo ordinário, regulam os debates sobre a matéria de facto e o aspecto jurídico da causa não integram o regime subsidiário do processo experimental (arts. 652.º, n.º 2, al. e), n.º 5, 790.º, 1, e 796.º, n.º 6, do CPC)[239]. Desde que assegure o respeito pelos princípios da imparcialidade, do contraditório (efectivo) e da igualdade de "armas", o tribunal não está vinculado pelas normas que fixam os limites de duração para as alegações ou a proibição (faculdade) de alegação em réplica.

Se for necessário, numa concreta acção, fixar um limite de duração para as alegações finais, os actuais regimes previstos para as três formas de processo comum constituem critérios válidos na determinação do tempo máximo permitido. Todavia, considerando que assentam estes num pressuposto abstracto – forma do processo –, apenas devem ser considerados enquanto critérios orientadores, já que, nesta matéria, justifica-se uma efectiva adequação do conteúdo do acto às especificidades da causa.

ARTIGO 15.º
Sentença e forma da fundamentação

1 – A matéria de facto é decidida na sentença, podendo a discriminação dos factos provados e não provados ser feita por remissão para as peças processuais onde estejam contidos.

2 – A sentença deve limitar-se à parte decisória, precedida da identificação das partes e da fundamentação sumária do julgado.

---

[239] Cfr. o comentário ao art. 1.º.

Processo 181

3 – Salvo em casos de manifesta complexidade, a sentença é de imediato ditada para a acta.

4 – Se o réu não contestar, a fundamentação pode consistir na simples adesão aos fundamentos apresentados pelo autor, quando destes resultem as razões de facto e de direito em que se funda a decisão.

5 – Se o juiz aderir a um acórdão de uniformização de jurisprudência, deve limitar-se a remeter para os seus fundamentos, indicando o local da sua publicação em jornal oficial.

Sumário – **77.** Decisão da matéria de facto. **77.1.** Discriminação dos factos por remissão. **77.2.** Fundamentação da sentença *per relationem*. **77.3.** Limites à discriminação dos factos por remissão. **77.4.** Factos vertidos na sentença. **77.4.1.** Apuramento dos factos vertidos na sentença: *a)* A prova indirecta obtém-se através de presunções judiciais, assentes no material probatório. *b)* O conhecimento dos factos instrumentais que não sejam úteis à sentença deve ser revelado na motivação. *c)* A inclusão dos factos essenciais na base instrutória não é condição da instrução. *d)* A inclusão dos factos instrumentais na base instrutória não é condição da instrução. *e)* A simplificação da instrução pode justificar a inclusão dos factos instrumentais na base instrutória. *f)* Os factos instrumentais inúteis à sentença podem integrar o decisório. **77.4.2.** Omissão de pronúncia de facto e ampliação da instrução. *a)* Omissão de resposta a um quesito. *b)* Omissão de instrução sobre um facto relevante. **77.4.3.** Resposta "provado o contrário do que se pergunta". **78.** Estrutura da sentença. **79.** Oportunidade da prolação da sentença. **80.** Julgamento nas acções não contestadas. **80.1.** Petição omissa quanto às razões de direito. **80.2.** Adesão parcial aos fundamentos apresentados. **81.** Adesão a um acórdão uniformizador de jurisprudência. **82.** Intervenção do tribunal colectivo. **82.1.** Manutenção da cisão do julgamento. **82.2.** Julgamento de facto pelo juiz que preside ao colectivo.

77. *Decisão da matéria de facto.* No processo comum na forma ordinária (assim como na forma sumária), o julgamento é caracterizado pela cisão entre a pronúncia sobre a matéria de facto, objecto do despacho (ou acórdão) previsto no art. 653.º, n.º 2, do CPC, e a decisão de direito da causa, com lugar na sentença (art. 659.º do CPC) – embora nesta sede ainda possa ocorrer um julgamento sobre a matéria de facto (art. 659.º, n.º 3, do CPC)[240]. O n.º 1 do artigo comentado vem pôr fim a esta divisão, estabelecendo que a matéria de facto é decidida na sentença, à semelhança do que actualmente sucede no processo comum na forma sumaríssima (art. 796.º, n.º 7, do CPC), no regime aprovado pelo DL n.º 269/98 (art. 4.º, n.º 7) e no processo penal (art. 374.º do CPP), por exemplo.

Se a decisão de facto da causa deixa de ser objecto de um despacho (ou acórdão) prévio à sentença, quanto ao mais – a análise crítica das provas, especificando os fundamentos que foram decisivos para a convicção do julgador (art. 653.º, n.º 2, *in fine*, do CPC) –, vale o regime subsidiário emprestado pelo processo ordinário, mantendo-se, como tal, o dever constitucional de a motivar (art. 205.º, n.º 1, da CRP).

> Não havendo lugar à prolação de uma decisão autónoma sobre o julgamento de facto, desaparece a possibilidade de reclamação contra a deficiência, obscuridade ou contradição da decisão ou contra a falta da sua motivação (art. 653.º, n.º 4, 2.ª parte, do CPC). O regime de impugnação desta decisão passa, assim, a ser o do acto em que agora se insere, a sentença (cfr. os arts. 667.º a 669.º e 676.º do CPC), o que vale por dizer que esta pode enfermar de vício invocável ocorrido naquela sua parte[241].
>
> A reclamação contra a decisão de facto, nos moldes clássicos, apenas sobrevive nos casos de julgamento pelo tribunal colectivo, pois aqui dever-se-á manter a cisão entre o acórdão contendo a decisão sobre a matéria de facto e a sentença final da causa.

77.1. *Discriminação dos factos por remissão.* Com o propósito de assim se obter uma maior celeridade, permite-se que a discriminação dos factos provados e não provados possa ser feita por remissão para as peças processuais onde estejam contidos.

Dispõe o art. 158.º, n.º 1, do CPC que as decisões que versem sobre matéria controvertida são sempre fundamentadas. Acrescenta o n.º 2 deste

---

[240] Sobre o princípio da cisão do julgamento, cfr. ANSELMO DE CASTRO, *Direito*, cit, Vol. III, p. 182 e segs.. Sobre a sentença no processo civil, cfr. GIUSEPPE CHIOVENDA, *Instituições*, cit., p. 1165 e segs..

[241] Embora os vícios referentes à decisão da matéria de facto não sejam como tal designados, estamos perante nulidades – assim, cfr. ANSELMO DE CASTRO, *Direito*, cit, Vol. III, p. 140. Assimilando, à luz do CPC, a nulidade por falta de motivação, sobre toda ou parte da decisão da matéria de facto, às nulidades da sentença, cfr JOSÉ MANSO RAINHO, «Decisão da matéria de facto. Exame crítico das provas», *Revista do CEJ*, n.º 4, 1.º Semestre 2006, p. 164.

artigo que a fundamentação não pode consistir na simples adesão aos fundamentos alegados por uma das partes. Na economia da decisão sobre a matéria de facto, a remissão permitida pelo n.º 1 do art. 15.º dirige-se, todavia, ao seu segmento decisório (discriminação dos factos provados e não provados), e não à motivação, não integrando, assim, o âmbito de aplicação do art. 158.º, n.º 2, do CPC, não sendo este um exemplo de fundamentação *per relationem*[242].

A decisão sobre a matéria de facto não obedece à estrutura normal da pronúncia jurisdicional – enunciado da questão (relatório), discussão (fundamentação) e conclusão (decisão). Nela, inverte-se a ordem dos factores, principiando-se pelo segmento decisório (declaração dos factos que se *decidem* provados ou não provados), só depois se analisando criticamente a prova e especificando os fundamentos que foram decisivos para a formação de convicção do julgador (a motivação) – cfr. os arts. 653.º, n.º 2, 659.º, n.º 3, do CPC[243].

A convocação das peças processuais onde estejam contidos os factos dados por provados objecto da pronúncia não constitui uma forma de fundamentação, mas sim de *decisão* por remissão, à semelhança do que sucede quando, no *dispositivo* da sentença, o tribunal se limita a, por exemplo, absolver o réu do pedido, assim remetendo (implicitamente) os seus destinatários para o teor da petição inicial, onde aquele se encontra descrito.

Para que a discriminação dos factos provados possa ser feita por remissão para um articulado, deve nestes a narração dos fundamentos da acção ou da defesa obedecer a requisitos de fundo e de forma nem sempre fáceis de observar.

---

[242] Sobre a fundamentação por remissão, cfr. os Acs. do TC n.os 80/99, 151/99, 232/00 e 685/05.

[243] A motivação não é uma característica de nascença da decisão da matéria de facto, não estando contemplada no seminal CPC de 1939. Já sob o império do CPC de 1961, tinha curso jurisprudencial o entendimento segundo o qual a motivação se bastava com a enunciação dos meios de prova considerados pelo julgador (em aparente oposição com o teor do ponto 16.º da exposição de motivos do Decreto-Lei n.º 44129, de 28 de Dezembro de 1961), pelo que bem podia surgir como um apêndice ao decisório, e não como a enunciação e discussão da questão de facto, que propende para a subsequente decisão – sobre o tema, cfr. ALEXANDRE PESSOA VAZ, *Direito Processual Civil*, Coimbra, Almedina, 1998, pp. 211 e segs., e 234 e segs., MANSO RAINHO, «Decisão», cit., p. 154, e JOSÉ SALAZAR CASANOVA, «Problemas processuais da falta e da insuficiência da motivação das decisões judiciais», *Boletim da Associação Sindical dos Juízes Portugueses*, III.ª Série, n.º 6, Abril de 2002, p. 31, nota (13).

184   *Regime Processual Civil Experimental Comentado*

No contexto da sentença (considerando o núcleo tradicional desta), os factos considerados provados assumem o papel de *fundamentos*. No discurso silogístico da sentença (considerando o núcleo tradicional desta, repete-se), assumem eles a condição de premissa, indispensável à subsunção jurídica e ao dizer do direito. A fundamentação de facto da sentença deve ser integrada por orações simples, não compreendendo interrogações, exclamações ou qualquer pontuação indicadora de estados emocionais. Encerra descrições factuais, e não juízos conclusivos. Estando os factos ao serviço da sentença de mérito, devem eles emergir do julgamento da matéria de facto com as características exigidas pelo rigor do discurso da decisão final, orientando-se a decisão "interlocutória" (embora agora inserida na sentença) que os discrimina por esta necessidade.

No dizer dos antigos praxistas, *arrazoe quem quiser, mas articule quem souber*. A articulação dos factos "põe à prova a perícia, a competência e o engenho do advogado"[244]. Quanto à forma, para que a narração possa sustentar uma remissão individualizada, deve ser clara (que se compreende sem esforço), concisa (*a brevidade é o manjar predilecto dos juízes* (ANGEL OSÓRIO)[245]) e articulada (cada artigo deve conter um facto apenas). A efectiva possibilidade de utilização desta modalidade de descrição dos fundamentos de facto (por remissão) está, pois, dependente da qualidade da advocacia portuguesa – ou da capacidade da parte para se exprimir, quando, sendo admissível, não constitua advogado[246].

A lei permite que a remissão possa ser feita para qualquer peça processual, e não apenas para os articulados[247]. Não contempla o DL n.º 108/ /2006 uma definição do que seja uma "peça processual". Com alguma segurança poder-se-á, no entanto, afirmar que ela apenas inclui o documento que corporiza um acto processual (o papel ou o ficheiro informático contendo um articulado ou um relatório pericial, por exemplo), e já não o documento enquanto meio de prova (arts. 150.º, n.º 3, 152.º, n.º 8, 150.º, n.ºs 8 e 9, e 691.º-B, n.º 2, do CPC)[248]. É necessário que o documento con-

---

[244] ALBERTO DOS REIS, *Código*, cit., Vol. II, p. 349.

[245] *Apud* ALBERTO DOS REIS, *idem*, p. 357.

[246] Enquadrando no dever de colaboração das partes uma articulação dos factos que facilite, na fase seguinte, "a tarefa de permitir circunscrever a matéria de facto ao que verdadeiramente importe", cfr. BRITES LAMEIRAS, «A importância», cit., p. 131.

[247] Admitindo que "pode haver remissão para o local onde o juiz entenda que mais adequadamente o facto está descrito", cfr. FRANÇA GOUVEIA, *Regime Processual*, cit., p. 143.

[248] Do n.º 1 do art. 23.º da Portaria n.º 114/2008, de 6 de Fevereiro, parece retirar--se que peça processual é coisa diferente de "autos" e "termos" (actos da secretaria judi-

Processo

tenha uma descrição do facto com as características já assinaladas (um facto isolado e devidamente descrito que possa ser identificado por remissão). Por regra, será sempre mais simples transcrever na sentença o facto do que remeter para um documento abrangente, dada a necessidade que há de clarificar a que concreta factualidade se refere o tribunal.

Ainda que se admita que a remissão possa ser feita para um documento, nunca ela poderá traduzir-se num dar este por provado. Os documentos não são factos, mas sim meios de obtenção da prova. A generosidade legal (permitir que a remissão possa ser feita para qualquer peça processual, e não apenas para os articulados) não tem, pois, relevantes consequências práticas.

77.2. *Fundamentação da sentença 'per relationem'*. No despacho (ou acórdão) que julga a matéria de facto (art. 653.º, n.º 2, do CPC), já era permitida a discriminação dos factos provados e não provados por remissão. Nesta decisão, como referimos, os factos dados por provados (ou por não provados) não integram a fundamentação, mas sim a decisão. Esta é, de resto, uma prática corrente nos tribunais, limitando-se o juiz a simplesmente identificar os artigos da base instrutória ou dos articulados que julga provados, e quais os que julga não provados, apenas fazendo a sua descrição autónoma quando são restritivas, explicativas ou conjuntas as "respostas" dadas.

Mas esta segunda norma do n.º 1 do art. 15.º não deixa de ser inovadora. Ao admitir expressamente a discriminação dos factos por remissão, no contexto da decisão da matéria de facto, incluída na sentença, o legislador está, também, a admitir que, na fase seguinte do silogismo judicial (complexo e de interpenetração entre o facto e o direito) da decisão final, quando a factualidade provada passa assumir a natureza de fundamenta-

---

cial). Na nossa lei processual civil, o "termo" tem uma acepção estrita e uma acepção lata. Nesta última, "termo" equivale a acto processual, sendo que pela primeira respeita ele apenas aos actos processuais que exprimem uma declaração de vontade das partes, por meio dos quais exercem certos poderes processuais – sobre o tema, cfr. ALBERTO DOS REIS, *Comentário*, cit., Vol. 2.º, pp. 1 e segs., em especial 198 e segs., local onde ainda podem ser encontradas definições de "cota", "acta", "auto" e "assentada", por exemplo. Ainda sobre a teoria geral do acto processual, cfr. ANSELMO DE CASTRO, *Direito*, cit., Vol. III, pp. 7 a 149, e SOARES GOMES, *O Processo*, cit., ponto 6. Exemplos das duas diferentes acepções de "termo" podem ser encontrados nos arts. 36.º, 39.º, 128.º, 163.º, 164.º, 174.º, 183.º, 186.º, 205.º, 300.º, 349.º, 550.º, 697.º, 818.º, 1053.º, 1079.º e 1103.º do CPC. A utilização da "cota" é mais rara, podendo ser encontrada nos arts. 218.º e 1380.º do CPC. A "conclusão" vem referida no art. 166.º do mesmo diploma.

ção, esta possa ser feita *per relationem*[249]. De nada serviria permitir que a primeira decisão (sobre a matéria de facto) prescindisse da descrição integral da factualidade se, no passo seguinte do mesmo acto, se impusesse a sua descrição autónoma, com vista à fundamentação da sentença – sobretudo se se tiver presente que toda esta redacção é feita com o recurso a meios informáticos, dotados de ferramentas de cópia de texto.

77.3. *Limites à discriminação dos factos por remissão.* A possibilidade de a discriminação dos factos ser feita por remissão para as peças processuais deve ser utilizada com moderação. Para além de permitir o exercício esclarecido do direito ao recurso, a fundamentação da sentença – onde os factos provados, discriminados directamente ou *per relationem*, assumem a função de fundamento – visa esclarecer e convencer os seus destinatários da justeza da decisão. Deverá esta peça processual estar devidamente sistematizada, descrevendo os factos de modo encadeado, coerente e consequente. A indicação da fundamentação de facto deve assemelhar-se a uma crónica, a um relato inteligível da realidade histórica dada por provada. O sacrifício da clareza e do rigor na exposição dos factos resulta, inevitavelmente, na menor idoneidade da sentença para servir os seus fins.

Ora, a fundamentação de facto realizada por remissão para várias peças processuais, de diferente natureza, em diferentes suportes (papel ou ficheiros integrados no processo desmaterializado), distribuídas pelos autos pela sua ordem de apresentação, e não pela ordem cronológica dos factos que relatam, pode constituir uma violação do dever constitucional de fundamentação das decisões jurisdicionais (art. 205.º, n.º 1, da CRP). A este propósito, sustentam JORGE MIRANDA e RUI MEDEIROS, secundando o Ac. do Tribunal Constitucional n.º 147/00, que, para poder cumprir as suas finalidades, da fundamentação devem resultar inequivocamente as premissas de facto (e de direito) em que se baseia a decisão, o que não sucede quando, em virtude da remissão, a acessibilidade aos fundamentos da decisão se torne labiríntica ou particularmente complexa[250]. Quando a satisfação das funções da fundamentação esteja em risco, não poderá ela deixar de ser directamente exarada.

---

[249] Sobre o raciocínio silogístico, cfr. KARL LARENZ, *Metodologia da Ciência do Direito*, tradução (de José Lamego) da 5.ª edição, de 1983, Lisboa, Fundação Calouste Gulbenkian, 1989, p. 323 e segs.. e LEO ROSENBERG, *La Carga de la Prueba*, tradução (de Ernesto Krotoschin) da 3.ª de *Die Beweislast*, de 1951, Buenos Aires, B de F, 2002, p. 20 e segs.. Dando nota da impossibilidade de reduzir o papel do juiz, na sentença, a uma aplicação maquinal da lei, cfr. LEBRE DE FREITAS, *A Acção*, cit., p. 285, nota (5).

[250] *Constituição*, cit., Tomo III, 2007, p. 76.

Processo 187

Esta faculdade do juiz deve, ainda, ser utilizada com acrescida parcimónia, quando a causa admita recurso e seja provável a sua interposição – como sucede, normalmente, nas demandas marcadas pela sua elevada litigiosidade. O tempo que, com este método, se ganha na elaboração da sentença em primeira instância pode não compensar, na segunda instância, o esforço acrescido de análise da acção por parte do colectivo de desembargadores, obrigado a correr o processo de uma ponta à outra, tentando integrar a sentença com factos descritos em diferentes peças processuais[251].

77.4. *Factos vertidos na sentença.* Com o fim da cisão entre o julgamento da matéria de facto baseado em prova livremente apreciada (arts. 646.º, n.º 4, 653.º e 655.º do CPC) e o julgamento condicionado por critérios estritamente legais (art. 659.º, n.º 3, do CPC), o tribunal passa a descrever os factos por uma única vez, organizados de acordo com critérios lógicos (cronológicos, em especial), seguidos da motivação da convicção, assim "misturando" factos cuja prova foi livremente apreciada com aqueles que resultaram provados por documento autêntico, por exemplo[252].

Resulta do exposto que, na forma comum sumária e ordinária, existe um momento próprio para a decisão sobre os factos não dependentes de prova livre (art. 659.º, n.º 3, do CPC), distinto do julgamento sobre a maté-

---

[251] Podem, é certo, os oficiais de justiça em exercício de funções no tribunal da Relação ser incumbidos de organizar uma peça processual onde esteja condensada e totalmente descrita a fundamentação de facto. Todavia, só uma actividade (acrescida) realizada directamente pelo relator pode assegurar ao colectivo que essa peça está isenta de erros e que a fundamentação nela contida corresponde exactamente ao decidido em primeira instância. A decisão de acometer aos oficiais de justiça a elaboração daquela peça processual sustenta-se nas regras gerais do processo civil (art. 161.º do CPC), e não no dever de gestão processual (art. 2.º). Sendo certo que as normas gerais do RPCE são aplicáveis na fase de recurso, essa aplicação só poderá ter lugar nos tribunais abrangidos pela experimentação. Ora, o art. 21.º e as portarias que o complementam deixaram de fora os tribunais da Relação. A aplicação do RPCE na instância de recurso acaba por ser reflexa – v.g., julgamento do recurso interposto de sentença proferida em duas acções agregadas, quando a agregação tenha sido determinada (em primeira instância) para vigorar até ao trânsito em julgado da decisão final; ilustrando esta hipótese, cfr. a decisão da Juíza Paula Jorge Pires disponível em *Colectânea de Decisões e Práticas Judiciais ao Abrigo do Regime Processual Civil Experimental*, Braga, Cejur, 2009, p. 62. Defendendo o alargamento da gestão processual nos tribunais superiores, cfr. França Gouveia, «A acção», cit., p. 146.

[252] Elimina-se, assim, o risco de contradição entre a resposta negativa a um quesito e a decisão do juiz que elabora a sentença de considerar esse facto provado, por acordo. Sobre a orientação a seguir, em caso de contradição, cfr. Duarte Soares, «Sentença cível», cit., p. 80.

ria de facto assente em prova livremente apreciada (art. 653.° do CPC)[253]. Tal não significa que não seja possível ou mesmo aconselhável fazer uma referência (sem natureza decisória) aos factos assentes no contexto do despacho de "resposta aos quesitos", assim se *motivando* a "omissão de pronúncia" sobre tais factos no segmento onde são enunciados aqueles que resultaram ou não provados da instrução que culmina na audiência final. Todavia, o tribunal, no momento de elaborar a sentença, continua a não estar vinculado por esta serôdia *especificação* feita no despacho que decide a matéria de facto, pelo que, em última análise, o momento da *decisão* sobre a matéria objecto da prova tarifada é a sentença.

Fruto desta economia de actos, a sentença deixa de conter o relato da realidade histórica depurado do que é acessório, nela se vertendo, de modo sincrético (como provado ou como não provado, directamente ou por remissão, enquanto decisão de facto, motivação da decisão de facto ou fundamentação de facto), toda a factualidade trazida aos autos, essencial e instrumental, relevante ou não.

77.4.1. *Apuramento dos factos vertidos na sentença.* O alcance da novidade trazida pelo regime experimental pode ser evidenciado com uma breve incursão no processo de decisão da matéria de facto, tendo por referência o processo comum na forma ordinária.

a) A prova indirecta obtém-se através de presunções judiciais, assentes no material probatório. O conhecimento pelo tribunal da factualidade que integra o *thema decidendum* da instrução não prescinde do contacto directo do juiz com dados de facto[254]. A primeira forma de actividade do juiz na demanda da verdade do facto é, pois, a actividade perceptiva. O mero *material probatório* resultante da produção dos meios de prova – por exemplo, a declaração da testemunha, em si mesma, e não o facto sobre o qual ela depôs – constitui o acervo dos factos directamente percepcionados pelo juiz[255].

Salvo nos casos de prova directa – obtida por meio de inspecção ou de documento: o juiz *vê* no documento o tamanho da letra utilizada na cláusula contratual geral ou no terreno a obra, por exemplo –, o contacto com o material probatório não permite ao juiz percepcionar directamente o aconteci-

---

[253] Sobre o tema, cfr. Manso Rainho, «Decisão», cit., p. 157.

[254] Sobre o tema, cfr. Francesco Carnelutti, *A Prova Civil. Parte Geral. O Conceito Jurídico da Prova*, tradução (de Amilcare Carletti) de *La Prova Civile. Parte Generale. Il concetto giuridico della prova*, de 1992, São Paulo, Livraria e Editora Universitária de Direito, 2003, p. 81.

[255] Sobre as diversas acepções do vocábulo "prova" (meio de prova, actividade probatória, resultado ou material probatório e argumento ou motivo probatório), cfr. Soares Gomes, «Um olhar», cit., pp. 133 a 136.

mento que, alegadamente, funda o pedido do demandante (ou a defesa do réu). Ilustrando esta afirmação, se considerarmos apenas a prova testemunhal produzida sobre um acidente de viação, os factos de que o tribunal toma directamente conhecimento são *apenas* as *afirmações* das testemunhas – porque de um facto se trata, ter a testemunha afirmado algo – e o modo como foram produzidas – pois, por exemplo, também de um facto se trata ter a testemunha hesitado ou ter debitado repetidamente o mesmo discurso monocórdico, qualquer que fosse a pergunta feita sobre os acontecimentos (aparentando ter ensaiado o depoimento). Este material, *da maior relevância* na economia da acção, é totalmente irrelevante no contexto da sentença final (tradicional), não devendo integrá-la. Ele não preenche a norma que permitirá ao autor obter a condenação do réu[256], emergente de responsabilidade civil fundada em factos ilícitos (art. 483.° do CC), pelo que não integra o objecto da pronúncia na decisão sobre a matéria de facto – o tribunal não decide "provado que a testemunha disse que sim" ou "provado que o perito entende que não".

Na prova indirecta, a percepção do juiz não alcança, por si só, o facto essencial a ser provado, devendo ser integrada com um complexo processo lógico de dedução, com base no material probatório directamente percebido[257]. É sobre este material, nesta fase, e não a jusante, que, paulatinamente, se iniciam as operações mentais, assentes em deduções lógicas, temperadas pelas regras da experiência, que permitem ao tribunal concluir (ou não), a seu tempo, pela ocorrência dos factos essenciais alegados pelas partes – entramos no domínio das presunções judiciais[258]. As presunções judiciais (*praesumtiones hominis* ou *facti*) traduzem uma convicção fundada sobre a ordem normal das coisas (convenção social ou lei natural) e que dura até prova em contrário[259]. A conclusão (convicção) do tribunal de que uma viatura deixou no pavimento um rasto de travagem, porque a testemunha "acidental" o afirmou e porque o seu depoimento, globalmente coerente, aparentou ser espontâneo, sendo neste ponto particularmente firme e preciso, resulta já de uma daquelas operações mentais, de um raciocínio silo-

---

[256] O que se diz e dirá a propósito do direito invocado pelo autor vale, com as necessárias adaptações, relativamente ao instituto jurídico que sustenta a excepção invocada pelo réu.

[257] Assim, FRANCESCO CARNELUTTI, *A Prova Civil*, cit., p. 89. Sobre este processo dedutivo, cfr. LEBRE DE FREITAS, *Introdução*, cit., pp. 150, 151, em especial nota (53), e 173, nota (9).

[258] Sustentando ser a sentença, depois de "alinhada compreensivelmente a matéria de facto", a ocasião na qual o juiz deve fazer uso das presunções judiciais, cfr. DUARTE SOARES, «Sentença cível», cit., p. 81.

[259] Assim, GIUSEPPE CHIOVENDA, *Instituições*, cit., p. 1105.

gístico – as testemunhas "acidentais", que depõem de forma coerente, espontânea, firme e precisa, são fiáveis; reunindo estas características, a testemunha em questão afirmou ter visto a viatura a deixar rastos de travagem no pavimento; logo, a viatura deixou rastos de travagem no pavimento.

Neste segundo nível, o tribunal deixou a sala de audiências, para passar a considerar eventos ocorridos no contexto da relação material extraprocessual, pelo juiz não percepcionados. Estes factos, sendo *relevantes*, podem não ser ainda essenciais, como ocorre no exemplo dado, não integrando ainda o substrato de facto relevante para efeitos de elaboração de sentença, pois, mais uma vez, não se subsumem à norma substantiva que reconhece ao autor o direito exercido. Neste caso, apurados os factos relevantes (alegados ou de que o tribunal pode conhecer oficiosamente) que, sendo *instrumentais*, ainda não permitem "accionar" as normas invocadas pelos litigantes (pelo que assumem funcionalmente a natureza de prova indiciária), o juiz, avançando no processo heurístico, extrairá deles as ilações devidas, atingindo, sendo caso disso, a certeza da ocorrência do facto principal que deverá figurar na fundamentação da sentença. Nesta etapa, o juiz infere da factualidade instrumental – como os rastos de travagem, as manchas de sangue no pavimento ou a distância a que a viatura se imobilizou –, factos principais – como a velocidade a que circulava a viatura ou a circunstância de o atropelamento ter ocorrido sobre uma passadeira.

Na prova indirecta, o processo heurístico descrito é, pois, complexo: sustentando-se na percepção directa dos factos que integram o *material probatório*, desenvolve-se nos chamados argumentos ou motivos probatórios[260]. Nele consideraram-se como verificados muitos factos relevantes, que são, todavia, absolutamente inúteis para a elaboração da sentença (tradicional). Desta constatação surge a dúvida sobre qual é a factualidade a inserir na sentença.

b) O conhecimento dos factos instrumentais que não sejam úteis à sentença deve ser revelado na motivação. Tomando como exemplo o julgamento com intervenção do colectivo, não se deve confundir o objecto do conhecimento do tribunal – que é o objecto da prova[261], conhecido não apenas no decisório do acórdão, mas também na argumentação probatória dispensada na motivação –, com o limitado objecto da decisão sobre a matéria de facto, isto é, com o objecto do segmento decisório da deliberação, que abre as portas da sentença à factualidade controvertida pertinente, dando-a por provada.

A sentença não tem de incluir, por serem para ela inúteis, os factos que já serviram os seus fins instrumentais. No exemplo dado, na sentença não

---

[260] Sobre o tema, cfr. MANUEL DE ANDRADE, *Noções*, cit., p. 191.
[261] Sobre estes, cfr. SOARES GOMES, «Um olhar», cit., p. 152.

têm de constar (e, como tal, não devem) os factos respeitantes aos rastos de travagem, às manchas de sangue no pavimento ou à distância a que a viatura se imobilizou, mas apenas os factos essenciais deduzidos pelo tribunal a partir daqueles – como a velocidade a que circulava a viatura ou a circunstância de o atropelamento ter ocorrido sobre uma passadeira. Os restantes factos referidos já serviram a sua função instrumental, devendo figurar na motivação da decisão sobre a matéria de facto, incluídos na explicação da presunção judicial que suportaram, sendo sindicáveis por instância superior, no contexto da impugnação da decisão que serviram e em que se inserem.

Na economia da decisão prevista no art. 653.º do CPC, os factos que virão a integrar a sentença constituem a *decisão* (*stricto sensu*), o segmento decisório do acórdão. São eles os factos *essenciais* que estimulam a norma de direito substantivo e os factos *instrumentais* necessários à afirmação de factos essenciais, quando este conhecimento só deva ter lugar na sentença – por exemplo, factos instrumentais (de prova livre) susceptíveis de servirem de base à presunção *legal* de um facto essencial ou que auxiliem na interpretação de um documento autêntico que deva ter lugar na sentença. Os restantes factos instrumentais – que apenas servem de base a presunções judiciais, já afirmadas, como é devido, neste acto do tribunal colegial – integram os *fundamentos* da deliberação. Aqui se esgota a sua utilidade processual e daqui não devem passar para a sentença – daí se dizer deles que têm uma função meramente probatória. Têm de ficar exarados e claramente enunciados na exposição dos *motivos* que tribunal atendeu para considerar provado determinado facto principal; todavia, afirmado este, não serão reproduzidos na sentença.

Recusar aos factos instrumentais o lugar que devem ocupar, por natureza, na motivação da convicção representa uma recusa em reconhecer a centralidade constitucional da fundamentação das decisões dos tribunais, no contexto da decisão sobre os pressupostos de facto da causa. Incluir os factos puramente instrumentais na motivação do acórdão proferido (e não no decisório) não é degradá-los ou despromovê-los; é dotar de maior qualidade a decisão sobre os factos *essenciais* que vêm a ser os fundamentos da sentença, reconduzindo a motivação da pronúncia de facto, pelo enriquecimento que esta inclusão lhe proporciona, à centralidade que o art. 205.º, n.º 1, da CRP obriga. Só assim serão revelados, de modo claro e inteligível, os processos de formação a convicção, permitindo um controlo efectivo do dever de fundamentação e do julgamento de facto.

c) A inclusão dos factos essenciais *na base instrutória não é condição da instrução*. A base instrutória *deve* conter a factualidade principal – que também deve (se provada) integrar a sentença – e a factualidade instrumental necessária ao conhecimento na *sentença* de factos essenciais. Sendo omissa quanto a um facto essencial alegado pelas partes, deverá ser ampliada (arts. 264.º, n.º 1, e 650.º, n.ᵒˢ 2, al. *f*), a 5, do CPC)[262]. Também o deverá ser quando o facto essencial, complementar ou concretizador de outro alegado, resulte da instrução e discussão da causa, desde que a parte interessada manifeste vontade de deles se aproveitar (art. 264.º, n.º 3, do CPC). São estes factos que delimitarão objectivamente o caso julgado que se formará sobre a sentença de mérito (arts. 498.º, n.ᵒˢ 1 e 4, e 671.º do CPC).

Note-se, todavia, que, se o tribunal assim não proceder – isto é, se não ampliar a base instrutória, nela não incluindo factos que lhe são pertinentes, regularmente adquiridos, à luz do disposto no art. 264.º do CPC –, a decisão sobre matéria de facto que inclua tal factualidade não é, *ipso facto*, nula – de outro modo, mal se compreenderia que a lei permitisse a total dispensa da elaboração da base no processo sumário. Se o que está aqui em causa é a proibição da decisão-surpresa e o respeito pelo exercício do contraditório, é necessário verificar se este princípio foi, efectivamente, violado[263].

Ora, tal não ocorre, no que respeita a um facto *alegado*, quando, por um lado, a relevância que lhe é dada na resposta do colectivo não pode ser qualificada, em caso algum, como surpreendente – assim sucede com os esclarecimentos essenciais que integram as respostas explicativas[264] –, e quando, por outro lado, embora não incluído na base instrutória, foi ele objecto da prova produzida, alvo de inquirições e instâncias e tema dos debates. Já no que tange aos factos *não alegados*, mesmo que não sejam formalmente incluídos na base instrutória, "serão ainda considerados na decisão os factos essenciais à procedência das pretensões formuladas ou das excepções deduzidas que sejam complemento ou concretização de outros

---

[262] Incluindo os factos instrumentais que sirvam de base a uma presunção legal e os que, visando contrariar a presunção legal estabelecida, integram "excepções probatórias" – sobre estes, cfr. LEBRE DE FREITAS, *Introdução*, cit., p. 152. A base instrutória *deve* abranger a factualidade instrumental necessária ao conhecimento na *sentença* de factos essenciais, quando o facto principal servido por esses factos instrumentais não tenha sido relacionado. Estes factos instrumentais mais relevantes podem, pois, ser afastados da base instrutória, se esta incluir um elenco dos factos principais a provar por meios tabelados (incluindo por presunção legal). Considerando que, *quanto aos factos principais*, deve o tribunal convidar as partes [por via da ampliação da base instrutória ou outra] a pronunciarem-se sobre aqueles que o juiz introduza na causa (arts. 514.º e 665.º do CPC), por sua iniciativa, cfr. LEBRE DE FREITAS, JOÃO REDINHA e RUI PINTO, *Código*, cit., Vol. I, p. 8. Estes Autores sustentam, ainda, que os factos instrumentais base de presunções legais seguem o regime dos factos principais – *idem*, p. 466. Sobre o tema, cfr. LEBRE DE FREITAS, *Introdução*, cit., pp. 110-111.

[263] O respeito pelo princípio do contraditório pode não exigir a formal relacionação do facto, mas justifica-a, evitando-se assim qualquer risco da sua violação.

[264] Cfr., por exemplo, os arts. 563.º, n.º 1 CPC e 360.º do CC.

Processo 193

que as partes hajam oportunamente alegado e resultem da instrução e discussão da causa, desde que a parte interessada manifeste vontade de deles se aproveitar e à parte contrária tenha sido facultado o exercício do contraditório" (art. 264.º, n.º 3, do CPC). Neste último caso, a satisfação destes requisitos sinalizará à contraparte a introdução no objecto da demanda e na instrução do facto essencial notado como essencial[265].

Em qualquer destes casos, tem forçosamente de se reconhecer à parte contrária o direito de produzir contraprova sobre a matéria – inquirindo ou reinquirindo as testemunhas já oferecidas, por exemplo –, com respeito pelos limites impostos por lei sobre o número de testemunhas oferecidas e produzidas sobre cada facto essencial.

d) A inclusão dos factos instrumentais *na base instrutória não é condição da instrução.* Os factos essenciais orientam a instrução da causa, sabendo as partes, no entanto, sem surpresa, que a prova deverá ter por objecto, não só toda a factualidade essencial exarada na base instrutória, como também os factos *instrumentais* que relevantemente a servem, ainda que não estejam vertidos na mesma peça – devendo oferecer prova sobre estes, bem como incluir nos debates a sua posição sobre todas as questões aos mesmos pertinentes. Por esta razão (por não haver aqui qualquer surpresa), não sendo a base instrutória integrada por um facto instrumental *alegado* que, excepcionalmente, deva, se provado, constar da sentença, não é necessário que o juiz presidente lance mão do mecanismo da ampliação (arts. 650.º, n.os 2, al. *f)*, a 5, do CPC), não sendo tal "omissão" impeditiva da pronúncia do colectivo sobre ele – no segmento decisório da sua deliberação, *necessariamente*, pois trata-se de um facto que deve ingressar na sentença (art. 659.º, n.º 3, do CPC).

Quando os factos instrumentais *que*, excepcionalmente, *devem arribar à sentença* resultem da instrução e discussão da causa (art. 264.º, n.º 2, do CPC), é adequado proceder-se à ampliação da base instrutória (arts. 650.º, n.os 2, al. *f)*, a 5, do CPC), para que o tribunal se possa sobre eles pronunciar – no segmento decisório do acórdão sobre a decisão de facto, que, na estrutura deste, surge previamente à fundamentação – sem surpresa para as partes. Já menos urgente é a inclusão na base instrutória (ampliação) dos factos instrumentais, de idêntica fonte, cuja relevância se esgota na decisão da matéria de facto, na sua motivação, devendo o presidente, quando muito, para os mesmos referidos efeitos, sinalizar a sua relevância[266].

---

[265] Sobre a eventual reclamação de nulidade por violação do direito de contraditório, com fundamento no propósito de, sobre a matéria nova, se pretender produzir diferente prova, cfr. SALAZAR CASANOVA, «Os factos instrumentais», cit., p. 103.

[266] Considerando que "ao Juiz por força do disposto no art. 264.º n.º 2 do CPC é lícito considerar na decisão os factos instrumentais que resultem da instrução e discussão

194   *Regime Processual Civil Experimental Comentado*

Também aqui, quanto ao facto instrumental *não alegado* que deve integrar a sentença, se o tribunal assim não proceder, a decisão sobre matéria de facto que inclua tal matéria instrumental (no segmento decisório) não é, sem mais, nula, pois pode a relevância atribuída ser insusceptível de ser qualificada como surpreendente, assim como pode o contraditório devido ter incidido sobre essa matéria. Com efeito, num processo manejado por profissionais competentes, poderá bastar que um dos seus actores o inclua no objecto do seu interrogatório para que todos os demais saibam que lhe foi e deve ser dada relevância[267]. A contraparte poderá incluir essa factualidade no objecto do interrogatório das testemunhas a inquirir – ou, para o efeito, reinquiridas –, bem como oferecer nova contraprova sobre ela.

Finalmente, embora venham a integrar a sentença – e, como tal, o objecto do decisório do acórdão sobre a matéria de facto –, é totalmente desnecessária a inclusão na base instrutória de factos que apenas se destinem a compor o discurso, a facilitar o acto de comunicação – por exemplo, sendo relevante, para o cálculo da indemnização devida, o valor de mercado da viatura danificada, já a menção da sua categoria, depois de fixado aquele, poderá destinar-se apenas a enriquecer (sem repercussões na subsunção legal) e facilitar o relato dos factos.

e) A simplificação da instrução pode justificar a inclusão dos factos instrumentais na base instrutória. Do exposto não decorre que a base instrutória não possa incluir factos instrumentais que não devem sobreviver ao julgamento sobre a matéria de facto, por aí esgotarem a sua finalidade, ao servirem apenas de base aos "argumentos probatórios". Como ferramenta flexível que se pretende que seja, a base instrutória poderá ser enriquecida com essa matéria, para facilitar a instrução da causa, assim se adequando o seu teor à relevância do facto na economia da instrução – mais do que à sua essencialidade no contexto da decisão final de mérito. Aliás, a distinção entre um facto instrumental e um facto essencial pode, na prática, revelar--se difícil, sendo que, na dúvida, o facto deve ser levado à base instrutória[268].

Do raciocínio anteriormente expendido apenas se extrai que a inclusão do facto instrumental na peça que serve de base à instrução não é con-

---

da causa, sem que para tanto tenha de dar conhecimento às partes para se pronunciarem", cfr. o Ac. do TRE de 21 de Maio de 2009, proferido no processo n.º 72213/08.0YIPRT.E1 e disponível em *dgsi.pt*.

[267] O mesmo se diga, por exemplo, da apresentação de um documento cuja junção é admitida (art. 543.º do CPC). Considerando que o requerimento probatório ou o documento apresentado podem ser o veículo apropriado para trazer factos instrumentais ao processo, cfr. Isabel Alexandre, «A fase», cit., pp. 280 e 281.

[268] Sobre o tema, cfr. o comentário ao art. 10.º.

dição do seu conhecimento (na motivação ou no segmento decisório), em sede de julgamento sobre a matéria de facto[269].

f) Os factos instrumentais inúteis à sentença podem integrar o decisório. Embora o conhecimento dos factos instrumentais que não sejam úteis à sentença *deva* ser revelado na motivação – no ponto em que é justificada a decisão do facto essencial que servem –, tal factualidade *também* poderá ser objecto de pronúncia (destacada) no segmento decisório do acórdão – antes da motivação, portanto –, quer no elenco dos factos provados, quer no dos não provados – estando ou não provada, respectivamente.

A inclusão de uma referência ao facto instrumental na motivação deverá ser feita por um modo expresso e claro tal que revele, inequivocamente, às partes e ao tribunal superior que a primeira instância considerou o facto *relevante* e dele *tomou conhecimento*, não estando a decisão da matéria de facto viciada por uma qualquer omissão de conhecimento. Não sendo a motivação esclarecedora a este respeito – o que poderá ocorrer com alguma frequência quanto à factualidade apreciada tida por não demonstrada –, a inclusão dos factos instrumentais na estrita "resposta aos quesitos" poderá ser necessária – mesmo enquanto modo de motivar melhor a decisão sobre os restantes factos –, por forma a evitar que a decisão fique vulnerável a uma anulação pelo tribunal da Relação (art. 712.º, n.ºs 4 e 5, do CPC).

Este destaque no segmento decisório poderá, ainda, revelar-se avisado nos casos em que seja duvidosa a qualificação do facto como instrumental – sobretudo quando possa ser, a um tempo, essencial e, simultaneamente, instrumental para a prova de outro.

Com o fim da cisão, não mais se permite que apenas se destile na sentença o essencial. São agora nela vertidos factos totalmente desinteressantes para a subsunção ao direito substantivo. Apenas quando há lugar à intervenção do tribunal colectivo, e porque, nestes casos, se justifica a manutenção da cisão entre o julgamento de facto (com base em prova livremente apreciada) e a sentença, continuará esta peça processual a incidir quase exclusivamente sobre a questão de direito.

---

[269] FRANÇA GOUVEIA defende, mesmo, referindo-se à base instrutória, que "a fundamentação de facto da sentença não deve ficar dependente destes instrumentos de produção de prova, mas deve libertar-se deles". Ou seja, "no momento de elaborar a sentença, na qual se inclui a decisão da matéria de facto (artigo 15.º n.º 1 RPE), o juiz deve integrar todos os factos que, nos termos do art. 264.º CPC, lhe seja possível conhecer mesmo que (sendo instrumentais ou principais alegados mas não «quesitados») não constem da selecção da matéria de facto" – *Regime Processual*, cit., pp. 111, 112 e 149. Sobre o aproveitamento de factos instrumentais não aditados à base instrutória, cfr. SALAZAR CASANOVA, «Os factos instrumentais», cit., p. 92 e segs..

77.4.2. *Omissão de pronúncia de facto e ampliação da instrução*. No processo comum tradicional duas situações patológicas podem ocorrer nesta fase: o colectivo não se pronuncia sobre um facto relevante constante da base instrutória que lhe cumpre conhecer; um facto relevante não foi incluído na instrução da causa. Sendo detectadas antes da prolação da sentença, a sua sanação não é isenta de dificuldades.

No processo comum experimental, embora estas anomalias possam continuar a ocorrer, a sua resolução em primeira instância encontra-se facilitada. Vejamos porquê.

a) Omissão de resposta a um quesito. Retornando à forma comum ordinária, se o tribunal omitir a pronúncia sobre um facto principal ou sobre um facto instrumental que integre a base de uma presunção (ou vise impedi-la) a operar em sede de sentença – isto é, tipicamente, um facto incluído na base instrutória (para prova do qual foram admitidas e produzidas testemunhas, por exemplo) –, deverá a deficiência ser objecto de reclamação pelas partes (art. 653.°, n.os 2 e 4, do CPC)[270].

Não sendo reclamada a omissão, deverá o juiz responsável pela prolação da sentença suscitar nova intervenção do colectivo (antes de proferir a sentença, obviamente), para que dê resposta ao quesito[271]. Dificilmente se poderá sustentar que a lei processual, dita instrumental, obriga a que se profira uma *fabulosa* sentença que, carecida daquele facto relevante (ou de outro que ele permitiria presumir), mais não será do que um ensaio sobre um exemplo de escola, no lugar de ser a decisão do caso levado a tribunal[272]; dificilmente se poderá identificar um princípio em homenagem ao qual se imponha que se aguarde que o tribunal da Relação anule (parcialmente) a decisão para que, então sim, se possa reconstruir a verdade (possível) dos factos e se profira uma sentença que, finalmente, verse sobre uma situação efectivamente ocorrida no mundo real. Respondido o quesito em falta, serão as partes admitidas a reclamar, nos termos gerais.

---

[270] A questão só se coloca quanto aos factos incluídos na base instrutória – principais ou instrumentais que integrem a base de uma presunção (ou visem impedi-la) a operar em sede de sentença –, e já não quanto aos (restantes) factos instrumentais, ainda que de conhecimento oficioso. Sendo dada resposta ao facto principal servido pelo facto instrumental, a ausência de resposta quanto a este apenas releva em sede de insuficiência de *motivação* da decisão daquele.

[271] Sendo a resposta a dar ao quesito irrelevante, considerando as demais respostas dadas, a questão não se coloca – sobre o tema, cfr. ANTUNES VARELA, MIGUEL BEZERRA e SAMPAIO E NORA, *Manual*, cit., p. 652, nota 1.

[272] Dirão as partes: "Mas do que é que este senhor juiz está a falar?"

Processo

A referida decisão (convocando o colectivo) proferida pelo juiz competente para a prolação da sentença não se confunde com a decisão do tribunal da Relação. Na primeira instância, o tribunal decide a coberto do disposto no art. 265.º, n.º 3, do CPC, não se pronunciando sobre julgamento de facto já realizado. Sobre este, encontra-se esgotado o seu poder jurisdicional (art. 666.º, n.ºs 1 e 3 do CPC). A decisão proferida não envolve, assim, um juízo de invalidade do que já foi praticado (art. 201.º do CPC), apenas visando, com respeito pela máxima *utile per inutile non vitiatur*, a exteriorização pelo tribunal do resultado do julgamento da matéria de facto *já realizado*, isto é, meramente *concluir* a sua (incompleta) *comunicação*. Diferentemente, o tribunal da Relação tem perante si o julgamento definitivo (completo e concluído) da causa, aquele que tem lugar na sentença e que delimita o caso julgado da acção (art. 671.º e segs. do CPC)[273]. A sua decisão é anulatória – *rectius*, declarativa da nulidade.

b) Omissão de instrução sobre um facto relevante. Diferente desta é, até certo ponto, a hipótese de o facto não ter integrado a instrução da causa. A questão surge quando a "germinação" no processo de factos relevantes ocorre, por qualquer dos meios previstos na lei (art. 264.º do CPC), antes de encerrados os debates, só se apercebendo o juiz (ou o colectivo) da sua relevância entre o fim das alegações orais e a elaboração da sentença. Considerando que os factos devem ser adquiridos pelo processo até ao encerramento da produção de prova, o juiz (ou o colectivo) está em condições de promover o alargamento do objecto da instrução durante a audiência final. Detectando a omissão, deverá proceder imediatamente em conformidade. Todavia, como *é natural*, pode o juiz[274] (ou o colectivo) só se aperceber da relevância de determinado facto (aflorado *en passant* por uma testemunha, por exemplo) quando, recolhido no seu gabinete, revê as suas notas e deixa que o material probatório amadureça na sua mente.

O problema só se coloca relativamente aos factos de prova livre que devem integrar a base instrutória (principais ou instrumentais que sirvam de base a uma presunção a operar em sede de sentença). Vejamos porquê.

Apenas interessam à sentença os factos que, por serem principais, estimulam a aplicação de uma norma de direito substantivo. Na economia da sentença, os factos instrumentais são irrelevantes. Por assim ser, nunca o

---

[273] É na sentença que se cristaliza o definitivo julgamento de *facto* da causa, marcando o irreversível encerramento de toda instrução. É sobre a decisão de facto *nela realizada* que se constitui o caso julgado – sobre o caso julgado formado sobre o objecto da sentença, cfr. FRANÇA GOUVEIA, *A Causa*, cit., p. 489 e segs. (em especial, p. 497). Aliás, é prática judiciária concluírem-se as sentenças com a fórmula "*julgamos* a acção *provada* e procedente" (ou "não provada e improcedente").

[274] Que poderá ser o juiz que presidiu ao tribunal colectivo.

198   *Regime Processual Civil Experimental Comentado*

juiz responsável pela sua elaboração se poderá deparar com a *necessidade* de conhecer da ocorrência de um destes, se todos os factos essenciais já tiverem merecido resposta[275].

Admitamos agora que a omissão é detectada ainda pelo tribunal do julgamento, entre o encerramento dos debates e a prolação da decisão sobre a matéria de facto. Tratando-se de facto relevante puramente *instrumental* (e que não se relacione com o funcionamento de uma presunção a operar na sentença), deve o tribunal dele conhecer, independentemente de constar ou não da base instrutória. A questão reconduz-se, assim, aos quadros do art. 653.°, n.° 1, do CPC: o tribunal não se julga suficientemente esclarecido sobre um facto que identifica, que *não estava excluído da instrução* (por ser instrumental) e do qual deve tomar conhecimento, pelo que voltará à sala para que sobre ele se produza prova. Se o tribunal não proceder nos termos descritos, os advogados podem reclamar contra deficiência nas respostas, ainda que o "questionário" tenha sido totalmente respondido, com fundamento na existência de facto instrumental relevante não alegado (de que o tribunal pode conhecer oficiosamente) que não mereceu pronúncia[276].

O problema enunciado só se coloca, pois, quando, encerrados os debates, o tribunal do julgamento ou o juiz responsável pela sentença constatam que a base instrutória é omissa quanto a facto principal (ou instrumental que dela devesse constar). Também aqui dificilmente se poderá sustentar que a instrumental lei processual obriga à prolação de uma sentença (fabulosamente inútil) sobre um caso virtual, carecida que está de um facto (ou da certeza da sua não prova) que permite relatar com verdade a relação material controvertida.

Na hipótese agora configurada, impõe-se que o tribunal reabra a audiência, retornando à fase de produção de prova, sempre que a omissão seja detectada até à prolação da decisão sobre a matéria de facto[277]. A limitação

---

[275] O que se disse a propósito dos factos essenciais vale, como resulta do texto, para os factos instrumentais que sirvam (ou impeçam) uma presunção a operar em sede de sentença (factos que devem integrar a base instrutória). Note-se que, ainda que a necessidade recusada no comentário fosse sentida, nada poderia ser feito em primeira instância, *pois estando julgado* (não provado, eventualmente) *o facto essencial* servido pelo facto instrumental, está sobre ele esgotado o poder jurisdicional do tribunal (art. 666.°, n.os 1 e 3, do CPC).

[276] A questão já foi discutida pela Doutrina, tendo merecido resposta por parte de ALBERTO DOS REIS (perante enquadramento legal não coincidente com o considerado no comentário) – *Código*, cit., Vol. IV, 1987, p. 553.

[277] ANSELMO DE CASTRO salienta que a oficiosidade do conhecimento pelo tribunal da Relação da deficiente resposta aos quesitos (art. 712.° do CPC), designadamente, assenta na "impossibilidade de o tribunal conhecer do objecto do recurso – os erros da decisão da matéria de direito – na ausência dos necessários pressupostos de facto que aqueles

Processo   199

temporal prevista no art. 650.°, n.° 1, al. *f)*, do CPC para a ampliação da base instrutória (até ao encerramento da discussão sobre a matéria de facto) deve ser interpretada no sentido de ser inadmissível o alargamento do objecto da instrução sem que as partes possam discutir a matéria ampliada. Sendo reaberta a audiência para estes efeitos, seguir-se-á a discussão da matéria de facto (produção da prova e debates), pelo que o respeito pelo princípio do contraditório visado por aquele limite temporal fica assegurado[278].

Nos casos em que a omissão só seja reconhecida após a prolação do despacho previsto no art. 653.°, n.° 2, do CPC, o complemento instrutório só deverá ser admitido quando seja absolutamente seguro que a prova a produzir sobre a matéria carecida de instrução não tem influência na decisão sobre a matéria de facto *já julgada*[279]. De outro modo, estando vedado ao tribunal alterar as respostas já dadas (art. 666.°, n.ºs 1 e 3 do CPC), não restará outra solução que não seja a anulação do julgamento pelo tribunal de recurso, que ordenará a ampliação da matéria objecto da prova e caucionará uma nova e, eventualmente, diferente pronúncia sobre a matéria que já havia sido julgada, se se justificar, após apreciação dos novos meios de prova produzidos[280].

---

vícios pressupõem" – *Direito*, cit, Vol. III, p. 137. Ora, se o tribunal de recurso não consegue sindicar o direito perante a insuficiência da matéria de facto, também o juiz que profere a sentença – que aplica o direito – se poderá ver confrontado com a impossibilidade de o aplicar satisfatoriamente, perante uma clara omissão de pronúncia sobre factos relevantes. Também aqui a oficiosidade do conhecimento tem cabimento.

[278] A possibilidade de serem aditados quesitos depois de encerrados os debates não é algo de estranho ao direito processual – cfr. o art. 66.°, n.° 3, do (então) Código de Processo do Trabalho aprovado pelo DL 272-A/81, 30 de Setembro, e o art. 653.°, al. *g)*, do CPC de 1939. O momento em que se detecta o problema (quando este ocorra antes da decisão da matéria de facto) não condiciona a sua resolução, desde que seja respeitado o princípio do contraditório – cfr. ALBERTO DOS REIS, *Código*, cit., Vol. IV, p. 549.

[279] O princípio da cooperação e o sentido do processo (a procura da verdade) determinam que, mesmo quanto aos factos a provar por documento, possa o juiz que se prepara para elaborar a sentença convidar a parte a juntar um escrito em falta (não obstante o disposto no art. 523.°, n.° 2, do CPC). Tomem-se como exemplos uma escritura bastante extensa à qual falta uma folha de conteúdo relevante, problema só detectado tardiamente pelo juiz; um facto carecido de prova, *mas não controvertido*, a realizar por documento não junto; um facto emergente das cláusulas gerais de um contrato de seguro (relativamente ao qual apenas foi junta a apólice contendo as condições especiais). Produzido o documento, seguir-se-á o contraditório adequado.

[280] Admitindo a ampliação da base instrutória após o encerramento dos debates, cfr. COSTA E SILVA, «Saneamento», cit., p. 252, e ABRANTES GERALDES, *Temas*, cit., II Vol., p. 262, nota 425. Em sentido contrário, cfr. MONTALVÃO MACHADO, *O Dispositivo*, cit., p. 341, SALAZAR CASANOVA, «A transversalidade», cit., p. 127, HENRIQUE ARAÚJO, *A Matéria*, cit., p. 20, e PAIS DE AMARAL, *Direito*, cit., p. 373.

200   *Regime Processual Civil Experimental Comentado*

Nos processos submetidos ao RPCE, estando a decisão de facto incluída na sentença, não se coloca a questão da detecção oficiosa, em primeira instância, de uma omissão de pronúncia sobre um quesito (excepto nos casos, adiante analisados, de intervenção do tribunal colectivo) e pode, até à prolação da decisão final de facto e de direito, ser ampliada a matéria da instrução.

77.4.3. *Resposta 'provado o contrário do que se pergunta'*. A posição assumida sobre o tratamento processual dos factos instrumentais permite-nos responder a uma outra questão: pode o tribunal, no julgamento de facto da causa, decidir "provado o contrário do que se pergunta"?[281]

> A resposta do colectivo no sentido da prova do contrário só encontra justificação na circunstância de ter ocorrido uma deficiente quesitação. Se o facto relevante (instrumental ou principal) é o perguntado, não tem o colectivo por que dar por provado o seu oposto.

Não constituindo a base instrutória uma decisão sobre a relação processual (e muito menos sobre a relação material controvertida), mas uma mera ferramenta de trabalho para a boa disciplina das fases ulteriores do processo contendo os factos principais, a factualidade instrumental *relevante* (validamente adquirida, ao abrigo do disposto no art. 264.º do CPC) não deixa de estar sob instrução, ainda que não esteja quesitada ou que esteja quesitado a factualidade irrelevante contrária[282]. Neste último caso, o tribunal não deve responder directamente ao quesito formulado, por ser irrelevante, e deve conhecer do seu contrário não relacionado, por ser instrumental e relevante.

A "prova do contrário do que se pergunta", quanto a um facto instrumental, não é substancialmente diferente da prova do facto relevante

---

[281] PAIS DE AMARAL admite que, sem extravasar o quesito, o tribunal responda "provado o contrário do que se pergunta" – cfr., JORGE PAIS DE AMARAL, *Direito Processual Civil*, Coimbra, Almedina, 2009, 377. No mesmo sentido, com algum conforto na norma contida no art. 516.º do CPC – sobretudo quando tenha havido uma deficiente quesitação, em função do ónus da prova –, cfr. LEBRE DE FREITAS, MONTALVÃO MACHADO e RUI PINTO, *Código*, cit., Vol. II, pp. 629-630. Em sentido oposto, cfr. ABRANTES GERALDES, *Temas*, cit., II Vol., p. 244 e segs..

[282] A "base instrutória mais não é do que um acervo de questões (sobre se os factos nela insertos se verificaram ou não) que hão-de obter resposta ulterior do tribunal, não tendo natureza de decisão, mas de *peça preparatória* da decisão" – LEBRE DE FREITAS, MONTALVÃO MACHADO e RUI PINTO, *Código*, cit., Vol. II, pp. 382-383.

quando não tenha sido elaborada base instrutória (processo sumário) ou quando não tenha sido exarada na base instrutória qualquer versão dessa factualidade instrumental[283].

78. *Estrutura da sentença.* Na elaboração da sentença, o juiz *deve* limitar-se a proferir a parte decisória, precedida da identificação das partes e da fundamentação sumária do julgado (n.° 2)[284]. Para além da já analisada descrição dos fundamentos de facto por remissão, a novidade, relativamente ao regime regra do processo ordinário, reside na eliminação da necessidade de identificação do objecto do litígio e de fixação das questões a resolver (art. 659.°, n.° 1, do CPC). Esta simplificação da estrutura da sentença já era, no entanto, permitida, na forma comum ordinária, nos casos de revelia operante, quando a causa revestisse manifesta simplicidade (art. 484.°, n.° 2, do CPC).

Como é evidente, a circunstância de a sentença não incluir na sua estrutura uma secção dedicada ao (tabelar) saneamento processual, não determina que, ocorrendo excepções dilatórias de conhecimento oficioso ou tendo sido arguida uma excepção ou nulidade, não possam estas ser apreciadas nesta fase (art. 660.°, n.° 1, do CPC)[285]. Apenas no caso de não se verificar (positivamente) uma questão atinente ao saneamento, de que o tribunal deva conhecer, deve ser suprimido o saneamento tabelar da estrutura da decisão final.

---

[283] Quanto aos factos essenciais, a objecção à resposta de prova do seu contrário tende a ser mais de ordem formal do que substancial, já que o objecto da instrução abarcará ambas as realidades, o que vale por dizer que relativamente a elas as partes já exerceram os seus direitos processuais (de contraditório). Por exemplo, a produção de prova (incluindo a contraprova) e os debates sobre o facto "o sinal luminoso de cor vermelha estava aceso", dificilmente deixarão de compreender o facto "o sinal luminoso de cor vermelha não estava aceso". Este último facto, embora não quesitado, poderá ter sido validamente adquirido pelo processo (art. 264.° do CPC), quanto mais não seja em resultado da impugnação do primeiro feita pela contraparte (mediante uma declaração de ciência), pelo que, neste caso, pode ser objecto de pronúncia.

[284] Sobre a forma e o conteúdo da sentença, cfr. LUÍS CORREIA DE MENDONÇA e JOSÉ MOURAZ LOPES, «Julgar: contributo para uma análise estrutural da sentença civil e penal; a legitimação pela decisão», *Revista do CEJ*, n.° 1, 2.° Semestre 2004, p. 195 e segs., DUARTE SOARES, «Sentença cível», cit., p. 67 e segs., e MANUEL OLIVEIRA BARROS, «Breves notas sobre a sentença cível», *Revista do CEJ*, n.° 10, 2.° Semestre 2008, p. 67 e segs..

[285] Cfr. Ac. do TRP de 09 de Julho de 2009, proferido no processo n.° 1720/08. 7TJPRT. P1 (submetido ao RPCE), publicado em *dgsi.pt*, onde se entendeu ser nula a sentença, não por irregularidade ou vício de forma na sua estruturação, mas sim por nela não se ter apreciado a excepção dilatória de conhecimento oficioso verificada.

A supressão destas etapas na elaboração da sentença tem pouco relevo prático, não representando qualquer significativo ganho de tempo. Para a boa estruturação do seu raciocínio e do seu discurso, o juiz deve ter bem presentes o objecto da demanda e as questões que tem de abordar (art. 660.°, n.° 2, do CPC). Se estes elementos não forem claros no seu espírito, a comunicação, que a sentença também é, será confusa, encerrando, potencialmente, lacunas e contradições. Entre guardar para si estes momentos sistematizadores do seu raciocínio e da decisão, e partilhá-las com os seus destinatários, não se vê que a primeira opção represente um significativo acréscimo de celeridade processual – tanto mais que a sentença pode ser ditada para a acta. Pelo contrário, fazer incluir na sentença este "índice de matérias", ajudará o destinatário a seguir o discurso argumentativo do tribunal.

A norma abrange a *motivação* da decisão sobre a matéria de facto, sempre sem prejuízo, em especial, da suficiência[286]; já não a *factualidade* que, por força do disposto no art. 659.°, n.° 2, do CPC, constitui a fundamentação de facto da sentença. A matéria de facto pertinente dada por provada não é elástica, sendo insusceptível de sumarização.

A inclusão desta exigência no regime regra da elaboração da sentença deve ser tida mais por simbólica do que por inovadora. Com efeito, de qualquer pronúncia jurisdicional se exige que seja sóbria, simples e concisa. A fundamentação (análise dos factos e aplicação da lei) "deve" ser sumária (n.° 2), embora *sempre expressa, clara, coerente e suficiente*[287]. A sentença de primeira instância tem por função decidir o caso concreto e por destinatárias as partes; não é ela um veículo de exibição de conhecimentos doutrinais e jurisprudenciais, nem é um meio idóneo à inconsequente participação em discussões jurídicas não estritamente necessárias

---

[286] Sobre a decisão e a sua motivação como fonte de legitimação – cfr. CORREIA DE MENDONÇA e MOURAZ LOPES, «Julgar», cit., p. 230 e segs.. Sobre as vantagens da motivação, cfr. cfr MANSO RAINHO, «Decisão», cit., p. 160. Sobre o dever de fundamentação (motivação), cfr. o Ac. do TC n.° 310/94.

[287] Continuam válidos os princípios da motivação das sentenças civis enunciados por CORREIA DE MENDONÇA e MOURAZ LOPES: simplicidade e precisão de linguagem; coerência lógica; exaustão; concisão – «Julgar», cit., p. 214 e segs.. Sobre o tema, cfr. JORGE MIRANDA e RUI MEDEIROS, *Constituição*, cit., Tomo III, p. 70 e segs.. Qualificando de aberrante a regra da fundamentação sumária do julgado, cfr. LOPES DO REGO, «A "conversão"», cit., p. 155. RIBEIRO MENDES manifesta algumas dúvidas sobre a constitucionalidade de determinadas normas do RPCE, entre as quais a que impõe uma fundamentação sumária (art. 15.°, n.° 2) – «Constituição», cit., p. 543 e segs..

à decisão do litígio vertente. A sinalização do dever de síntese e a regra da oralidade da prolação da sentença vêm colocar um travão numa indesejada tendência de prolação de "sentenças *king size*" (CORREIA MENDONÇA e MOURAZ LOPES), potenciada pela utilização de meios informáticos[288].

79. *Oportunidade da prolação da sentença.* Estabelece o n.º 3 que, salvo em casos de manifesta complexidade, a sentença é de imediato ditada para a acta. Quando assim suceda, a audiência final é uma verdadeira audiência de discussão *e de julgamento*, pois não é ela declarada definitivamente encerrada sem que tenha lugar a prolação da sentença, à semelhança do previsto no art. 659.º, n.º 5, do CPC[289].

Embora, em rigor, *manifesta* complexidade não corresponda a *elevada* complexidade (manifesta mais não significa do que patente), o adjectivo é aqui empregue com esse sentido, como que qualificando (graduando) a complexidade – à semelhança do que sucede no art. 484.º, n.º 3, do CPC, aqui referindo-se à simplicidade. Esta norma ganha sentido quando aplicada à litigância de massa (altamente padronizada) onde os casos idênticos e simples se repetem. Recorde-se que o diploma comentado também visa concretizar o imperativo – gizado pela Resolução do Conselho de Ministros n.º 100/2005, de 30 de Maio, que aprovou o Plano de Acção para o Descongestionamento dos Tribunais – de assegurar um tratamento específico, no âmbito dos meios jurisdicionais, aos litigantes de massa.

Todavia, mais do que conferir maior celeridade aos processos (designadamente de litigância nuclear), esta "sentença-na-hora" originará um maior número de erros de julgamento, podendo mesmo dar às partes a ideia de que juiz que não se dignou a dispensar ao seu caso a ponderação devida, revelando displicência pelo modo como "despachou" o processo. Afirmava CALAMANDREI temer "um juiz demasiado seguro de si, que chega logo à conclusão e que compreende logo de início, sem perplexidades e sem arrependimentos"[290]. Estamos, pois, perante um claro exemplo de "sobrevalorização dos critérios de celeridade e de simplificação"[291].

---

[288] Sobre o tema, cfr. FERNANDO PINTO DE ALMEIDA, *Fundamentação da Sentença Cível*, 2008, *trp.pt/estudos/accaoformacao-fundamentacao-sentenca-civel.html* (último acesso 13-08-09).

[289] Diferentemente, BRITES LAMEIRAS entende que, "com o encerramento dos debates, encerra-se também a audiência final" – cfr. BRITES LAMEIRAS, *Comentário*, cit., p. 127.

[290] *Eles, os Juízes*, cit., p. 56.

[291] Cfr. TEIXEIRA DE SOUSA, «Um novo», cit., p. 13.

O legislador apresentou aqui uma solução errada para a "equação processual" (TEIXEIRA DE SOUSA), sacrificando desnecessariamente a obtenção da justa composição do litígio no altar da celeridade processual.

Ressalvados os casos especialmente simples, a elaboração da sentença, sobretudo agora que integra a decisão de facto da causa, exige serenidade e concentração[292]. Não é aceitável que, depois de uma causa ter estado pendente durante largos meses ou anos, tudo se possa perder em resultado de uma decisão menos ponderada, gerada sob a vertiginosa pressão do tempo[293]. Perspectivando a acção declarativa como "um procedimento de natureza cognitiva com função decisória, que tem por objecto a medida da tutela jurídica concretamente pretendida e a factualidade alegada como fundamento"[294], a imediata precipitação da sentença para a acta não a caracteriza como o acto que, no culminar daquele processo, normal e *naturalmente*, põe fim à relação jurídico-processual, surgindo antes como a morte abrupta da instância. É esta numa opção que ignora, desde logo, que o processo cognitivo não cessa quando findam os debates, mas sim quando o juiz, depois de ponderar sobre a matéria probatória, conclui pela certeza da verificação do facto[295].

A prova (em tudo o que ela envolve, desde a elaboração da base instrutória, até à motivação da decisão) é o nó górdio do processo. Por outro lado, não raras vezes, o juiz apenas se apercebe do verdadeiro alcance das questões de direito a tratar durante a elaboração da sentença, o que é natural. A desejada coerência do sistema jurídico-processual não se realiza quando, para questões menores, se estabelece um prazo de decisão de 10

---

[292] Sobre o tema, cfr. PINTO DE ALMEIDA, «Fundamentação», cit..

[293] Defendendo que só é admissível ao juiz suspender a audiência por alguns momentos (meia hora, uma hora), para ordenar ideias, enquanto as partes e seus mandatários aguardam, cfr. FRANÇA GOUVEIA, *Regime Processual*, cit., p. 145.

[294] Cfr. SOARES GOMES, «Um olhar», cit., p. 128.

[295] Pergunta COSTA E SILVA: "se o juiz acabou de assistir à produção da prova e de ouvir as alegações de facto e de direito, quando procede ao exame crítico de todas as provas?" – «A ordem», cit.. LEBRE DE FREITAS alerta: "A progressiva valoração da celeridade processual não deve, porém, levar a subalternizar, como por vezes entre nós se verifica, a necessária maturação e qualidade da decisão de mérito, com o inerente desvio da função jurisdicional – *Introdução*, cit., p. 127. Considerando discutível a opção pela oralidade da sentença e a imposição da sua fundamentação sumária, que constituem um incentivo à ligeireza da decisão, cfr. LEBRE DE FREITAS, «Regime», cit., p. 18. Sustentando que a celeridade na elaboração da sentença nunca pode prejudicar o debate argumentativo, cfr. SALAZAR CASANOVA, «A transversalidade», cit., p. 121.

dias (art. 160.°, n.° 1, do CPC), estabelecendo-se para o acto maior do processo, a pronúncia jurisdicional (compreendendo a decisão sobre os factos e sobre o direito), com toda a sua relevância social, o dever de decisão imediata.

A exaustiva preparação prévia do julgamento não permite encurtar o tempo necessário à ponderação dos diversos depoimentos prestados e do seu peso relativo, não tornando mais exequível a imediata decisão desejada pelo legislador. Para além de ser profundamente ineficiente ocupar o tempo do tribunal com a prévia elaboração de projectos de decisões alternativas – sabendo-se, portanto, que apenas o esforço empregue na elaboração de uma (quando não de nenhuma) será aproveitado –, a riqueza da produção da prova numa audiência contraditória não pode ser apreendida em sentenças-de-adesão guardadas em carteira (contendo, já agora, a ponderação e análise da prova produzida).

É pois também esta uma questão a resolver com recurso ao dever de gestão processual (art. 2.°, al. *a*)). Se nalguns casos é apropriado proferir a decisão de imediato, noutros (a maioria) será mais adequado designar uma nova sessão do julgamento, destinada à leitura da sentença (preservando-se a oralidade), e noutros, ainda, será mais conveniente proferir a decisão por escrito (*v.g.*, quando as partes e seus mandatários não se proponham comparecer a uma eventual audiência de leitura da sentença).

Sendo diferida a prolação da sentença, se não se julgar suficientemente esclarecido, o juiz (ou o colectivo, antes de proferido o acórdão) poderá, ainda, retornar à fase anterior à discussão da matéria de facto e do aspecto jurídico da causa (ou reabrir a audiência), ouvir as pessoas que entender e ordenar as diligências necessárias ao seu esclarecimento – art. 653.°, n.° 1, do CPC.

80. *Julgamento nas acções não contestadas.* Quando o réu não conteste, a fundamentação da sentença pode consistir na simples adesão aos fundamentos apresentados pelo autor, quando destes resultem as razões de facto e de direito em que se funda a decisão (art. 15.°, n.° 4). Diferentemente, o art. 784.° do CPC dispõe que, "quando os factos reconhecidos por falta de contestação determinem a procedência da acção, pode o juiz limitar-se a condenar o réu no pedido, mediante simples adesão aos fundamentos alegados pelo autor na petição inicial".

Se no regime previsto para o processo sumário a simples adesão aos fundamentos alegados pelo autor na petição inicial apenas pode ter lugar quando a procedência da acção assente nos factos reconhecidos *por falta*

206 Regime Processual Civil Experimental Comentado

de contestação, no novo processo comum a adesão pode ter lugar mesmo quando a decisão se funda em factos provados por qualquer outro meio de prova – que não o confessório –, desde que a acção não tenha sido contestada. Assim, terminada audiência final de um processo onde o réu revel haja sido citado editalmente (art. 485.°, al. *b)*, do CPC), a *fundamentação* da sentença pode consistir na simples adesão aos fundamentos apresentados pelo autor, nos termos previstos no art. 15.°, n.° 4[296]. Note-se, todavia, que, neste caso – isto é, quando os factos resultam provados por outros meios que não a confissão *ficta* –, para além da fundamentação *per relationem*, a sentença deve conter os elementos referidos no n.° 2 e a *motivação autónoma* da decisão sobre a matéria de facto – a análise crítica das provas, especificando os fundamentos que foram decisivos para a convicção do julgador (art. 653.°, n.° 2, do CPC) –, já que este elemento essencial da sentença não consta, obviamente, da petição inicial. Também quando, numa acção não contestada, estejamos perante factos para cuja prova se exija documento escrito (art. 485.°, al. *d)*, do CPC), apresentado o documento necessário e não sendo ele impugnado, poderá a sentença, proferida na fase do saneamento, ter esta estrutura simplificada[297].

Desaparece a possibilidade, admitida pelo regime aprovado pelo DL n.° 269/98 de simples atribuição de força executiva ao requerimento de injunção remetido à distribuição por impossibilidade de citação do requerido, que, não obstante vir a ser localizado e citado para a acção, não contesta. O título executivo formado é agora uma verdadeira pronúncia jurisdicional.

80.1. *Petição omissa quanto às razões de direito*. Não sendo pelo autor invocadas as razões de direito, está obviamente vedado ao tribunal *limitar-se* a lançar mão do disposto no art. 15.°, n.° 4, sob pena de a sentença ser omissa quanto aos fundamentos jurídicos[298]. Neste caso, a decisão proferida, para além de respeitar os requisitos de forma revistos no art. 15.°, n.° 2, deverá conter a fundamentação de facto – que pode ser feita por mera remissão para a petição inicial (art. 15.°, n.° 1)[299] – e a fundamenta-

---

[296] Embora aqui, reconhece-se, haja controvérsia (art. 158.° do CPC). Assim também se deverá entender para as restantes situações descritas no art. 485.°, als. *b)* e *c)*, do CPC.

[297] Não se prescindindo, quanto aos factos não reconhecidos por falta de contestação, da análise crítica das provas documentais que levaram à sua demonstração.

[298] Sendo, como tal, nula (art. 668.°, n.° 1, do CPC).

[299] Embora não esteja vedado ao tribunal aderir aos fundamentos de facto e acrescentar o direito, como adiante se referirá, não se obterá qualquer ganho com a adesão par-

ção de direito. O juiz não está, todavia, impedido de, ao abrigo do dever de gestão processual (al. *a)* do art. 2.º), ordenar que seja efectuada uma notificação com conteúdo idêntico ao da norma actualmente prevista no art. 484.º, n.º 2, do CPC. Sendo este convite atendido, poderá ser proferida decisão nos termos previstos no art. 15.º, n.º 4.

Ao contrário do teor do art. 784.º do CPC, a norma contida no n.º 4 do art. 15.º não exige que os fundamentos apresentados pelo autor o tenham sido na petição inicial. Qualquer acto processual de parte *escrito* – pois só o conteúdo do acto escrito poderá ser, por remissão, integrado na sentença reduzida a *escrito* (em peça autónoma ou incorporada na acta) –, sujeito ao contraditório pertinente, pode servir de base a esta forma de simplificação e agilização processual.

80.2. *Adesão parcial aos fundamentos apresentados.* Numa acção não contestada, quando o juiz está em condições de aderir à fundamentação de facto, mas não de acolher todas ou algumas das razões de direito invocadas, coloca-se a questão de saber se pode lançar mão desta modalidade de sentença, aderindo aos fundamentos de facto alegados e, *parcialmente*, às razões de direito invocadas pelo autor – bastando essa forma de fundamentação, ali onde o tribunal acolha esses fundamentos e razões –, acrescentando, depois, sumariamente, as restantes razões de direito em que se funda a sua decisão.

Quando o não acolhimento das razões de direito é total – quer o diferente direito invocado pelo tribunal conduza à procedência da acção, quer conduza à sua total ou parcial improcedência –, a questão tem pouco significado prático: não há qualquer economia de esforço relevante entre elaborar uma sentença aderindo aos fundamentos de facto trazidos pelo autor – art. 15.º, n.º 4 –, e elaborar uma sentença descrevendo tais fundamentos por remissão – art. 15.º, n.º 1 –, já que, em ambos os casos, a totalidade da fundamentação de direito deverá ser expressamente feita, nos termos previstos na norma contida no art. art. 15.º, n.º 2.

Pretendendo o tribunal aderir a apenas alguns dos fundamentos de direito invocados pelo autor – quer o direito a aditar pelo tribunal conduza à procedência da acção, quer conduza apenas à procedência parcial –, a questão assume algum relevo. Tome-se como exemplo uma acção na

---

cial, já que entre essa forma de fundamentação e a que consta do n.º 1 do art. 15.º não se encontram diferenças significativas, no que respeita à simplificação processual.

qual o pedido principal deve ser julgado procedente, com fundamento nas razões de facto e de direito apresentadas na petição inicial, sendo, todavia, de julgar *parcialmente* improcedente o pedido de condenação do réu no pagamento de juros, por serem estes devidos a uma taxa legal inferior à que foi mencionada pelo autor.

Tendo presentes os propósitos de simplificação e de agilização processual que dão sentido ao art. 15.°, n.° 4, deve entender-se que, se a lei permite o mais – toda a fundamentação assenta numa remissão para uma qualquer peça processual –, permite o menos – parte da decisão estriba-se nos fundamentos invocados pelo autor, fundando-se a parte restante (que, ainda assim, sustenta a total procedência da acção ou que, pelo contrário, estriba a improcedência parcial) em fundamentos de direito apresentados pelo tribunal[300]. No exemplo acima referido, pode, pois, o tribunal limitar-se a declarar que adere aos fundamentos invocados pelo autor, excepto quanto a um determinado pedido que identifica, completando a sentença de "adesão" com algumas considerações de direito sobre a taxa de juro aplicável.

Resulta do exposto que, com o DL n.° 108/2006, mesmo nos casos em que não se pode falar de total "procedência da acção" – expressão verbal contida no art. 784.° do CPC, inexistente no RPCE[301] –, mas apenas de procedência parcial, o juiz pode elaborar uma sentença nos termos previstos no art. 15.°, n.° 4, desde que adite a fundamentação de direito sumária respeitante à parte da decisão de improcedência.

81. *Adesão a um acórdão uniformizador de jurisprudência.* A norma contida no n.° 5 é desnecessária, não só porque a sua hipótese é de ocorrência limitada, como também porque já no processo comum geral, quando, na sua decisão, adere a um acórdão de uniformização de jurisprudência, o juiz pouco mais fará do que, sobre essa questão, remeter para os seus fundamentos.

Esta disposição legal não estabelece, nem o poderia fazer, que, estando a interpretação da norma a aplicar pelo juiz uniformizada por um acórdão do Supremo Tribunal com esta natureza, o juiz se limitará a *apli-*

---

[300] Sobre o tema, cfr. França Gouveia, «A acção», cit., p. 148.

[301] Embora a letra da lei do DL n.° 108/2006 permita com mais segurança a "adesão parcial" descrita no comentário, entendemos que já ao abrigo da norma constante do art. 784.° do CPC tal solução era admissível, essencialmente pelas mesmas razões constantes do texto.

car o "assento". Antes do mais, deve o julgador, independentemente e segundo a sua convicção, interpretar a lei (*mas desde logo subsidiado pelo aresto que fundamentou a uniformização de jurisprudência*), só devendo usar do expediente aqui previsto se aderir à interpretação superiormente fixada[302].

82. *Intervenção do tribunal colectivo.* A decisão final da causa mantém a designação de sentença, e não de acórdão, não obstante ser integrada pela decisão sobre a matéria de facto (art. 15.º, n.º 1). Não seria isto digno de anotação, não fora o facto de ser admissível a intervenção do tribunal colectivo no processo experimental (art. 8.º, n.º 5), a este competindo julgar as questões de facto (art. 106.º, al. *a)*, da LOFTJ), por meio de *acórdão* (art. 156.º, n.º 3, do CPC).

82.1. *Manutenção da cisão do julgamento.* Intervindo o tribunal colectivo, justifica-se que, numa interpretação restritiva da lei – no mínimo –, as decisões de facto e de direito continuem, no processo experimental, a ser distribuídas por duas peças processuais: o acórdão sobre a matéria de facto que cumpre ao colectivo conhecer[303], da autoria do tribunal colegial; a sentença, fazendo o exame crítico dos factos que ao juiz que a elabora cabe apreciar (art. 659.º, n.º 3, do CPC) e julgando de direito, da autoria do presidente do colectivo. Assim o impõe o respeito por uma clara delimitação das competências, das questões decididas, e da autoria da decisão sobre a matéria de facto e de direito.

Malgrado não ter previsto, no artigo comentado, o caso, cada vez mais excepcional, de intervenção do colectivo, nada indica que o legislador tenha pretendido que se enxertasse um acórdão na sentença (indicando cada juiz interveniente, junto da sua assinatura *electrónica*, que a parte da decisão é por si subscrita) ou, muito menos, que o colectivo passe a decidir de facto e de direito[304].

Proferido o acórdão do tribunal colectivo, do qual cabe reclamação (art. 653.º, n.º 4, do CPC), seguir-se-á a prolação da sentença pelo juiz (individual) competente, sendo imediatamente ditada para a acta, lida

---

[302] Sobre o tema, cfr. KARL LARENZ, *Metodologia*, cit., p. 522.

[303] Recorde-se que o colectivo apenas conhece dos factos cuja prova depende da livre convicção do julgador.

[304] À semelhança do que sucede no caso previsto no art. 1408.º, n.º 4, do CPC, revogando, parcialmente, o mencionado artigo da LOFTJ.

210   *Regime Processual Civil Experimental Comentado*

em nova sessão da audiência final ou proferida por escrito, em função da sua complexidade.

82.2. *Julgamento de facto pelo juiz que preside ao colectivo.* Nos casos em que intervenha o tribunal colectivo, a distribuição da decisão sobre a matéria de facto por dois actos distintos – o acórdão e a sentença – justifica-se, acima de tudo, porque a lei prevê duas decisões sobre tal matéria, uma da competência do tribunal colectivo (que tem por objecto a prova livremente apreciada: arts. 653.º, n.º 1, e 655.º do CPC), outra da competência do juiz que a este preside (que tem por objecto a prova com força plena ou pleníssima: art. art. 659.º, n.º 3, do CPC).

As *provas* (não os factos a provar) que ao juiz que preside ao colectivo "cumpre conhecer" (art. 659.º, n.º 3, do CPC), como tribunal singular, são as que estão excluídas do julgamento pelo tribunal colectivo. O julgamento deste tribunal de estrutura colegial não tem por objecto os "factos que só possam ser provados por documentos ou que estejam plenamente provados" (arts. 646.º, n.º 4, e 655.º do CPC). Cabe, assim, ao juiz que elabora a sentença "fazer o exame crítico" dos documentos apresentados idóneos (em abstracto) à demonstração dos factos que só podem ser provados por este meio (art. 364.º do Código Civil), explicando por que razão estes se extraem (ou não) daqueles. Ainda neste âmbito, deve ter lugar o julgamento dos factos provados por confissão *ficta* ou expressa. A enunciação explicativa das presunções *legais*[305] (de factos, não de direitos) assentes em factos (base), essenciais ou instrumentais (conhecidos, estes, e transportados para a sentença com esta finalidade), dados provados pelo tribunal colectivo (por poderem ser provados por qualquer meio de prova), ou conhecidos na sentença (quando o facto base carece de prova documental ou confessória), integra também o exame crítico das provas a ter lugar em sede de decisão final da causa[306].

As presunções *judiciais* têm no julgamento de facto realizado na sentença um campo de aplicação muito residual. As *praesumptiones hominis* têm, em regra, por base factos instrumentais e por presumidos factos essen-

---

[305] Sobre as presunções legais, cfr. (em geral) LEO ROSENBERG, *La Carga*, cit, p. 233 e segs., e (no direito português) RITA LYNCE DE FARIA, *A Inversão do Ónus da Prova no Direito Civil Português*, Lisboa, Lex, 2001, p. 33 e segs..

[306] Neste sentido, lei, cfr. LEBRE DE FREITAS, *A Acção*, cit., p. 284.

ciais de prova livre[307]. Ora, estes últimos já devem integrar o objecto de pronúncia do colectivo, não sendo o seu julgamento da competência singular do seu presidente.

Na sentença, o conhecimento da matéria de facto da competência do juiz presidente está limitado às provas a apreciar de acordo com critérios estritamente legais. Neste âmbito da decisão de facto, não será frequente o recurso a presunções judiciais, embora se admita que possa ter lugar, por exemplo, na prova de um facto por *documento autêntico*, quando seja necessário extrair a declaração essencial (tácita) de declarações instrumentais (expressas), porventura até com o auxílio de factos instrumentais extrínsecos ao documento, dados por provados pelo colectivo para estes efeitos, e que transitaram para a sentença (art. 217.°, n.ºs 1 e 2, do CC)[308].

As presunções judiciais normalmente operadas em sede de sentença são, todavia, de diferente ordem (da que acaba de se descrever), não respeitando a puros factos, mas sim a "conclusões de facto" ou "juízos de valor sobre a matéria de facto" (*essencial*) – em relação aos quais o colectivo não se pronuncia –, tendo lugar na fase da discussão das questões jurídicas a tratar – como a conclusão de ser manifestamente excessivo um comportamento ou ser exigível a adopção de uma conduta[309].

O processo experimental não conhece a figura da especificação, tal como não a conhece o Código de Processo Civil, desde a reforma de 1995/ /1996 – pelo menos não com a autonomização e relevância de que anteriormente gozava[310]. Devem, pois, considerar-se ultrapassadas as posições no sentido de o exame das provas previsto no art. 659.°, n.° 3, do CPC não compreender a análise crítica da prova documental necessária ou da confissão expressa ou *ficta*, por supostamente já estarem os factos objecto desta prova assentes e vertidos na especificação[311]. Ainda que, na fase do

---

[307] Sobre o tema, cfr. ANTUNES VARELA, Anotação ao Acórdão do STJ de 8 de Novembro de 1984, *RLJ*, Ano 122.°, p. 223 e segs.; cfr., ainda, sobre presunções judiciais (e regras de experiencia), ADRIANO VAZ SERRA, Anotação ao Acórdão do STJ de 12 de Novembro de 1974, *RLJ*, Ano 108.°, p. 352..

[308] Sobre o tema, cfr. MANUEL DE ANDRADE, *Noções*, cit., p. 290, nota (1), e ANTUNES VARELA, MIGUEL BEZERRA e SAMPAIO E NORA, *Manual*, cit., p. 648, nota 5.

[309] Sobre o tema, cfr. JOÃO ANTUNES VARELA, «Os juízos de valor na lei substantiva, o apuramento dos factos na acção e o recurso de revista», *CJ*, Ano XX, 1995, tomo IV, p. 7 e segs.

[310] Esta *especificação* desapareceu com a reforma de 1995/1996, embora o Código ainda faça uma referência à matéria de facto dada por assente na fase do saneamento (arts. 508.°-A, n.° 1, al. *e)*, e 511.°, n.° 2, do CPC). Sobre o tema, cfr. o comentário ao art. 10.°.

[311] À luz das anteriores versões do CPC, CASTRO MENDES sustentava que o exame crítico das provas refere-se apenas às presunções e ao "chamado" ónus da prova – JOÃO DE

212   *Regime Processual Civil Experimental Comentado*

saneador, tenha sido elaborado um despacho elencando os *factos assentes*, não está o juiz dispensado de, na sentença, fazer a apreciação das provas que conduzem à demonstração destes factos, embora, por regra, nos moldes muito reduzidos adiante referidos[312].

O juiz que profere a sentença conhece, ainda, dos factos que não dependem de alegação pelas partes[313]. Não por serem de conhecimento oficioso, pois a sua intervenção (tal como a do tribunal colectivo) não é condicionada pela circunstância de matéria julgada ter sido alegado pelas partes ou não; mas sim porque esses factos *também* não carecem de prova (art. 514.°, n.° 1, do CPC), deverem ser demonstrados por documento (art. 514.°, n.° 2, do CPC), ou não servirem para suportar as pretensões das partes (art. 665.° do CPC).

O exame crítico das provas previsto no art. 659.°, n.° 3, não difere funcionalmente do referido no art. 653.°, n.° 2, também do CPC: ambos visam concluir se a prova produzida é, em concreto, bastante para a demonstração do facto. O modo como se chega a tal conclusão é, no entanto, profundamente diferente. O colectivo explica por que razão, de acordo com a sua livre convicção, o meio é idóneo, em abstracto e em concreto, à prova do facto; na sentença, o juiz partindo da certeza de que o meio é,

---

Castro Mendes, *Direito Processual Civil*, 2.° Vol., Lisboa, AAFDL, 1987, p. 758 e segs. Já no contexto da reforma de 1995/1996, defendendo que o exame crítico das provas conduz à fixação dos factos que podem ser inferidos "por presunção legal ou judicial", cfr. Teixeira de Sousa, *Estudos*, cit., p. 353. Hoje, não mais se justifica a confusão entre 1.ª parte do n.° 3 do art. 659.° do CPC – os *factos* que servem de premissa (fundamento) ao silogismo judicial (complexo e de interpenetração entre o facto e o direito) exposto na sentença, isto é, que servem de base à subsunção jurídica (e que, por seu turno, constituem o objecto da *decisão* de facto que os fixou) – e a 2.ª parte do mesmo número e artigo – motivação da decisão de facto (explicitação do seu silogismo próprio) respeitante aos factos cuja prova depende de critérios estritamente legais. Importa recordar que, na fase do saneamento, os factos não são julgados assentes, mas sim considerados assentes (arts. 508.°-A, n.° 1, al. *e)*, e 511.°, n.° 2, do CPC) – sobre o tema, Lebre de Freitas, Montalvão Machado e Rui Pinto, *Código*, cit., Vol. II, 2001, p. 383.

[312] Bastando-se, por apodíctico, com a indicação do documento de onde se extrai a prova do facto.

[313] Não se deve confundir o facto de conhecimento oficioso (arts. 264.°, n.° 2, 514.°, 665.° ou 954.°, n.° 4, do CPC), que integra um desvio ao princípio da controvérsia (liberdade de alegar os factos que constituirão o fundamento da decisão), com a questão de conhecimento oficioso (art. 660.°, n.° 2, do CPC), que constitui um desvio ao princípio do dispositivo (*stricto sensu*) ou, utilizando diferente terminologia pertinente, ao princípio do pedido.

em abstracto, idóneo (*v.g.*, um documento), esclarece por que razão se extrai dele (ou não) o facto a provar. Num caso, o juízo de conformidade entre os factos alegados e a realidade histórica estriba-se na prudente convicção do julgador; no outro, este juízo funda-se, em especial, no valor que a lei atribui a determinados meios de prova[314]. Dada a natureza tabelada desta última prova, a pouco se reduz o exame crítico a realizar na sentença, como observa ALBERTO DOS REIS, "como é plena a força probatória da confissão, do acordo e dos documentos especificados, pouco mais terá o juiz de fazer do que registar os factos cobertos por esses meios de prova"[315]. Ao afirmar, por exemplo, que se encontra provada a emissão de uma declaração que descreve, exarada numa escritura pública que indica, o juiz está já a motivar a sua decisão: o facto está provado porque consta do documento que plenamente o prova[316].

---

[314] Sobre o tema, cfr. SOARES GOMES, «Um olhar», cit., pp. 133 e 158 e segs.. Explicando em que consiste a análise crítica da prova, cfr MANSO RAINHO, «Decisão», cit., p. 158 e segs..

[315] *Código*, cit., Vol. V, p. 33.

[316] Poder-se-ia dizer, com algum exagero, reconhece-se, que, estando em causa prova com valor tabelado, mais do que a julgar, o juiz limita-se a declarar o julgamento feito pela lei. Sobre o tema, cfr. MANSO RAINHO, «Decisão», cit., p. 147.

CAPÍTULO IV
Procedimentos cautelares e processos especiais

ARTIGO 16.º
Decisão da causa principal

Quando tenham sido trazidos ao procedimento cautelar os elementos necessários à resolução definitiva do caso, o tribunal pode, ouvidas as partes, antecipar o juízo sobre a causa principal.

Sumário – **83.** Tutela cautelar. **84.** Pressupostos da antecipação do juízo sobre a causa principal. **84.1.** Elementos necessários à resolução definitiva do caso. **84.2.** Contraditório. **84.2.1.** Procedimento preliminar. **84.2.2.** Procedimento incidental. **84.2.3.** Procedimento dependente de causa da competência do colectivo. **85.** Oportunidade do contraditório e oportunidade da decisão. **85.1.** Oportunidade da decisão de convolação. **85.2.** Natureza da decisão prematura. **86.** Produção de prova suplementar. **86.1.** Simultaneidade dos julgamentos cautelar e definitivo. **86.2.** Admissibilidade da produção de prova suplementar. **87.** Manutenção da utilidade da tutela cautelar. **87.1.** Providência conservatória. **87.2.** Providência antecipatória. **88.** Tutela penal da decisão sobre a causa principal. **89.** Sentido da decisão definitiva. **90.** Âmbito da aplicação. **90.1.** Insuficiência da tutela cautelar. **90.1.1.** Confronto com a norma contida no art. 121.º do CPTA. **90.1.2.** Tutela definitiva urgente e gestão processual. **90.1.3.** Tutela definitiva urgente exercida pela via cautelar. **90.1.4.** Natureza das questões e gravidade dos interesses. **90.2.** Situações de inutilidade da instauração de uma acção principal. **90.2.1.** Tutela antecipatória dotada de plena identidade com o mérito da causa. **90.2.2.** Recusa da instrumentalização da acção principal. **91.** Desvirtuamento do procedimento cautelar. **92.** Improcedência da providência e decisão antecipatória. **93.** Natureza do poder exercido. **94.** Recursos. **94.1.** Impug-

216 Regime Processual Civil Experimental Comentado

nação da decisão de não convolação. **94.2.** Impugnação da decisão de convolação. **94.3.** Impugnação da decisão cautelar. **94.4.** Impugnação da sentença.

83. *Tutela cautelar*. De acordo com o disposto no n.º 2 do art. 2.º do CPC, a todo o direito deve corresponder a acção adequada a fazê-lo reconhecer em juízo e a prevenir ou reparar a violação dele, bem como o procedimento cautelar necessário a garantir o efeito útil dessa acção (art. 2.º, n.º 2, do CPC). O texto da lei reflecte o entendimento tradicional sobre a sua *função* do procedimento cautelar: garantir que a utilidade do efeito prático-jurídico pretendido pelo autor não se esvanecerá entre o momento em que este decide recorrer aos tribunais e o momento em que é concedida a tutela definitiva pretendida[317].

A emissão de uma providência cautelar é justificada pelo chamado *periculum in mora*. A tutela definitiva é obtida por meio de uma acção que, inevitavelmente, demorará o seu tempo. Na pendência desta, existe o risco de a lesão ao direito do demandante se concretizar ou agravar. Pelo procedimento cautelar submete-se a relação material controvertida a uma apreciação sumária, sacrificando-se uma mais aturada ponderação sobre o litígio à rapidez da decisão, assim se obtendo uma providência cautelar conservatória ou antecipatória que permitirá garantir o efeito útil da acção principal.

A característica essencial da tutela cautelar é, neste contexto doutrinário, a sua *instrumentalidade* (garante a utilidade de outro meio processual)[318]. Desta característica decorrem outras duas: a *provisoriedade* e a *sumariedade (summaria cognitio)*. A provisoriedade, embora não exista por força da natureza sumária do procedimento, é um seu contrapeso e uma amenização[319].

Como pressupostos comuns a toda a tutela cautelar são assinalados o *fumus boni iuris* (a verificação da aparência de um direito[320]) e o *periculum*

---

[317] Sobre o tema, cfr. ALBERTO DOS REIS, *Código*, cit., Vol. I, 1982, p. 619 e segs., e PIERO CALAMANDREI, *Introdução ao Estudo Sistemático dos Procedimentos Cautelares*, tradução (de Andreasi Bassi) de *Introduzione allo studio sistematico dei provvedimenti cautelari*, de 1936, Campinas, Servanda, 2000. Sobre a função da tutela cautelar, cfr. RITA LYNCE DE FARIA, *A Função Instrumental da Tutela Cautelar Não Especificada*, Lisboa, Universidade Católica Editora, 2003, p. 31 e segs..

[318] Assim, PIERO CALAMANDREI, *Introdução*, cit., p. 203 e segs..

[319] Assim, PIERO CALAMANDREI, *Introdução*, cit., p. 32. Sobre o carácter provisório da tutela cautelar (comum), cfr. RITA LYNCE DE FARIA, *A Função*, cit., p. 125 e segs..

[320] Na verdade, não estamos perante um pressuposto privativo das providências cau-

Procedimentos cautelares e processos especiais 217

in mora (o perigo de a decisão pedida se tornar inútil em resultado da normal demora da acção). Na verificação do primeiro requisito, exige-se ao tribunal um juízo de mera probabilidade e de verosimelhança da existência do direito invocado, como transparece do seu nome jurídico; quanto ao segundo, exige-se ainda um mero juízo de probabilidade (quando, no caso, a cognição aprofundada demandar um tempo excessivo, sendo incompatível com a natureza urgente do procedimento), variável, em função das circunstâncias próprias da providência pedida, podendo justificar-se, mais nuns casos do que noutros, uma maior exigência na sua demonstração[321].

Um dos corolários da tradicional doutrina calamandriana é o exacerbar do objectivo *publicístico* da função destes procedimentos. As medidas cautelares são predispostas, mais do que pelos interesses dos indivíduos, pelo interesse da administração da justiça, da qual garante o bom funcionamento e, também se poderia dizer, o bom-nome[322].

Em tese recentemente publicada, RUI PINTO questiona o entendimento dominante, sustentando que a lei processual civil (art. 381.º, n.º 1, do CPC) coloca o acento tónico no direito subjectivo ameaçado, numa opção que o Autor designa, na esteira de TIAGO ANTUNES, de *perspectiva subjectivista* ou *perspectiva material*: a tutela cautelar existe porque *o direito* está em situação de ameaça, sentindo-se os efeitos da providência decretada na efectividade do direito, em si mesmo[323]. Como instrumento de exercício da função jurisdicional (*é um modo, ela mesma, de composição de litígios*), o seu fundamento é material (a sua finalidade é a realização da *obrigação genérica de não ingerência naquele direito acautelando*). "A tutela cautelar não é um remédio para a efectividade do processo civil"[324]. É uma tutela permanente (mas não definitiva), considerado o seu objecto privativo, pois não carece, para satisfação deste, de mais procedimento. Mais, pode conceber-se a tutela cautelar desacompanhada da acção principal, pelo que ela não é intrinsecamente instrumental.

---

telares, mas apenas perante uma degradação do fundamento de qualquer forma de tutela jurisdicional: a existência do direito ou interesse legítimo tutelado.

[321] Cfr. PIERO CALAMANDREI, *Introdução*, cit., p. 99 e segs.. Sobre um possível equívoco jurisprudencial e doutrinal no grau de exigência para satisfação deste requisito, cfr. TIAGO MEIRELES DE AMORIM, «Apontamentos sobre as condições de procedibilidade das providências cautelares no novo processo administrativo», *ROA*, Ano 63, I/II, Abril 2003, p 442.

[322] Cfr. PIERO CALAMANDREI, *Introdução*, cit., p. 209 e segs. Criticando esta posição, cfr. RUI PINTO, *A Questão de Mérito na Tutela Cautelar. A Obrigação Genérica de não Ingerência e os Limites da Responsabilidade Civil*, Coimbra, Coimbra Editora, 2009, p. 395.

[323] *A Questão*, cit., p. 48.

[324] *A Questão*, cit., p. 322.

É no contexto doutrinário civilista tradicional, mas já profundamente influenciado pela doutrina administrativista[325], que surge 16.º do DL n.º 108/2006, pressupondo (e a elas se dirigindo) que existem situações nas quais os meios processuais previstos e utilizados na tutela provisória do direito são, sem necessidade da prática de outros actos – de instrução, em especial –, adequados à sua tutela definitiva. Nestes casos, permite a norma agora comentada que o tribunal antecipe o juízo sobre a causa principal.

Não estamos aqui perante uma convolação *processual*, com a alteração da forma aplicável, passando a lide a correr os termos do processo comum ou especial a que corresponderia o pedido de tutela definitiva – com a eventual alteração do juiz competente para o julgamento (passando do juiz de comarca para o juiz de círculo, nas demandas de valor superior à alçada dos tribunais da Relação). O procedimento não é todo ele convolado; apenas o é a natureza da cognição e da decisão do tribunal. Tomando a estrutura da instância por referência, a convolação opera, essencialmente, sobre o elemento objectivo que fixa os limites da pronúncia do tribunal – por princípio, o pedido (arts. 3.º, n.º 1, e 661.º do CPC). A pretensão apreciada passa a ser outra, ou a ser também outra, tendo por objecto a tutela definitiva.

Embora, nalguns casos, o procedimento possa terminar apenas com uma decisão de antecipação do juízo sobre a causa principal, sem pronúncia sobre a tutela cautelar, não perde *processualmente* a sua natureza cautelar, até ao transito em julgado da sentença. Nestes casos, a marca de água, até agora indelével, de qualquer procedimento cautelar – a sua instrumentalidade – desaparece e, com ela, a inerente provisoriedade. Também a *sumariedade* cognitiva – não a processual – é substituída por um juízo de certeza: já não basta a verificação do *fumus boni iuris*. Mais do que perante uma *tutela cautelar*, estamos agora perante uma tutela antecipatória plena (dotada de identidade com o mérito da causa)[326]. Esta tutela

---

[325] Neste sentido, cfr., por exemplo, LUÍS CORREIA DE MENDONÇA, «O decreto para cobrança de pequenas dívidas: no crepúsculo do processo liberal», *Julgar*, n.º 4, Janeiro-Abril, 2008, p. 205. É disto testemunho a exposição de motivos do RPCE, onde, a propósito do instituto que nos ocupa, é *transcrita* parte do texto do art. 121.º do CPTA. O processo legislativo decorreu no seio do Gabinete de Política Legislativa e Planeamento (depois, Direcção-Geral da Política de Justiça), sendo a tutela ocupada por JOÃO TIAGO SILVEIRA, com obra publicada na área do Direito Administrativo.

[326] Cfr. RUI PINTO, *A Questão*, cit., p. 555.

Procedimentos cautelares e processos especiais 219

antecipatória permite que se alcancem mais cedo as vantagens associadas à que é obtida pela via da acção e com a qualidade que esta tem (ou a que sempre seria possível ter, no caso concreto)[327].

84. *Pressupostos da antecipação do juízo sobre a causa principal.* A resolução final do caso, no âmbito do procedimento cautelar, está dependente da verificação cumulativa de dois requisitos: terem sido trazidos ao procedimento cautelar os elementos necessários a essa resolução; ter sido dada às partes a oportunidade para se pronunciarem sobre esta possibilidade.

84.1. *Elementos necessários à resolução definitiva do caso.* Os elementos imprescindíveis à resolução definitiva do caso são, logicamente, os que se encontram presentes no momento de qualquer decisão final – é para aí que nos conduz um processo –, pelo que compreendem não apenas a alegação dos factos necessários ao julgamento, como também a suficiente produção de prova sobre estes[328]. Quanto à alegação dos factos, não basta que a causa de pedir do procedimento esteja construída em termos tais que permitam a decisão definitiva; necessário é, ainda, que se possa concluir que toda a defesa relevante foi já alegada e, como tal, objecto da instrução. A produção de prova suficiente é aquela que permite afirmar, para além de qualquer dúvida razoável, que não é possível produzir nova prova que leve a uma diferente decisão sobre a matéria de facto.

São inúmeras as variáveis desta equação. Como pode o tribunal concluir que foram trazidos ao procedimento cautelar os elementos necessários à resolução definitiva do caso? Desde a legítima estratégia processual das partes – que pode levá-las a não investirem na instância preliminar tudo o que investiriam no processo principal, contando que "nem o julgamento da matéria de facto, nem a decisão final proferida no procedimento cautelar, têm qualquer influência no julgamento da acção principal" (art. 383.º, n.º 4, do CPC) –, até à circunstância de o curto prazo de contestação

---

[327] Cfr. Rui Pinto, *A Questão*, cit., p. 324. Defende o Autor que "esta vantagem explica a novel possibilidade de convolação do processo cautelar em processo final – possivelmente sumário em termos de cognição – ao abrigo do novo art. 16.º do RPE, importador para o processo civil do regime semelhante do art. 121.º, n.º 1, do CPTA". A afirmação é de subscrever, precisando-se, como resulta do texto, que é a natureza do processo que é, por assim dizer, convolada, e não o próprio processo, isto é, a forma processual.

[328] Sem prejuízo, obviamente, dos debates finais dos advogados.

do procedimento poder levar à apresentação de uma defesa menos conseguida do que a que seria apresentada na acção principal, existem variáveis que o juiz não pode dominar, sendo-lhe impossível afirmar que o que está no procedimento cautelar esgota o conteúdo da lide principal.

A conclusão de terem sido trazidos ao procedimento cautelar os elementos necessários à resolução definitiva do caso só está ao alcance do tribunal obtendo o concurso das partes; nunca apenas do tribunal, sem conhecimento da posição dos litigantes. Esta asserção conduz-nos à análise do segundo requisito apontado: a audição das partes.

84.2. *Contraditório.* O texto da lei é, aparentemente, claro: apenas se exige ao tribunal que ouça as partes, não se exigindo que seja obtida a concordância destas na antecipação do juízo sobre a causa principal. Esta solução legal tem merecido algumas críticas por parte da Doutrina, em especial por, diz-se, constituir uma derrogação do princípio do dispositivo. Sob outra perspectiva, considerando o princípio do dispositivo na sua acepção mais estrita, são os princípios do pedido (*ne eat judex ultra vel extra petita partium*)[329] e do contraditório (*audiatur et altera pars*) que estão em causa[330] – pois ainda aqui o tribunal funda a sua decisão nos factos alegados pelas partes, nos limites previstos no art. 264.° do CPC.

A densificação deste requisito assume características diferentes nos casos em que o procedimento é instaurado como preliminar, e naqueles em que é deduzido como incidente da acção principal (art. 382.°, n.° 1, do CPC), embora em ambas as hipóteses seja admissível a convolação da tutela[331].

---

[329] Também dito do dispositivo *stricto sensu*.

[330] Dispõe o n.° 1 do art. 3.° do CPC (epigrafado "Necessidade do pedido e da contradição"): "O tribunal não pode resolver o conflito de interesses que a acção pressupõe sem que a resolução lhe seja pedida por uma das partes e a outra seja devidamente chamada para deduzir oposição".

[331] No âmbito do processo nos tribunais administrativos, JOSÉ VIEIRA DE ANDRADE não exclui a possibilidade de a convolação ter lugar no procedimento instaurado como preliminar à acção, embora entenda que, quando a providência tenha natureza incidental, mais facilmente o juiz poderá estar seguro de possuir todos os elementos de facto para a decisão – cfr. JOSÉ VIEIRA DE ANDRADE, *A Justiça Administrativa (Lições)*, Coimbra, Almedina, 2004, p. 341. Ainda neste ramo do Direito, admitindo convolação apenas quando a causa principal (já) está pendente, cfr. MÁRIO AROSO DE ALMEIDA e CARLOS FERNANDES CADILHA, *Comentário ao Código de Processo nos Tribunais Administrativos*, Coimbra, Almedina, 2005, p. 622, e CARLOS FERNANDES CADILHA, «Os poderes do juiz e o princípio da tipicidade das formas processuais», *Revista do CEJ*, n.° 7, 2.° Semestre 2007, p. 30. Já no

Procedimentos cautelares e processos especiais

84.2.1. *Procedimento preliminar.* O pedido principal sobre o qual o tribunal se poderá pronunciar é aquele ao qual o procedimento cautelar se encontra, directa *ou indirectamente*, associado, e não qualquer outro[332]. Ora, o requerente da providência cautelar não pede, em regra, que o tribunal resolva definitivamente o caso, fazendo uso da possibilidade que a norma comentada cauciona. Assim sendo, o tribunal não conhece, de todo, nos procedimentos cautelares instaurados como preliminar da acção principal, o pedido que seria formulado na causa principal, o qual pode não ser totalmente coincidente com o teor do pedido cautelar. Não o será, seguramente, nos procedimentos de arresto, arrolamento, alimentos provisórios e de arbitramento de reparação provisória. Poderá não o ser na suspensão de deliberações sociais, no embargo de obra nova e no procedimento cautelar comum[333].

Não se encontra, pois, o tribunal, por norma, em condições de "antecipar o juízo sobre a causa principal" que desconhece, ensaiando a "resolução definitiva do caso". Nos procedimentos cautelares instaurados como

---

âmbito do art. 16.°, tendendo a "excluir liminarmente a sua aplicação aos casos em que o procedimento cautelar é instaurado preliminarmente à causa principal", cfr. Lopes do Rego, «A "conversão"», cit., p. 160. O instituto previsto no art. 21.°, n.° 7, do Decreto-Lei n.° 149/95, de 24 de Junho, na redacção introduzida pelo Decreto-Lei n.° 30/2008, de 25 de Fevereiro, vem demonstrar que a possibilidade de convolação nas providências preliminares depende apenas de uma opção legislativa, não havendo qualquer impedimento em razão da natureza do procedimento que se lhe oponha.

[332] Sobre o tema, cfr. Carlos Cadilha, «Os poderes», cit., p. 31. O pedido principal sobre o qual o tribunal se pode pronunciar não tem, pois, de ser exactamente aquele ao qual o procedimento cautelar se encontra associado (*v.g.*, entrega definitiva do bem, quando no procedimento se pede a entrega provisória). A tutela definitiva antecipada poderá abranger outros pedidos, embora estribados na mesma relação material controvertida. No âmbito do art. 21.° do DL n.° 149/95, o TRL já admitiu com grande amplitude o julgamento antecipado da lide – cfr. o Ac. de 07 de Julho de 2009, proferido no processo n.° 5174/08.0TBVFX.L1-7, disponível em *dgsi.pt*. O equilíbrio no respeito pelos interesses em confronto (*v.g.*, tutela do princípio do contraditório e prevenção da fraude à lei) pode ser alcançado se *apenas* se admitir ao procedimento o que for *útil* e *necessário* à tutela cautelar; mas se o útil e necessário à tutela cautelar for *suficiente* para uma tutela definitiva mais abrangente, pode ela ser concedida, verificados que estejam os pressupostos analisados.

[333] Carlos Lopes do Rego – *apud* Brites Lameiras, *Comentário*, cit., p. 26, nota 61 – sustenta que o regime previsto no art. 16.° só é compatível com os procedimentos cautelares de índole *antecipatória*, dada a diversidade acentuada que caracteriza, quer o objecto, quer o fundamento, das providências de índole *conservatória* relativamente às decisões definitivas.

222   *Regime Processual Civil Experimental Comentado*

preliminar da acção principal, o mais que pode fazer é presumir ou ficcionar que o demandante pretende, *pelo menos*, em definitivo o efeito prático-
-jurídico que agora apenas pede a título provisório[334]. Todavia, ouvido o
requerente da providência, *se este se opuser à antecipação do juízo sobre
a causa principal*, não estará o tribunal, se, ainda assim, proceder à convolação, a grosseiramente violar o princípio do dispositivo?[335] Não estará
a decidir, não só sem pedido, mas mesmo contra uma vontade expressa de
recusa de uma tutela jurisdicional definitiva, contra uma vontade expressa
(no âmbito de direitos disponíveis) do eventual futuro demandante de não
ser a esfera de direitos e deveres das partes alterada pelo poder judicial?

No que respeita à contraparte, deve salientar-se que foi ela "devidamente chamada para deduzir oposição" (art. 3.º, n.º 1, do CPC), no prazo
de dez dias, a um procedimento no qual, "nem o julgamento da matéria de
facto, nem a decisão final proferida", "têm qualquer influência no julgamento da acção principal" (art. 383.º, n.º 4, do CPC); não foi devidamente
chamada para deduzir oposição, no prazo de trinta dias, a uma demanda
que, definitivamente, fixará os seus direitos e deveres. No contexto em que
litiga, pode até nem contestar, confessando o pedido cautelar, sem que,
com isso, pretenda confessar um (inexistente) pedido de tutela jurisdicional definitiva – mas apenas guardar as suas armas para a batalha que tem
por decisiva.

O direito fundamental a um processo equitativo compreende a garantia de um acesso à justiça informado e esclarecido; e só assim será livre
e efectivo (art. 20.º, n.º 4, da CRP). A invocação do direito a um processo
equitativo, como direito que não prescinde de um confortável grau de previsibilidade do processo judicial, é tributária de uma ideia de Direito que
contém em si, como uma das exigências que lhe é feita, a *certeza jurídica*[336].

Não satisfaz estas exigências constitucionais uma via processual na
qual o demandante não tem o domínio da *sua* pretensão, vendo apreciado
um (inexistente) pedido de tutela definitiva que não formulou, contra o

---

[334] Ou, melhor, pretende o efeito prático. Quanto ao efeito jurídico, também o pretende, embora substituindo-se a natureza provisória da decisão por uma natureza definitiva.

[335] Aqui tomado *stricto sensu*, enquanto *disponibilidade da tutela jurisdicional* –
cfr. Lebre de Freitas, *Introdução*, cit., p. 136. A instância está na disponibilidade das partes, podendo o autor dela desistir (com o acordo do réu, após a contestação), pelo que dificilmente se aceita que possa essa mesma instância ser, de algum modo, convolada contra
a vontade dos litigantes, nos termos descritos.

[336] Ver ponto 3.1.

Procedimentos cautelares e processos especiais 223

qual se manifestou; não satisfaz estas exigências constitucionais um procedimento no qual o demandado não é citado para se pronunciar sobre o (inexistente) pedido que será apreciado pelo tribunal, não podendo organizar toda a sua defesa e estratégia processuais em função dele[337].

Em face do raciocínio expendido, a única interpretação da lei conforme à Constituição é aquela de acordo com a qual a norma comentada exige que, no procedimento instaurado como preliminar – se, no momento da decisão permitida pelo art. 16.º, a acção principal ainda não tiver sido instaurada e contestada –, o resultado da audição das partes seja vinculativo, isto é, que exige a anuência das partes à antecipação do juízo sobre a causa principal, para que este possa ter lugar[338].

84.2.2. *Procedimento incidental.* Sendo o procedimento instaurado como incidente da acção principal – ou quando, tendo sido iniciado como preliminar, já tenha si instaurada e contestada a acção – o pedido de tutela definitiva encontra-se formulado, sendo do conhecimento do tribunal, no momento da decisão de convolação. Se, para além disto, a acção já tiver sido contestada e apresentados os requerimentos probatórios (ou decorrido o prazo legal para o efeito), pode dizer-se que o juiz conhece todos os elementos necessário à formulação do juízo de adequação e de oportunidade da convolação do procedimento. Quando assim seja, a posição assumida pelas partes não é vinculativa.

Se, por exemplo, o tribunal constatar que a petição inicial, a contestação e os requerimentos probatórios são decalcados das peças processuais equivalentes aprestadas no procedimento cautelar, mal se compreenderia que uma (abusiva) recusa imotivada de uma das partes (menos satisfeita com a produção de prova, confiando, por exemplo, que algumas das testemunhas indicadas pela contraparte possam faltar à audiência final no processo principal) pudesse forçar à prática redundante de actos processuais.

Considerando a sumariedade do procedimento, o tribunal, agindo sem o parecer favorável de ambas as partes, deverá ser especialmente exi-

---

[337] Uma interpretação mais literal deste artigo faria retroceder o conceito de acção judicial a um nível de desenvolvimento da ciência do Direito anterior a CHIOVENDA, que defendia, recorde-se, ser a acção um direito potestativo, por excelência (contra o Estado, mas gozando de autonomia em face do direito material) – *A Acção*, cit..

[338] LOPES DO REGO oferece como exemplo de densificação do direito a um processo equitativo a "proibição de convolações inesperadas" – *Comentários*, cit., p. 25. Alertando para a necessidade de tutela da confiança das partes no nível de sucumbência possível no processo, cfr. LOPES DO REGO, «A "conversão"», cit., p. 159.

224   *Regime Processual Civil Experimental Comentado*

gente e rigoroso na formulação do juízo de verificação dos pressupostos legais da convolação, só devendo substituir a tutela cautelar pela tutela definitiva quando esteja absolutamente seguro de possuir todos os elementos de facto relevantes para a decisão, isto é, de estarem reunidas as "condições processuais" para o efeito (AROSO DE ALMEIDA) – os já analisados elementos imprescindíveis à resolução definitiva do caso[339].

Em qualquer caso, ainda que não seja vinculativa, a opinião negativa das partes deve ser devidamente ponderada, tendo presente a gravidade e as repercussões da decisão – que, num certo sentido, retira aos interessados o direito consagrado no art. 2.°, n.° 2, do CPC à acção (plena) que o legislador previu como mais adequada à tutela do direito alegadamente agredido. Note-se que, mesmo nos casos de elevado grau de identidade entre as duas instâncias (cautelar e definitiva), a decisão do tribunal pode brigar com interesses legítimos das partes da maior relevância. Assim sucederá, por exemplo, quando as testemunhas de uma das partes não tenham comparecido à audiência de produção de prova do procedimento cautelar.

84.2.3. *Procedimento dependente de causa da competência do colectivo.* Não estabelece o art. 16.° qualquer restrição à competência do juiz para julgar definitivamente o caso. No entanto, os arts. 106.°, al. *b)*, da Lei n.° 3/99, de 13 de Janeiro e 137.°, al. *b)*, da Lei n.° 52/2008, de 28 de Agosto, estipulam, para além do mais, que compete ao tribunal colectivo julgar as questões de facto nas acções de valor superior à alçada dos tribunais da Relação, sem prejuízo dos casos em que a lei de processo exclua a sua intervenção. Deve, pois, concluir-se que, tal como está previsto nesta ressalva final, o legislador do DL n.° 108/2006 consagrou aqui um caso em que a lei de processo exclui a intervenção do tribunal colectivo. Verificados os pressupostos contidos no art. 16.°, o juiz do procedimento cautelar é competente para formular o juízo antecipado sobre a causa principal, ainda que o valor do procedimento cautelar ou o que deveria ser atribuído à acção principal sejam superiores à alçada dos tribunais da Relação[340].

---

[339] Neste sentido, cfr. VIEIRA DE ANDRADE, *A Justiça*, cit., p. 341.

[340] Mesmo nos casos em que não é requerida a intervenção do colectivo, quando podia ser admitida, resulta da aplicação combinada da Lei de Organização e Funcionamento dos Tribunais Judiciais (cfr. os arts. 105.°, n.° 2, 106.°, al. *b)*, 107.°, n.° 1, al. *a)*, 108.°, n.° 1, als. *c)* e *e)*, da Lei n.° 3/99, de 13 de Janeiro e os arts. 136.°, n.° 3, 137.°, al. *b)*, 138.°, n.° 1, al. *a)*, 139.°, n.° 1, als. *c)* e *f)*, da Lei n.° 52/2008, de 28 de Agosto) e do

Importa referir que, ainda que se entenda que o art. 16.º, assim interpretado – concedendo esta extensão de competência ao juiz titular do procedimento cautelar –, dispõe contra as citadas normas da LOFTJ e contra o que se encontra previsto na no art. 68.º do CPC (que apenas reconhece à lei do processo o papel de fixar os casos em que *às partes* é lícito prescindir da intervenção do colectivo), não deverá o DL n.º 108/2006 ser, nesta parte, considerado organicamente inconstitucional, por violação do disposto no art. 165.º, n.º 1, al. *p)*, da CRP, apenas se podendo concluir que revoga as referidas disposições legais pretéritas (art. 7.º, n.º 2, do Código Civil). Com efeito, o âmbito da reserva parlamentar em matéria de competência dos tribunais não abrange toda e qualquer definição dessa competência, mas só a que se situa em certo nível ou grau – mais precisamente, naquele nível ou grau em que a natureza e importância das opções legislativas a tomar reclamam que as mesmas passem pelo crivo do debate parlamentar[341]. Como tem vindo a ser repetidamente afirmado pelo Tribunal Constitucional, "qualquer que seja o nível ou grau de definição da competência dos tribunais, reservado à Assembleia da República, seguramente que nele não entram as modificações da competência judiciária a que deva atribuir-se simples carácter *processual*"[342] – como sucede no presente caso.

Se incluirmos os casos de extensão de competência agora analisados nas situações em que ao tribunal é lícito convolar a lide *sem a expressa anuência das partes* – embora as tenha auscultado e tenham sido trazidos ao procedimento cautelar os elementos necessários à resolução definitiva do caso –, o demandante, para obter a tutela cautelar, tem de correr o risco de perder o direito à apreciação da tutela plena por um tribunal colectivo e por um juiz de círculo (ou de afectação exclusiva ao julgamento por tribunal colectivo, na nova terminologia legal), o que sucederá se o juiz, contra a vontade do requerente, decidir antecipar o juízo da causa principal[343].

Código de Processo Civil (cfr. os arts. 68.º e 646.º, n.º 5) que o juiz competente para julgar o procedimento cautelar não é, em princípio, o que detém competência para julgar a causa principal. Também aqui, o art. 16.º veio estender a competência daquele para julgar estas questões de maior fôlego.

[341] Servimo-nos aqui das palavras do Conselheiro JOSÉ CARDOSO DA COSTA, expressas em declaração de voto lavrada no Ac. n.º 241/92 do TC.

[342] Cfr., entre outros, os Acs. do TC n.os 404/87, 85/88 e 397/89.

[343] O TC decidiu não julgar inconstitucional a condenação *extra vel ultra petitum* prevista no art. 69.º do (então) Código de Processo do Trabalho aprovado pelo DL 272-A/81, 30 de Setembro – cfr. o Ac. 605/95. Importa, contudo, salientar que a decisão profe-

226   *Regime Processual Civil Experimental Comentado*

Não é esta uma solução consentânea com os direitos fundamentais a uma tutela jurisdicional efectiva e a um processo equitativo (art. 20.º da CRP). O recurso à tutela cautelar não deve importar a perda (ou o risco de perda) do direito à acção de tutela plena, quando esta ofereça maiores garantias de qualidade e acerto do julgamento, o que tenderá a ocorrer, não apenas quando o tribunal colectivo intervém, como também quando apenas o juiz que a este deveria presidir julga a causa de facto e de direito – nesta última hipótese, o juiz competente tenderá a ser um magistrado com uma maior capacidade para julgar a causa, um juiz de direito com mais de dez anos de serviço e classificação não inferior a Bom com distinção (cfr. cfr. os arts. 129.º da Lei n.º 3/99, de 13 de Janeiro, e 45.º e 45.º-A do Estatuto dos Magistrados Judiciais, com as alteração que lhe são introduzidas pela Lei n.º 52/2008, de 28 de Agosto).

Em conclusão, embora não estejamos aqui perante uma situação de falta de uma condição processual, de um elemento necessário à resolução definitiva do caso, apenas a anuência das partes permitirá, nestes casos, fazer a possibilidade de antecipação do juízo sobre a causa principal passar, sem engulhos, no crivo da lei fundamental.

85. *Oportunidade do contraditório e oportunidade da decisão*. Do texto da lei, mas também da natureza da questão, retira-se que o momento próprio para ser suscitada a possibilidade de antecipação do juízo sobre a causa principal apenas surge quando já *tenham sido trazidos*[344] ao procedimento os elementos necessários à resolução definitiva do caso. Estes elementos compreendem a alegação dos factos necessários ao julgamento e a produção de prova suficiente sobre eles (embora esta tenha sido orientada para o conhecimento do pedido de tutela cautelar), pelo que o momento apropriado só surge depois de encerrada a instrução.

Por outro lado, a possibilidade de o tribunal antecipar o juízo sobre a acção principal deve poder ser debatida pelas partes; ou melhor, devem estas ter a possibilidade de discutir as questões de facto e de direito pertinentes à demanda já considerando a hipótese de a pronúncia sobre elas ter natureza definitiva[345].

---

rida ao abrigo desta norma do processo do trabalho resulta da aplicação de *preceitos inderrogáveis* de leis ou instrumentos de regulamentação colectiva de trabalho.

[344] Cfr. o modo e o tempo verbais empregues.

[345] Cfr. o art. 3.º, n.º 3, do CPC.

Do exposto se conclui que a questão da eventual convolação da demanda deve ser *suscitada* imediatamente antes dos debates, para que nestes a causa possa ser analisada na sua máxima expressão.

Não é de afastar, no entanto, a hipótese de o juiz só se aperceber da possibilidade de antecipar o juízo sobre a causa principal durante a elaboração da decisão final. Neste caso, deve reabrir a fase dos debates, para que seja oferecido o contraditório devido.

85.1. *Oportunidade da decisão de convolação.* Dizemos que deve ser suscitada a questão no momento referido, e não *operada*, pois apenas deve o tribunal comunicar aos mandatários a possibilidade de convolação, esclarecendo que, se, em sede de elaboração de despacho final (ou sentença: cfr. o art. 156.°, n.° 2, do CPC), depois de apreciar a causa na sua totalidade (incluindo os debates), confirmar estarem reunidos os pressupostos legais, proferirá, então, decisão definitiva sobre a causa, *operando* (decidindo) aí a convolação; diversamente, no caso de, após ponderar devidamente a questão, não se confirmar esta possibilidade, apenas se pronunciará sobre a tutela cautelar pedida. Colocada a questão nestes termos, as partes produzirão alegações finais considerando os possíveis âmbitos da decisão final: despacho final e sentença, ou só um destes actos.

Aliás, não só a *decisão* de convolação da demanda não deve ser objecto de um despacho autónomo proferido antes das alegações finais, como é inadequado que seja objecto de um despacho autónomo proferido em qualquer outra fase. A decisão da questão (de convolar ou não) deve, sim, estar incluída na sentença (determinando a antecipação) ou no despacho final do procedimento (recusando-a) – sempre depois de ter sido dada às partes a oportunidade de alegarem tendo presente a possibilidade de vir a ser proferida decisão definitiva.

Nesta fase, o guião processual normal é o seguinte: tem lugar a produção de prova respeitante apenas à tutela cautelar; concluída esta, se o tribunal admitir já constarem do processo elementos que permitem a antecipação do juízo sobre a causa principal, suscita esta questão; são as partes ouvidas sobre tal possibilidade (não devendo o juiz logo despachar no sentido de vir a proferir sentença sobre o caso, mas sim reservar essa decisão para momento ulterior); os mandatários alegam de facto e de direito, tendo já presente que a decisão poderá abranger a antecipação do juízo sobre a causa principal; é proferida a decisão final do procedimento, apenas com pronúncia sobre a tutela cautelar, ou, caso se confirme a verificação dos

228   *Regime Processual Civil Experimental Comentado*

requisitos legais, a sentença, com pronúncia sobre a tutela definitiva e, eventualmente, sobre a tutela cautelar, sendo qualquer um destes actos integrado pela decisão sobre a (anteriormente suscitada no processo) questão da convolação – que, no caso de despacho final, será apenas um pequeno esclarecimento às partes, explicando por que razão, tendo sido suscitada a questão, não se procede afinal à convolação.

85.2. *Natureza da decisão prematura.* Ainda que tenha sido objecto de um despacho autónomo, a *decisão* de convolação apenas se materializa com a prolação da sentença. O prematuro despacho não é mais, na verdade, do que uma mera declaração de intenções, sem qualquer utilidade. Se a sua prolação se destinar a proporcionar a oportunidade ou o pretexto para as partes se pronunciarem sobre a questão, apenas se visará com ele promover a regular tramitação da causa, sem interferir no conflito de interesses entre as partes. De qualquer modo, como adiante melhor se exporá, trata-se de um despacho proferido no uso de um poder discricionário, pelo que não forma caso julgado formal, podendo o juiz decidir a final se pronunciar apenas sobre a tutela cautelar (arts. 156.°, n.° 4, 672.°, n.° 2, e 679.° do CPC).

86. *Produção de prova suplementar.* Também do texto da lei se retira que o juiz se deve limitar a constatar uma realidade – que *já foram* trazidos ao procedimento os elementos referidos –, não lhe cabendo formular qualquer juízo sobre a possibilidade de tais elementos, não alegados, produzidos ou requeridos no caso concreto, o virem a ser – com maior ou menor facilidade.

Fruto deste entendimento, sendo a prova produzida suficiente para a decisão do procedimento cautelar, não há lugar a qualquer determinação oficiosa de produção de prova suplementar, com vista (apenas) à antecipação do juízo sobre a causa principal.

86.1. *Simultaneidade dos julgamentos cautelar e definitivo.* Se, em resultado da auscultação das partes, for requerida a produção de prova suplementar, considerando a definitividade da decisão que o tribunal admite proferir, não prevista anteriormente pelo requerente, nunca tal pretensão poderá ser deferida: se o tribunal reconhece a *necessidade* de produção de prova suplementar, estará, com isso, a admitir que *não foram trazidos* ao procedimento cautelar os elementos *necessários* – falecendo, pois, o primeiro pressuposto legal. É um contra-senso admitir a produção

Procedimentos cautelares e processos especiais 229

de prova suplementar – desnecessária à tutela provisória –, pois o trilhar desse caminho implica que se reconheça que não foram trazidos *ao procedimento cautelar* (já plenamente instruído) os elementos necessários à tutela definitiva.

Daqui resulta que, sendo decidido antecipar o juízo sobre a causa principal – por decisão inserida na sentença –, as decisões cautelar e definitiva são sempre tomadas simultaneamente, quando se justifique ainda conceder a tutela cautelar – pois nunca haverá necessidade de operar uma cisão, destinada a permitir, por um lado, a imediata prolação da decisão urgente cautelar e, por outro, a subsequente produção de prova destinada à ulterior prolação sentença final.

86.2. *Admissibilidade da produção de prova suplementar.* Deve ser aberta uma excepção ao que ficou escrito. Os procedimentos cautelares estão abrangidos pelo princípio da adequação formal, previsto no art. 265.°-A do CPC, bem como pelo princípio da economia processual. Neste pressuposto, se o tribunal, exaurida a instrução cautelar e obtida a concordância das partes, chegar à conclusão de que não foram trazidos ao procedimento os elementos necessários à resolução definitiva do caso – o que implicaria a liminar recusa de aplicação deste instituto –, mas que uma *simples* diligência de prova permitirá antecipar o juízo sobre a causa principal – *v.g.* a junção de um documento desnecessário à instrução cautelar, dada a natureza perfunctória desta –, poderá ordenar a produção desta prova suplementar – quer oficiosamente, quer a requerimento de uma das partes.

Fazemos apelo ao princípio da adequação formal (art. 265.°-A do CPC), e não ao dever de gestão processual (art. 2.°), de modo a evitar que uma interpretação menos conseguida do art. 17.° pudesse obstar à adopção da solução preconizada. O dever de gestão processual deve, no entanto, ser também satisfeito no âmbito dos procedimentos cautelares, pelo que a adequação processual defendida encontra cobertura legal ainda no seu contexto[346].

---

[346] Surpreendendo o dever de gestão processual na antecipação do juízo sobre a causa principal, cfr. BORGES MAIA e INÊS SETIL, «Breve comentário», cit., pp. 320 e 334. Considerando que o instituto contido no art. 16.° é uma manifestação do dever de gestão processual (art. 2.°), cfr. PAULA MEIRA LOURENÇO, «Justiça Cível: eficiência e novas formas de gestão processual», *Novos Rumos da Justiça Cível*, Braga, Cejur, 2009, p. 95.

Esta decisão, que encontra o seu decisivo apoio legal no art. 265.º-A do CPC, e não no art. 16.º, deve revestir-se das maiores cautelas, por forma a evitar não apenas um prolongamento do procedimento desajustado à sua natureza urgente, como também a sua instrumentalização fraudulenta, com vista à obtenção de uma indevida tutela jurisdicional definitiva – sobretudo quando a convolação e a produção de prova suplementar tenham sido espontaneamente requeridas por uma das partes. Para que possa admitir uma *breve* produção de prova suplementar, o tribunal tem de estar certo da inexistência de qualquer conduta fraudulenta, isto é, de não estar a dar cobertura a comportamentos processualmente ilícitos. Não basta não poder concluir pela existência de fraude; a tutela da legalidade impõe que esteja seguro da sua inexistência.

Rigorosamente verificados estes pressupostos – em especial, o acordo das partes, a segura inexistência de fraude e a simplicidade da diligência instrutória suplementar –, não faz qualquer sentido reconhecer-se que, com facilidade, se pode evitar uma demanda futura e, não obstante, prestando vassalagem cega a um estrito formalismo processual, restringir-se a decisão final à sua dimensão cautelar.

87. *Manutenção da utilidade da tutela cautelar.* Decidida a antecipação da tutela definitiva, poderá ser, ainda, concedida a tutela cautelar?

Numa primeira abordagem do problema, tender-se-á a considerar que a concessão da tutela definitiva esgotará o propósito da tutela cautelar, tornando-a inútil. Se esta visa apenas acautelar o *periculum in mora* até que aquela seja concedida, deixará de ter objecto se aquela for, desde logo, admitida.

Em sentido contrário, poder-se-á responder que o art. 2.º, n.º 2, do CPC estabelece que as providências cautelares visam acautelar o efeito útil da acção, pelo que os seus efeitos tenderão a vigorar, mesmo depois de proferida a sentença, enquanto não for satisfeito, voluntariamente ou em sede executiva, o direito do autor reconhecido na acção principal. Por assim ser, sendo julgada procedente a causa principal, a providência *não* caduca (arts. 389.º e 410.º do CPC), podendo mesmo o procedimento ser instaurado depois de proferida a sentença (art. 383.º, n.º 3, do CPC).

Há que distinguir, consoante se esteja perante uma providência conservatória, ou perante uma providência puramente antecipatória da decisão a proferir na acção declarativa.

87.1. *Providência conservatória.* Na primeira hipótese, o seu conteúdo não coincide com o da decisão definitiva do litígio, não o antecipando. Neste caso, servindo um fim mediato diferente e paralelo, a providência conservatória poderá manter a sua utilidade, mesmo depois de proferida a sentença. Tome-se como exemplo um arresto incidental no qual as partes, na audiência prevista no art. 388.°, n.° 1, al. *b)*, do CPC, considerando que a prova se resume, quer na instância principal, quer no procedimento cautelar, ao depoimento de duas ou três testemunhas e à análise de um ou dois documentos, acordam que o tribunal, para além de conhecer do requerido na providência (apreensão cautelar dos bens), conheça do pedido formulado na acção principal (reconhecimento do crédito e condenação do réu no seu pagamento). Neste caso, estando verificados os pressupostos da concessão da tutela cautelar e da tutela definitiva antecipada, deve o tribunal pronunciar-se sobre ambas.

87.2. *Providência antecipatória.* Sendo a providência puramente antecipatória da decisão a proferir na acção declarativa, o conteúdo material da pronúncia final do procedimento está compreendido no conteúdo da decisão de tutela definitiva, apenas o antecipando – é um caso de "tutela de urgência dotada de identidade com o mérito da causa" (Rui Pinto). Resolvido definitivamente o caso, deixa de fazer sentido conceder uma tutela cautelar que nada acrescenta à tutela definitiva antecipada – podendo o demandante, obtendo ganho de causa, fazer logo executar a decisão definitiva.

> Todavia, dever-se-á ter presente que algumas providências (ditas antecipatórias) não se limitam a antecipar cautelarmente *apenas* o conteúdo da decisão da acção *declarativa* principal da qual dependem. É disto exemplo o pedido de restituição de um bem locado, quando a providência cautelar tenha o mesmo conteúdo (art. 21.° do DL n.° 149/95, de 24 de Junho)[347]. Nestes casos, a providência requerida não coincide – antecipando-o – com o pedido formulado na acção *declarativa* principal. O requerente não se limita a pedir que seja reconhecido o seu direito à restituição, e a condenação do requerido a satisfazê-lo – sendo este conteúdo do pedido formulado

---

[347] Sobre esta providência, cfr., por exemplo, o Ac. do Acórdão do TRL de 21 de Maio de 2009, proferido no processo n.° 1741/06.4TVLSB-B.L1-2 e disponível em *dgsi.pt*. Admitindo em termos muito latos o julgamento antecipado da lide no âmbito do art. 21.° do DL n.° 149/95, cfr. o Ac. do TRL de 07 de Julho de 2009, proferido no processo n.° 5174/ /08.0TBVFX.L1-7, disponível em *dgsi.pt*.

232   *Regime Processual Civil Experimental Comentado*

na acção declarativa principal. A providência concretamente requerida é a efectiva *entrega judicial* do bem anteriormente alugado. Quando, no âmbito do procedimento cautelar, o tribunal, após deferir o requerido, promove as diligências necessárias à entrega do bem ao requerente, não está a executar a providência (previamente concedida): está a concedê-la[348].

A providência de entrega, é, pois, a um tempo, antecipatória (a título cautelar) e conservatória, relativamente à acção declarativa, sendo ainda antecipatória (a título definitivo[349]) da acção executiva. A execução das decisões finais proferidas no âmbito dos procedimentos *conservatórios* está compreendida na tutela cautelar efectiva requerida, *integrando a providência* a que o requerente tem direito (arts. 2.°, n.° 2, e 381.°, n.° 1, do CPC), não sendo, pois, uma mera realização coactiva de um direito antecipada e provisoriamente reconhecido em tal decisão final pretérita, que supostamente satisfaria a tutela cautelar.

A antecipação do juízo sobre a causa principal, prevista na providência cautelar de entrega judicial do equipamento locado (art. 21.° do DL n.° 149/ /95), não se confunde com o mecanismo previsto no art. 16.°. No n.° 7 do art. 21.° referido, estabelece-se que, "decretada a providência cautelar, o tribunal ouve as partes e antecipa o juízo sobre a causa principal, excepto quando não tenham sido trazidos ao procedimento (...) os elementos necessários à resolução definitiva do caso". Esta solução – pronúncias sucessivas – só tem sentido no caso, admitido no n.° 3 do mesmo artigo, de ter sido dispensado o prévio contraditório do requerido. De outro modo, tendo o demandado sido liminarmente citado, será mais adequado oferecer imediatamente o contraditório sobre a questão e antecipar a resolução definitiva do caso (quando tenham sido trazidos ao procedimento os elementos necessários à resolução definitiva do caso), *sem prejuízo* da pronúncia sobre a tutela cautelar, que não é, como dissemos, apenas antecipatória da decisão da

---

[348] Cabe ao tribunal competente para julgar o procedimento executar e manter a providência, sem prejuízo da sua caducidade – cfr. os arts. 103.° da LOFTJ/99 e 134.° da LOFTJ/08. Sobre o tema, cfr. o Ac. do TRL de 2 de Dezembro de 2004, proferido no processo n.° 7648/2004-6, disponível em *dgsi.pt*. Admitindo que as medidas de tipo executivo integram a realização da providência apenas nos casos em que são *"especificamente* previstas para a realização de certas providências cautelares", cfr. LEBRE DE FREITAS, MONTALVÃO MACHADO e RUI PINTO, *Código*, cit., Vol. II, p. 65.

[349] A providência não antecipa *cautelarmente* (provisoriamente) a tutela proporcionada pela acção executiva, não está dela dependente. Sendo proposta e julgada procedente a acção declarativa, não está o autor obrigado a instaurar uma acção principal de natureza executiva para evitar a caducidade da entrega cautelar, nem está obrigado a restituir o bem entregue se não o fizer. A antecipação em relação à execução existe, mas não é cautelar: é definitiva – cfr. o n.° 6 do art. 21.° citado; sobre o tema, cfr. ABRANTES GERALDES, *Temas*, cit., IV Vol., 2006, p. 336.

Procedimentos cautelares e processos especiais　　　233

acção declarativa principal. O regime consagrado para esta providência cautelar especial difere, ainda, do contido no art. 16.° por apenas prever a antecipação do juízo sobre a causa principal nos casos de procedência da pretensão do demandante[350].

Atente-se, por último, que o art. 16.° é aplicável a todos os procedimentos cautelares – incluindo o previsto no art. 21.° do DL n.° 149/95 –, e não apenas aos que estão previstos no Código de Processo Civil.

88. *Tutela penal da decisão sobre a causa principal.* A decisão antecipada da causa principal não beneficia da tutela penal prevista no art. 391.° do CPC – cujo texto refere expressamente "a providência cautelar decretada". Este "privilégio" da providência cautelar – do qual não goza genericamente a tutela definitiva – é uma concessão (um afloramento) ao objectivo *publicístico* dos procedimentos cautelares, defendido pela doutrina calamandriana, acima descrita, de acordo com a qual as medidas aqui tomadas são predispostas pelo interesse da administração da justiça, da qual garante o bom funcionamento. A decisão antecipada da causa principal já não comunga, manifestamente, deste objectivo publicístico, tutelando primordialmente o direito subjectivo, o interesse *privado*.

89. *Sentido da decisão definitiva.* Nada na lei obsta a que a resolução definitiva da causa seja no sentido da sua improcedência. Se tiverem sido trazidos ao procedimento cautelar os elementos necessários a essa resolução, e tiver sido oferecido o contraditório apropriado, nenhuma razão há para que o juiz, recusando a tutela definitiva antecipada, obrigue os litigantes a recorrerem à acção de tutela plena para poderem ver a situação jurídica definitivamente definida.

Quando ainda for útil a pronúncia sobre a providência cautelar – fora dos casos de pura antecipação, portanto –, necessário se torna que as duas decisões sejam compatíveis e coerentes entre si. Como é óbvio, na sentença, a decisão cautelar tem de respeitar o sentido da decisão da causa principal, quando seja de improcedência. Sendo esta procedente, a tutela

---

[350] Este pressuposto e a limitação (monotonia) temática da demanda cautelar (trata-se de um procedimento especificado) dão-nos a razão de estarmos perante um poder vinculado. Com efeito, diferentemente do que ocorre no âmbito do art. 16.° (onde a decisão é proferida no exercício de um poder discricionário), o tribunal deve aqui antecipar a resolução definitiva do caso, para tanto bastando que estejam reunidos os pressupostos elencados na lei.

234 Regime Processual Civil Experimental Comentado

cautelar pode, no entanto, ser recusada, se não se verificar o *periculum in mora* – embora esteja, forçosamente, verificado o *fumus boni iuris*[351].

90. *Âmbito da aplicação*. O campo de aplicação deste novo instituto jurídico não é limitado[352], sobretudo quando, como referido, ambas as partes aceitem a antecipação do juízo sobre a causa principal, quer a providência seja antecipatória, quer seja conservatória. Fazendo apelo à experiência forense, basta ter presente todas aquelas acções instauradas com base em petições iniciais decalcadas dos requerimentos iniciais dos procedimentos cautelares que as antecederam, reproduzindo mesmo os requerimentos probatórios então apresentados. Tome-se como exemplo a decisão de antecipação do juízo sobre a causa principal proferida no Procedimento Cautelar n.° 2506/06.9TJPRT que correu termos na 3.ª Secção do 2.° Juízo Cível do Porto, descrita no «Relatório de Avaliação Final do Regime Processual Civil Experimental» (p. 28)[353].

A sumarização e maior celeridade prevista para o processo comum experimental (*v.g.*, a redução do número de articulados e a apresentação dos meios de prova com eles) determinam a aproximação entre as duas formas processuais, evidenciando melhor a possível adequação do procedimento ao conhecimento antecipado da causa principal – sobretudo quando aquele for dotado de uma "sumariedade fraca" (RUI PINTO)[354]. Isto será tanto mais evidente quanto mais simples for a acção. Nalguns casos, a acção definitiva, sendo instaurada num tribunal não abrangido pela experimentação, teria por forma *adequada* a comum sumaríssima ou a prevista

---

[351] Considerando que "só é admissível a antecipação da decisão final quando estejam reunidos os requisitos da providência", cfr. FRANÇA GOUVEIA, *Regime Processual*, cit., p. 153, e BORGES MAIA e INÊS SETIL, «Breve comentário», cit., p. 335.

[352] Embora seja uma solução à qual a Doutrina coloca bastantes reservas – cfr. LOPES DO REGO, «A "conversão"», cit., p. 160, LEBRE DE FREITAS, «Regime», cit., p. 18, e BRITES LAMEIRAS, *Comentário*, cit., pp. 26 e 142.

[353] Disponível em http://www.dgpj.mj.pt (último acesso: 28 de Abril de 2009). Sumariamente: a demandante pretendia que a instituição de crédito demandada parasse de comunicar ao Banco de Portugal que a primeira era uma avalista em mora (aval alegadamente falso), o que implicava a sua inclusão numa lista de credores de risco, enquanto a instituição não a demandasse a ela e a vencesse na prova da efectiva existência da obrigação cambiária; todavia, antes de instaurar a acção devida, invocando o *periculum in mora*, instaurou um procedimento cautelar preliminar, formulando exactamente a mesma pretensão; obtida a *indispensável concordância* das partes, foi proferida decisão definitiva.

[354] Sobre os níveis de sumariedade, cfr. RUI PINTO, *A Questão*, cit., p. 261 e segs..

Procedimentos cautelares e processos especiais   235

para as acções especiais para o cumprimento de obrigações pecuniárias emergentes de contratos – formas muito próximas da estrutura dos procedimentos cautelares –, pelo que não deve surpreender que, nestes casos, por ser a "forma" cautelar *adequada* à tutela definitiva do direito, seja antecipado o julgamento da causa principal.

Na exposição de motivos do DL n.º 108/2006, consta, todavia, que o novo instituto foi criado "tendo em vista, nomeadamente, as situações em que a natureza das questões ou a gravidade dos interesses envolvidos não se compadece com a adopção de uma simples providência cautelar ou, diversamente, prescinde, por absolutamente inútil, da instauração de uma acção principal". Se o texto preambular constitui, quanto ao mais, um valioso contributo na descoberta do sentido da lei, nesta matéria ele pode gerar equívocos.

90.1. *Insuficiência da tutela cautelar.* A primeira hipótese considerada na exposição de motivos é, pois, integrada pelas situações nas quais a natureza das questões ou a gravidade dos interesses envolvidos não se compadecem com a adopção de uma simples providência cautelar. Ora, tem sido tradicionalmente entendido que a vocação das providências cautelares não é a resolução das questões e a satisfação dos interesses envolvidos, apenas se destinando a *acautelar* o efeito útil da acção (art. 2.º, n.º 2, do CPC). Pode mesmo dizer-se que, num certo sentido – numa afirmação *discutível*, a ser entendida habilmente –, a tutela cautelar não se destina, *directamente*, a promover a efectividade do direito ameaçado ou violado, pelo tempo que durar a demanda principal. Este será, necessariamente, o efeito prático-jurídico compreendido na providência decretada, mas o seu fim instrumental é, antes, o de assegurar a utilidade da sentença a proferir[355]. A tutela cautelar não se dirige, neste sentido – habilmente entendido, repete-se – à satisfação imediata, ainda que provisória, do direito substantivo, mas sim à satisfação do processo predisposto pela justiça estadual: serve os fins do processo principal, garantindo a subsistência do sentido e utilidade da sentença final[356].

---

[355] A doutrina designa esta característica da tutela cautelar de "instrumentalidade hipotética" – cfr. Piero Calamandrei, *Introdução*, cit., p. 97. Sobre o tema, cfr. Rita Lynce de Faria, *A Função*, cit., p. 35.

[356] Não se ignorando que aqueles fins são a satisfação do direito substantivo, também por aqui deve o texto ser interpretado habilmente.

Resulta do exposto que, por regra – com a excepção adiante analisada –, *em todas as situações objecto de uma providência cautelar*, o conflito de interesses só fica sanado, definitivamente sanado, com a decisão da causa principal, pelo que *todas elas são situações que não se compadecem com a adopção de uma simples providência cautelar*. Parece, pois, que esta primeira hipótese abrange praticamente todas as providências cautelares – ou não fossem elas cautelares –, o que lhe retira qualquer sentido exemplificativo[357].

Poder-se-ia, é certo, pensar que na exposição de motivos se faz referência aos casos de inadequação da providência cautelar ao seu próprio fim, isto é, aos casos nos quais a providência cautelar, qualquer providência cautelar, não satisfaz o seu propósito de assegurar a efectividade do direito ameaçado. A antecipação do juízo sobre a causa principal teria, assim, sido pensada para os casos de inutilidade da lide cautelar. Todavia, considerando a economia deste instituto e a do diploma em que se insere, não faz sentido sustentar que o legislador aproveitou a oportunidade da criação de um processo declarativo comum experimental para premiar os requerentes de providências inúteis com a possibilidade convolação da lide cautelar em lide definitiva.

90.1.1. *Confronto com a norma contida no art. 121.° do CPTA.* Admite-se que no texto preambular se tente transpor para o regime experimental (e para o processo civil, com os devidos ajustamentos materiais) o âmbito de aplicação daquela que terá sido a disposição legal fonte de inspiração do art. 16.° do DL n.° 108/2006, de 8 de Junho, o art. 121.° do CPTA.

> Estabelece este artigo: "Quando a manifesta urgência na resolução definitiva do caso, atendendo à natureza das questões e à gravidade dos interesses envolvidos, permita concluir que a situação não se compadece com a adopção de uma simples providência cautelar e tenham sido trazidos ao processo todos os elementos necessários para o efeito, o tribunal pode, ouvidas as partes por 10 dias, antecipar o juízo da causa final".

Emerge claramente do texto do CPTA que a via processual nele prevista foi criada para dar a resposta apropriada aos casos em que *há urgência na decisão final* da causa, e não para os casos nos quais ocorre uma

---

[357] O advérbio utilizado – nomeadamente – também perde todo o seu sentido, pois as hipóteses consideradas não são exemplificativas, mas sim exaustivas: os casos de insuficiência da providência e os casos da sua suficiência.

Procedimentos cautelares e processos especiais 237

mera *insuficiência* ou *inutilidade* da tutela cautelar. Visa ela concretizar integralmente, no âmbito do contencioso administrativo, o princípio da tutela jurisdicional efectiva, consagrado no art. 20.º da CRP (cfr., ainda, o art. 268.º, n.º 4, da CRP), completando a tutela definitiva urgente, prevista no art. 109.º e segs. do CPTA[358].

Transpondo para a hermenêutica da norma processual civil que nos ocupa o mesmo propósito, temos que, de acordo com o texto preambular, assim interpretado e integrado com este subsídio, a motivação do legislador terá sido a de criar uma tutela jurisdicional para um conjunto especial de casos: aqueles nos quais o único meio de reconhecer judicialmente o direito invocado e prevenir ou reparar a sua violação é a prolação de uma *decisão definitiva urgente*. Considerando o vasto leque de providências antecipatórias já permitido pela lei, não será frequente a ocorrência de um destes casos – o que corresponde a dizer que não é fácil identificar o repto *concreto*, nascido fora do ambiente académico ou ministerial no qual a norma foi gerada, que demandou esta resposta legal.

Não se recusando que estes casos especiais existam e que também possam acabar por ser resolvidos pela via prevista no art. 16.º do DL n.º 108/2006, é manifesto que esta abrange muitos outros, nos quais não se verifica qualquer especial urgência na prolação da decisão final. Como refere MARIANA FRANÇA GOUVEIA, aqui, "no Regime Processual Experimental, a norma funciona mais como um instrumento de simplificação, de gestão e não (tanto) de tutela de interesses privados. Simplificação e celeridade na medida em que permite resolver de uma vez só e rapidamente aquilo que daria origem a duas acções"[359].

90.1.2. *Tutela definitiva urgente e gestão processual.* Embora de verificação aparentemente rara, tendo perante a vida extraprocessual a humildade devida, há que considerar a hipótese de ocorrência de casos que demandem uma *decisão definitiva urgente*[360]. Estes casos deverão merecer uma resposta processual adequada.

---

[358] Neste sentido, cfr. MÁRIO AROSO DE ALMEIDA, *O Novo Regime do Processo nos Tribunais Administrativos*, Coimbra, Almedina, 2005, p. 313. Sobre o tema, cfr., ainda, AROSO DE ALMEIDA e CARLOS CADILHA, *Comentário*, cit., pp. 620 a 625, CARLOS FERNANDES CADILHA, *Dicionário de Contencioso Administrativo*, Coimbra, Almedina, 2006, pp. 548 e 549, e VIEIRA DE ANDRADE, *A Justiça*, cit., pp. 340 e 341.

[359] *Regime Processual*, cit., p. 156.

[360] Tomemos como exemplo um caso de incerteza sobre a titularidade de um direito. Admitamos que, se a situação de incerteza não for resolvida (*definitivamente* pacificada)

238   *Regime Processual Civil Experimental Comentado*

A Constituição estabelece que todos têm direito a que uma causa em que intervenham seja objecto de decisão *em prazo razoável* (arts. 20.°, n.° 4, da CRP e 6.°, n.° 1, da CEDH). Afigura-se-nos ser inequívoco que a tutela garantida *em prazo razoável* é a definitiva. Sendo seguro que não é possível fixar, em geral e abstracto, o que seja um prazo razoável de decisão[361], variando este de caso para caso, não menos certo é que a lei processual civil não oferece vias de tutela definitiva ajustáveis às diferentes necessidades de celeridade das demandas, em ordem a serem decididas nos "seus" prazos razoáveis. A sujeição da acção à forma sumária ou ordinária, por exemplo, não obedece a critérios de necessidade – sistema onde se reservaria a primeira para os casos mais urgentes –, atendendo-se sim, cegamente, ao valor da causa.

Já a propósito da norma (dirigida ao legislador) contida no art. 20.°, n.° 5, da CRP, é duvidoso, no mínimo, que seja ela satisfeita com o processo previsto nos arts. 1474.° e 1475.° do CPC (já que não se trata de um procedimento judicial caracterizado pela "celeridade e prioridade"), ou que apenas a tutela urgente da justiça administrativa prevista no art. 109.° e segs. do CPTA tenha sido pretendida[362].

Se o único meio de efectiva tutela judicial de um direito é a prolação de uma *decisão definitiva urgente*, tem este de ser exercido através de uma acção de tutela plena. Perante um caso destes, deverá o juiz, em cumprimento do seu dever de gestão processual (art. 2.°), *em despacho liminar*, adoptar um guião processual adequado às especificidades da causa, dando, ainda, instruções à secção de processos e esclarecendo as partes que à acção em questão será dada prioridade sobre todo o restante serviço judicial não urgente[363]. Se a premência da tutela definitiva for de tal ordem

---

num prazo curto, um determinado negócio perder-se-á irremediavelmente. A tutela cautelar típica é inútil, pois a decisão tomada não resolve a incerteza sobre a titularidade do um direito, dado o seu carácter não definitivo. Do que o demandante necessita é de uma decisão *definitiva urgente*.

[361] Cfr. os Acs. do STA de 17 de Março de 2005 e de 10 de Setembro de 2009, proferidos nos processos n.os 0230/03 e 083/09, respectivamente, disponíveis em *dgsi.pt*. Sobre o tema, considerando que importa entender "aos interesses em jogo" na determinação do prazo razoável, cfr. LEBRE DE FREITAS, *Introdução*, cit., p. 126.

[362] Considerando que a lei não acentua, em termos bastantes, a vertente de "urgência" do processo previsto nos arts. 1474.° e 1475.° do CPC (de modo a permitir a sua equiparação aos processos principais urgentes previstos no CPTA), cfr. LOPES DO REGO, «A "conversão"», cit., p. 158.

[363] Sobre o tema, embora no âmbito do direito administrativo, cfr. AROSO DE ALMEIDA, *O Novo Regime*, cit., p. 315. Por razões que se nos afigura serem evidentes,

Procedimentos cautelares e processos especiais 239

que justifique a prática de actos processuais em férias judiciais (art. 143.º, n.os 1 e 2, do CPC), assim terá de ser decidido[364].

90.1.3. *Tutela definitiva urgente exercida pela via cautelar.* Aproximando-se o procedimento do seu termo, exigindo o caso uma tutela definitiva urgente, uma de duas situações pode ocorrer: ou a providência cautelar serve, ainda assim, os seus propósitos, justificando-se, todavia, que seja, também, resolvida a causa definitivamente com urgência; ou a instauração do procedimento cautelar é um aparente equívoco, pois apenas a prolação de uma decisão definitiva, embora proferida com urgência, é adequada à tutela do direito do requerente.

Ambas as situações têm cobertura legal, *contando que os já analisados requisitos legais estejam satisfeitos* – suficiência dos elementos trazidos ao processo e audição (ou anuência) das partes. Com efeito, compreender-se-ia mal que, verificados tais requisitos e constatando o juiz estar-se perante um caso em que a *única via* que permite reconhecer em juízo o direito invocado e prevenir ou reparar a sua violação é a prolação de uma decisão definitiva urgente, o tribunal inviabilizasse a garantia de acesso aos tribunais (considerando que a urgência na resolução da questão não se compadecerá com a instauração de nova demanda), indeferindo a providência[365], por não ser a medida cautelar requerida "adequada a assegurar a efectividade do direito ameaçado" (art. 381.º, n.º 1, do CPC), e recusando a antecipação do juízo sobre a causa principal, com fundamento na impropriedade originária do procedimento cautelar.

Também nestes casos, pode ser excepcionalmente admitida a produção de prova suplementar, nos moldes já referidos. Não bastando a produção suplementar de prova para que o tribunal fique munido de os elemen-

---

o juiz não pode, ainda que a coberto do instituto contido no art. 2.º, convolar uma processo de tutela plena num procedimento de tutela não definitiva. Questão paralela é colocada (e respondida), no âmbito do CPTA, por Carlos Cadilha, «Os poderes», cit., p. 29.

364 Esta era, para os procedimentos cautelares, a orientação dominante antes de o legislador, na reforma de 1995/96, ter consagrado expressamente a sua urgência – cfr., Lebre de Freitas, Montalvão Machado e Rui Pinto, *Código*, cit., Vol. II, p. 65. O regime de urgência fixado para o processo concreto, ao abrigo do dever de gestão processual, deverá ressalvar os *prazos* dos actos a praticar pelas partes (dada a relação destes com as suas garantias processuais), mantendo-se aqui o regime geral, designadamente no que respeita ao prazo para interposição de recurso.

365 Será um caso de inconcludência: o pedido cautelar formulado não é sustentado pelos fundamentos invocados.

240   *Regime Processual Civil Experimental Comentado*

tos necessários à resolução definitiva do caso, isto é, quando se verifique uma *total e insuprível* desadequação do formalismo processual, concebido para a tutela cautelar, às necessidades da tutela definitiva[366] e, ainda assim, seja essencial obter uma tutela definitiva urgente, apenas restará ao demandante o recurso à acção plena.

90.1.4. *Natureza das questões e gravidade dos interesses.* São de duas ordens as razões aqui identificadas, pelas quais a tutela do direito não se compadece com a adopção de uma simples providência cautelar. Tentemos densificar os conceitos utilizados na exposição de motivos, apenas numa breve nota, dado que o preâmbulo não é fonte de lei.

    a) A natureza das questões. Em *alternativa* à gravidade dos interesses, como característica da demanda que pode determinar a antecipação do juízo sobre a causa principal, o texto da exposição de motivos considera a "natureza das questões". Trata-se de uma referência ao elemento objectivo da instância, à materialidade do litígio submetido a juízo. Não esclarece o preâmbulo quais são as questões, *verificados que estejam os pressupostos legais* contidos no art. 16.º, cuja natureza *não* justifica a convolação ou justifica a não convolação. Dito de outro modo, não esclarece por que releva a natureza da questão na decisão de convolação.

    Admite-se, no entanto, que um exemplo destes (onde a natureza da questão pode obrigar à concessão de uma tutela definitiva urgente) é o da lide que tem o desfecho previsto no art. 387.º, n.º 2, do CPC (cfr., ainda, os casos previstos nos arts. 397.º, n.º 2, e 419.º do CPC). A providência *deve* ser recusada pelo tribunal, quando o prejuízo dela resultante para o requerido exceda consideravelmente o dano que com ela o requerente pretende evitar. Neste caso, embora se verifiquem o *periculum in mora* e o *fumus boni iuris*, o tribunal, mediante a prova, com igual[367] ou superior[368] peso, do prejuízo excessivo, recusará a *necessária* tutela cautelar urgente. Esta solução é exigida pela sumariedade do procedimento, considerando que existe sempre a possibilidade da causa principal, na qual os meios probatórios colocados ao dispor das partes são mais vastos e os poderes instrutórios e de cognição do tribunal ampliados, vir a ser julgada improcedente.

---

[366] Pressuposto este de difícil ocorrência, considerando o disposto no art. 265.º-A do CPC, mas que pode decorrer da necessidade de fazer intervir outros interessados ou da necessidade de se oferecer o contraditório por meio de citação edital (385.º, n.º 4, do CPC), por exemplo.

[367] Assim, cfr. TEIXEIRA DE SOUSA, *Estudos*, cit., p. 233.

[368] Assim, cfr. LEBRE DE FREITAS, MONTALVÃO MACHADO e RUI PINTO, *Código*, cit., Vol. II, p. 36

Procedimentos cautelares e processos especiais					241

Todavia, se o juiz admitir que toda a prova relevante a produzir em sede de acção principal já foi apresentada no procedimento cautelar, podendo, como tal, ultrapassar o *fumus boni iuris* e atingir a certeza exigida pela tutela plena, ouvirá as partes sobre a possível antecipação do juízo definitivo. Confirmando-se a hipótese admitida, o tribunal resolverá definitivamente o caso. Nesta hipótese, se ainda se justificar a tutela cautelar, a resolução do conflito de interesses deixará de estar especialmente condicionada pela mera aparência do direito, devendo reflectir o sentido da decisão definitiva também proferida. Nesta, esse conflito já terá o tratamento previsto nas disposições legais substantivas que forem aplicáveis[369].

b) A gravidade dos interesses. Para os efeitos admitidos na exposição de motivos, não há que fazer distinção entre os interesses protegidos por meio da atribuição de um direito subjectivo, e os que são protegidos por outros meios[370]. À luz do texto preambular, qualquer interesse (legalmente protegido) pode ser acolhido na fundamentação da decisão de antecipação do juízo sobre a causa principal, contando que seja grave, isto é, dotado de grande relevância (importância). Estes serão, sobretudo, aqueles que têm algum âmbito de tutela constitucional.

A este propósito, escreveu-se no Ac. do STA de 16 de Janeiro de 2008[371]: "Liminarmente, diremos do nosso entendimento de que a pura situação de estarem em causa na providência cautelar «meros interesses de natureza patrimonial» não deverá por si só consequenciar um juízo impeditivo do julgamento antecipado sobre a causa principal – pois a verdade é que, em abstracto e *a anteriori*, não poderá dizer-se dos conflitos de interesses de natureza patrimonial que, pela circunstância simples de serem patrimoniais apenas, lhes faltará sempre a dignidade bastante e a gravidade suficiente (que lhes confira urgência de resolução). Deve aqui dizer-se, aliás, que são naturalmente conceitos relativos, com um alto grau de indeterminação, os conceitos legais utilizados – da «*natureza*» das questões, e da «*gravidade*» dos interesses –, cujo verdadeiro conteúdo só em concreto é possível preencher, gozando o juiz em situações que tais de uma irrecusável margem de subjectividade na interpretação e aplicação da lei".

90.2. *Situações de inutilidade da instauração de uma acção principal.* A segunda hipótese contida na exposição de motivos é a de "inutili-

---

[369] Nomeadamente, os arts. 334.º e 335.º do CC, abandonando-se o critério previsto no art. 387.º, n.º 2, do CPC.

[370] Sobre o conceito de interesse (legalmente protegido), cfr. HEINRICH EWALD HÖRSTER, *A Parte Geral do Código Civil Português – Teoria Geral do Direito Civil*, Coimbra, Almedina, 1992, p. 222.

[371] Proferido no processo n.º 0717/07, publicado em *dgsi.pt*.

242   *Regime Processual Civil Experimental Comentado*

dade da instauração da acção principal". A inutilidade aqui referida é a que decorre de se encontrar satisfeito o interesse do demandante com a mera produção do efeito prático no qual se traduz a execução da providência cautelar.

Exemplos desta inutilidade são a restituição, findo o contrato, de uma viatura locada – sobretudo quando, em execução da providência, se venha a constatar que já tinha ela sido abandonada pelo locatário –, ou a proibição de realização de um certo evento em determinada data (incluindo, por exemplo, a suspensão de trabalhos numa obra, pelo ruído que comporta, num dia preciso)[372]. São casos nos quais o conflito de interesses só *não fica* (juridicamente) definitivamente sanado dada a afirmada natureza instrumental da medida cautelar, apesar de o seu conteúdo já satisfazer (de facto) plenamente o interesse do demandante.

90.2.1. *Tutela antecipatória dotada de plena identidade com o mérito da causa*. O conteúdo (de uma decisão) adequado a promover a efectividade do direito ameaçado ou violado, pelo tempo que durar uma demanda principal, pode não ser diferente daquele que é adequado a garantir a tutela definitiva – salvo, obviamente, na sua componente jurídica, quanto à natureza definitiva ou não do decidido. A providência cautelar não deve procurar antecipar a sentença, visando despi-la de utilidade[373]; no entanto, fazendo o procedimento o seu caminho privativo e adequando-se a providência ao seu fim próprio, não pode obstar ao seu decretamento, *verificados que estejam todos os pressupostos da concessão da tutela cautelar* (a sua causa de pedir), a circunstância de ser coincidente com o conteúdo prático da sentença a eventualmente proferir[374].

Em defesa da qualidade de vida e da saúde pública, o Ministério Público tem recorrido aos tribunais cíveis, pedindo que sejam limpos ou autorizada a limpeza e desinfestação de imóveis[375]. Nestes casos, a demanda

---

[372] ABRANTES GERALDES, *Temas*, cit., III Vol., 1998, p. 122 e 123. Aceitando a existência de casos com esta característica, cfr. FRANÇA GOUVEIA, *Regime Processual*, cit., p. 153 e BORGES MAIA e INÊS SETIL, «Breve comentário», cit., p. 335.

[373] Sendo de evitar, na medida do possível, a irreversibilidade da medida.

[374] Recusando a possibilidade de adopção de uma "providência cautelar que deixasse o direito ou o interesse do requerente perfeitamente realizado", no contexto do processo nos tribunais administrativos, cfr., MEIRELES DE AMORIM, «Apontamentos», cit., p 421.

[375] Sobre o tema, cfr. JOÃO ALVES, «O Ministério», cit., pp. 454-455, e «A defesa da saúde pública», *Maia Jurídica*, Ano III, n.º 1, 2005, p. 101.

Procedimentos cautelares e processos especiais 243

não se funda apenas na existência de um risco, mas também na eminência da sua concretização. Tem-se constatado que esta intervenção em defesa de interesses difusos apenas ocorre quando há urgência na adopção de uma medida que ponha cobro ao atentado ao ambiente, aos direitos de personalidade ou à saúde pública. Dito de outro modo, só nos casos de urgência tem sido, a montante, formulado o juízo de conveniência e de oportunidade que leva o Ministério Público a agir. É a situação caracterizadora da urgência que justifica a sua intervenção, de tal sorte que esta nunca tem lugar quando aquela não ocorre.

Compreende-se que o meio processual adoptado pelo Ministério Público seja, invariavelmente, o procedimento cautelar comum, atendendo à urgência assinalada. Todavia, ainda que recorresse à via de tutela plena, tal como a causa de pedir da providência cautelar é integrada pelo *periculum in mora*, também a causa de pedir na acção sempre seria integrada pela urgência que densifica a agressão ao interesse tutelado, que lhe confere a intensidade que justifica a intervenção do Ministério Público.

Executada a medida cautelar, não tem o Ministério Público qualquer interesse em recorrer novamente aos tribunais (ou, melhor, não há qualquer interesse substantivo cuja tutela demande a sua intervenção). Exigir nestes casos ao Ministério Público que instaure a acção principal já não é só negar a (dupla) natureza instrumental à tutela cautelar; é atribuí-la à acção de tutela plena. A acção não visaria, então, tutelar o interesse substantivo (ou o direito subjectivo), apenas servindo de *instrumento*, supostamente necessário, para ratificar a decisão antecipatória pretérita que, de modo duradouro, deu solução à relação litigiosa.

O interesse material que determinou a intervenção do Ministério Público está satisfeito, sendo agora suplantado por outros interesses que demandam a sua *não acção* –v.g., a economia dos recursos *públicos* do Ministério Público e do tribunal ou, mesmo, o cuidado com o património do responsável pelo atentado (que eventualmente responderia pelas custas da acção principal), frequentemente pessoa humilde, socialmente desinserida e portadora de perturbação mental.

90.2.2. *Recusa da instrumentalização da acção principal.* Não colhe aqui dizer que não é possível configurar um procedimento cautelar que dispense uma acção principal – ainda que se trate de um processo de natureza antecipatória, dotado de identidade com o mérito da causa –, alegando, num aparente *circulus in demonstrando*, que, embora a execução material da providência assegure, de facto, o interesse do requerente, juridicamente não é concebível um procedimento cautelar desacompanhado de uma causa principal[376]. Não colhe este argumento porque a norma vertida no art. 16.° do DL n.° 108/2006, afastando este dogma, permite, *precisamente*, dar cobertura jurídica a uma realidade de facto[377].

Também é excessivo adjectivar de ilícita a subsistência dos efeitos da providência – a posse provisória, por exemplo – quando esta caduque, pelo que a acção principal nunca seria dispensável, incorrendo em responsabilidade civil extracontratual o requerente que não instaure a acção principal. Com efeito, sob pena de poder ser cometida uma grosseira iniquidade, a afirmação dessa responsabilidade passará, em regra, pela apreciação da relação material controvertida, não se bastando com a apreciação da conduta processual das partes[378] – de outro modo, dificilmente se poderá apurar se o requerente agiu "com a prudência normal" (art. 390.°, n.° 1, do CPC). Todavia, novamente se afirma, se se entender que é ilícita a subsistência da medida cautelar (para além do prazo de caducidade), a norma contida no art. 16.° não deixará por isso de ter sentido. Pelo contrário, ganhará uma utilidade acrescida: a de conferir legitimidade à manutenção da medida (agora definitiva), com a inegável vantagem de se evitar uma nova actividade jurisdicional.

91. *Desvirtuamento do procedimento cautelar.* O instituto comentado traz consigo o risco de desvirtuamento do procedimento cautelar, isto é, permite que este seja fraudulentamente instrumentalizado para conferir natureza urgente a uma demanda principal ou para diminuir as garantias de defesa do demandado.

A decisão de antecipação do julgamento da causa principal não está dependente de requerimento. É uma decisão tomada oficiosamente. Isto

---

[376] Sobre o tema, cfr. Brites Lameiras, *Comentário*, cit., p. 23. Fixando conceitos como os de tutela cautelar, tutela sumária, tutela antecipatória, tutela plena, providência conservatória e providência antecipatória, cfr. Rui Pinto, *A Questão*, cit., em especial p. 541 e segs..

[377] Dando por adquirido o fim da acessoriedade e da provisoriedade das providências cautelares (enquanto regra que não abra excepções), cfr. Teixeira de Sousa, «Um novo», cit., pp. 23 e 24.

[378] Tomemos como exemplo o proprietário de uma viatura furtada ou roubada que recorre à tutela processual civil para obter a sua recuperação. Instaurado o procedimento próprio, a providência é deferida. O requerido não oferece oposição (prévia ou subsequente). Não vemos sequer como ilícita (quando totalmente sustentada na relação material controvertida) a posse efectivamente restaurada por meio de uma providência cautelar caducada. Quanto à própria execução da decisão (porque realizada em conformidade com a lei e, obviamente, antes de caducar a medida), não padece de qualquer ilegalidade.

Procedimentos cautelares e processos especiais

não significa que não possa ela ser requerida por *qualquer das partes*. É perfeitamente admissível que o demandante, logo no requerimento inicial, peça ao tribunal que resolva definitivamente o caso. Apenas significa que esse requerimento é tendencialmente inócuo, não alterando os pressupostos nos quais deve assentar a decisão do tribunal.

O procedimento cautelar não deve ser adulterado, instrumentalizado como ferramenta para atingir uma tutela definitiva para a qual não foi criado. Justifica-se alguma parcimónia na concessão da tutela (cautelar ou definitiva) urgente, de forma a assegurar as condições para que, quando esteja prevista, a urgência funcione. A generalização da urgência tem efeitos perversos, pois onde tudo é urgente, nada é urgente[379].

Todavia, se o requerente restringe a sua demanda aos limites simplificados da tutela cautelar, nada na lei impede que requeira ao tribunal que antecipe o julgamento da causa principal, o que vale dizer, que pondere a questão, sobre ela tome posição e se pronuncie expressamente. Claro está que toda a matéria alegada que extravase o âmbito do procedimento cautelar e todos os meios de prova oferecidos para demonstração dos factos que excedam o âmbito cautelar do procedimento devem ser rejeitados[380].

Posto isto, importa reconhecer que, uma vez verificados (*objectivamente*) os requisitos de aplicação desta norma, não são facilmente configuráveis situações de fraude à lei. Tendo a demanda sido conduzida nos seus limites sumários e cautelares, se o juiz, finda a produção de prova, constatando que foram trazidos ao procedimento os elementos necessários à resolução definitiva do caso e auscultando as partes (ou obtendo a sua anuência na prolação da decisão antecipatória), antecipa a decisão da causa principal, os fins da lei estão a ser satisfeitos, e não defraudados.

92. *Improcedência da providência e decisão antecipatória.* Já admitimos uma hipótese na qual, apesar de ser julgada improcedente a providência, o juiz deve antecipar o juízo sobre a causa principal: quando apenas é adequada à tutela do direito do requerente a prolação de uma decisão

---

[379] Tal como é sublinhado na exposição de motivos da proposta de lei que está na origem do CPTA (42/PROP/2001, de 20 de Junho).

[380] Ressalvando-se, eventualmente, a hipótese de o tribunal concluir, com segurança, estarmos perante um dos casos especialíssimos que exigem uma tutela definitiva urgente, permitindo este "desvirtuamento" do procedimento, ao abrigo do disposto no art. 265.°-A do CPC, assegurando-se de que os direitos da contraparte não serão violados.

246   *Regime Processual Civil Experimental Comentado*

definitiva, embora com urgência, contando que os requisitos previstos nesta norma estejam satisfeitos.

Esta possibilidade também deverá ser admitida, em regra, nos demais casos de improcedência da providência[381]: constatando a suficiência dos elementos trazidos ao processo e auscultando as partes (ou obtendo a sua anuência na prolação da decisão antecipatória), nada obsta a que o juiz poupe tempo e dinheiro aos litigantes, aos contribuintes e ao tribunal, decidindo a pretensão a título definitivo, evitando a instauração de uma nova acção[382].

Também aqui, o risco de fraude ficou controlado com a condução, a montante, do procedimento nos seus limites simplificados – o tribunal apenas permitiu o desenvolvimento de uma instância com as características perfunctórias do procedimento cautelar, respeitando a *sumariedade* que o marca – e com a verificação objectiva, no fim da produção de prova, de já terem sido, nos limites do procedimento simplificado, trazidos os elementos necessários à decisão da causa definitiva. Claro está que, se o tribunal considerar ter havido um comportamento fraudulento dos litigantes, deve recusar a tutela definitiva, apreciando o seu comportamento nos quadros da má-fé processual – cfr. o art. 665.º do CPC. O que não faz qualquer sentido é, como já foi referido, reconhecer-se que, com facilidade, se pode evitar uma demanda futura e, não obstante, por uma qualquer espécie de "teimosia", restringir-se a decisão à sua dimensão cautelar.

93. *Natureza do poder exercido.* Verificados que estejam os respectivos requisitos, as inegáveis vantagens existentes na antecipação do juízo sobre a causa principal (vistas isoladamente) deveriam determinar a obrigatoriedade da adopção desta via processual. Todavia, no texto da lei consta que o tribunal *pode* decidir a causa principal, e não que o *deve* sempre fazer. Embora não seja decisivo, é este um sinal de que estamos

---

[381] Considerando que "só é admissível a antecipação da decisão final quando estejam reunidos os requisitos da providência", cfr. FRANÇA GOUVEIA, *Regime Processual*, cit., p. 153, e cfr. BORGES MAIA e INÊS SETIL, «Breve comentário», cit., p. 335.

[382] Esta decisão poderá ser de procedência, quando a recusa da tutela cautelar se funda na falta de um pressuposto (fundamento) privativo deste tipo de demandas (da sua causa de pedir), ou de improcedência, quando é a prova do direito ameaçado que falece, por exemplo. No primeiro caso, a tributação em custas deve reflectir a improcedência do pedido de tutela cautelar.

Procedimentos cautelares e processos especiais

perante uma matéria confiada ao "prudente arbítrio do julgador" – cfr. o art. 156.°, n.° 4, do CPC[383]. Vejamos porquê[384].

A decisão de antecipação do juízo sobre a causa principal obriga à ponderação das vantagens e das desvantagens que tal opção acarreta. As vantagens já as enunciámos – a economia e a celeridade processuais, reportadas à demanda definitiva. As desvantagens também se intuem sem dificuldade. A elaboração de uma verdadeira sentença (art. 156.° n.° 2, do CPC) pode importar um estudo acrescido do caso, podendo este demandar diversos dias de trabalho, em função da sua complexidade objectiva e subjectiva (relativamente a cada juiz). São horas ou dias de esforço acrescido, empregues no âmbito de uma tutela definitiva, efectivamente não urgente, que não só atrasarão a concessão (ou não) da tutela cautelar do procedimento em causa, como também retirarão ao tribunal o tempo que, de outro modo, despenderia no tratamento de casos urgentes ou de processos normais com precedência sobre o procedimento tratado – por, por exemplo, serem mais antigos.

Há, pois, uma relevante variável a influenciar a decisão que só o concreto juiz do caso domina – nem mesmo o tribunal de recurso a poderá dominar. Até à assinatura da sentença, a análise dos factos e, sobretudo, do aspecto jurídico da causa podem reservar inúmeras dificuldades ao julgador. Um caso aparentemente simples pode, afinal, demandar vários dias de estudo. Esta actividade necessária à prolação da decisão não é igual para todos os juízes: a antiguidade, a preparação técnica ou, por exemplo, a circunstância de já terem, ou não, tratado anteriormente casos idênticos influenciam profundamente o tempo despendido. Só o concreto julgador sabe se a elaboração da sentença definitiva implica (para ele) um estudo de vários dias incompatível com a urgência do procedimento. Só o juiz conhece o *concreto* restante serviço que tem a seu cargo, estando em condições de avaliar se a elaboração da sentença, implicando, por exemplo, um estudo acrescido, prejudica este serviço[385].

---

[383] Sobre a irrecorribilidade implícita na norma, cfr. ABRANTES GERALDES, *Recursos*, cit., p. 56.

[384] Alertava KARL ENGISH que, "mais difícil do que demonstrar que existe o 'poder discricionário' no direito, é demonstrar que isso é, não apenas inevitável, mas também algo de *bom*" – *Introdução*, cit, p. 224.

[385] Vem a propósito recordar o pensamento de KARL ENGISH, quando este Autor sustenta que "aquilo que 'em todo o caso' tem de ser reconhecido como defensável, deve valer como 'caindo no espaço de manobra do poder discricionário' e, nessa medida, deve valer como 'correcto' (e [...] não deve ficar sujeito a reexame por uma outra instância, pelo

248 *Regime Processual Civil Experimental Comentado*

Resulta, pois, não só do texto da lei, como da natureza do problema, que a decisão de convolação é proferida no uso legal de um poder discricionário (art. 156.º, n.º 4, do CPC)[386].

94. *Recursos.* Decorre do raciocínio expendido que a questão da recorribilidade da decisão de antecipar o juízo sobre a causa principal não é muito relevante nas providências preliminares à acção, dado que a sua prolação pressupõe a anuência das partes – salvo se a acção já tiver sido entretanto instaurada e contestada, estando apresentados os meios de prova. Todavia, mesmo nestes casos, se da riqueza da vida surgir um legitimado[387], tem ela de merecer uma resposta – para além de ter toda a pertinência quando a decisão é tomada apesar de as partes não estarem de acordo. Por outro lado, se a antecipação do julgamento definitivo for requerida e indeferida, é sempre de equacionar a possibilidade de impugnação deste despacho por via de recurso.

Tendo a decisão sobre a antecipação do juízo sobre a causa principal sido confiada ao prudente arbítrio do julgador, considera-se ela proferida no uso legal de um poder discricionário, pelo que só é recorrível nos precisos e restritos termos em que o são estas decisões[388] – cfr. os arts. 156.º n.º 2, e 679.º do CPC. Esta questão merece mais algum desenvolvimento.

A discricionariedade da decisão de convolação resolve-se nisto: *verificados os pressupostos legais* da possibilidade de antecipação do juízo sobre a causa principal, o juiz pode proferir decisão resolvendo definitivamente o caso, assim como pode limitar a pronúncia à tutela cautelar. Verificados que estejam os pressupostos legais, repete-se, a lei atribui-lhe

---

menos quando esta não esteja em contacto tão estrito com o caso concreto e não seja essencialmente mais perita na matéria que a instância detentora do poder discricionário, mas apenas, na melhor das hipóteses, se julgue 'mais sábia' que esta)" – *Introdução*, cit, p. 251.

[386] O juízo sobre a antecipação da decisão da acção de tutela plena é análogo ao juízo de *inconveniência* referido no art. 275.º, n.º 1, *in fine*, do CPC, já analisado no comentário ao art. 6.º, considerado por RODRIGUES BASTOS como sendo "um poder discricionário atribuído ao tribunal" – *Notas*, cit., p. 37.

[387] Cfr. o art. 680.º do CPC.

[388] Neste sentido, cfr. BRITES LAMEIRAS, *Comentário*, cit., p. 22, admitindo sempre o recurso com fundamento na não verificação dos requisitos da prolação da decisão discricionária. Em sentido diferente, cfr. FRANÇA GOUVEIA, *Regime Processual*, cit., p. 152. Sobre a possível recorribilidade de uma decisão "discricionária", cfr. ALBERTO DOS REIS, *Código*, cit., Vol. V, pp. 254 e 255, LEBRE DE FREITAS e RIBEIRO MENDES, *Código*, cit., Vol. III, p. 17, TEIXEIRA DE SOUSA, *Estudos*, cit., p. 380, e ABRANTES GERALDES, *Recursos*, cit., p. 57.

Procedimentos cautelares e processos especiais

o poder discricionário de proceder de acordo com o seu prudente arbítrio. Verificados que estejam os seus pressupostos, sublinha-se novamente, a decisão do juiz, qualquer que ela seja (convolação ou não), não é sindicável por um tribunal superior.

Do exposto não resulta que a decisão seja irrecorrível, uma vez que a discricionariedade decisória permitida ao juiz só surge na esfera de poderes (sempre funcionais) do tribunal quando se mostrem preenchidos os seus pressupostos legais, vertidos numa norma de direito adjectivo. Não há qualquer margem para relevante discricionariedade ou, muito menos, arbitrariedade no juízo sobre a verificação dos pressupostos legais. Obedece a decisão que os julgue verificados a critérios estritamente jurídicos. A verificação destes requisitos constitutivos pode ser discutida em via de recurso. Assim sendo, podem os legitimados recorrer com fundamento na insuficiência dos "elementos necessários à resolução definitiva do caso" ou com fundamento na não audição das partes – ou na falta da sua anuência, quando seja necessária –, pois, como se disse, a efectiva existência do poder discricionário do juiz está dependente da verificação destes requisitos.

O que não podem as partes é, afirmando a verificação destes pressupostos, isto é, em especial, reconhecendo que foram "trazidos ao procedimento cautelar os elementos necessários à resolução definitiva do caso", recorrer da decisão de convolação ou, o que será mais frequente, da decisão que recuse essa antecipação ou que julgue improcedente uma reclamação de nulidade, por violação de um suposto dever de convolação[389].

94.1. *Impugnação da decisão de não convolação.* A decisão expressa, suscitada por requerimento, de não antecipação do juízo definitivo nunca é susceptível de impugnação por via de recurso (art. 679.° do CPC), ainda que se verifiquem os seus pressupostos previstos na lei, conside-

---

[389] Atente-se que no lugar paralelo do art. 121.° do CPTA a lei, no n.° 2 deste artigo, estabelece que "a decisão de antecipar o juízo sobre a causa principal é passível de impugnação nos termos gerais". Nada é dito sobre a decisão de *não* antecipar ou sobre a ausência de conhecimento oficioso da matéria. A este propósito MÁRIO AROSO DE ALMEIDA e CARLOS FERNANDES CADILHA, defendem que "a eventual pronúncia expressa do tribunal no sentido de não proceder à convolação não é passível de recurso" – *Comentário*, cit., p. 620. Em sentido contrário, *admitindo* um recurso com fundamento na não aplicação do instituto previsto no art. 121.° do CPTA, embora julgando-o improcedente, cfr. os Acs. do Tribunal Central Administrativo Sul de 31 de Março de 2005 e do Tribunal Central Administrativo Norte de 17 de Fevereiro de 2005, respectivamente, proferidos nos processos n.° 00634/05 e n.° 00573/04.9BECBR, respectivamente, disponível em *dgsi.pt*.

250 Regime Processual Civil Experimental Comentado

rando que só o juiz da causa está em condições de conhecer os inconvenientes para a gestão do serviço que a convolação acarreta.

Também a omissão da decisão de convolação é insusceptível de ser alvo de uma reclamação de nulidade. Não estando o juiz vinculado à antecipação do juízo sobre a causa principal, a decisão que a determine não pode ser considerada um acto que a lei imponha, pelo que a recusa da adopção (oficiosa) desta via antecipatória não gera uma nulidade processual, para os efeitos previstos no art. 201.°, n.° 1, do CPC.

94.2. *Impugnação da decisão de convolação.* A decisão de antecipar o juízo sobre a causa principal é recorrível, tendo por fundamento a não verificação dos dois pressupostos contidos no art. 16.°. A decisão de convolação insere-se no procedimento cautelar, pelo que, por regra, não admite recurso para o STJ (art. 387.°-A do CPC).

Tendo a questão sido objecto de um *prematuro* despacho *interlocutório* autónomo, apenas pode ser impugnada no recurso que seja interposto da sentença (art. 691.°, n.° 3, do CPC), quer a providência pedida seja conservatória, quer seja puramente antecipatória. Este é, aliás, o regime que melhor se adequa a uma decisão que, *devendo* ser incluída na sentença, foi proferida em despacho autónomo.

Apesar de a decisão *interlocutória* (pela qual se decide convolar) traduzir-se, nos procedimentos genuinamente antecipatórios, numa pronúncia "quanto à concessão da providência cautelar" (art. 691.°, n.° 2, al. *l*), do CPC), pois implica, *nestes casos,* que o tribunal "não ordene a providência" cautelar (arts. 691.°-A, n.° 1, al. *d*), e 692.°, n.° 3, al. *d*), do CPC), procedendo, *no seu lugar,* ao julgamento definitivo do caso, estas disposições respeitantes aos recursos (que afastamos) assentam no pressuposto, aqui não verificado, de a decisão referida ser a *final* do procedimento. São, pois, de afastar.

94.3. *Impugnação da decisão cautelar.* A decisão cautelar, sendo proferida, inserir-se-á na sentença, pelo que comungará do seu regime – sendo que este é influenciado pela natureza cautelar originária do processo.

94.4. *Impugnação da sentença.* A sentença não está abrangida pelo espírito da norma vertida no art. 387.°-A do CPC – não é uma decisão provisória, pronunciando-se, sim, definitivamente sobre os direitos das partes –, pelo que esta não lhe é aplicável. Dela (ou do acórdão do tribunal

Procedimentos cautelares e processos especiais 251

da Relação que sobre ela verse) cabe recurso para o STJ, nos termos gerais. Neste contexto, o valor da causa não pode ser outro que não seja o da acção principal instaurada ou a instaurar, pois é este que revela a utilidade económica imediata da causa julgada (art. 305.°, n.os 1 e 2, do CPC).

Enquanto não transitar a decisão final proferida, o processo mantém a sua natureza cautelar e urgente[390], quer a sentença conclua, também, com uma decisão cautelar, quer se limite a uma pronúncia definitiva (nos casos de procedimentos puramente antecipatórios). Como lembram MÁRIO AROSO DE ALMEIDA e CARLOS FERNANDES CADILHA[391], o tribunal superior pode entender, em sede de recurso da sentença, e ainda que não tenha sido impugnada a decisão de convolação, que não há base de facto suficiente para adoptar essa decisão (arts. 712.°, n.os 3 e 4, e 729.°, n.° 3, do CPC) – independentemente do contexto processual específico em que o foi –, o que significa, na prática, o reconhecimento de que ainda não tinham sido trazidos para o processo "os elementos necessários"[392].

Considerando que, anulado o julgamento (art. 712.°, n.° 4, do CPC) e baixando o processo à primeira instância, o juiz da causa pode (habilitado pela instância superior) alterar a decisão de convolação – que, recorde-se, não faz caso julgado formal (arts. 156.°, n.° 4, 672.°, n.° 2, e 679.° do CPC) –, não está vedado ao tribunal da Relação, ao ordenar a repetição do julgamento, quando não tenha sido impugnada a decisão de convolação, salvaguardar esta possibilidade.

Não sendo impugnada a decisão de convolação, a insuficiência dos elementos necessários à decisão de antecipação pode gerar dificuldades no julgamento do recurso (no mais) da sentença. Dizendo essa insuficiência respeito aos elementos probatórios, o problema pode ser resolvido pela via processual já descrita. Todavia, se a falta de elementos se situar a outro nível (insuficiente densificação ou determinação da causa principal, por serem os factos *alegados* insuficientes ou *pedido* principal *ficto* padecer de vícios), poderá o tribunal da Relação ter de julgar improcedente a demanda (art. 715.° do CPC), como se apreciasse uma sentença proferida numa acção de

---

[390] Cfr. o Acórdão do STJ n.° 9/2009, publicado no DR, Série I, de 19 de Maio de 2009, que uniformizou jurisprudência no sentido de "os procedimentos cautelares revestem sempre carácter urgente mesmo na fase de recurso".

[391] *Comentário*, cit., p. 624.

[392] Se tiver sido impugnada a decisão de convolação, sendo o recurso, nesta parte, julgado improcedente, não fará sentido que, no passo seguinte, o tribunal da Relação entenda que carece de elementos probatórios para decidir.

tutela plena. A inércia do requerente, não impugnando uma indevida convolação, pode valer-lhe a perda da tutela cautelar (quando a convolação tornar inútil a concessão da providência, não decretada) e da tutela definitiva (pois não estavam reunidos os elementos necessários ao seu julgamento, por modo insuprível pelo tribunal da Relação). Ao não impugnar a decisão de convolação, o demandante faz sua a demanda inquinada, pois, "quem está presente no processo e não contesta o que é de contestar, não pode nem deve esperar que o tribunal o substitua, sendo certo que, dalgum modo, pelo seu silêncio anue ao que foi decidido"[393].

Constatando que o tribunal *ad quem* reconheceu que ainda não tinham sido trazidos para o procedimento "os elementos necessários" – reconhecimento surgido, é certo, a propósito do recurso sobre o julgamento do fundo da causa principal, e não do recurso sobre a decisão de convolação –, o juiz de primeira instância deverá retirar as devidas consequências do entendimento superior, para efeitos de alteração da decisão de convolação – excluída do objecto do recurso, mas ainda passível de alteração. Acolhendo aquele entendimento (de que não foram "trazidos ao procedimento cautelar os elementos necessários à resolução definitiva do caso"), deverá o juiz afastar a convolação e proferir o despacho final do procedimento, pronunciando-se apenas sobre a tutela cautelar. Daqui se extrai a conclusão, acima enunciada, de que o processo mantém a sua natureza cautelar e urgente, mesmo após a decisão de convolação e nos casos em que a sentença apenas concede a tutela definitiva, considerando que, por via de recurso, a tutela cautelar ainda pode vir a ser objecto de apreciação em primeira instância.

O prazo para a interposição do recurso da sentença é de 15 dias – e não de 30 –, já que, como se disse, a circunstância de também ter sido definitivamente decidida a causa não retira ao procedimento a sua natureza cautelar e urgente – cfr. os arts. 685.°, n.° 1, e 691.°, n.os 2, al. *l)*, e 5, do CPC[394]. A apelação tem efeito meramente devolutivo (art. 692.°, n.° 1, do

---

[393] ANSELMO DE CASTRO, *Direito*, cit., Vol. III, p. 410.

[394] Considerando o lugar paralelo do art. 121.° do CPTA, têm algum interesse para esta questão os Acs. do Tribunal Central Administrativo Sul de 21 de Abril de 2005 e de 01 de Março de 2007, proferidos nos processos n.os 00631/05 e 02343/07, respectivamente, publicados em *dgsi.pt*. No primeiro, decidiu-se que o recurso da sentença antecipatória tem o efeito próprio dos recursos das decisões respeitantes à adopção de providências cautelares; no segundo, entendeu-se que o prazo de interposição do recurso é o previsto para os processos urgentes (15 dias, e não 30).

Procedimentos cautelares e processos especiais

CPC), salvo, quanto aos efeitos da decisão, nos casos previstos no art. 692.º, n.º 3, als. *a)* e *b)*, do CPC e, quanto ao efeito suspensivo do processo, nos casos expressamente previstos na lei (art. 692.º, n.ºs 2 e 3, als. *a)* e *b)*, do CPC)[395]. Quanto ao modo de subida, deverá esta ocorrer nos próprios autos, salvo se a medida ordenada ainda carecer de "execução", no mesmo processo, na primeira instância – art. 691.º-A, n.ºs 1, als. *a)* e *d)*, e 2, do CPC.

O recurso da sentença poderia ter, é certo, em determinados casos, um efeito suspensivo de uma das decisões proferidas (art. 692.º, n.º 3, al. *d)*, do CPC – *quod capita tot sententiae*: quantos os capítulos (decisões), tantas as sentenças. Este efeito, respeitante à *parte* em que não se ordena a providência cautelar – mas que influenciaria todo o recurso, dado ser impraticável atribuir vários efeitos ao mesmo recurso –, é, todavia, inócuo.

Numa apelação da sentença, não faz sentido que a lei fixe um efeito suspensivo para o *processo*, pois este chegou ao seu fim. Nada há para suspender. Nem mesmo os termos ulteriores à sentença, pois estes, em caso de recurso, são a tramitação da instância recursiva. Sendo o recurso interposto de despacho intercalar, já assume toda a relevância estabelecer se ele deve ou não suspender os ulteriores termos do processo.

Diferentemente, o efeito suspensivo da *decisão* só assume relevância quando esta encerre um conteúdo condenatório – com o sentido amplo que deve ser emprestado à interpretação dos arts. 46.º, n.º 1, al. a), e 48.º, n.º 1, do CPC. É por assim ser que o art. 740.º, n.º 2, do CPC, na sua redacção anterior à recente reforma dos recursos, não estabelecia que os recursos dos indeferimentos (liminares ou decididos a final) dos incidentes da instância ou dos procedimentos cautelares suspendiam os efeitos da decisão. Não é porque tais situações já se encontrassem, *em parte*, abrangidas pelo efeito suspensivo dos autos em que foram proferidas (arts. 740.º, n.º 1, 738.º, n.º 1, al. *a)*, e 739.º, n.º 1, al. *a)*, do CPC); é porque não encerram qualquer conteúdo exequível a suspender. Aliás, tanto assim é que o recurso do despacho de não admissão de incidente processado nos próprios autos – que, como tal, nunca poderia ter o efeito de suspender o inexistente processo (apenso), ao abrigo do disposto no 740.º, n.º 1, do CPC – não tinha o efeito suspensivo da decisão, não estando abrangida, nem pelo n.º 1, nem pelo n.º 2 do art. 740.º do CPC – neste n.º 2 apenas constam decisões claramente exequíveis.

---

[395] Entre os preceitos que dão seguimento a tal previsão, cfr., por exemplo, os arts. 154, n.º 6, do CPC e 40.º, n.º 3, do CIRE.

254 *Regime Processual Civil Experimental Comentado*

Actualmente, o art. 692.° do CPC, nas als. *c)* e *d)* do n.° 3, vem consagrar uma aparentemente inócua e, como tal, incompreensível suspensão dos efeitos executórios de dois despachos que não os têm. Note-se que a apelação da sentença final tem efeitos meramente devolutivos e sobe nos próprios autos (arts. 691.°-A, n.° 1, al. *a)*, e 692.°, n.° 1, do CPC), quer esta seja absolutória, quer seja condenatória, sem prejuízo, quanto à suspensão do processo, dos casos previstos na lei (art. 692.°, n.° 2, do CPC) e, quanto à suspensão da decisão, dos casos previstos no art. 692.°, n.° 3, als. *a)* e *b)*, do CPC. Já à apelação destes despachos menores, sem conteúdo condenatório, que também sobe nos autos em que foi proferida a decisão, é atribuído o efeito suspensivo da decisão. Também não deixa de ser algo aparentemente insólito que o recurso do despacho de indeferimento do incidente tenha efeitos suspensivos da decisão diferentes, consoante tenha ou não sido este processado por apenso (distinção esta que só faz sentido, como se previa na lei antiga, no que respeita ao efeito suspensivo do processo)[396].

A nova solução legal encontra, todavia, sentido nos casos em que a mera pendência do incidente, o seu recebimento ou a afirmação dos seus pressupostos têm efeitos de natureza constitutiva, que *caducam* com a decisão final nele proferida – *qualquer* que seja o seu conteúdo. Nestas situações, de que é exemplo o disposto no art. 356.° do CPC, a atribuição do efeito suspensivo da decisão ao recurso permite que os referidos efeitos constitutivos subsistam – no exemplo dado, que subsista a suspensão dos termos do processo em que se inserem os embargos de terceiro.

Ora, a instauração dos procedimentos cautelares não tem, por regra, qualquer influência na acção principal, pelo que, quanto a estes, o disposto no art. 692.°, n.° 3, al. *d)*, do CPC, tende a ser, efectivamente, inócuo, não devendo, como tal, condicionar o efeito atribuído a todo o recurso da sentença antecipatória.

ARTIGO 17.°
Remissão

O regime previsto nos artigos 3.° e 6.° aplica-se, com as devidas adaptações, aos procedimentos cautelares e às acções declarativas a que corresponda processo especial.

---

[396] Refira-se que a conta apenas é elaborada depois do trânsito em julgado da decisão, pelo que também não está em causa obviar à imediata execução por custas – cfr. os arts. 29.°, n.os 1, al. *a)*, e 2, do RCP, e 7.° da Portaria n.° 419-A/2009, de 17 de Abril.

Sumário – 95. Aplicação do RPCE aos procedimentos cautelares e aos processos especiais. **96.** Aplicação do RPCE aos processos especiais mistos.

95. *Aplicação do RPCE aos procedimentos cautelares e aos processos especiais.* O regime experimental *apenas* não é aplicável aos processos especiais, ali onde nesses processos se estabelece uma ritologia especial, em razão da especificidade do direito substantivo que eles visam tutelar. Quando, no processo especial, normalmente a partir de determinada fase, a lei determine que sejam seguidos os termos do processo comum (na forma ordinária, sumária ou sumaríssima, até agora), dever-se-á aplicar o regime processual experimental. A aplicação subsidiária do processo experimental aos processos especiais também deverá ocorrer nas matérias *comuns* relativamente às quais não é feita uma expressa remissão para o processo comum – por exemplo, sobre a elaboração da sentença e a forma da fundamentação, é subsidiariamente aplicável o novo processo comum vigente no tribunal.

O DL n.° 108/2006 contém disposições comuns ao processo em geral – *v.g.* o instituto da agregação – e normas sobre o processo *declarativo* comum único. Nos tribunais onde vigora o DL n.° 108/2006, será o novo processo declarativo comum, previsto nos seus arts. 1.°, 2.° [397], e 8.° a 15.°, aquele que, por regra, subsidiará todos os restantes processos e procedimentos, no lugar (antes) do processo comum na forma ordinária[398]. Não integram o regime subsidiário, isto é, a nova forma única de processo

---

[397] Considerando que a aplicação (directa) de poucas regras do novo regime aos procedimentos cautelares encontra o seu sentido na circunstância de estes já serem marcados pela celeridade visada pelo novo regime (uma inaplicabilidade apenas por desnecessidade), cfr. LEMOS JORGE, «Notas», cit., p. 179. Surpreendendo o dever de gestão processual na antecipação do juízo sobre a causa principal, cfr. BORGES MAIA e INÊS SETIL, «Breve comentário», cit., pp. 320 e 334. Considerando que o instituto contido no art. 16.° é uma manifestação do dever de gestão processual (art. 2.°), cfr. MEIRA LOURENÇO, «Justiça Cível», cit., p. 95. No documento divulgado pelo Ministério responsável pela publicação do DL n.° 108/2006 que faz a "Apresentação" do Regime Processual Civil Experimental consta (a fls. 47 do *pdf*): "Requisitos da antecipação da decisão da causa principal: Atender à natureza do litígio em causa e à conveniência da antecipação da decisão da causa principal, *pois o art. 16.° parece ser um afloramento do dever de gestão processual (art. 2.°)*" – disponível em *citius.mj.pt/Portal/article.aspx?ArticleId=16* (último acesso em 23-10-2009); sublinhado nosso.

[398] Ou do processo declarativo comum, em geral – cfr. o art. 466.°, n.° 1, do CPC.

256   *Regime Processual Civil Experimental Comentado*

comum, as normas previstas nos arts. 3.º a 7.º – para além de outras, menos relevantes.

Entre as normas que não compõem o novo processo comum subsidiário encontram-se algumas das mais emblemáticas da experimentação – como sejam as que prevêem a prática electrónica dos actos e a agregação de acções. Seria um contra-senso não permitir uma experimentação ampla destes novos institutos e procedimentos. Todavia, não pertencendo eles à estrutura privativa do processo comum único, e considerando o teor do art. 1.º, só por força de uma disposição legal expressa, destinada a permiti-lo, poderia a sua aplicação estender-se aos processos especiais. Foi precisamente isso que o legislador fez.

Pelo art. 17.º, a aplicação dos arts. 3.º e 6.º foi estendida aos processos especiais de natureza *declarativa* e aos procedimentos cautelares (que compreendem sempre uma fase de natureza declarativa). Já as novidades *gerais* contidas nos arts. 4.º e 5.º foram, nos números finais destes mesmos artigos, estendidas a todos os processos, independentemente da sua natureza. São, pois, de aplicação subsidiária, com precedência sobre o processo comum tradicional, as normas vertidas nos arts. 1.º, 2.º, e 8.º a 15.º, sendo o regime contido nos arts. 3.º a 6.º e 16.º de aplicação directa aos processos e procedimentos nele referidos.

Sobre a aplicabilidade do RPCE aos procedimentos cautelares e às acções declarativas a que corresponda processo especial, veja-se o ponto **2.2**.

96. *Aplicação do RPCE aos processos especiais mistos.* O art. 17.º apenas consagra a aplicação do regime previsto nos artigos 3.º e 6.º às acções *declarativas* a que corresponda processo especial; já não às acções de natureza *executiva*, a que corresponda processo especial ou comum.

Nos processos de natureza mista, como seja o de insolvência, pode colocar-se a questão da aplicabilidade do regime previsto nos artigos 3.º e 6.º na sua fase declarativa – no exemplo dado, até à declaração de insolvência, mas já não na fase de liquidação da massa insolvente[399]. A sujeição de uma mesma acção a diferentes regras *gerais*, consoante a sua fase – disposições estas que são, em condições normais, aplicáveis *em todas as etapas processuais* –, é susceptível de gerar uma significativa perturbação, contrária aos propósitos de simplificação e de celeridade do RPCE, pelo que é de recusar.

---

[399] Igual questão poder-se-á colocar com outras formas especiais mistas. Para um elenco destas, cfr. Lebre de Freitas, *A Acção*, cit., p. 11, nota 1.

CAPÍTULO V
Disposições finais e transitórias

ARTIGO 18.º
Redução especial da taxa de justiça

1 – A taxa de justiça é reduzida a metade quando as partes apresentem a acção nos termos do n.º 1 do artigo 9.º ou usem da faculdade prevista no artigo 13.º.
2 – Havendo remanescente, é sempre dispensado o seu pagamento quando as partes apresentem a acta de inquirição por acordo de todas as testemunhas, nos termos do n.º 5 do artigo 9.º ou do artigo 13.º.

Sumário – **97.** Nova redacção da norma. **98.** Aplicação analógica da lei.

97. *Nova redacção da norma.* O n.º 1 tem a redacção que lhe foi dada pelo art. 16.º do D-L n.º 34/2008, de 26 de Fevereiro (diploma que aprova o Regulamento das Custas Processuais). Na sua anterior redacção, rezava: "A taxa de justiça é reduzida a metade, não sendo devida taxa de justiça subsequente, quando as partes apresentem a acção nos termos do n.º 1 do artigo 9.º ou usem da faculdade prevista no artigo 13.º". A alteração consistiu apenas na supressão da oração "não sendo devida taxa de justiça subsequente", motivada pela eliminação desta figura do regime de custas[400].

98. *Aplicação analógica da lei.* Para beneficiarem deste incentivo, no lugar de apresentarem a acta de inquirição, poderão as partes apresentar os documentos contendo todos os depoimentos por escrito (art. 12.º),

---

[400] Sobre o tema, cfr. SALVADOR DA COSTA, *Regulamento*, cit, pp. 25 e 26.

258 *Regime Processual Civil Experimental Comentado*

acompanhados da declaração da contraparte no sentido de prescindir da reinquirição presencial das testemunhas – ou juntar um requerimento no qual ambas prescindem da produção de toda a prova testemunhal apresentada. O que releva aqui é a prática de um acto consensual que permita dispensar a produção de *toda* a prova testemunhal em sede de audiência final. Estamos perante um incentivo à superação do dissenso que naturalmente existe entre as partes no momento da produção da prova testemunhal[401].

ARTIGO 19.º
Formação

A aplicação do presente decreto-lei é precedida da realização de acções de formação sobre os mecanismos de agilização e gestão processuais nele previstos.

Sumário – **99.** Acções de formação.

99. *Acções de formação.* A formação prevista neste artigo tem sido ministrada, sob a égide da Direcção-Geral da Política de Justiça, através de sessões de esclarecimento, especialmente vocacionadas e dirigidas a grupos determinados de profissionais forenses, da organização de conferências[402] e da entrega de bibliografia específica co-editada ou participada pela Direcção-Geral aos magistrados em exercício de funções nos tribunais abrangidos pela experimentação[403].

---

[401] Sobre a aplicação analógica de normas excepcionais, cfr. BAPTISTA MACHADO, *Introdução*, cit., p. 327. Ver ponto 71 do comentário.

[402] A assinalar um ano de vigência do regime, realizou-se, a 16 de Outubro de 2007, na Faculdade de Direito da Universidade do Porto, a conferência subordinada ao tema "Regime Processual Civil Experimental: Simplificação e Gestão Processual". A 9 de Abril de 2008, realizou-se uma conferência internacional sobre "Os Novos Rumos da Justiça Cível".

[403] Referimo-nos às obras colectivas *Regime Processual Civil Experimental – Simplificação e Gestão Processual*, Braga, Cejur, 2008, e *Novos Rumos da Justiça Cível*, Braga, Cejur, 2009, coordenação de RITA BRITO, às obras individuais RICARDO, Luís Carvalho, *Regime Processual Civil Experimental Anotado e Comentado*, Braga, Cejur, 2007, e FARIA, Paulo Ramos de, *Regime Processual Civil Experimental – A gestão processual no processo declarativo comum experimental*, Braga, Cejur, 1999, e a alguns números da revista *Scientia Iuridica* onde pontuam artigos sobre o RPCE.

Disposições finais e transitórias   259

A realização de acções de formação adequada com vista à aplicação do processo experimental foi tida como uma "medida imprescindível" pelo Conselho Superior da Magistratura. Este órgão do Estado foi de parecer (emitido sobre o anteprojecto de 26 de Setembro de 2005) que "a aplicação do processo experimental, com as novas regras e novos princípios, exige a adesão do universo de destinatários, para o que se revela imprescindível a presença em acções de formação que envolvam a explicação do regime e a exposição daquilo que poderão constituir 'boas práticas'"[404]. Sublinhando a importância dada às acções de formação, defendeu-se que, "mais do que deixar ao critério de cada um a frequência de determinadas acções de formação, é importante que às mesmas seja dado cunho obrigatório, conferindo a este CSM os poderes necessários relacionados tanto com a indicação das acções como com a identificação dos juízes que às mesmas devam obrigatoriamente comparecer"[405].

ARTIGO 20.º
Avaliação e revisão

1 – É garantida a avaliação legislativa do presente decreto-lei através dos serviços do Ministério da Justiça competentes para o efeito.
2 – *(Revogado.)*

Sumário – **100.** Nova redacção da norma. **101.** Limitação temporal da vigência do RPCE. **102.** Monitorização.

100. *Nova redacção da norma.* A actual redacção do art. 20.º foi-lhe dada pelo art. 1.º do Decreto-Lei n.º 187/2008, de 23 de Setembro.

---

[404] Conselho Superior da Magistratura, *Parecer sobre o Anteprojecto do Regime Processual Especial Experimental* (elaborado pelo Juiz Desembargador ANTÓNIO ABRANTES GERALDES), Lisboa, 10 de Janeiro de 2006, pp. 10-11, disponível em *csm.org.pt/ficheiros/pareceres/parecer06_03.pdf* (último acesso 26-10-2009).

[405] *Idem.* Assumindo-se, pois, a formação dos juízes como uma obrigação, dos próprios e do Estado, a que corresponde um direito dos cidadãos (a uma administração da justiça de qualidade) – e *não como um prémio*; sobre uma diferente função da formação, em geral, cfr. FRANÇA GOUVEIA, *Regime Processual*, cit., p. 52.

260 *Regime Processual Civil Experimental Comentado*

O anterior texto legal era o seguinte:

"Artigo 20.°
Avaliação e revisão[406]
1 – Durante o período de vigência do presente decreto-lei é garantida a respectiva avaliação legislativa através dos serviços do Ministério da Justiça competentes para o efeito.
2 – O presente decreto-lei é revisto no prazo de dois anos a contar da data da sua entrada em vigor".

A jurisprudência do Tribunal Constitucional, estribando-se, essencialmente, na expressão *durante o período de vigência do presente decreto-lei*, contida no n.° 1, e no texto do n.° 2, interpretou a lei no sentido de o regime experimental ter uma vigência limitada no tempo de 2 anos.

No Acórdão n.° 69/2008 deste Tribunal, pode ler-se: "E como toda a 'experimentação' implica a existência de um 'teste', ou de um 'ensaio', antes da adopção de uma qualquer solução 'definitiva', *o legislador*, em coerência com a qualificação por ele mesmo feita, *resolveu limitar no tempo* e no espaço *a vigência do regime*, a fim de poder avaliar os seus efeitos antes que se se dispusesse pela 'vigência plena' do novo paradigma. Por isso, determinou, no *artigo 20.°*, que o Decreto-Lei n.° 108/2006 fosse revisto no prazo de dois anos a contar da sua entrada em vigor – que foi a 16 de Outubro de 2006; e que, durante todo este *período de vigência*, se garantisse a 'respectiva avaliação legislativa através dos serviços do Ministério da Justiça competentes para o efeito'" – sublinhado nosso.

Mais adiante, escreve-se "Semelhante intuito de 'experimentação' levou a que (…) *se limitasse no tempo a vigência do decreto-lei*, determinando a sua *revisão obrigatória* no prazo de dois anos" – sublinhado nosso.

Ainda no aresto: "O regime processual instituído pelo Decreto-Lei n.° 108/2006 é, de acordo com a qualificação que lhe foi dada pelo próprio legislador, um *'regime experimental'*. Tal *significa* – como já se viu – que, antes que o regime fosse adoptado como modelo definitivo de regulação, se procurou testar ou ensaiar a aplicação das suas normas, *limitando tal aplicação no tempo* e no espaço de modo a melhor poder avaliar os efeitos dela decorrentes" – sublinhado nosso.

Logo no preâmbulo do DL n.° 187/2008 esclarece-se que a eliminação de segmentos do enunciado legal visou pôr fim à interpretação sufra-

---

[406] A segunda parte da epígrafe, "revisão", perdeu o seu valor descritivo, com a revogação do n.° 2.

Disposições finais e transitórias 261

gada, acrescentamo-lo nós, pelo TC. Aí se diz que a alteração "justifica-se pela necessidade de clarificar que este regime processual civil experimental continua a vigorar após o decurso de dois anos sobre o seu início de vigência, que ocorre no próximo dia 16 de Outubro de 2008". O art. 2.º deste diploma reforça: "O DL n.º 108/2006, de 8 de Junho, mantém-se em vigor".

101. *Limitação temporal da vigência do RPCE.* Dir-se-ia que os resultados da experimentação foram inconclusivos, pelo que o legislador não fez cessar a vigência do regime nem o alargou a todo o território nacional. Optou, sim, pelo prosseguimento da *"let's try it and see if it works" approach* (O. CHASE[407]), isto é pela "prorrogação" da vigência do RPCE e, como consta da exposição de motivos do diploma de alteração, pelo oportuno "alargamento do seu âmbito de aplicação a outros tribunais", ainda num contexto experimental. Conhecendo a jurisprudência constitucional, esta opção foi algo temerária, pois torna o RPCE vulnerável a um juízo de inconstitucionalidade.

Caracterizam a lei como experimental a fixação de um termo *ab initio*, no próprio texto legislativo, para a sua vigência e a previsão da avaliação dos efeitos da sua aplicação[408]. A Doutrina vem defendendo que "é fundamental para a definição e aplicação de um regime experimental compatível com o princípio da igualdade dever existir (…) um eixo espácio-temporal em que se desenvolverá a aplicação da legislação experimental, escolhido com base em critérios objectivos, não arbitrários nem aleatórios"[409].

Considerando que o juízo de inconstitucionalidade foi recusado pelo Tribunal Constitucional por, essencialmente, se entender que o tratamento desigual é justificado pela *natureza experimental* das normas apreciadas, ao suprimir – *rectius*, esclarecer que nunca foi pretendido – o limite temporal de 2 anos para a vigência do RPCE, o legislador retirou ao regime uma das marcas que o caracterizavam como experimental.

102. *Monitorização.* A avaliação permanente do RPCE, assente na sua monitorização, é realizada pela Direcção-Geral da Política de Jus-

---

[407] Citado por TEIXEIRA DE SOUSA, «Um novo», cit., p. 7.
[408] Assim, cfr. ANTAS VIDEIRA, «Regime», cit., p. 117.
[409] Assim, cfr. SOUSA PINHEIRO, «Legislação», cit., p. 338.

262 Regime Processual Civil Experimental Comentado

tiça[410]. O resultado desta actividade encontra-se distribuído por três relatórios – "Relatório Preliminar de Monitorização do Regime Processual Civil Experimental (Jun/07)", "Relatório Intercalar – Um ano de Regime Processual Civil Experimental" e "Relatório de Avaliação Final do Regime Processual Civil Experimental (Dez/08)"[411]. Para além destes documentos, no *website* daquela Direcção-Geral podem ser encontrados diversos documentos sobre o procedimento legislativo, os diplomas legais que regulamentam ou alteram o DL n.° 108/2006 e uma lista de bibliografia específica sobre o RPCE. Estamos perante um processo de acompanhamento e avaliação digno de menção.

ARTIGO 21.°
Aplicação no espaço

1 – O presente decreto-lei aplica-se nos tribunais a determinar por portaria do Ministro da Justiça.

2 – Os tribunais a que se refere o número anterior devem ser escolhidos de entre os que apresentem elevada movimentação processual, atendendo aos objectos de acção predominantes e actividades económicas dos litigantes.

Sumário – **103.** Tribunais abrangidos pela experimentação. **104.** Competência nas causas de valor superior à alçada da Relação. **104.1.** Unidade e coerência do sistema jurídico: instauração da acção. **104.2.** A dedução de reconvenção. **104.3.** Circunstâncias em que a lei foi elaborada e é aplicada. **104.4.** Conformidade à Constituição. **104.5.** Juízo de inconstitucionalidade. **105.** Competência dos juízos de pequena instância cível. **106.** Erro na forma do processo. **107.** Critério da escolha dos tribunais abrangidos.

103. *Tribunais abrangidos pela experimentação*. A portaria referida no n.° 1 é a Portaria n.° 955/2006, de 13 de Setembro.

---

[410] Sobre os procedimentos de monitorização adoptados, cfr. RITA BRASIL DE BRITO, Directora-Geral da Política da Justiça, «Nota introdutória», *Regime Processual Civil Experimental – Simplificação e Gestão Processual*, Braga, Cejur, 2008, p. 3 e segs..

[411] Disponíveis em *dgpj.mj.pt* (último acesso em 23-09-2008).

Disposições finais e transitórias 263

Dispõe artigo único desta portaria (Aplicação no espaço): "O regime processual experimental, aprovado pelo Decreto-Lei n.º 108/2006, de 8 de Junho, aplica-se nos seguintes tribunais:
a) Juízos de Competência Especializada Cível do Tribunal da Comarca de Almada;
b) Juízos Cíveis do Tribunal da Comarca do Porto;
c) Juízos de Pequena Instância Cível do Tribunal da Comarca do Porto;
d) Juízos de Competência Especializada Cível do Tribunal da Comarca do Seixal.
A Portaria n.º 1244/2009, de 13 de Outubro, foi revogada, antes de entrar em vigor[412], Dispunha ela: "Artigo 1.º – Aplicação no espaço – O regime processual civil de natureza experimental, aprovado pelo Decreto-Lei n.º 108/2006, de 8 de Junho, aplica-se, para além dos Juízos de Competência Especializada Cível dos tribunais das comarcas de Almada e do Seixal e dos Juízos Cíveis e de Pequena Instância Cível do Tribunal da Comarca do Porto, nos seguintes tribunais:
a) Juízos de Competência Especializada Cível do Tribunal da Comarca do Barreiro;
b) Juízos de Competência Especializada Cível do Tribunal da Comarca de Matosinhos;
c) Varas Cíveis do Tribunal da Comarca do Porto.
Artigo 2.º – Entrada em vigor – A presente portaria entra em vigor no dia 4 de Janeiro de 2010".

104. *Competência nas causas de valor superior à alçada da Relação.* Questão a decidir é a de saber a quem compete preparar e julgar uma acção declarativa proposta nos termos do regime processual civil experimental (por assim o declarar o autor na petição inicial), numa comarca onde o RPCE se aplica aos juízos cíveis, mas já não às varas cíveis, quando o respectivo valor excede a alçada do tribunal da Relação e não tiver sido requerida a intervenção do tribunal colectivo[413].

---

[412] Cfr. a Portaria n.º 1460-B/2009, de 31 de Dezembro.

[413] O problema foi sintetizado pelo Presidente do TRP em termos semelhantes – cfr. a Decisão do Presidente do TRP de 30 de Setembro de 2008, proferido no processo n.º 0855853, publicado em *dgsi.pt* e em *trp.pt/conflitos-novocpc/* (último acesso em 25-10-2009). Esta hipótese concretiza-se na comarca do Porto, onde o conflito já foi suscitado. Idêntico conflito surgiu entre os Juízos de Pequena Instância Cível e as Varas Cíveis do Porto, decidindo o Presidente do TRP serem os Juízos de Pequena Instância Cível competentes para julgar uma acção de processo comum com o valor de € 238.504,06

Na fixação do sentido e alcance da lei, o intérprete não deve cingir-se à sua letra, mas reconstituir a partir dos textos o pensamento legislativo, tendo sobretudo em conta a unidade do sistema jurídico, as circunstâncias em que a lei foi elaborada e as condições específicas do tempo em que é aplicada (art. 9.° do CC). Partindo da letra da lei na procura do seu espírito, comecemos por considerar a unidade e coerência do sistema jurídico.

104.1. *Unidade e coerência do sistema jurídico: instauração da acção.* Qualquer acção (que deva ser tramitada sob a forma comum) pode seguir os termos previstos no DL n.° 108/2006, *independentemente do seu valor* – desde que no tribunal competente (onde tem de ser instaurada) a nova forma de processo comum seja aplicável, obviamente[414]. Esta indiferença pelo valor da causa é uma consequência necessária do carácter unitário do processo comum experimental. Todavia, perante uma concreta demanda, antes de fixarmos a forma processual aplicável, devemos colocar e resolver a questão da *competência* do tribunal – *primeiro pressuposto processual*.

A interposição de uma acção declarativa cível de valor superior à alçada do tribunal da Relação, em que a lei preveja a intervenção do tribunal colectivo, deve ter lugar nas varas cíveis (se existirem), por força do disposto no art. 97.°, n.° 1, al. a), da LOTJ[415].

Questão diferente é a da necessidade de, uma vez determinado o tribunal competente, dar à acção a forma própria. Sendo a acção de processo comum e as varas cíveis o tribunal competente (por ser o seu valor superior à alçada do tribunal da Relação), seguirá ela a forma vigente *nesse* tribunal; sendo os juízos cíveis o tribunal competente (*à luz da*

– cfr. o conflito negativo de competência n.° 13/08, proferido no Processo n.° 650/08.7TH PRT.P1, inédito. Entendendo que cessa a competência da Pequena Instância Cível se for deduzida reconvenção que dê à causa valor superior à alçada do tribunal, cfr. José Fialho, «Regime», cit., p. 116, nota 17.

[414] Neste sentido, cfr. o Ac. do TRP de 8 de Abril de 2008, proferido no processo n.° 0820596, publicado em *dgsi.pt.* Sustentando "a eliminação pelo diploma de diferenças de regime em função do valor", cfr. França Gouveia, *Regime Processual,* cit., p. 30.

[415] Sustentando não existir qualquer alteração da competência determinada pela LOFTJ (no caso, entre o juiz da comarca e o juiz de círculo), cfr. França Gouveia, *Regime Processual,* cit., p. 123.

LOTJ, como não poderia deixar de ser), seguirá a acção a forma vigente *nesse* tribunal[416].

O raciocínio expendido é tributário de uma compreensão do processo civil português de acordo com a qual o pressuposto processual da *competência* do tribunal é prévio, isto é, é de verificação prévia, ao pressuposto processual da propriedade da *forma do processo* – cfr. os arts. 288.º, n.º 1, e 494.º do Código de Processo Civil. Assim, antes de mais, na apreciação da regularidade da instância, deve o tribunal conhecer da sua *competência*, para o que deve atentar nas leis de *organização dos tribunais* – na LOFTJ, em especial, e não nas disposições legais que regulam a *forma processual* – e após, só após, deve fixar qual a forma de processo aplicável à acção, tendo em consideração *as leis do processo* – como seja a DL n.º 108/2006.

104.2. *A dedução de reconvenção.* Tendo a acção sido regularmente instaurada perante os juízos cíveis, por ser o tribunal competente, designadamente em razão do valor da causa, e seguindo ela a nova forma de processo comum experimental, a dedução de reconvenção pode conduzir a uma alteração da competência do tribunal, para os ulteriores termos da causa (arts. 308.º, n.os 1 a 3, do CPC e 24.º, n.º 1, da LOFTJ)[417].

Dispõe o art. 97.º, n.º 3, da LOFTJ que "são remetidos às varas cíveis os processos pendentes nos juízos cíveis em que se verifique alteração do valor susceptível de determinar a sua competência". Esta norma não foi, nem poderia ter sido, revogada pela Portaria n.º 955/2006 – nem o foi pelo DL n.º 108/2006. Por força dela, com a fixação do valor da causa em quantia superior à alçada do tribunal da Relação, o processo passa a servir uma "acção declarativa cível de valor superior à alçada do tribunal da Relação em que a lei prevê a intervenção do tribunal colectivo", isto é, passa a acção a ser da competência das varas cíveis.

Da circunstância de não constar das normas contidas no DL n.º 108/ /2006 a possibilidade de alteração do valor da causa ou da competência do

---

[416] No caso das Varas Cíveis do Porto, a forma ordinária, porque aí se aplica, o disposto nos arts. 461.º e 462.º do Código de Processo Civil e não vigora o DL n.º 108/2006. No caso dos Juízos Cíveis do Porto, a nova forma comum única, porque aí se aplica o DL n.º 108/2006.

[417] Considerando que os tribunais escolhidos apresentam um recorte de competência balizado em razão do valor da causa, cfr. BORGES MAIA e INÊS SETIL, «Breve comentário», cit., p. 324, nota (33).

266   *Regime Processual Civil Experimental Comentado*

tribunal não resulta que ela não possa ocorrer – tal como não é por ali não estarem previstos os incidentes da instância que estes não podem ter lugar. Aliás, também *não é na regulamentação própria do processo sumário que esta matéria vem prevista* e, no entanto, não ocorre pensar que dessa "omissão" resulta que o legislador quis proibir a alteração da forma processual fruto da dedução de uma reconvenção com um valor que a isso obrigue. O processo experimental é um *processo* judicial – não um procedimento semelhante ao procedimento de injunção – e tem a natureza *comum*. A este processo são aplicáveis as regras do processo civil comum, constantes da parte geral do Código de Processo Civil (*v.g.*, o disposto no art. 319.° do CPC), bem como as regras gerais do processo comum integradas no processo-tipo ordinário.

104.3. *Circunstâncias em que a lei foi elaborada e é aplicada.* Apreciada a novidade legislativa à luz do critério da unidade e coerência do sistema jurídico, atentemos agora nas circunstâncias em que a lei foi elaborada e nas condições específicas do tempo em que é aplicada.

Resulta do teor da Portaria n.° 955/2006 que o legislador fixou o âmbito de vigência do regime experimental por referência a determinados *tribunais*, e não tanto em função do território, ao contrário do que resulta da epígrafe do art. 21.°. Por exemplo, não se diz que o regime é aplicável à área de determinada comarca, mas sim a *um tribunal concretamente identificado*.

A este propósito, pode ler-se na exposição de motivos do DL n.° 108/ /2006: "Opta-se, num primeiro momento, por circunscrever a aplicação deste regime a um *conjunto de tribunais a determinar pela elevada movimentação processual que apresentem, atentos os objectos de acção predominantes e as actividades económicas dos litigantes*. A natureza experimental da reformulação da tramitação processual civil que aqui se prevê permitirá testar e aperfeiçoar os dispositivos de aceleração, simplificação e flexibilização processuais consagrados, antes de alargar o âmbito da sua aplicação" – sublinhado nosso. No mesmo sentido, no preâmbulo da Portaria n.° 955/2006 pode ler-se: "*atendeu-se igualmente às diferentes amplitudes de competência dos tribunais*, aferidas em função da sua competência cível específica e da existência de tribunais de competência especializada na circunscrição em causa. Obteve-se, deste modo, um conjunto de tribunais que (…) *espelha* diferentes *realidades* da jurisdição cível, *considerados o tipo e o objecto das acções de que conhecem*" – sublinhado nosso.

Ora, se os tribunais da experimentação foram escolhidos *por causa* das suas (actuais, à data) características de pendência, fará todo o sentido que mantenham o círculo de competências que antes tinham[418]. Qualquer alteração *experimental* em matéria de competência dos tribunais abrangidos não só não foi autorizada no art. 21.°, como *representaria ela a frustração do ensaio*, estando em aberta contradição com os seus propósitos. Com efeito, se não se replicarem neste "laboratório" as regras de funcionamento da generalidade dos tribunais – incluindo as regras de competência a que estão sujeitos antes e após a experimentação –, os resultados experimentais não terão qualquer préstimo, pois não serão extrapoláveis (para a realidade não experimental)[419].

Do exposto se extrai que o legislador não pretendeu alterar o âmbito de competência dos tribunais abrangidos pela experimentação. Não pretendeu, nem poderia pretender, acrescente-se, sob pena de frustrar os propósitos do ensaio. Uma alteração do âmbito de competência significa introduzir uma segunda variável na experimentação (a diferente competência, que se viria somar à diferente forma do processo), o que representa uma falha no método experimental, impedindo que os resultados positivos ou negativos apurados possam ser imputados ao novo processo comum ensaiado – pois podem ficar a dever-se à segunda variável. A aceitar-se ter havido uma *alteração experimental* da competência dos tribunais, durante o período da experimentação, acumular-se-iam artificialmente processos nos juízos cíveis, levando a um conjuntural aumento da pendência que retrata equivocamente os (de)méritos do novo processo comum. A estatística dará um retrato da (falta de) eficiência do processo, reflectindo um

---

[418] Neste sentido, cfr. NUNO LEMOS JORGE, *Regime Processual Experimental – Decreto-Lei n.° 108/2006 – Um Problema de Competência*, 2008, *processo-civil.blogspot.com/2008/05/regime-processual-experimental-dl-n.html* (último acesso 24-10-2009). Este Autor conclui que "Não se retira de nenhum ponto da lei, nem do seu preâmbulo, nem dos trabalhos preparatórios que fosse intenção do legislador alterar o regime da competência dos tribunais. O objecto do diploma está a jusante da competência e tem só – apenas e exclusivamente, passe a tautologia – a ver com a tramitação das acções. A competência dos tribunais, essa, continua a regular-se pelas mesmas normas pelas quais se regulava anteriormente. O RPE não as alterou, nem tem um objecto coincidente com o seu".

[419] Visando-se, no futuro, aplicar a todos os tribunais o novo processo comum agora ensaiado, será este aplicável a todos os tribunais cíveis da comarca do Porto. Em tal cenário futuro, não deixarão as Varas Cíveis do Porto de existir e de receber as acções de processo comum único (por enquanto ainda experimental), para cujo conhecimento tenham competência *à luz da LOFTJ*.

268 *Regime Processual Civil Experimental Comentado*

demérito que, afinal, nada tem a ver com o *processo* mas com o inflacionar (temporário) da *competência* do tribunal onde ele é experimentado.

O legislador não pretendeu alterar as regras de competência dos tribunais judiciais; pretendeu sim, mantendo tais regras inalteradas, escolher os tribunais que, no âmbito da sua competência – absoluta e relativa – *já fixada por lei*, experimentariam uma nova *forma de processo* comum[420]. É esta a interpretação que melhor se coaduna com a letra e com o espírito da lei[421].

104.4. *Conformidade à Constituição*. Fixando-se o sentido da lei como visando operar uma alteração da competência dos referidos tribunais, por se entender que corresponde à sua letra e a seu espírito – *contra o que entendemos* –, a conformidade à Constituição das normas consideradas deve ser questionada. Fixando-se tal sentido para a nova lei, a conclusão da existência de uma alteração operada sobre a organização judiciária impõe-se por si mesma: se da aplicação das regras de atribuição de competência previstas na LOFT a uma acção declarativa (independentemente da forma do processo) resulta ser competente tribunal diferente do designado pela legislação experimental, então esta legislação vem alterar aquelas normas de competência da LOFTJ, ou seja, vem dispor sobre a "organização e competência dos tribunais".

A norma contida no art. 21.º, n.º 1, do DL n.º 108/2006 é inócua, na economia da questão que nos ocupa: dela não se pode retirar que, por esta via, pretendeu o legislador alterar a *competência* dos tribunais da experimentação. O disposto no art. 21.º não obsta à aplicação do RPCE a um qualquer tribunal com competência em matéria cível, pelo que não impede o autor da portaria prevista de, respeitando a relação de competências vertida nos arts. 97.º e 99.º da LOFTJ, incluir todos os tribunais de competência específica cível de uma comarca no elenco dos tribunais contemplados. Devemos, pois, concluir que a putativa alteração de competências nunca se poderá fundar nas normas (*meramente processuais*) contidas no

---

[420] Concretizando, o legislador não pretendeu alterar a competência (especializada e específica) dos Juízos Cíveis do Porto – passando a ser diferente, por exemplo, dos Juízos Cíveis de Lisboa –, mas apenas que, no âmbito da competência deste tribunal, as acções a tramitar experimentem os termos do novo processo comum.

[421] Em sentido oposto, cfr. os Acs. do TRP de 8 de Abril de 2008, proferido no processo n.º 0820596, e de 5 de Junho de 2008, proferido no processo n.º 0831362, bem como a Decisão do Presidente do TRP de 30 de Setembro de 2008, proferido no processo n.º 0855853, publicados em *dgsi.pt* e, a última, ainda, em *http://www.trp.pt/conflitos-novocpc/*.

Disposições finais e transitórias 269

articulado do DL n.º 108/2006. A fonte da alegada alteração de competências seria, sim, o artigo único da Portaria n.º 955/2006, de 13 de Setembro, apesar de o Ministério da Justiça, na escolha a fazer dos tribunais da experimentação, não estar habilitado, pelo art. 21.º, a alterar a estrutura de competências dos tribunais judiciais, mas apenas a indicar aqueles nos quais a experiência *meramente processual* deve ter lugar[422].

104.5. *Juízo de inconstitucionalidade.* Dispõe o art. 165.º, n.º 1, al. p), da CRP que é da exclusiva competência da Assembleia da República, salvo autorização ao Governo, legislar sobre a organização e competência dos tribunais. A alteração da competência das varas e dos juízos cíveis é, pois, matéria de reserva de Lei da Assembleia da República.

De resto, sempre seria matéria de reserva de "acto legislativo" – em sentido amplo (art. 112.º, n.º 1, da CRP) –, e nunca matéria de simples portaria, *não dotada*, sequer, da natureza de decreto regulamentar (art. 112.º, n.º 7, da CRP), a forma mais agravada dos actos normativos estatais depois da forma de lei, por implicar a sujeição a promulgação do Presidente da República (artigo 134.º, alínea *b)*, da CRP), podendo este exercer o veto (art. 136.º, n.º 4, da CRP)[423]. Está aqui em causa, não só um problema de reserva de Lei da Assembleia da República, como também a impossibilidade de um acto normativo de ordem inferior – a portaria simples – revogar um acto normativo de ordem superior – a lei em sentido próprio[424]. Esta impossibilidade vem prevista no art. 112.º da Constituição, em especial nos seus n.ºs 1 e 5[425]. Entender de modo diferente seria admitir que a Constituição, contra o que reza o seu texto, permite uma degradação da regulamentação de uma matéria com dignidade de Lei – a

---

[422] A função normativa da remissão prevista no art. 21.º cumpre-se na execução ou complementação material da normação legal, *nos limites da habilitação legal*, tendo o n.º 2 deste artigo *esgotado* a definição dos *critérios* que devem presidir à identificação dos tribunais sujeitos à experimentação, apenas cabendo à portaria habilitada proceder a essa identificação *concreta*, e não alterar a estrutura de competência dos tribunais – sobre o tema, cfr. ANTAS VIDEIRA, «Regime», cit., p. 121.

[423] Cfr. JORGE MIRANDA e RUI MEDEIROS, *Constituição*, cit., Tomo II, 2006, pp. 276-277.

[424] Já assim ensinava, embora com diferente enquadramento constitucional, MARCELLO CAETANO, *Manual*, cit., Vol. I, pp. 95-96.

[425] Sobre o tema da hierarquia das fontes de direito ou do "princípio da preferência ou da preeminência da lei", cfr. GOMES CANOTILHO, *Direito*, cit., pp. 602 a 604 e 673 a 677; sobre o tema, cfr., ainda, a monografia de MANUEL AFONSO VAZ, *Lei e Reserva de Lei*, Porto, Publicações Universidade Católica, 1992, em especial p. 47 e segs. e p. 473 e segs..

LOFTJ – ao nível de um acto infra-legal, que não é sequer sujeito ao crivo prévio da promulgação pelo Presidente da República.

É já vasta a jurisprudência do Tribunal Constitucional sobre a reserva legislativa do Parlamento em matéria de organização e competência dos tribunais judiciais. Entre os arestos mais significativos, podemos encontrar o Acórdão n.º 131/2007, no qual se pode ler que na reserva relativa de competência da Assembleia da República prevista no art. 165.º, n.º 1, al. *p)*, da Constituição, inclui-se, «para além da definição das matérias cujo conhecimento cabe aos tribunais judiciais e a daquelas cuja conhecimento cabe aos tribunais administrativos e fiscais (…), a distribuição das matérias da competência dos tribunais judiciais pelos diferentes tribunais de competência genérica e de competência especializada ou específica» – o vocábulo "matérias" é aqui tomado no seu sentido mais amplo (incluindo causas ou acções), já que "os tribunais de competência específica conhecem de matérias determinadas pela espécie de acção ou pela forma de processo aplicável" (art. 64.º, n.º 2, da Lei de Organização e Funcionamento dos Tribunais Judiciais).

Já em 1992, no seu Acórdão n.º 241/92, o Tribunal Constitucional aderia à qualificada doutrina de GOMES CANOTILHO e VITAL MOREIRA, de acordo com a qual é ao Parlamento que cabe "toda a matéria da organização e competência dos tribunais" – apenas considerando ser duvidoso se a criação ou a extinção de um concreto tribunal é matéria reservada à Assembleia da República ou se pertence ao Governo (mas, mesmo neste caso, sempre "na base da lei, claro"). Defende-se, ainda, neste aresto, citando JORGE MIRANDA, que, de todo o modo, ali onde a dúvida possa surgir, o respeito pela prevalência do texto constitucional – devendo retirar-se as devidas ilações da circunstância de esta ser uma das raras matérias a figurar na solene reserva parlamentar – determina que se adopte um interpretação extensiva do texto da lei fundamental, fazendo incluir no âmbito do art. 165.º, n.º 1, al. *p)*, o caso duvidoso em questão – "pois a 'organização e competência dos tribunais' deve ser encarada de modo a que toda a regulamentação legislativa que lhe toque deve ser situada ao nível mais exigente e, assim, atribuída ao Parlamento".

Mais adiante, extrai-se desta mesma qualificada Jurisprudência que só quando "a intervenção legislativa do Governo for de 'segunda linha', de mero desenvolvimento ou regulamentação do regime legal definido pela Assembleia da República, como fruto de análise casuística das necessidades e das disponibilidades, não haverá censura constitucional ao procedimento adoptado". Assim, se, inversamente, se dotar uma unidade (um tribunal) "de uma *competência específica, amputada*, que não é a que, por força da (…) [LOFTJ], se atribui a tribunais dessa natureza", estar-se-á a *comprimir*, a *cercear*, essa competência, e, por sua via, a afectar "a reserva legislativa" prevista no art. 165.º, n.º 1, al. *p)*, da Constituição.

Resta acrescentar que nunca estaria aqui em causa uma mera modificação de competência judiciária a que possa atribuir-se simples carácter processual, fruto de um mero reordenamento dos fins servidos por uma forma processual preexistente[426].

Em face do raciocínio exposto, o artigo único da Portaria n.º 955/ /2006, de 13 de Setembro, quando interpretado no sentido de alterar a estrutura de competências entre as varas e os juízos cíveis, é vulnerável a um juízo de inconstitucionalidade (orgânica)[427].

104.6. A *interpretação da lei feita pelo TC*. A questão que nos ocupa foi abordada no Ac. do TC n.º 586/2009. Este acórdão é digno de alguma atenção especial, pois julga o artigo único da Portaria n.º 955/2006, de 13 de Setembro, conforme à Constituição, *considerando a boa interpretação da lei* que é feita no seu aresto, mas que, aparentemente, não foi a adoptada pelo tribunal *a quo* na decisão recorrida.

Sobre a boa interpretação da lei, o Tribunal Constitucional é muito claro. Pode ler-se no Acórdão: "A Portaria [n.º 955/2006, de 13 de Setembro] não se destina pois a regular a competência – âmbito de jurisdição – de um concreto tribunal, mas antes a fixar, de entre os tribunais da Ordem Jurídica Portuguesa, quais os que, *no âmbito das suas competências legais*, e sublinhe-se, que é apenas no âmbito das competências que a lei lhes atribui – as devem exercer aplicando um regime processual especial – o regime processual experimental.

"Segundo o diploma – e para o que *in casu* nos interessa – os Juízos Cíveis do Tribunal da Comarca do Porto tramitarão acções, por aplicação do regime processual experimental, a que, até à data da sua entrada em vigor, se aplicava uma forma de processo comum. Nada se diz no diploma quanto à competência dos tribunais, pelo que *não se confere nenhuma competência aos juízos cíveis para tramitarem acções que ultrapassem a alçada da Relação*.

---

[426] Sobre o tema, cfr. os Acórdão do TC n.os 177/97, 130/07, 375/95, 241/92 e 159/91, publicados em *tribunalconstitucional.pt*. Cfr., ainda, os Acs. n.º 87-404-2, n.º 88--085-2 e n.º 88-132-2, proferidos nos processos n.os 83-0028, 86-0241 e 86-0219, respectivamente, sumariados em *dgsi.pt*.

[427] Para além de contrariar um acto normativo do ordem superior – no proémio da Lei n.º 3/99, de 13 de Janeiro (LOFTJ), consta mesmo que foi ela decretada para "valer como *lei geral da República*", para os efeitos previstos na norma contida no art. 115.º, n.º 4, da Constituição, hoje revogado.

"(…) Aliás, a competência dos tribunais continua a estar fixada na Lei de Organização e Funcionamento dos Tribunais Judiciais (LOFTJ) – a Lei n.º 3/99, de 13 de Janeiro. Assim, o artigo 97.º fixa a competência das varas cíveis, o artigo 99.º estabelece a competência dos juízos cíveis e o artigo 101.º determina a competência dos juízos de pequena instância cível, os quais devem julgar por aplicação da lei geral e isso não é alterado pela portaria em análise.

"A Portaria não confere, portanto, a varas cíveis competências que pertençam a juízos cíveis, nem vice-versa. Ou seja, a Portaria não desloca, em termos inovatórios, a competência de uns tribunais para outros" – sublinhado nosso.

Daqui se extrai que o RPCE apenas vem substituir, nos tribunais abrangidos pela experimentação, o processo comum *que ali seria aplicável*, não tendo a virtualidade introduzir na esfera de competências do tribunal acções que para julgamento das quais não era (e não é) competente (à luz da LOFTJ).

Conclui o Tribunal Constitucional que a norma do artigo único da Portaria n.º 955/2006, *bem* "interpretada com o sentido que acabámos de ver", não bole com a organização e competência dos tribunais.

Todavia, esta boa interpretação da norma não foi a seguida pelo tribunal *a quo*, o qual decidiu que "a competência originária para conhecer das acções declarativas cíveis de valor superior à alçada da Relação (…) pertence aos juízos cíveis", se o autor indicar para a acção declarativa a forma comum experimental. Dir-se-ia que o TC deliberou sobre a hipótese interpretativa por si acolhida, e não sobre aquela que era objecto de recurso. A questão essencial ficou, assim, por responder: se o tribunal comum, invocando a Portaria n.º 955/200, e ignorando que "a competência dos tribunais continua a estar fixada na Lei de Organização e Funcionamento dos Tribunais Judiciais", reconhecer *"competência aos juízos cíveis para tramitarem acções que ultrapassem a alçada da Relação"* (nas palavras utilizadas pelo TC), estará a fazer uma interpretação da lei conforme à Constituição?

105. *Competência dos juízos de pequena instância cível.* Não sendo o novo processo comum unificado um processo especial, nem sendo ele, obviamente, o processo comum na forma sumaríssima, uma leitura precipitada e equivocada do DL n.º 108/2006 pode levar à conclusão de estarem hoje esvaziados de competências os juízos de pequena instância cível onde seja aplicável o RPCE – cfr. o art. 101.º da LOFTJ[428]. O raciocínio a desenvolver em ordem a fixar a competência deste tribunal deverá, ainda, ser tributário da mencionada perspectiva, de acordo com a qual o pressuposto processual da competência do tribunal é de verificação prévia ao pressuposto processual da propriedade da forma do processo aplicável.

Do ponto de vista do demandante, começará este por olhar apenas para a norma contida no art. 101.º da LOFTJ – e, só por exigência desta, nas demais disposições processuais civis (do antigo processo comum) *necessárias à sua integração* – para fixar a competência da pequena instância cível. Identificada a pequena instância cível como sendo o tribunal competente, por se tratar, por exemplo, de uma acção que seria proposta como processo sumaríssimo, atribuir-lhe-á, então, a forma de processo comum ali experimentalmente aplicável[429].

106. *Erro na forma do processo*. Sobre a ocorrência de um erro na a forma do processo aplicável a uma acção proveniente de um tribunal não abrangido pela experimentação (remetida em resultado de um julgamento de incompetência em razão do território), veja-se o comentário ao art. 4.º.

107. *Critério da escolha dos tribunais abrangidos*. No RPCE, apenas o instituto da agregação tem por campo de aplicação privilegiado a "litigância de massa". É a sua experimentação que justifica a opção contida no art. 21.º, n.º 2.

ARTIGO 22.º
Aplicação no tempo

1 – Sem prejuízo do disposto no número seguinte, o presente decreto-lei aplica-se às acções e aos procedimentos cautelares propostos a partir de 16 de Outubro de 2006 e às acções resultan-

---

[428] Reza este artigo: "Compete aos juízos de pequena instância cível preparar e julgar as causas cíveis a que corresponda a forma de processo sumaríssimo e as causas cíveis não previstas no Código de Processo Civil a que corresponda processo especial e cuja decisão não seja susceptível de recurso ordinário".

[429] É este *iter* lógico que explica, de resto, a razão pela qual as acções de despejo de valor inferior à alçada do tribunal de primeira instância continuam a ser instauradas nos Juízos Cíveis do Porto, e não junto dos Juízos Pequena Instância Cível desta cidade.

tes da apresentação à distribuição de autos de injunção a partir da mesma data.

2 – Nos tribunais determinados por portaria do Ministro da Justiça aprovada após a data referida no número anterior, o presente decreto-lei aplica-se às acções e aos procedimentos cautelares propostos a partir da data da entrada em vigor da portaria e às acções resultantes da apresentação à distribuição de autos de injunção a partir da mesma data.

Sumário – **108.** Nova redacção da norma.

108. *Nova redacção da norma.* A actual redacção do art. 22.º foi-lhe dada pelo artigo único do Decreto-Lei n.º 178/2009, de 7 de Agosto.

A anterior redacção era a seguinte: "O presente decreto-lei aplica-se às acções e aos procedimentos cautelares propostos a partir de 16 de Outubro de 2006 e às acções resultantes da apresentação à distribuição de autos de injunção a partir da mesma data".

BIBLIOGRAFIA CITADA

ALEXANDRE, Isabel, «A fase da instrução no processo declarativo comum», *Aspectos do Novo Processo Civil*, Lisboa, Lex, 1997.

— —, *Provas Ilícitas em Processo Civil*, Coimbra, Almedina, 1998.

ALMEIDA, Fernando Pinto de, *Fundamentação da Sentença Cível*, 2008, *trp.pt/estudos/ accaoformacao-fundamentacao-sentenca-civel.html* (último acesso 13-08-2009).

ALMEIDA, Jorge, e Patrícia Branco, «Os poderes do juiz-presidente: o futuro face ao limite constitucional do juiz natural», *Julgar*, n.º 2, Maio-Agosto, 2007.

ALMEIDA, Mário Aroso de, e Carlos Fernandes Cadilha, *Comentário ao Código de Processo nos Tribunais Administrativos*, Coimbra, Almedina, 2005.

— —, *O Novo Regime do Processo nos Tribunais Administrativos*, Coimbra, Almedina, 2005.

ALVES, João, «A defesa da saúde pública», *Maia Jurídica*, Ano III, n.º 1, 2005.

— —, «O Ministério Público no foro cível – A utilização do regime processual experimental do DL n.º 108/06, de 8/6», *Scientia Iuridica*, n.º 307, Julho-Setembro, 2006.

AMARAL, Jorge Pais de, *Direito Processual Civil*, Coimbra, Almedina, 2009.

AMORIM, Tiago Meireles de, «Apontamentos sobre as condições de procedibilidade das providências cautelares no novo processo administrativo», *ROA*, Ano 63, I/II, Abril 2003.

ANDRADE, José Vieira de, *A Justiça Administrativa (Lições)*, Coimbra, Almedina, 2004.

— —, *Os Direitos Fundamentais na Constituição Portuguesa de 1976*, Coimbra, Almedina, 1987.

ANDRADE, Manuel Domingues de, *Noções Elementares de Processo Civil*, Coimbra, Coimbra Editora, 1979.

ARAÚJO, Henrique, *A Matéria de Facto no Processo Civil*, 2009, *trp.pt/images/stories/ doc/henriquearaujo_materiafactoprocessocivil.pdf* (último acesso 30-10-2009).

AROCA, Montero, «O Processo Civil no Século XXI. Tutela e Garantia», *Revista do CEJ*, n.º 4, 1.º Semestre 2006.

BAPTISTA, João de Castro, «A importância da colaboração das partes», *Regime Processual Civil Experimental – Simplificação e Gestão Processual*, Braga, Cejur, 2008.

BARROS, Manuel Oliveira, «Breves notas sobre a sentença cível», *Revista do CEJ*, n.º 10, 2.º Semestre 2008.

BASTOS, Jacinto Rodrigues, *Notas ao Código de Processo Civil*, Volume II, Lisboa, edição do autor, 2000.

BEZERRA, J. Miguel, *vide* VARELA, João Antunes.

BRANCO, Patrícia, *vide* ALMEIDA, Jorge.

BRITO, Pedro Madeira de, «O novo princípio da adequação formal», *Aspectos do Novo Processo Civil*, Lisboa, Lex, 1997.

276 Regime Processual Civil Experimental Comentado

Brito, Rita Brasil de, «Nota introdutória», *Regime Processual Civil Experimental – Simplificação e Gestão Processual*, Braga, Cejur, 2008.

Cabral, Célia da Costa, e Armando Castelar Pinheiro, *A Justiça e o seu Impacte sobre as Empresas Portuguesas*, Coimbra, Coimbra Editora, 2003.

Cadilha, Carlos Fernandes, «Os poderes do juiz e o princípio da tipicidade das formas processuais», *Revista do CEJ*, n.º 7, 2.º Semestre 2007.

— —, *Dicionário de Contencioso Administrativo*, Coimbra, Almedina, 2006.

— —, *vide* Almeida, Mário Aroso de.

Caetano, Marcello, *Manual de Direito Administrativo*, Vol. I, Coimbra, 1982.

Calamandrei, Piero, *Eles, os Juízes, Vistos Por um Advogado*, tradução (de Eduardo Brandão) da 4.ª edição de *Elogio dei Giudici Scritto da un Avvocato*, de 1959, São Paulo, Martins Fontes, 2000.

— —, *Instituições de Direito Processual Civil*, Vol. III, tradução (de Dias Ferreira) de Istituzioni di Diritto Processuale Civile, Campinas, Bookseller, 2003.

— —, *Introdução ao Estudo Sistemático dos Procedimentos Cautelares*, tradução (de Andreasi Bassi) de Introduzione allo studio sistematico dei provvedimenti cautelari, de 1936, Campinas, Servanda, 2000.

Canotilho, José Gomes, e Vital Moreira, *Constituição da República Portuguesa Anotada*, Volume I, Coimbra, Coimbra Editora, 2007.

— —, *Direito Constitucional*, Coimbra, Almedina, 1989.

— —, «Entre a Justiça e a Prudência. Uma carta para o Centro de Estudos Judiciários», *Revista do CEJ*, n.º 4, 1.º Semestre 2006.

Carnelutti, Francesco, *A Prova Civil. Parte Geral. O Conceito Jurídico da Prova*, tradução (de Amilcare Carletti) de *La Prova Civile. Parte Generale. Il concetto giuridico della prova*, de 1992, São Paulo, Livraria e Editora Universitária de Direito, 2003.

Casanova, José Salazar, «A transversalidade no processo do debate argumentativo e a sua influência decisiva no desenvolvimento do Direito», *Revista do CEJ*, n.º 4, 1.º Semestre 2006.

— —, «Os factos instrumentais e a verdade material», *Revista do CEJ*, n.º 10, 2.º Semestre 2008, p. 88.

— —, «Problemas processuais da falta e da insuficiência da motivação das decisões judiciais», *Boletim da Associação Sindical dos Juízes Portugueses*, III.ª Série, n.º 6, Abril de 2002.

Castro, Artur Anselmo de, *Direito Processual Civil Declaratório*, Coimbra, Almedina, Vol. I, 1981, Vol. II, 1982, e Vol. III, 1982.

Chiovenda, Giuseppe, *A Acção no Sistema dos Direitos*, tradução (de Martins Oliveira) de *L'azione nel sistema dei diritti*, Belo Horizonte, Líder, 2003.

— —, *Instituições de Direito Processual Civil*, tradução (de Paolo Capitanio) da 2.ª edição de *Istituzioni di Diritto Processuale Civile*, de 1960, Campinas, Bookseller, 2009.

Conselho Superior da Magistratura, *Parecer sobre o Anteprojecto do Regime Processual Especial Experimental*, 2006, *csm.org.pt/ficheiros/pareceres/parecer06_03.pdf* (último acesso 04-11-2009).

Costa, Salvador da, *A Injunção e as Conexas Acção e Execução*, Coimbra, Almedina, 2003 (3.ª edição) e 2008 (6.ª edição).

— —, *Regulamento das Custas Processuais*, Coimbra, Almedina, 2009.

Bibliografia citada

CRUZ, Paula Teixeira da, entrevista concedida à *Vida Judiciária*, n.º 104, Setembro de 2006.

DIAS, João Paulo, *O Mundo dos Magistrados*, Coimbra, Almedina, 2004.

Direcção-Geral da Política de Justiça, *Regime Processual Civil Experimental (Apresentação)*, 2006, *citius.mj.pt/Portal/article.aspx?ArticleId=16* (último acesso 23-10-2009).

——, *Colectânea de Decisões e Práticas Judiciais ao Abrigo do Regime Processual Civil Experimental*, Braga, Cejur, 2009.

ENGISH, Karl, *Introdução ao Pensamento Jurídico*, tradução (de Baptista Machado) da 6.ª edição de *Einführung in das Juristische Denken*, de 1983, Lisboa, Fundação Calouste Gulbenkian, 1988.

ESTEVES, Rui, «A utilização do regime experimental do DL n.º 108/2006, de 8/6, pelo Ministério Público», *Regime Processual Civil Experimental – Simplificação e Gestão Processual*, Braga, Cejur, 2008.

FARIA, Paulo Ramos de, *Regime Processual Civil Experimental – A gestão processual no processo declarativo comum experimental*, Braga, Cejur, 2009.

FARIA, Rita Lynce de, *A Função Instrumental da Tutela Cautelar Não Especificada*, Lisboa, Universidade Católica Editora, 2003.

——, *A Inversão do Ónus da Prova no Direito Civil Português*, Lisboa, Lex, 2001.

——, «A sumarização da justiça civil – Breve nota sobre o Decreto n.º 3 de 29 de Maio de 1907», *Julgar*, n.º 4, Janeiro-Abril, 2008.

Federal Judicial Center, *Manual for Complex Litigation, Fourth*, 2004, *fjc.gov/public/home.nsf* (último acesso 5-11-2009).

FERREIRA, Pedro Lopes, *vide* SANTOS, Boaventura de Sousa.

FIALHO, António José, «Regime processual civil especial e experimental (Decreto-Lei n.º 108/2006, de 8 de Junho): agregação e desagregação», *Revista do CEJ*, n.º 5, 2.º Semestre 2006.

——, «Simplificação e gestão processual», *Regime Processual Civil Experimental – Simplificação e Gestão Processual*, Braga, Cejur, 2008.

FREITAS, José Lebre de, *A Acção Declarativa Comum*, Coimbra, Coimbra Editora, 2000.

——, *Código de Processo Civil Anotado*, Coimbra, Coimbra Editora, Volume I, 1999, com João Redinha e Rui Pinto, Vol. II, 2001, com A. Montalvão Machado e Rui Pinto, e Vol. III, 2003, com Armindo Ribeiro Mendes.

——, *Introdução ao Processo Civil – Conceito e Princípios Gerais*, Coimbra, Coimbra Editora, 2006.

——, «Experiência-piloto de um novo processo civil», *Novas Exigências do Processo Civil – Organização, Celeridade e Eficácia*, Coimbra, Coimbra Editora, 2007.

——, «Regime Processual Experimental: a fase dos articulados», *Revista do CEJ*, n.º 6, 1.º Semestre 2007.

GASPAR, António Henriques, «A Justiça nas incertezas da sociedade contemporânea – O juiz hoje: de exegeta a ministro da verdade», *Julgar*, n.º 1, Janeiro-Abril, 2007.

GERALDES, António Abrantes, *Recursos em Processo Civil – Novo Regime*, Coimbra, Almedina, 2008.

——, *Temas da Reforma do Processo Civil*, Coimbra, Almedina, I Volume, 2006, II Vol., 2004, III Vol., 1998, e IV Vol., 2006.

——, «Processo especial experimental de litigância de massas», *Novas Exigências do Processo Civil – Organização, Celeridade e Eficácia*, Coimbra, 2007.

GOMES, Manuel Tomé Soares, *O Processo Civil Como Relação Jurídica – A Instância*, Lisboa, CEJ, policopiado, 1991.

— —, «Um olhar sobre a prova em demanda da verdade no Processo Civil», *Revista do CEJ*, n.º 3, 2.º Semestre 2005.

GOUVEIA, Mariana França, *A Causa de Pedir na Acção Declarativa*, Coimbra, Almedina, 2004.

— —, *Regime especial para grandes litigantes – Estudo preliminar*, Colares, policopiado, 2005.

— —, *Regime Processual Experimental Anotado*, Coimbra, Almedina, 2006.

— —, «A acção especial de litigância de massas», *Novas Exigências do Processo Civil – Organização, Celeridade e Eficácia*, Coimbra, Coimbra Editora, 2007.

— —, «Os poderes do juiz na acção declarativa – Em defesa de um processo civil ao serviço do cidadão», *Julgar*, n.º 1, Janeiro-Abril, 2007.

— —, «Poder geral de controlo», *Sub Judice*, n.º 29, Outubro/Dezembro, 2004.

HÖRSTER, Heinrich Ewald, *A Parte Geral do Código Civil Português – Teoria Geral do Direito Civil*, Coimbra, Almedina, 1992.

IBÁÑEZ, Perfecto Andrés, «A profissão de juiz, hoje», *Julgar*, n.º 1, Janeiro-Abril, 2007.

JAUERNIG, Othmar, *Direito Processual Civil*, tradução (de Silveira Ramos) da 25.ª edição de Zivilprozessrecht: ein Studienbuch, de 1998, Coimbra, Almedina, 2002.

JORGE, Nuno de Lemos, «Direito à prova: brevíssimo roteiro jurisprudencial», *Julgar*, n.º 6, Setembro-Dezembro, 2008.

— —, «Notas sobre o regime processual experimental», *Novas Exigências do Processo Civil – Organização, Celeridade e Eficácia*, Coimbra, Coimbra Editora, 2007.

— —, «Os poderes instrutórios do juiz: alguns problemas», *Julgar*, n.º 3, Setembro-Dezembro, 2007.

— —, *Regime Processual Experimental – Decreto-Lei n.º 108/2006 – Um Problema de Competência*, 2008, *processo-civil.blogspot.com/2008/05/regime-processual-experimental-dl-n.html* (último acesso 24-10-2009).

LAMEIRAS, Luís Brites, *Comentário ao Regime Processual Experimental*, Coimbra, Almedina, 2007.

— —, «A fase da instrução, a audiência de julgamento e a sentença, segundo o novo Regime Processual Experimental, aprovado pelo D.L. n.º 108/2006, de 8 de Junho», *Revista do CEJ*, n.º 5, 2.º Semestre 2006.

— —, «A importância da colaboração das partes», *Regime Processual Civil Experimental – Simplificação e Gestão Processual*, Braga, Cejur, 2008.

LARENZ, Karl, *Metodologia da Ciência do Direito*, tradução (de José Lamego) da 5.ª edição, de 1983, Lisboa, Fundação Calouste Gulbenkian, 1989.

LOPES, José Mouraz, *Gestão Processual: Alguns Princípios Para Aplicação num Novo Quadro Normativo*, Coimbra, 2008, inédito.

— —, *vide* MENDONÇA, Luís Correia de.

LOURENÇO, Paula Meira, «Justiça Cível: eficiência e novas formas de gestão processual», *Novos Rumos da Justiça Cível*, Braga, Cejur, 2009.

— —, «Regime Processual Civil Experimental: simplificação e gestão processual», *Regime Processual Civil Experimental – Simplificação e Gestão Processual*, Braga, Cejur, 2008.

MACHADO, António Montalvão, e Paulo Alves Pimenta, *O Novo Processo Civil*, Coimbra, Almedina, 2008.

Bibliografia citada 279

— —, *O Dispositivo e os Poderes do Tribunal à Luz do Novo Código de Processo Civil*, Coimbra, Almedina, 2001.

— —, *vide* FREITAS, José Lebre de.

MACHADO, João Baptista, *Introdução ao Direito e ao Discurso Legitimador*, Coimbra, Almedina, 1989.

MAIA, Elísio Borges, e Inês Setil, «Breve comentário ao Regime Processual Experimental aprovado pelo DL n.º 108/2006, de 8/6», *Scientia Iuridica*, Abril-Junho 2006, Tomo LV, n.º 306.

MARQUES, João Remédio, *Acção Declarativa à Luz do Código Revisto*, Coimbra, Coimbra Editora, 2007.

MARQUES, Maria Leitão, *vide* SANTOS, Boaventura de Sousa.

MATOS, José Igreja, «O juiz e o processo civil (Contributo para um debate necessário)», *Julgar*, n.º 2, Maio-Agosto, 2007.

MEDEIROS, Rui, *vide* MIRANDA, Jorge.

MENDES, Armindo Ribeiro, «Agregação e desagregação (arts. 6.º e 7.º do Regime Processual Experimental – D.L. n.º 108/2006, de 8 de Junho)», *Revista do CEJ*, n.º 5, 2.º Semestre 2006.

— —, «Constituição e processo civil», *Estudos em Memória do Conselheiro Luís Nunes de Almeida*, Coimbra, Coimbra Editora, 2007.

— —, *vide* FREITAS, José Lebre de.

MENDES, João de Castro, *Direito Processual Civil*, 2.º Vol., Lisboa, AAFDL, 1987.

MENDONÇA, Luís Correia de, «O decreto para cobrança de pequenas dívidas: no crepúsculo do processo liberal», *Julgar*, n.º 4, Janeiro-Abril, 2008.

— —, «Processo civil líquido e garantias (O Regime Processual Experimental Português)», *Themis*, Ano VIII, n.º 14, 2007.

— —, «Vírus autoritário e processo civil», *Julgar*, n.º 1, Janeiro-Abril, 2007.

— —, e José Mouraz Lopes, «Julgar: contributo para uma análise estrutural da sentença civil e penal; a legitimação pela decisão», *Revista do CEJ*, n.º 1, 2.º Semestre 2004.

MIRANDA, Jorge, e Rui Medeiros, *Constituição Portuguesa Anotada*, Coimbra, Coimbra, Tomo I, 2005, Tomo II, 2006, e Tomo III, 2007.

— —, «Constituição e Processo Civil», *Direito e Justiça*, Volume VIII, Tomo 2, 1994.

MOREIRA, José Barbosa, «Correntes e contracorrentes no processo civil contemporâneo», *Cadernos de Direito Privado*, n.º 7, Julho/Setembro, 2004.

— —, «O neoprivatismo no processo civil», *Cadernos de Direito Privado*, n.º 10, Abril/ /Junho, 2005.

— —, «O processo civil contemporâneo: um enfoque comparativo», *Scientia Iuridica*, Outubro-Dezembro 2006, Tomo LV, n.º 308.

MOREIRA, Vital, *vide* CANOTILHO, Joaquim Gomes.

MOURA, Sónia Sousa de, «A importância da colaboração das partes», *Regime Processual Civil Experimental – Simplificação e Gestão Processual*, Braga, Cejur, 2008.

— —, «Breve excurso sobre o Regime Processual Experimental», *Boletim da Associação Sindical dos Juízes Portugueses*, V.ª Série, n.º 5, Dezembro de 2007.

NORA, Sampaio e, *vide* VARELA, João Antunes.

PEDROSO, João, «A Justiça civil em crise: a oportunidade/necessidade de reformar o processo civil», *Novos Rumos da Justiça Cível*, Braga, Cejur, 2009.

280 *Regime Processual Civil Experimental Comentado*

— —, «O Regime Processual Civil Experimental – os desafios à (e da) reforma da justiça civil», *Regime Processual Civil Experimental – Simplificação e Gestão Processual*, Braga, Cejur, 2008.

— —, *vide* Santos, Boaventura de Sousa.

Pimenta, Paulo Alves, *A Fase do Saneamento do Processo Antes e Após a Vigência do Novo Código de Processo Civil*, Coimbra, Almedina, 2003.

— —, «Breves Considerações Acerca do Anunciado Regime Processual Especial e Experimental"», *BOA*, 40 (2006).

— —, *vide* Machado, António Montalvão.

Pinheiro, Alexandre Sousa, «Legislação experimental e princípio da igualdade (Anotação ao Acórdão n.° 69/2008 do Tribunal Constitucional)», *Scientia Iuridica*, n.° 314, Abril-Junho, 2008.

Pinheiro, Armando Castelar, vide Cabral, Célia da Costa.

Pinto, Rui, *A Questão de Mérito na Tutela Cautelar. A Obrigação Genérica de não Ingerência e os Limites da Responsabilidade Civil*, Coimbra, Coimbra Editora, 2009.

— —, *vide* Freitas, José Lebre de.

Rainho, José Manso, «Decisão da matéria de facto. Exame crítico das provas», *Revista do CEJ*, n.° 4, 1.° Semestre 2006.

Rangel, Paulo Castro, *Repensar o Poder Judicial. Fundamentos e Fragmentos*, Porto, Publicações Universidade Católica, 2001.

Redinha, João, *vide* Freitas, José Lebre de.

Rego, Carlos Lopes do, *Comentários ao Código de Processo Civil*, Volume I, Coimbra, Almedina, 2004.

— —, «A "conversão" do procedimento cautelar em causa principal, prevista no artigo 16.° do "Regime Processual Experimental"», *Revista do CEJ*, n.° 5, 2.° Semestre 2006,

— —, «O direito fundamental do acesso aos tribunais e a reforma do processo civil», *Estudos em Homenagem a Cunha Rodrigues*, Vol. I, Coimbra, Coimbra Editora, 2001.

Reis, José Alberto dos, *Breve estudo sôbre a reforma do processo civil e comercial*, Coimbra, Coimbra Editora, 1933.

— —, *Código de Processo Civil Anotado*, Coimbra, Coimbra Editora, Volume I, 1982, Vol. II, 1981, Vol. IV, 1987, e Vol. V, 1984.

— —, *Comentário ao Código do Processo Civil*, Vol. 2.°, Coimbra, Coimbra Editora, 1945.

Ricardo, Luís Carvalho, *Regime Processual Civil Experimental Anotado e Comentado*, Braga, Cejur, 2007.

— —, «O regime processual civil experimental em acção», Regime Processual Civil Experimental – Simplificação e Gestão Processual, Braga, Cejur, 2008.

Rodrigues, José Cunha, entrevista concedida ao *Diário de Notícias* de 4 de Setembro de 2009, (disponível em *dn.sapo.pt/inicio/portugal/interior.aspx?content_id= 1352712*).

Rosenberg, Leo, *La Carga de la Prueba*, tradução (de Ernesto Krotoschin) da 3.ª de *Die Beweislast*, de 1951, Buenos Aires, B de F, 2002.

Santos, Boaventura de Sousa, Maria Leitão Marques, João Pedroso e Pedro Lopes Ferreira, *Os Tribunais nas Sociedades Contemporâneas – O Caso Português*, Porto, Afrontamento, 1996.

SERRA, Adriano Vaz, Anotação ao Acórdão do STJ de 12 de Novembro de 1974, *RLJ*, Ano 108.°.

SETIL, Inês, *vide* MAIA, Elísio Borges.

SILVA, Lucinda Dias da, *Processo Cautelar Comum*, Coimbra, Coimbra Editora, 2009.

SILVA, Paula Costa e, «A ordem do Juízo de D. João III e o regime processual experimental», *ROA*, Ano 68 (2008).

— —, «Saneamento e Condensação no novo Processo Civil: A fase da audiência preliminar», *Aspectos do Novo Processo Civil*, Lisboa, Lex, 1997.

SOARES, António Quirino Duarte, «Sentença cível – estrutura, objecto, vícios e enquadramento legal», *Revista do CEJ*, n.° 4, 1.° Semestre 2006.

SOUSA, Miguel Teixeira de, *Estudos Sobre o Novo Processo Civil*, Lisboa, Lex, 1997.

— —, «Um novo processo civil português: *à la recherche du temps perdu?*», *Novos Rumos da Justiça Cível*, Braga, Cejur, 2009.

TEIXEIRA, Paulo Duarte, «Instrumentos de Racionalização do Trabalho dos Juízes», *Reforma da Organização Judiciária – Instrumentos de Racionalização do Trabalho dos Juízes*, Coimbra, Coimbra Editora, 2006.

— —, «O poder de gestão no processo experimental», *Regime Processual Civil Experimental – Simplificação e Gestão Processual*, Braga, Cejur, 2008.

VARELA, João Antunes, J. Miguel Bezerra e Sampaio e Nora, *Manual de Processo Civil*, Coimbra, Coimbra Editora, 1985.

— —, «A frustrada reforma do processo civil», *RLJ*, Ano 131.°.

— —, «A reforma do processo civil português. Principais inovações na estrutura do processo declaratório ordinário», *RLJ*, Ano 130.°.

— —, «Os juízos de valor na lei substantiva, o apuramento dos factos na acção e o recurso de revista», *CJ*, Ano XX, 1995, tomo IV.

— —, Anotação ao Acórdão do STJ de 8 de Novembro de 1984, *RLJ*, Ano 122.°,

— —, Editorial do Ano 129.° da *RLJ*.

VAZ, Alexandre Pessoa, *Direito Processual Civil*, Coimbra, Almedina, 1998.

VAZ, Manuel Afonso, *Lei e Reserva de Lei*, Porto, Publicações Universidade Católica, 1992,

VIDEIRA, Susana Antas, «Regime processual civil experimental – algumas considerações do ponto de vista jurídico-constitucional», *Scientia Iuridica*, n.° 309, Janeiro-Março, 2007.

VILAR, Emílio Rui, «Gestão, auto-regulação e boas práticas», *Revista do CEJ*, n.° 7, 2.° Semestre 2007.

ÍNDICE

Artigo 1.º (Objecto) 17
  1. Procedimento legislativo 17
    1.1. Elemento histórico 18
    1.2. Aumento da produtividade dos tribunais e realização da justiça 19
  2. Forma processual 21
    2.1. Aplicação subsidiária do RPCE 22
    2.2. Âmbito da aplicação subsidiária 23
    2.3. Aplicação subsidiária universal e experimentação legal 24
    2.4. Processo comum e lei especial 25
    2.5. Aplicação da lei no espaço 26
  3. Direito adjectivo que subsidia o RPCE 26
    3.1. Forma e garantia 26
    3.2. Legalidade da forma: de princípio a regra 28
  4. Legalidade da forma e gestão processual 29
  5. Direito adjectivo que subsidia o RPCE (continuado) 31
    5.1. Normas gerais do processo comum 32
    5.2. Regime subsidiário 33
    5.3. Regime subsidiário: exemplos 34

Artigo 2.º (Dever de gestão processual) 35
  6. Dever de gestão processual 35
    6.1. Gestão processual tipificada 36
    6.2. Gestão processual atípica 37
    6.3. Âmbito da gestão processual 38
  7. Gestão processual no RPCE 39
    7.1. Adopção da forma e adaptação do conteúdo do acto 40
      7.1.1. Eficiência processual como escopo 42
      7.1.2. Dispensa de contraditório 43
      7.1.3. Supletividade da forma legal 43
      7.1.4. Garantia e apuro da forma legal 44
    7.2. Utilidade do acto processual 46
    7.3. Dever de agilização processual 47
  8. Poder discricionário, poder vinculado e recorribilidade 48
    8.1. Gestão processual como instituto jurídico heterogéneo 48
    8.2. Recorribilidade do despacho de gestão processual 49
    8.3. Omissão da gestão devida 51
    8.4. Caso julgado da decisão de gestão processual 52

284   *Regime Processual Civil Experimental Comentado*

9. Conteúdo do dever de gestão processual 54
   9.1. Papel do juiz 55
   9.2. Condições da gestão processual 57
   9.3. Gestão de um processo 57
10. Perigos e desassossegos 60

Artigo 3.º (Actos processuais) 63
11. Meio para a prática do acto 63
12. Obrigatoriedade do meio electrónico 64
13. Composição dos autos e termos 64
14. Prática do acto por via não prevista 66
15. Âmbito da experimentação 67

Artigo 4.º (Distribuição) 68
16. Distribuição diária informatizada 68
17. Criação da 11.ª espécie 69
18. Aplicação a todos os papeis 69
19. Erro na forma dada e processos recebidos de outros tribunais 69

Artigo 5.º (Citação edital) 70
20. Eliminação de formalidades ineficazes 71
21. De citação edital a citação por anúncio 72
22. Manutenção das disposições especiais sobre citação edital 73

Artigo 6.º (Agregação de acções) 74
23. Noção de agregação 75
24. Regime dos actos não abrangidos pela agregação 76
25. Requisitos da agregação 77
   25.1. Pendência no mesmo tribunal 78
   25.2. Possibilidade de reunião num único processo 79
      25.2.1. Pressuposto negativo: inconveniência da apensação 79
      25.2.2. Irrelevância dos obstáculos à coligação ou à reconvenção 81
   25.3. Iniciativa e contraditório 81
   25.4. Satisfação de um interesse atendível 82
      25.4.1. Satisfação do interesse na maior produtividade dos tribunais 82
      25.4.2. Satisfação de interesse da parte 83
26. Sindicabilidade do despacho sobre a agregação 85
   26.1. Sindicabilidade do despacho que ordena a agregação 85
      26.1.1. Sindicabilidade do mérito da decisão positiva 85
      26.1.2. Natureza não discricionária da decisão positiva 86
   26.2. Sindicabilidade do despacho que recusa a agregação 88
27. Designação legal do processo principal 88
   27.1. Designação legal como garantia de independência 89
   27.2. Reflexos na composição dos autos secundários 89
   27.3. Acções que devam ser julgadas pelo tribunal colectivo 90

Índice 285

28. Acções pendentes perante o mesmo juiz: iniciativa e contraditório 91
    28.1. Oficiosidade.. 91
    28.2. Contraditório 91
    28.3. Actos da secretaria 93
29. Competência do juiz presidente: apensação e agregação 93
    29.1. Apensação de acções pendentes em tribunais diferentes...................... 94
    29.2. Agregação e distribuição... 95
    29.3. Reclamação contra o despacho do juiz presidente............................ 97
    29.4. Requerimento de agregação da competência do juiz presidente 98
    29.5. Desassociação de acções 99
30. Conteúdo da decisão de agregação 100
31. Impugnação do despacho sobre a agregação....................................... 101
    31.1. Recorribilidade do despacho de agregação..................................... 101
    31.2. Recorribilidade do despacho que recusa a agregação........................ 102
    31.3. Reclamação de nulidade por omissão de decisão oficiosa 103
32. Informação a cargo da secretaria 104

Artigo 7.º (Prática de actos em separado) 105
33. Prática de actos em separado e gestão processual 105
    33.1. Pressupostos típicos.. 106
    33.2. Hipóteses típicas de separação... 108
34. Objecto, iniciativa, contraditório e recorribilidade............................ 108

Artigo 8.º (Articulados) 111
35. Regime jurídico aplicável 112
36. Petição inicial e contestação 112
37. Admissibilidade de 3.º articulado e ónus de impugnação.................... 114
38. Forma articulada 115
39. Requerimentos probatórios 116
    39.1. Alteração dos requerimentos probatórios 116
    39.2. Preclusão da oportunidade de requerer a prova 117
40. Indicação dos factos sobre os quais cada testemunha deve depor 118
    40.1. Inexistência de limite de factos à indicação.................................... 118
    40.2. Inobservância do dever de indicação 119
41. Registo da prova e intervenção do colectivo 121
42. Alteração do pedido e da causa de pedir 121

Artigo 9.º (Apresentação conjunta da acção pelas partes) 122
43. Antecedentes históricos.. 123
44. Acções que têm por objecto direitos indisponíveis 124
45. Requisitos da petição conjunta 125
    45.1. Requisitos de forma como condição da eficiência processual.............. 126
    45.2. Aperfeiçoamento da petição conjunta.. 126
46. Notificação para apresentação da petição conjunta 127
47. Modelo de notificação.. 128
48. Incentivos à colaboração entre as partes.. 128

286 *Regime Processual Civil Experimental Comentado*

Artigo 10.º (Termos posteriores aos articulados) 129
49. Gestão processual na fase do saneamento 130
50. Dispensa de novo contraditório 130
51. Âmbito da inovação legal 132
    51.1. Limites constitucionais ao conteúdo da inovação............................... 134
    51.2. Concretização dos limites constitucionais 135
        51.2.1. Decisão final contra a parte já ouvida............................... 137
        51.2.2. Decisão final contra a parte ainda não ouvida 138
        51.2.3. Decisão interlocutória sobre a questão 139
    51.4. Hipóteses a considerar: *a)* Excepções dilatórias. *b)* Nulidades proces-
        suais. *c)* Mérito da causa 139
    51.5. Decisão imediata em causa que não admite recurso ordinário 141
52. Decisão imediata e soluções plausíveis de direito 142
53. Julgamento imediato em caso de revelia operante 143
54. Saneamento na impossibilidade de julgamento imediato 144
55. Base instrutória 145
    55.1. Base instrutória exaustiva 146
    55.2. Base instrutória essencialmente integrada pelos factos principais 149
    55.3. Base instrutória elencando os temas da instrução............................... 150
    55.4. Identificação da concreta natureza da base e do direito aplicável 151
56. Da especificação aos factos assentes 152
57. Marcação das diligências 152
    57.1. Imposição de identificação do serviço judicial já marcado 153
    57.2. Metodologia a adoptar na designação da data 155

Artigo 11.º (Instrução).. 156
58. Limite do número de testemunhas 156
59. Controlo do limite do número de testemunhas 157
60. Recusa da inquirição das testemunhas.. 158
61. Ónus de requerer a notificação da testemunha 159

Artigo 12.º (Depoimento apresentado por escrito) 160
62. Admissibilidade do depoimento apresentado por escrito 160
63. Momento da apresentação do escrito... 161
64. Regime da produção do depoimento por escrito 163
65. Renovação do depoimento... 165
66. Dever de ordenar a renovação do depoimento 168
67. Iniciativa da apresentação do depoimento escrito 169
68. Depoimento de parte apresentado por escrito... 170

Artigo 13.º (Inquirição por acordo das partes)... 172
69. A acta de inquirição por acordo... 172
70. Regime da urgência do processo 172
71. Casos análogos 174

Índice 287

Artigo 14.º (Audiência final) 175
72. Regime da audiência final 175
73. Adiamento da audiência por falta de mandatário ou da parte 176
74. Registo da prova em caso de falta de mandatário 177
75. Inquirição das testemunhas oferecidas pela parte não representada 179
76. Debates 179

Artigo 15.º (Sentença e forma da fundamentação) 180
77. Decisão da matéria de facto 181
    77.1. Discriminação dos factos por remissão 182
    77.2. Fundamentação da sentença *per relationem* 185
    77.3. Limites à discriminação dos factos por remissão 186
    77.4. Factos vertidos na sentença 187
        77.4.1. Apuramento dos factos vertidos na sentença: *a)* A prova indirecta obtém-se através de presunções judiciais, assentes no material probatório. *b)* O conhecimento dos factos instrumentais que não sejam úteis à sentença deve ser revelado na motivação. *c)* A inclusão dos factos essenciais na base instrutória não é condição da instrução. *d)* A inclusão dos factos instrumentais na base instrutória não é condição da instrução. *e)* A simplificação da instrução pode justificar a inclusão dos factos instrumentais na base instrutória. *f)* Os factos instrumentais inúteis à sentença podem integrar o decisório 188
        77.4.2. Omissão de pronúncia de facto e ampliação da instrução. *a)* Omissão de resposta a um quesito. *b)* Omissão de instrução sobre um facto relevante 196
        77.4.3. Resposta "provado o contrário do que se pergunta" 200
78. Estrutura da sentença 201
79. Oportunidade da prolação da sentença 203
80. Julgamento nas acções não contestadas 205
    80.1. Petição omissa quanto às razões de direito 206
    80.2. Adesão parcial aos fundamentos apresentados 207
81. Adesão a um acórdão uniformizador de jurisprudência 208
82. Intervenção do tribunal colectivo 209
    82.1. Manutenção da cisão do julgamento 209
    82.2. Julgamento de facto pelo juiz que preside ao colectivo 210

Artigo 16.º (Decisão da causa principal) 215
83. Tutela cautelar 216
84. Pressupostos da antecipação do juízo sobre a causa principal 219
    84.1. Elementos necessários à resolução definitiva do caso 219
    84.2. Contraditório 220
        84.2.1. Procedimento preliminar 221
        84.2.2. Procedimento incidental 223
        84.2.3. Procedimento dependente de causa da competência do colectivo 224
85. Oportunidade do contraditório e oportunidade da decisão 226
    85.1. Oportunidade da decisão de convolação 227

288   *Regime Processual Civil Experimental Comentado*

85.2. Natureza da decisão prematura 228
86. Produção de prova suplementar 228
    86.1. Simultaneidade dos julgamentos cautelar e definitivo 228
    86.2. Admissibilidade da produção de prova suplementar 229
87. Manutenção da utilidade da tutela cautelar 230
    87.1. Providência conservatória 231
    87.2. Providência antecipatória 231
88. Tutela penal da decisão sobre a causa principal 233
89. Sentido da decisão definitiva 233
90. Âmbito da aplicação 234
    90.1. Insuficiência da tutela cautelar 235
        90.1.1. Confronto com a norma contida no art. 121.º do CPTA 236
        90.1.2. Tutela definitiva urgente e gestão processual 237
        90.1.3. Tutela definitiva urgente exercida pela via cautelar 239
        90.1.4. Natureza das questões e gravidade dos interesses 240
    90.2. Situações de inutilidade da instauração de uma acção principal 241
        90.2.1. Tutela antecipatória dotada de plena identidade com o mérito da causa ... 242
        90.2.2. Recusa da instrumentalização da acção principal 243
91. Desvirtuamento do procedimento cautelar 244
92. Improcedência da providência e decisão antecipatória 245
93. Natureza do poder exercido 246
94. Recursos 248
    94.1. Impugnação da decisão de não convolação 249
    94.2. Impugnação da decisão de convolação 250
    94.3. Impugnação da decisão cautelar 250
    94.4. Impugnação da sentença 250

Artigo 17.º (Remissão) 254
95. Aplicação do RPCE aos procedimentos cautelares e aos processos especiais. 255
96. Aplicação do RPCE aos processos especiais mistos 256

Artigo 18.º (Redução especial da taxa de justiça) 257
97. Nova redacção da norma 257
98. Aplicação analógica da lei 257

Artigo 19.º (Formação) 258
99. Acções de formação 258

Artigo 20.º (Avaliação e revisão) 259
100. Nova redacção da norma 259
101. Limitação temporal da vigência do RPCE 261
102. Monitorização 261

Artigo 21.º (Aplicação no espaço) 262
103. Tribunais abrangidos pela experimentação 262

Índice · 289

104. Competência nas causas de valor superior à alçada da Relação 263
    104.1. Unidade e coerência do sistema jurídico: instauração da acção 264
    104.2. A dedução de reconvenção 265
    104.3. Circunstâncias em que a lei foi elaborada e é aplicada 266
    104.4. Conformidade à Constituição... 268
    104.5. Juízo de inconstitucionalidade 269
    104.6. A interpretação da lei feita pelo TC.. 271
105. Competência dos juízos de pequena instância cível... 272
106. Erro na forma do processo 273
107. Critério da escolha dos tribunais abrangidos 273

Artigo 22.º (Aplicação no tempo) 273
108. Nova redacção da norma.. 274